社会福祉の動向
2024

社会福祉の動向編集委員会 編集

中央法規

はしがき

　わが国の社会福祉制度は，戦後間もない時期において，戦争被災者・引揚者などが急増する
なかで生活困窮者対策を中心として出発し，その後の経済成長とともに発展を遂げてきました。
今日，社会福祉に対する国民の意識も大きく変化し，少子・高齢化の進展，家庭機能の変化，
障害者の自立と社会参加の進展に伴い，社会福祉制度についてもかつてのような限られた者の
保護・救済にとどまらず，国民全体を対象としてその生活の安定を支える役割を果たしていく
ことが求められています。こうした国民の増大・多様化する需要（ニーズ）にきめ細かく対応
できるよう，随時，制度の見直しが進められてきました。

　近年は，こども・子育て世帯，高齢者，障害者，生活困窮者等，すべての人が安心して暮ら
せる社会の実現のため，より一層，福祉制度の法整備が進められています。令和5年4月には
「こども家庭庁」の創設により，児童虐待対策や子育て世帯への支援，障害児支援などこども
に係る支援施策の一体的な強化が図られています。また今後，高齢者支援の大きな課題の1つ
となる認知症施策を支援するための新法の成立，障害者総合支援法の改正による，障害者の地
域移行，就労支援，精神障害者の権利擁護の見直し，これまで表面化されてこなかったヤング
ケアラーの支援など，時代に合わせた福祉制度の整備が数多く行われていきます。

　本書では，このような最新の社会福祉制度の動向に対応し，各福祉分野における制度・施策
を図や表を用いてわかりやすく解説しています。社会福祉制度を初めて学ぶ方から現場で実務
に携わる方まで，より多くの皆様にご活用いただけるよう，法の制定背景や改正経過も解説し
ているため，時代の流れに沿って福祉制度を理解することができます。

　社会福祉制度の理解を深め，今後の福祉のあり方を考えるうえで，本書が社会福祉関係者の
みならず多くの方々に広くご活用いただければ幸いです。

　令和5年11月

　　　　　　　　　　　　　　　　　　　　　　　　　　社会福祉の動向編集委員会

はしがき

●第1章● 社会福祉をめぐる近年の動向と今後の展開

●第2章● 社会福祉の基盤

●第3章● 公的扶助と生活困窮者自立支援

●第4章● 地域福祉

●第5章● こども家庭福祉

●第6章● 障害者福祉

●第7章● 高齢者福祉

●第8章● 参考資料

索　引

●第1章● 社会福祉をめぐる 近年の動向と今後の展開

1 ──── 社会保障制度改革推進法の成立経緯

1　社会保障制度の抜本的な改革の必要性

　旧来の社会保障制度の骨格は，国民皆保険や皆年金のような社会保険，生活保護のような公的扶助，公衆衛生，社会福祉などから成り立っている。これらの制度は，終身雇用や企業による福利厚生の充実，専業主婦や核家族といった標準世帯モデル，地域や親族等のつながりなどを前提としてきた。

　近年，少子高齢化，就労形態の多様化，共働き世帯やひとり親家庭の増加，国際競争力の促進による雇用慣行の変化など，国民生活を取り巻く環境は大きく変化し，現行制度のままでは国民一人ひとりの生活を保護することが困難になってきている。また，少子高齢化や経済成長の低迷などにより，社会保障給付費の増加への対処や安定的な財源の確保も急務となってきている。

2　社会保障制度改革推進法の成立へ

　このような状況に対処するため，社会保障制度の改革は，平成 20 年に設置された「社会保障国民会議」や平成 21 年の「安心社会実現会議」で議論が進められた。また，同時に少子高齢化に対処するための社会保障費の安定化には消費税を充てることが適切であるとした方向性で，自公連立政権から民国連立政権への政権交代後に「政府・与党社会保障改革検討本部」（平成 22 年）へ継承されていった。同本部のもとで「社会保障改革に関する有識者検討会」が開催され，同年 12 月には検討会報告がまとめられた。この報告などを受けて，社会保障改革に関する基本方針が閣議決定された。

　その後，政府・与党は各界の有識者等からヒアリングなどを行い，各省からの具体的な改革案の報告を受け，平成 23 年 6 月に「社会保障・税一体改革成案」をとりまとめた。

　平成 23 年 8 月以降，この成案の社会保障改革を具体化するための議論が進められ，同年 12 月に政府・与党本部において「社会保障・税一体改革素案」が了承された。了承された素案は，平成 24 年 1 月に閣議報告され，同素案をもとに「社会保障・税一体改革大綱」が閣議決定された。大綱には素案の段階から，給付は高齢世代中心，負担は現役世代中心の社会保障制度から世代間・世代内の公平が確保された全世代対応型の制度への転換を目指すことや，各福祉分野の改革の方向性が盛り込まれた（図 1 - 1 参照）。

　そして，大綱に定める社会保障改革の実現に向けて，平成 24 年通常国会において関連法案が提出され，「社会保障制度改革推進法」が成立した（同年 8 月 22 日公布）。また，改革の関連法案として提出された「子ども・子育て支援法」などは修正を受けた

図1-1 ●社会保障・税一体改革で目指す将来像

社会保障改革が必要とされる背景

| 非正規雇用の増加など 雇用基盤の変化 | 家族形態や地域の変化 | 人口の高齢化, 現役世代の減少 | 高齢化に伴う社会保障 費用の急速な増大 |

・高齢者への給付が相対的に手厚く，現役世代の生活リスクに対応できていない
・貧困問題や格差拡大への対応などが不十分
・社会保障費用の多くが赤字国債で賄われ，負担を将来世代へ先送り

社会経済の変化に対応した 社会保障の機能強化 が求められる

→ 現役世代も含めた全ての人が，より受益を実感できる社会保障制度の再構築

改革のポイント

◆ 共助・連帯を基礎として国民一人一人の自立を支援
◆ 機能の充実と徹底した給付の重点化・効率化を，同時に実施
◆ 世代間だけでなく世代内での公平を重視
◆ 特に，①子ども・若者，②医療・介護サービス，③年金，④貧困・格差対策を優先的に改革
◆ 消費税の充当先を「年金・医療・介護・子育て」の4分野に拡大＜社会保障4経費＞
◆ 社会保障の安定財源確保と財政健全化の同時達成への第一歩
　⇒消費税率（国・地方）を，2014年4月より8％へ，2015年10月より10％へ段階的に引上げ（※）
◆ 就労促進により社会保障制度を支える基盤を強化

改革の方向性

| ❶ 未来への投資 (子ども・子育て支援) の強化 | ❷ 医療・介護サービス保障の 強化／社会保険制度のセーフティネット機能の強化 | ❸ 貧困・格差対策の 強化(重層的セーフティネットの構築) | ❹ 多様な働き方を 支える社会保障 制度へ | ❺ 全員参加型社会, ディーセント・ ワークの実現 | ❻ 社会保障制度の 安定財源確保 |

・子ども・子育て 新システムの創設

・地域包括ケアシステムの 確立
・医療・介護保険制度の セーフティネット機能の 強化
・診療報酬・介護報酬の同 時改定

・生活困窮者対策と生活 保護制度の見直しを総合 的に推進
・総合合算制度の創設

・短時間労働者への社会保 険適用拡大
・新しい年金制度の検討

・有期労働契約法制，パー トタイム労働法制，高年 齢者雇用法制の検討

・消費税の引上げ (基礎年金国庫負担1／2 の安定財源確保など)

※ 消費税率の10％への引上げ時期については，その後の経済情勢に鑑み，2019年10月に実施された。
出典　厚生労働省作成資料を一部改変

うえで成立している（同日公布）。

2 ─── 各社会保障制度改革の方向性等

1 公的扶助分野

　すべての人の自立した生活の実現に向け，雇用による社会参加を通して誰もが居場所のある共生の社会および「分厚い中間層」が支える大きな格差のない社会の構築に取り組んでいくこととされた。生活保護制度による適切な給付支援や就労可能な人が，①生活保護に頼る必要がないようにするための支援体制を整備するため，生活保護制度の見直し，②生活困窮者に対する初期段階からの「包括的」かつ「伴走型」の支援，③福祉事務所等とハローワークが一体となった就労支援の抜本的な強化などに取り組んでいくこととされた（第3章第6，10，11節参照）。

2 児童福祉分野

　地域の実情に応じて，幼児期の学校教育・保育等における総合的な子育て支援を推進していくこととされた。改革の方向性としては，①待機児童の解消と保育体制の強化，②質の高い幼児期の学校教育・保育を一体的に提供できる仕組みの構築，③地域

の子育て支援の充実とされた。

　この分野に関しては，社会保障制度改革推進法の公布と同時に，「子ども・子育て支援法」などが公布されている（第5章第1，2節参照）。

3　障害者福祉分野

　障害者が地域社会において各個人の尊厳をもって安心して生活できる総合的な施策の充実を図っていくこととされ，社会保障制度改革推進法に先駆けて，「障害者総合支援法」などが制定された。具体的には，障害者の定義の見直しや支援体系の改善，障害者虐待防止体制の整備などが行われた（第6章第1節参照）。

4　高齢者施策分野

　高齢となり介護が必要となっても地域で尊厳をもって生きられるような地域包括ケアシステム（医療，介護，予防，住まい，生活支援サービスが連携した要介護者等への包括的な支援）の構築などに取り組むこととされた（第7章第1節参照）。また，介護サービスの効率化および重点化を図るとともに，低所得者をはじめとする国民の保険料に係る負担の増大を抑制しつつ，住む場所によって限定されない，適切な医療・介護サービスが受けられる社会を目指すこととされた。

5　社会保障費の安定財源の確保

　前述のような社会保障の改革の実現のためには，社会保障費の安定的な財源確保が必要である。そのため，社会保障制度改革推進法に関連して消費税を社会保障財源化し，税率を段階的に引き上げる法律が成立した。

　なお，経済財政状況の激変にも柔軟に対応する観点から，事前に経済状況の好転について確認し，経済状況等を総合的に勘案したうえで，消費税率の引上げの実施を停止する措置も図ることとされた。このため，消費税率10%への引上げは，経済状況等を踏まえ2度延期され，当初予定から4年遅い，令和元年10月から実施された。

3 ── 社会保障・税一体改革の推進

　社会保障制度改革推進法に基づき，社会保障制度改革を行うために必要な事項を審議するため，平成24年11月に社会保障制度改革国民会議が設置された。同会議は有識者で構成し，各委員の間での意見交換や各界からのヒアリングを行い，少子化対策，医療・介護，年金に焦点を合わせて議論がなされた。計20回の会合を行い，平成25年8月に報告書をとりまとめた。

　報告書の結果等を踏まえて社会保障制度改革推進法の「法制上の措置」に基づき，改革の実施および目標時期などを定めた「持続可能な社会保障制度の確立を図るための改革の推進に関する法律」（社会保障改革プログラム法）が同年12月，臨時国会で

成立した。同法では，少子化対策，医療，介護，公的年金の分野での改革の実施時期
などを定め，社会保障制度改革推進本部（関係閣僚で構成）および社会保障制度改革
推進会議（有識者で構成）を設置することとしている。

　その後，平成26年に社会保障制度改革関連法案が提出され，各分野の整備が行われ
た。平成27年度中に実施が予定されていた消費税率の10％への引上げも，令和元年
10月から実施され，2025年を念頭に進められてきた社会保障・税一体改革は完了した
（図1-2参照）。

　現在は，団塊ジュニア世代が高齢者となる2040年を見据え，新たな改革の検討も進
められている。

4 ─── 2040年を展望した社会保障・働き方改革

　平成30年10月，「2040年を展望した社会保障・働き方改革本部」が厚生労働省に設
置され，団塊ジュニア世代が高齢者となる2040年を見据え，多様な就労・社会参加の
環境整備や健康寿命の延伸を進めるとともに，医療・福祉サービスの改革による生産
性の向上を図りつつ，給付と負担の見直し等による社会保障の持続可能性の確保を図

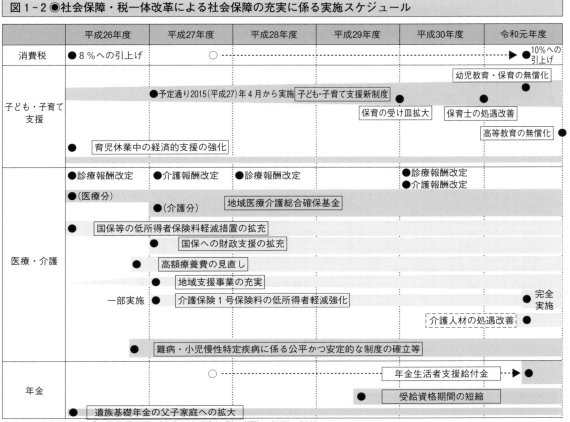

図1-2●社会保障・税一体改革による社会保障の充実に係る実施スケジュール

	平成26年度	平成27年度	平成28年度	平成29年度	平成30年度	令和元年度
消費税	●8％への引上げ	○				10％への引上げ
子ども・子育て支援	●育児休業中の経済的支援の強化	●予定通り2015(平成27)年4月から実施 子ども・子育て支援新制度		保育の受け皿拡大	保育士の処遇改善 幼児教育・保育の無償化 高等教育の無償化●	
医療・介護	●診療報酬改定 ●(医療分) ●国保等の低所得者保険料軽減措置の拡充 ●高額療養費の見直し 一部実施 ●難病・小児慢性特定疾病に係る公平かつ安定的な制度の確立等	●介護報酬改定 ●(介護分) ●国保への財政支援の拡充 ●地域支援事業の充実 介護保険1号保険料の低所得者軽減強化	●診療報酬改定 地域医療介護総合確保基金		●診療報酬改定 ●介護報酬改定 介護人材の処遇改善	完全実施●
年金	●遺族基礎年金の父子家庭への拡大	○		● 受給資格期間の短縮	年金生活者支援給付金	●

出典　厚生労働省編『厚生労働白書（令和5年版）』（資料編），26頁，2023．

る取組みが推進されることとなった。

　社会保障・税一体改革から引き続き，社会保障の持続性の確保に向けた取組みを実施するとともに，現役世代の人口の急減という新たな局面に対応するため，「多様な就労・社会参加」，「健康寿命の延伸」，「医療・福祉サービス改革」の3つの取組みを推進し，誰もがより長く元気に活躍できる社会の実現を目指すこととしている（図1-3参照）。

5 ─── 全世代型社会保障

　内閣府においても，令和元年9月以降，全世代型社会保障検討会議を開催し，少子高齢化と同時にライフスタイルが多様となるなかで，人生100年時代の到来を見据えながら，お年寄りだけではなく，こどもたち，子育て世代，さらには現役世代まで全世代対応型の持続可能な社会保障の構築に向けた改革の検討が重ねられた。同会議の最終報告となる「全世代型社会保障改革の方針」が令和2年12月に閣議決定され，令和3年6月に「全世代対応型の社会保障制度を構築するための健康保険法等の一部を

図1-3●2040年を展望し，誰もがより長く元気に活躍できる社会の実現

2040年を展望し，誰もがより長く元気に活躍できる社会の実現

- ●2040年を展望すると，高齢者の人口の伸びは落ち着き，現役世代（担い手）が急減する。
  → 「総就業者数の増加」とともに，「より少ない人手でも回る医療・福祉の現場を実現」することが必要。
- ●今後，国民誰もが，より長く，元気に活躍できるよう，以下の取組を進める。
  ①多様な就労・社会参加の環境整備，②健康寿命の延伸，③医療・福祉サービスの改革による生産性の向上，④給付と負担の見直し等による社会保障の持続可能性の確保
- ●また，社会保障の枠内で考えるだけでなく，農業，金融，住宅，健康な食事，創薬にもウイングを拡げ，関連する政策領域との連携の中で新たな展開を図っていく。

2040年を展望し，誰もがより長く元気に活躍できる社会の実現を目指す。

《現役世代の人口の急減という新たな局面に対応した政策課題》

多様な就労・社会参加	健康寿命の延伸	医療・福祉サービス改革
【雇用・年金制度改革等】 ○70歳までの就業機会の確保 ○就職氷河期世代の方々の活躍の場を更に広げるための支援 （厚生労働省就職氷河期世代活躍支援プラン） ○中途採用の拡大，副業・兼業の促進 ○地域共生・地域の支え合い ○人生100年時代に向けた年金制度改革	【健康寿命延伸プラン】 ⇒2040年までに，健康寿命を男女ともに3年以上延伸し，75歳以上に ○①健康無関心層へのアプローチの強化， ②地域・保険者間の格差の解消により， 以下の3分野を中心に，取組を推進 ・次世代を含めたすべての人の健やかな生活習慣形成等 ・疾病予防・重症化予防 ・介護予防・フレイル対策，認知症予防	【医療・福祉サービス改革プラン】 ⇒2040年時点で，単位時間当たりのサービス提供を5％（医師は7％）以上改善 ○以下の4つのアプローチにより，取組を推進 ・ロボット・AI・ICT等の実用化推進，データヘルス改革 ・タスクシフティングを担う人材の育成，シニア人材の活用推進 ・組織マネジメント改革 ・経営の大規模化・協働化

《引き続き取り組む政策課題》

給付と負担の見直し等による社会保障の持続可能性の確保

出典　「第2回2040年を展望した社会保障・働き方改革本部資料（資料1）」（令和元年5月29日）

改正する法律」が公布された。

　同年11月からは，全世代対応型の持続的な社会保障制度を構築する観点から，社会保障全般の総合的な検討を行うため，全世代型社会保障構築会議が開催された。13回の会議を経て，令和5年6月には「全世代対応型の持続可能な社会保障制度を構築するための健康保険法等の一部を改正する法律」が公布され，こども・子育て支援の拡充，高齢者医療制度の見直し，医療保険制度，医療・介護の連携機能の基盤強化などが行われた（図1-4参照）。

図1-4 ●全世代対応型の持続可能な社会保障制度を構築するための健康保険法等の一部を改正する法律（令和5年法律第31号）の概要

改正の趣旨

　全世代対応型の持続可能な社会保障制度を構築するため，出産育児一時金に係る後期高齢者医療制度からの支援金の導入，後期高齢者医療制度における後期高齢者負担率の見直し，前期財政調整制度における報酬調整の導入，医療費適正化計画の実効性の確保のための見直し，かかりつけ医機能が発揮される制度整備，介護保険者による介護情報の収集・提供等に係る事業の創設等の措置を講ずる。

改正の概要

1．こども・子育て支援の拡充【健康保険法，船員保険法，国民健康保険法，高齢者の医療の確保に関する法律等】
　①　出産育児一時金の支給額を引き上げる（※）とともに，支給費用の一部を現役世代だけでなく後期高齢者医療制度も支援する仕組みとする。
　　（※）42万円→50万円に令和5年4月から引き上げ（政令），出産費用の見える化を行う。
　②　産前産後期間における国民健康保険料（税）を免除し，その免除相当額を国・都道府県・市町村で負担することとする。

2．高齢者医療を全世代で公平に支え合うための高齢者医療制度の見直し【健保法，高確法】
　①　後期高齢者の医療給付費を後期高齢者と現役世代で公平に支え合うため，後期高齢者負担率の設定方法について，「後期高齢者一人当たりの保険料」と「現役世代一人当たりの後期高齢者支援金」の伸び率が同じとなる見直す。
　②　前期高齢者の医療給付費を保険者間で調整する仕組みにおいて，被用者保険者においては報酬水準に応じて調整する仕組みの導入等を行う。
　　　健保連が行う財政が厳しい健保組合への交付金事業に対する財政支援の導入，被用者保険者の後期高齢者支援金等の負担が大きくなる場合の財政支援の拡充を行う。

3．医療保険制度の基盤強化等【健保法，船保法，国保法，高確法等】
　①　都道府県医療費適正化計画について，計画に記載すべき事項を充実させるとともに，都道府県ごとに保険者協議会を必置として計画の策定・評価に関与する仕組みを導入する。また，医療費適正化に向けた都道府県の役割及び責務の明確化等を行う。計画の目標設定に際しては，医療・介護サービスを効果的・効率的に組み合わせた提供や，かかりつけ医機能の確保の重要性に留意することとする。
　②　都道府県が策定する国民健康保険運営方針の運営期間を法定化（6年）し，医療費適正化や国保事務の標準化・広域化の推進に関する事項等を必須記載とする。
　③　経過措置として存続する退職被保険者の医療給付費等を被用者保険者間で調整する仕組みについて，対象者の減少や保険者等の負担を踏まえて廃止する。

4．医療・介護の連携機能及び提供体制等の基盤強化【地域における医療及び介護の総合的な確保の促進に関する法律，医療法，介護保険法，高確法等】
　①　かかりつけ医機能について，国民への情報提供の強化や，かかりつけ医機能の報告に基づく地域での協議の仕組みを構築し，協議を踏まえて医療・介護の各種計画に反映する。
　②　医療・介護サービスの質の向上を図るため，医療保険者と介護保険者が被保険者等に係る医療・介護情報の収集・提供等を行う事業を一体的に実施することとし，介護保険者が行う当該事業を地域支援事業として位置付ける。
　③　医療法人や介護サービス事業者に経営情報の報告義務を課した上で当該情報に係るデータベースを整備する。
　④　地域医療連携推進法人制度について一定の要件のもと個人立の病院等や介護事業所等が参加できる仕組みを導入する。
　⑤　出資持分の定めのある医療法人が出資持分の定めのない医療法人に移行する際の計画の認定制度について，期限の延長（令和5年9月末→令和8年12月末）等を行う。
　　　等

施行期日

令和6年4月1日（ただし，3①の一部及び4⑤は公布日，4③の一部は令和5年8月1日，1②は令和6年1月1日，3①の一部及び4①は令和7年4月1日，4③の一部は公布後3年以内に政令で定める日，4②は公布後4年以内に政令で定める日）

出典　厚生労働省「第165回社会保障審議会医療保険部会」（令和5年6月29日）資料4を一部改変

少子化対策と地方創生（まち・ひと・しごと創生）

1 ── 地方創生を巡る経緯

平成26年5月，民間機関の「日本創成会議・人口減少問題検討分科会」が，大都市圏への人口移動が現状のままで進んだ場合，2040年に「20〜39歳の女性人口」が5割以上減少する自治体が全体の約半数（49.8%）になるとの推計を発表し，こうした自治体の消滅可能性にも言及した。また，同年7月には，全国知事会が「少子化非常事態宣言」をとりまとめ，地方消滅につながりうる若年人口の減少と人口流出の問題について，日本の将来を左右しかねない喫緊の課題と指摘している。

平成26年9月，第2次安倍改造内閣では，歯止めの効かない人口急減・超高齢化という課題に対し，地方創生大臣を任命するとともに，「まち・ひと・しごと創生本部」を内閣に設置し，政府一体となって対策を進めるための体制整備を行った。

また，同年11月には「まち・ひと・しごと創生法」を制定し，国と地方が相まって，人口減少を克服するための法的仕組みの構築を行った（図1-5参照）。

同法では，国に対して「長期ビジョン」および「総合戦略」を策定し，日本の人口の現状と，今後，目指すべき将来の方向を提示するとともに，まち・ひと・しごと創生にかかる目標や施策に関する基本的な方向等を示すよう求めるとともに，地方自治体に対して，国の方針を参考として，「地方人口ビジョン」「地方版総合戦略」の策定を求め，国と地方が相互に連携しながら，地方創生に向けた施策の戦略的推進を促す仕組みが講じられている。

なお，同法に基づく「長期ビジョン」と「総合戦略」については，平成27年から令和元年度までの5か年を第1期として掲げた目標のもと，平成26年に策定されている。以来，各地域がそれぞれの特徴を活かした自律的で持続的な社会の創生に向けた取組みが進められ，第1期の最終年となる令和元年12月には，長期ビジョンの改訂が行われ，第2期「まち・ひと・しごと創生総合戦略」が策定された。

2 ── 地方創生を巡る現状

第1期において地方創生に向けたさまざまな取組みが実施されてきたが，日本の人口は，依然として減少傾向にある。令和4年人口推計によると，令和4年10月1日現在の総人口は1億2494万7000人であり，前年に比べ55万6000人減り，12年連続の減少となっている。また，平成18年から上昇傾向にあった合計特殊出生率は，平成26年では1.42と低下に転じ，平成27年には1.45と回復したものの，再び低下に転じ，令和4年には1.26となった。これらの要因には，晩婚化・晩産化の進行などが挙げられる。

図1-5●まち・ひと・しごと創生法の概要

目的（第1条）

少子高齢化の進展に的確に対応し，人口の減少に歯止めをかけるとともに，東京圏への人口の過度の集中を是正し，それぞれの地域で住みよい環境を確保して，将来にわたって活力ある日本社会を維持していくために，まち・ひと・しごと創生（※）に関する施策を総合的かつ計画的に実施する。
※まち・ひと・しごと創生：以下を一体的に推進すること。
　まち…国民一人一人が夢や希望を持ち，潤いのある豊かな生活を安心して営める地域社会の形成
　ひと…地域社会を担う個性豊かで多様な人材の確保
　しごと…地域における魅力ある多様な就業の機会の創出

基本理念（第2条）

①国民が個性豊かで魅力ある地域社会で潤いのある豊かな生活を営めるよう，それぞれの地域の実情に応じた環境を整備
②日常生活・社会生活の基盤となるサービスについて，需要・供給を長期的に見通しつつ，住民負担の程度を考慮して，事業者・住民の理解・協力を得ながら，現在・将来における提供を確保
③結婚・出産は個人の決定に基づくものであることを基本としつつ，結婚・出産・育児について希望を持てる社会が形成されるよう環境を整備

④仕事と生活の調和を図れるよう環境を整備
⑤地域の特性を生かした創業の促進・事業活動の活性化により，魅力ある就業の機会を創出
⑥地域の実情に応じ，地方公共団体相互の連携協力による効率的かつ効果的な行政運営の確保を図る
⑦国・地方公共団体・事業者が相互に連携を図りながら協力するよう努める

まち・ひと・しごと創生本部（第11条～第20条）		まち・ひと・しごと創生総合戦略（閣議決定）（第8条）		都道府県まち・ひと・しごと創生総合戦略（努力義務）（第9条）
本部長：内閣総理大臣副本部長（予定）：内閣官房長官地方創生担当大臣本部員：上記以外の全閣僚	案の作成実施の推進／実施状況の総合的な検証	内容：まち・ひと・しごと創生に関する目標や施策に関する基本的方向等※人口の現状・将来見通しを踏まえるとともに，客観的指標を設定	勘案	内容：まち・ひと・しごと創生に関する目標や施策に関する基本的方向等
			勘案	市町村まち・ひと・しごと創生総合戦略（努力義務）（第10条）内容：まち・ひと・しごと創生に関する目標や施策に関する基本的方向等

施行期日：公布日（平成26年11月28日）。ただし，創生本部・総合戦略に関する規定は，平成26年12月2日。
出典　内閣府資料

人口移動の面では，令和4年に大阪圏（大阪府，京都府，兵庫県および奈良県）や名古屋圏（愛知県，岐阜県および三重県）が10年連続の転出超過を記録するなかで，東京圏（東京都，埼玉県，千葉県および神奈川県）は，日本人移動者で約9万4000人の転入超過（27年連続）を記録した。新型コロナウイルス感染症の影響で，転入超過の数値は縮小したものの，依然「東京一極集中」の傾向が継続している。

また，地域経済においては，生産性，所得水準，消費活動などのさまざまな側面で地方と大都市の格差がみられ，地方では，人口減少と若年層の流出が相まって，深刻な人手不足が生じている。

3───── 第2期「まち・ひと・しごと創生総合戦略」

令和元年12月に策定された第2期「まち・ひと・しごと創生総合戦略」では，第1期の成果と課題について，地方の若者の就業率，訪日外国人旅行者数，農林水産物・食品の輸出額は一貫して増加傾向にあるなど，しごとの創生に関しては一定の成果がみられるとの評価を示しつつも，東京圏への転入超過の状況が続いており，その数も

地方創生がスタートした2014年からは一貫して増加していると分析している。

　第1期に係るこのような評価を踏まえ，第2期「まち・ひと・しごと創生総合戦略」では，「将来にわたって『活力ある地域社会』の実現」と，「東京圏への一極集中の是正」に向け，「稼ぐ地域をつくるとともに，安心して働けるようにする」「地方とのつながりを築き，地方への新しいひとの流れをつくる」「結婚・出産・子育ての希望をかなえる」「ひとが集う，安心して暮らすことができる魅力的な地域をつくる」といった4つの基本目標とともに，「新しい時代の流れを力にする」「多様な人材の活躍を推進する」という2つの横断的目標を掲げ，多様なアプローチの推進により，まち・ひと・しごとの好循環を創り出していくこととしていた。

　一方，令和元年末から猛威を振るう新型コロナウイルス感染症による影響で，地方への移住について関心が高まり，テレワークを機に人の流れに変化の兆しがみられるなど，国民の意識・行動の変化が生じた。こうした変化を踏まえ，令和2年12月に総

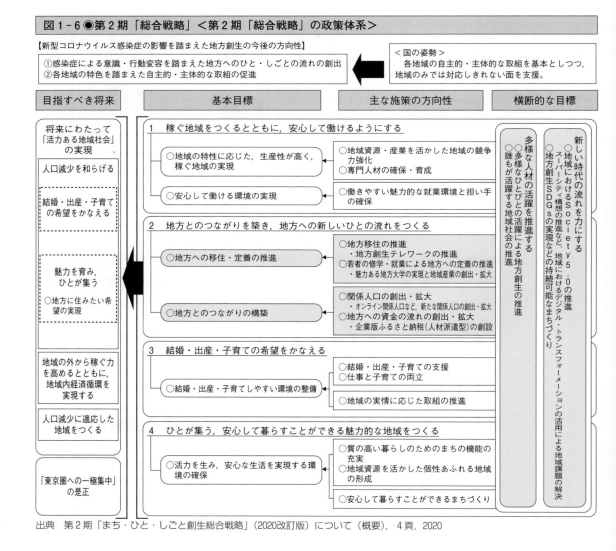

図1-6●第2期「総合戦略」＜第2期「総合戦略」の政策体系＞

出典　第2期「まち・ひと・しごと創生総合戦略」（2020改訂版）について（概要），4頁，2020

合戦略の改訂が行われ，「感染症が拡大しない地域づくり」へ取り組むとともに，新たな地方創生の取組みを，全省庁と連携を取りながら総合的に推進することとしている（図1-6参照）。

4 ─── デジタル田園都市国家構想総合戦略

そうした社会情勢の変化に伴い，「全国どこでも誰もが便利で快適に暮らせる社会」を実現するため，令和4年12月に「まち・ひと・しごと総合戦略」は，デジタル化による地方創生を加速化・深化させた「デジタル田園都市国家構想総合戦略」へと改訂された。これまでの地方創生の取組みによる成果や知見に基づき，デジタル技術を活用した地方の社会課題解決を目指す。地方公共団体においては，デジタル技術を活用しつつ，①地方に仕事をつくる，②人の流れをつくる，③結婚・出産・子育ての希望をかなえる，④魅力的な地域をつくるという4つの取組みを進めていくことが求められる。

第3節　地方分権改革

わが国では，高度経済成長の時代を終えるとともに地方経済が逼迫し，少子高齢化が進むなか，社会福祉分野に限らず，大きな枠組みで地方分権改革が進められてきている。

1 ─── 第1次地方分権改革

地方分権改革について，これまでの経緯を整理すると，大きく2つの段階に分かれる（図1-7参照）。まず，第1次段階は，平成11年7月に成立，平成12年4月に施行された「地方分権の推進を図るための関係法律の整備等に関する法律」（地方分権一括法）に集約される第1次地方分権改革である。

この改革では，関係475法律を一括して改正し，機関委任事務制度の廃止と事務の再構成，国の関与の抜本的見直し，権限移譲，条例による事務処理特例制度の創設等を行っている。これにより，知事や市町村を国の下部組織として国の事務を執行させる仕組みである機関委任事務が，現在の「自治事務」「法定受託事務」に整理されるとともに，主務大臣の包括的な指導監督権等も廃止（いわゆる「通達行政」が廃止）されている。

図1-7●地方分権改革のこれまでの経緯

内閣	主な経緯	
宮澤内閣（H3.11～H5.8）	H5.6 地方分権の推進に関する決議（衆参両院）	第一次分権改革
細川内閣（H5.8～H6.4）	H5.10 臨時行政改革推進審議会（第3次行革審）最終答申 H6.2 今後における行政改革の推進方策について（閣議決定）	
羽田内閣（H6.4～H6.6）	H6.5 行政改革推進本部地方分権部会発足	
村山内閣（H6.6～H8.1）	H6.9 地方分権の推進に関する意見書（地方六団体） H6.12 地方分権の推進に関する大綱方針（閣議決定） H7.5 地方分権推進法成立 H7.7 地方分権推進委員会発足（委員長：諸井虔）（→ H13.7 解散） 　　※H8.3 中間報告　H8.12 第1次勧告　H9.7 第2次勧告　H9.9 第3次勧告 　　H9.10 第4次勧告　H10.11 第5次勧告　H13.6 最終報告	
橋本内閣（H8.1～H10.7）	H10.5 地方分権推進計画（閣議決定）	
小渕内閣（H10.7～H12.4）	H11.7 地方分権一括法成立 ⇨ 機関委任事務制度の廃止，国の関与の新しいルールの確立等	
森内閣（H12.4～H13.4）	H13.7 地方分権改革推進会議発足（議長：西室泰三）（→ H16.7 解散）※H15.6 三位一体の改革についての意見	三位一体改革
小泉内閣（H13.4～H18.9）	H14～17.6 骨太の方針（閣議決定）（毎年） 　17.11 政府・与党合意 ⇨ 国庫補助負担金改革／税源移譲／地方交付税改革	
	H18.6 地方分権の推進に関する意見書（地方六団体） H18.7 骨太の方針（閣議決定）	第二次分権改革
安倍内閣（H18.9～H19.9）（第1次）	H18.12 地方分権改革推進法成立 H19.4 地方分権改革推進委員会発足（委員長：丹羽宇一郎）（→ H22.3 解散） 　　※H19.5 地方分権改革推進にあたっての基本的な考え方 　　H20.5 第1次勧告　H20.12 第2次勧告　H21.10 第3次勧告　H21.11 第4次勧告	
福田内閣（H19.9～H20.9）		
麻生内閣（H20.9～H21.9）		
鳩山内閣（H21.9～H22.6）	H21.12 地方分権改革推進計画（閣議決定）	義務付け・枠付けの見直し事務・権限の移譲（国から地方，都道府県から市町村）など
菅直人内閣（H22.6～H23.9）	H23.4 第1次一括法，国と地方の協議の場法 等成立 H23.8 第2次一括法成立	
野田内閣（H23.9～H24.12）		
安倍内閣（H24.12～R2.9）（第2次）	H25.3 地方分権改革推進本部発足（本部長：内閣総理大臣） H25.4 地方分権改革有識者会議発足（座長：神野直彦） H25.6 第3次一括法成立 H25.12 事務・権限の移譲等に関する見直し方針について（閣議決定）	
菅義偉内閣（R2.9～R3.10）	R2.6 第10次一括法成立 R3.5 第11次一括法成立	
岸田内閣（R3.10～）	R4.5 第12次一括法成立 R4.12 令和4年の地方からの提案等に関する対応方針（閣議決定） R5.6 第13次一括法成立	

出典　内閣府作成資料を一部改変

2 ─── 近年の地方分権改革

　第1次地方分権改革の後，小泉内閣における国庫補助負担金改革，税源移譲，地方交付税改革の一体的改革（いわゆる「三位一体改革」）を経て，平成18年12月15日に「地方分権改革推進法」が公布された。その後も，国と地方の関係について，対等の立場で対話のできる新たなパートナーシップ関係へと根本的な転換を図り，地域のことは地域に住む住民が責任をもって決める活気に満ちた地域社会を目指す機運が高まりをみせた。

　こうした状況を背景に，平成21年には，新たな地方分権改革の第1弾として，義務

づけ・枠づけの見直しと条例制定権の拡大，国と地方の協議の場の法制化，今後の改革の推進体制等を盛り込んだ「地方分権改革推進計画」（平成21年12月閣議決定）が策定され，平成23年5月2日には「地域の自主性及び自立性を高めるための改革の推進を図るための関係法律の整備に関する法律」（第1次一括法）が公布された。以来，13次に及ぶ一括法が成立し，義務づけ・枠づけの見直しや事務・権限の移譲等に関するさまざまな改革が推し進められている。

　まず，第1次一括法では，これまで政省令で規定されていた施設基準について，施設等基準は自治体が条例で規定し，国が条例制定の基準として政省令を定めるといった義務づけ・枠づけの見直しが図られ，児童福祉施設等の施設基準（政省令）の各規定について，①従うべき基準，②標準，③参酌すべき基準の3つの分類による個別的な意味づけが行われている。

　その後も，地方公共団体等からの提案を踏まえた一括法の成立により，地方分権の

図1-8 ●第13次地方分権一括法（令和5年法律第58号）の概要

地域の自主性及び自立性を高めるための改革の推進を図るための関係法律の整備に関する法律（第13次地方分権一括法）の概要

内閣府地方分権改革推進室

令和5年6月13日成立
令和5年6月16日公布

基本的考え方

◆平成26年から，地方分権改革に関する「提案募集方式」を導入
◆「令和4年の地方からの提案等に関する対応方針」（令和4年12月20日閣議決定）を踏まえ，関係法律の整備を行うもの

法改正事項の概要

地方公共団体に対する義務付け・枠付けの見直し等

① 罹災証明書の交付に必要な被害認定調査において，被災者の住家に関する情報を，その保有に当たって特定された利用目的以外の目的のために内部利用可能に（災害対策基本法）

② 市町村交通安全計画及び市町村交通安全実施計画の作成に係る努力義務規定を「できる」規定に見直し（交通安全対策基本法）

③ 指定都市等における認定こども園の認定又は認可に係る都道府県への事前協議を事前通知に見直し（就学前の子どもに関する教育，保育等の総合的な提供の推進に関する法律）

④ 所有者不明土地の利用の円滑化等に関する特別措置法，森林法及び廃棄物の処理及び清掃に関する法律（他5法律※）に基づく事務について，住民基本台帳ネットワークシステムの利用を可能に（住民基本台帳法）

　　※不動産登記法，表題部所有者不明土地の登記及び管理の適正化に関する法律，農地法，農地中間管理事業の推進に関する法律及び森林経営管理法

⑤ 公立大学法人における年度計画及び各事業年度に係る業務の実績等に関する評価について，廃止（中期計画に適正な業務運営のための指標を追加）（地方独立行政法人法）

⑥ 戸籍証明書等の広域交付について，公用請求を行う市町村による利用を可能に（戸籍法）

⑦ 建築確認等を行う建築主事等について，資格者検定の受検時に必要な実務経験を登録までに習得すれば良いこととするとともに，小規模な建築物に係る建築確認等のみを行う建築副主事等として，資格者検定に合格した二級建築士等で一定の実務経験を習得した者からの任命を可能に（建築基準法）

■ 施行期日　(1)直ちに施行できるもの→公布の日(令和5年6月16日)
　　　　　　(2)(1)により難い場合→(1)以外の個別に定める日

出典　内閣府HP「地域の自主性及び自立性を高めるための改革の推進を図るための関係法律の整備に関する法律（第13次地方分権一括法）の概要」を一部改変

一層の推進が図られており，令和5年6月には第13次一括法が公布され，就学前の子どもに関する教育，保育等の総合的な提供の推進に関する法律等が改正され，さらなる地方公共団体に対する義務づけ・枠づけ等の見直しが順次実施されることとなった（図1-8参照）。

第4節　地域共生社会の実現に向けた取組み

　かつて，地域における相互扶助や家族同士の助け合いが，子育てや介護の主な担い手という時代もあったが，今ではこうした支援は，公的制度により担われるのが当たり前になっている。戦後，児童福祉，障害者福祉，高齢者福祉等の対象者別の公的な支援制度が拡充されていくなかで，地域社会の役割が大きく変化したともいえる。

　一方，近年の急速な人口減少により，分野横断の公的支援を安定的・継続的に供給することが困難な地域が出はじめている。また，子育てと介護に同時に直面する世帯や，障害のある子と要介護の親が同居する世帯への支援など，福祉ニーズの多様化や課題の複合化・複雑化に対応するには，従来の縦割り行政では対処が難しいという課題も浮かびあがってきた。

　こうした状況を背景に，制度・分野ごとの『縦割り』や「支え手」「受け手」という関係を超えて，地域住民や地域の多様な主体が，地域の課題に対し，『我が事』として参画し，世代や分野を超えて『丸ごと』つながることで，これからの地域を創っていこうとする「地域共生社会」の実現に向けた取組みが進められている。

1───新たな時代に対応した福祉の提供ビジョン

　平成29年2月，厚生労働省は，「「地域共生社会」の実現に向けて（当面の改革工程）」を公表し，平成29年の介護保険制度の見直し，平成30年度の介護・障害福祉の報酬改定，さらには，生活困窮者自立支援制度の見直しなど，2020年代初頭の全面展開を目指した改革のスケジュールを示した。

　こうした「地域共生社会」の実現に向けた厚生労働省の取組みは，平成27年6月の「新たな福祉サービスのシステム等の在り方検討プロジェクトチーム」（以下「検討PT」という）の設置に端を発する。

　労働力人口が減少するなかで，いかに良質なサービスを効果的・効率的に提供していくか，そのために人材確保をどうするかといった課題に対し，部局横断で検討をはじめ，同年9月には「新たな時代に対応した福祉の提供ビジョン」を策定した。これにより，①包括的な相談支援システム，②高齢，障害，児童等への総合的な支援の提供，③効果的・効率的なサービス提供のための生産性の向上，④総合的な人材の育成・確保を柱に，「誰もが支え合う共生社会の実現」に向けた改革の方向性が打ち出された

図1-9●新たな時代に対応した福祉の提供ビジョン

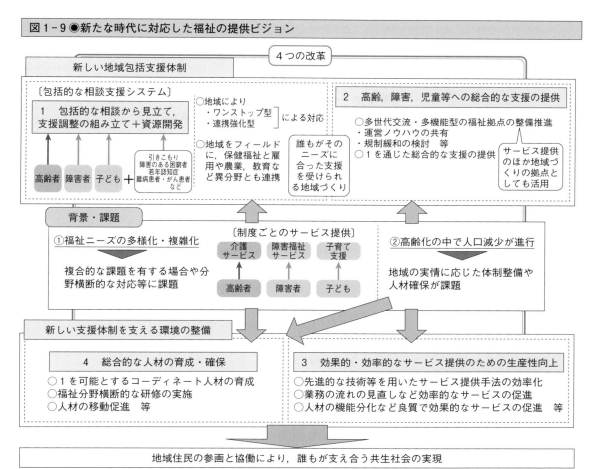

出典　厚生労働省「新たな福祉サービスのシステム等のあり方検討プロジェクトチーム・幹事会」（平成27年9月17日）資料

（図1-9参照）。

　さらに，検討PTでは，平成28年の3月に「地域の実情に合った総合的な福祉サービスの提供に向けたガイドライン」を公表し，分野横断による総合的なサービス提供の阻害要因となりうる規制（人員配置基準等）について考え方をまとめた。これは，従来の制度でも対応が可能な取組みの推進を図ったもので，人員配置基準，設備基準の緩和等の抜本的な対応は，平成30年度の報酬改定にあわせて実施された。

2 ─── ニッポン一億総活躍プラン

　平成27年9月，安倍晋三内閣総理大臣が，少子高齢化という構造的な問題に対し真正面から取り組むとの姿勢を表明し，一億総活躍社会の実現を目標に掲げた。同年10月に「一億総活躍国民会議」を設置すると，翌月には緊急対策をとりまとめ，保育対策等の特に緊急対応を要する事業を平成27年度補正予算に計上した。

　こうした経緯を経て，平成28年6月2日，「ニッポン一億総活躍プラン」が閣議決

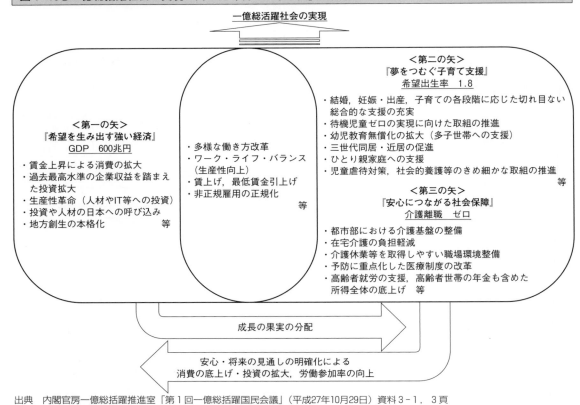

図 1-10●一億総括躍社会の実現に向けた「新・三本の矢」の関係

一億総活躍社会の実現

＜第一の矢＞
『希望を生み出す強い経済』
GDP　600兆円

・賃金上昇による消費の拡大
・過去最高水準の企業収益を踏まえた投資拡大
・生産性革命（人材やIT等への投資）
・投資や人材の日本への呼び込み
・地方創生の本格化　　　等

・多様な働き方改革
・ワーク・ライフ・バランス（生産性向上）
・賃上げ，最低賃金引上げ
・非正規雇用の正規化
　　　　　　　　　　等

＜第二の矢＞
『夢をつむぐ子育て支援』
希望出生率　1.8

・結婚，妊娠・出産，子育ての各段階に応じた切れ目ない総合的な支援の充実
・待機児童ゼロの実現に向けた取組の推進
・幼児教育無償化の拡大（多子世帯への支援）
・三世代同居・近居の促進
・ひとり親家庭への支援
・児童虐待対策，社会的養護等のきめ細かな取組の推進
　　　　　　　　　　等

＜第三の矢＞
『安心につながる社会保障』
介護離職　ゼロ

・都市部における介護基盤の整備
・在宅介護の負担軽減
・介護休業等を取得しやすい職場環境整備
・予防に重点化した医療制度の改革
・高齢者就労の支援，高齢者世帯の年金も含めた所得全体の底上げ　等

成長の果実の分配

安心・将来の見通しの明確化による
消費の底上げ・投資の拡大，労働参加率の向上

出典　内閣官房一億総括躍推進室「第1回一億総括躍国民会議」（平成27年10月29日）資料3-1，3頁

定された。

　一億総活躍社会は，アベノミクスによる成長の果実を活用して，子育て支援や社会の基盤を強化し，それがさらに経済を強くするという新たな経済社会システム創設への挑戦であり，真に効果的な施策に重点化して推進することが実現の鍵となる。このため，希望を生み出す強い経済（第一の矢），夢をつむぐ子育て支援（第二の矢），安心につながる社会保障（第三の矢）の新・三本の矢のもと，GDP600兆円（第一の矢の的），希望出生率1.8（第二の矢の的），介護離職ゼロ（第三の矢の的）を的として，実行すべき施策とその時期が具体的に示された（図1-10参照）。

　このうち，地域共生社会の実現については，「子供・高齢者・障害者など全ての人々が地域，暮らし，生きがいを共に創り，高め合うことができる「地域共生社会」を実現する。」と，第三の矢のメルクマールとして盛り込まれた。同日に閣議決定された「経済財政運営と改革の基本方針2016」（いわゆる「骨太方針2016」）においても，同様の記述が盛り込まれ，「地域共生社会」の実現は，国の目指すところとして明確に位置づけられることとなった。

3 ─── 「我が事・丸ごと」の地域づくり

　平成28年7月，厚生労働省は，厚生労働大臣を本部長とする「我が事・丸ごと」地域共生社会実現本部（以下「実現本部」という）を設置するとともに，実現本部の下には，「地域力強化」「公的サービス改革」「専門人材」の個別テーマごとのワーキンググループを設け，「地域共生社会」の実現に向け，省内の縦割りを排した幅広い検討を進めることとした。

　これにより，「他人事」になりがちな地域づくりを，地域住民が「我が事」として捉え主体的に取り組む仕組みの構築や，対象者ごとに整備された「縦割り」の公的福祉サービスを「丸ごと」へと転換を図る体制整備を進めるため，「地域共生社会」の実現に向けた，取組みが加速的に進められている。

　また，平成28年10月には，「地域力強化」のワーキンググループにおいて，具体的実例に基づく検討を行うため，「地域における住民主体の課題解決力強化・相談支援体制の在り方に関する検討会（地域力強化検討会）」が開催された。

　同検討会は，①住民主体による地域課題の解決力強化・体制づくりの在り方，②市町村による包括的な相談支援体制の整備の在り方，③寄附文化の醸成に向けた取組みについて4回にわたる議論を重ね，平成28年12月に中間とりまとめを策定した。ここでの議論も踏まえ，平成29年2月には，「我が事・丸ごと」の体制整備について地域福祉計画に記載する等の社会福祉法改正を盛り込んだ「地域包括ケアシステムの強化のための介護保険法等の一部を改正する法律案」（いわゆる「地域包括ケア強化法案」）が国会に提出された。なお，その後も，①市町村における包括的な支援体制の構築，②地域福祉計画の策定ガイドラインの改定，さらには，③「我が事・丸ごと」の地域づくりの今後の展開に資するよう議論が進められ，平成29年9月に最終とりまとめが行われた。

4 ─── 地域包括ケア強化法

　前述のとおり，平成29年2月に国会に提出された「地域包括ケアシステムの強化のための介護保険法等の一部を改正する法律案」には，介護保険制度の見直しのほか，地域共生社会の実現の観点から，社会福祉法等の見直しも盛り込まれた。国会での審議を経て，同年5月に可決・成立，同年6月に公布され，平成30年4月から，①社会福祉法の改正により，市町村による地域住民と行政等の協働による包括的支援体制づくりや，福祉分野の共通事項を記載した地域福祉計画の策定が努力義務として課されるとともに，②介護保険法および障害者総合支援法の改正により，障害者と高齢者が，同一の事業所を利用しやすくするための「共生型サービス」が創設された（図1-11参照）。

　包括的支援体制については，これまで高齢者施策における「地域包括ケアシステム」

図1-11●地域共生社会の実現に向けた取組みの推進

「我が事・丸ごと」の地域作り・包括的な支援体制の整備

1．「我が事・丸ごと」の地域福祉推進の理念を規定
　地域福祉の推進の理念として，支援を必要とする住民（世帯）が抱える多様で複合的な地域生活課題について，住民や福祉関係者による①把握及び②関係機関との連携等による解決 が図られることを目指す旨を明記。
2．この理念を実現するため，市町村が以下の包括的な支援体制づくりに努める旨を規定
　○地域住民の地域福祉活動への参加を促進するための環境整備
　○住民に身近な圏域において，分野を超えて地域生活課題について総合的に相談に応じ，関係機関と連絡調整等を行う体制（＊）
　　（＊）例えば，地区社協，市区町村社協の地区担当，地域包括支援センター，相談支援事業所，地域子育て支援拠点，利用者支援事業，社会福祉法人，NPO法人等
　○主に市町村圏域において，生活困窮者自立相談支援機関等の関係機関が協働して，複合化した地域生活課題を解決するための体制
3．地域福祉計画の充実
　○市町村が地域福祉計画を策定するよう努めるとともに，福祉の各分野における共通事項を定め，上位計画として位置づける。（都道府県が策定する地域福祉支援計画についても同様。）

※法律の公布後3年を目途として，2の体制を全国的に整備するための方策について検討を加え，必要があると認めるときは，その結果に基づいて所要の措置を講ずる旨の附則を置く。

新たに共生型サービスを位置づけ

○高齢者と障害児者が同一の事業所でサービスを受けやすくするため，介護保険と障害福祉両方の制度に新たに共生型サービスを位置付ける。（指定基準等は，平成30年度介護報酬改定及び障害福祉サービス等報酬改定時に対応）

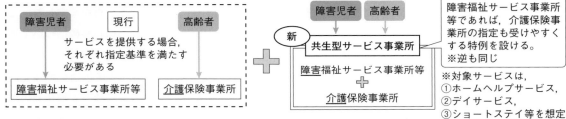

資料　厚生労働省HP「平成29年（2017年）介護保険法改正」（平成29年6月2日），4頁を一部改変

の構築や，生活困窮者に対する「生活困窮者自立支援制度」の創設など，各制度において支援の包括化や地域連携，ネットワークづくりが推進されてきたが，今後は，これらを着実に進めつつ，こうしたコンセプトの適用を拡げ，多様なニーズをすくい取る「全世代・全対象型地域包括支援体制」の構築を目指すこととなる。

5 ── 生活困窮者自立支援制度の見直し

　生活困窮者自立支援法に基づく自立相談支援機関には，地域共生社会が目指す「総合的な相談支援」の中核機関の役割を担うものとして，期待が寄せられている。

　平成27年の制度発足から2年間で，新規相談者が約45万人を数えるなど，着実な定着をみせたが，その一方で，任意事業の実施率が3割〜4割と低調で，自治体ごとの格差の問題も浮き彫りになった。

　制度の在り方について，法の附則規定において，施行後3年を目途に施行状況を踏

まえた見直しを行うことが定められていることや，経済・財政再生計画改革工程表（平成28年12月21日経済財政諮問会議決定）においても，生活保護制度の在り方の検討にあわせ，生活困窮者自立制度の在り方について検討を行い，必要な措置を講ずることが示唆されたことも踏まえ，平成28年10月に「生活困窮者自立支援の在り方に関する論点整理のための検討会」が設置された。

　平成29年3月まで7回にわたる検討により，今後のさらなる対応を要する課題と主な論点の整理が行われると，同年5月からは，これを引き継ぐ形で，社会保障審議会「生活困窮者自立支援及び生活保護部会」において，見直しの検討が行われた。その後，平成30年度の通常国会に改正法案が提出され，同年6月8日「生活困窮者等の自立を促進するための生活困窮者自立支援法等の一部を改正する法律」として公布された。その施行時期は多岐にわたるが，「地域生活困窮者支援を通じた地域共生社会の実現に向けた地域づくり」を目指した取組みの拡充が順次図られることとなった（第3章第10・11節参照）。

図1-12●地域共生社会の実現に向けた取組みに関するこれまでの経緯	
平成27年　6月	「新たな福祉サービスのシステム等の在り方検討プロジェクトチーム」の設置（厚生労働省）
9月	「新たな時代に対応した福祉の提供ビジョン」（厚生労働省）
平成28年　6月	「ニッポン一億総活躍プラン」（閣議決定）※地域共生社会の実現が盛り込まれる
7月	「「我が事・丸ごと」地域共生社会実現本部」の設置（厚生労働省）
10月	「地域力強化検討会（地域における住民主体の課題解決力強化・相談支援体制の在り方に関する検討会）」の設置（厚生労働省）
12月	「地域力検討会　中間とりまとめ」（厚生労働省）
平成29年　2月	「地域包括ケアシステムの強化のための介護保険法等の一部を改正する法律案」の国会提出※社会福祉法等の改正
5月	社会保障審議会「生活困窮者自立支援及び生活保護部会」の設置
6月	「地域包括ケアシステムの強化のための介護保険法等の一部を改正する法律」の公布（平成30年4月施行）
9月	「地域における住民主体の課題解決力強化・相談支援体制の在り方に関する検討会（地域力強化検討会）」（最終とりまとめ）
平成30年　1月	福祉系国家資格を持つ者への保育士養成課程・保育士試験科目の一部免除に関する省令・告示の一部改正
2月	「生活困窮者等の自立を促進するための生活困窮者自立支援法等の一部を改正する法律案」の国会提出
6月	「生活困窮者等の自立を促進するための生活困窮者自立支援法等の一部を改正する法律」の公布（平成30年10月施行等）
令和元年　5月	「地域共生社会推進検討会（地域共生社会に向けた包括的支援と多様な参加・協働の推進に関する検討会）」の設置
7月	地域共生社会推進検討会　中間とりまとめ
12月	地域共生社会推進検討会　最終とりまとめ
令和2年　3月	「地域共生社会の実現のための社会福祉法等の一部を改正する法律案」の国会提出
6月	「地域共生社会の実現のための社会福祉法等の一部を改正する法律」の公布（令和3年4月施行等）

6 ——— 地域共生社会の実現のための社会福祉法等の一部を改正する法律

前述のとおり，「地域包括ケアシステムの強化のための介護保険法等の一部を改正する法律」による社会福祉法の改正により，市町村に包括的な支援体制づくりを求める規定が置かれることとなったが，同改正法の附則では，さらに令和2年を目途として，包括的な支援体制を全国的に整備するための方策について検討を加え，その結果に基づいて所要の措置を講ずることと規定された。

また，平成30年10月に厚生労働省に設置された「2040年を展望した社会保障・働き方改革本部」においても，「地域共生・地域の支え合いの実現」が論点の1つの柱に

図1-13●地域共生社会の実現のための社会福祉法等の一部を改正する法律（令和2年法律第52号）の概要

改正の趣旨

地域共生社会の実現を図るため，地域住民の複雑化・複合化した支援ニーズに対応する包括的な福祉サービス提供体制を整備する観点から，市町村の包括的な支援体制の構築の支援，地域の特性に応じた認知症施策や介護サービス提供体制の整備等の推進，医療・介護のデータ基盤の整備の推進，介護人材確保及び業務効率化の取組の強化，社会福祉連携推進法人制度の創設等の所要の措置を講ずる。

※地域共生社会：子供・高齢者・障害者など全ての人々が地域，暮らし，生きがいを共に創り，高め合うことができる社会
（ニッポン一億総活躍プラン（平成28年6月2日閣議決定））

改正の概要

1. 地域住民の複雑化・複合化した支援ニーズに対応する市町村の包括的な支援体制の構築の支援【社会福祉法，介護保険法】
   市町村において，既存の相談支援等の取組を活かしつつ，地域住民の抱える課題の解決のための包括的な支援体制の整備を行う，新たな事業及びその財政支援等の規定を創設するとともに，関係法律の規定の整備を行う。

2. 地域の特性に応じた認知症施策や介護サービス提供体制の整備等の推進【介護保険法，老人福祉法】
   ① 認知症施策の地域社会における総合的な推進に向けた国及び地方公共団体の努力義務を規定する。
   ② 市町村の地域支援事業における関連データの活用の努力義務を規定する。
   ③ 介護保険事業（支援）計画の作成にあたり，当該市町村の人口構造の変化の見通しの勘案，高齢者向け住まい（有料老人ホーム・サービス付き高齢者向け住宅）の設置状況の記載事項への追加，有料老人ホームの設置状況に係る都道府県・市町村間の情報連携の強化を行う。

3. 医療・介護のデータ基盤の整備の推進【介護保険法，地域における医療及び介護の総合的な確保の促進に関する法律】
   ① 介護保険レセプト等情報・要介護認定情報に加え，厚生労働大臣は，高齢者の状態や提供される介護サービスの内容の情報，地域支援事業の情報の提供を求めることができると規定する。
   ② 医療保険レセプト情報等のデータベース（NDB）や介護保険レセプト情報等のデータベース（介護DB）等の医療・介護情報の連結精度向上のため，社会保険診療報酬支払基金等が被保険者番号の履歴を活用し，正確な連結に必要な情報を安全性を担保しつつ提供することができることとする。
   ③ 社会保険診療報酬支払基金の医療機関等情報化補助業務に，当分の間，医療機関等が行うオンライン資格確認の実施に必要な物品の調達・提供の業務を追加する。

4. 介護人材確保及び業務効率化の取組の強化【介護保険法，老人福祉法，社会福祉士及び介護福祉士法等の一部を改正する法律】
   ① 介護保険事業（支援）計画の記載事項として，介護人材確保及び業務効率化の取組を追加する。
   ② 有料老人ホームの設置等に係る届出事項の簡素化を図るための見直しを行う。
   ③ 介護福祉士養成施設卒業者への国家試験義務付けに係る現行5年間の経過措置を，さらに5年間延長する。

5. 社会福祉連携推進法人制度の創設【社会福祉法】
   社会福祉事業に取り組む社会福祉法人やNPO法人等を社員として，相互の業務連携を推進する社会福祉連携推進法人制度を創設する。

施行期日

令和3年4月1日（ただし，3②及び5は公布の日から2年を超えない範囲の政令で定める日，3③及び4③は公布日）

資料　厚生労働省HP「地域共生社会の実現のための社会福祉法等の一部を改正する法律（令和2年法律第52号）の概要」

位置づけられている。

　厚生労働省では，令和元年5月「地域共生社会に向けた包括的支援と多様な参加・協働の推進に関する検討会」（地域共生社会推進検討会）を設置し，包括的な支援体制を全国的に整備するための方策の検討を行うこととした。同検討会では，より広い視点にたって，今後の社会保障において強化すべき機能や，多様な社会参加と多様な主体による協働を推進するための方策についても議論の対象とし，同年12月に最終とりまとめを公表した。また，同検討会による議論等を踏まえ，「地域共生社会の実現のための社会福祉法等の一部を改正する法律案」が令和2年3月に国会に提出され，同法案は同年6月に可決・成立した。同法の成立により，重層的支援体制整備事業の創設や地域住民の複雑化・複合化した支援ニーズに対応する包括的な福祉サービス提供体制の整備等が，順次展開されていくこととなった（図1-13参照）。

第5節　直近の社会保障制度の動向

1 —— 感染症への対応

　令和2年1月以降，新型コロナウイルス感染症（COVID-19）が急拡大したことで経済活動が止まり，国民の雇用や収入にも大きく影響した。こうした状況を踏まえ，令和2年4月に国民1人につき10万円の特別定額給付金が支給されるなど各種家計支援が行われた。

　感染症の予防及び感染症の患者に対する医療に関する法律では，感染症について感染力や感染した場合の重篤性などを総合的に勘案して1～5類等に分類しており，COVID-19は流行初期には2類相当に分類されていたが，令和5年5月8日から5類感染症へと見直された。この見直しにより，規制が緩和され，外出自粛等の要請が無くなった一方で，これまで公費によって支払われていた医療費に1～3割の自己負担が適用されるなど，国民の生活への影響もみられた。

2 —— 骨太の方針2023

　世界情勢による経済への打撃等に対応した「経済財政運営と改革の基本方針2023 加速する新しい資本主義～未来への投資の拡大と構造的賃上げの実現～」（骨太の方針2023）が令和5年6月18日に閣議決定された。物価高に対応するための賃上げや少子化対策・こども政策の強化等，これからの社会保障制度の課題克服に向けた改革を進めることが明記された。

　少子化対策において，令和4年の出生数は統計開始以降，最も少ない77万747人となり，わが国の喫緊の課題となっている。こうした状況を踏まえ，令和5年4月に創

設されたこども家庭庁では,「こども未来戦略方針」を策定した。若者・子育て世代の所得向上を目指し, 経済的な不安定さの解消などに取り組むことが示された。

●第2章● 社会福祉の基盤

第1節　国・自治体の組織

1 ──── 国の組織

　社会福祉に関する国の行政機関の中心は厚生労働省であり，社会・援護局，障害保健福祉部および老健局がその事務を担当している（図2-1参照）。

　社会・援護局には，総務課，保護課，地域福祉課，福祉基盤課，援護企画課，援護・業務課，事業課の7課が置かれており，社会福祉法，日本赤十字社法，生活保護法，災害救助法，災害弔慰金の支給等に関する法律，民生委員法，消費生活協同組合法，独立行政法人福祉医療機構法，社会福祉施設職員等退職手当共済法，社会福祉士及び介護福祉士法，未帰還者留守家族等援護法，未帰還者に関する特別措置法，戦傷病者特別援護法，戦傷病者戦没者遺族等援護法等を所管し施行している。

　障害保健福祉部には，企画課，障害福祉課，精神・障害保健課の3課が置かれており，障害者の日常生活及び社会生活を総合的に支援するための法律（障害者総合支援法），特別児童扶養手当等の支給に関する法律，身体障害者福祉法，知的障害者福祉法，発達障害者支援法，身体障害者補助犬法，精神保健及び精神障害者福祉に関する法律等を所管し施行している。

　老健局には，総務課，介護保険計画課，高齢者支援課，認知症施策・地域介護推進課，老人保健課の5課が置かれており，老人福祉法，介護保険法，福祉用具の研究開発及び普及の促進に関する法律等を所管し施行している。

　このほか広義の社会福祉に関する行政機関としては，各省庁に関係する部局がある。

　令和5年4月1日には，こども家庭庁が創設された。厚生労働省旧子ども家庭局で所管している施策と障害保健福祉部で所管していた障害児施策が移管され，文部科学省や内閣府子ども・子育て支援本部など，これまで各省庁にまたがっていたこども，子育て世帯への支援施策を総合的に担う組織として運用が始まった（第5章第1節参照）。

2 ──── 地方公共団体の組織

　都道府県においては知事の事務部局として，条例で社会福祉関係の所要の部局が置かれている。東京都においては令和5年7月より，福祉保健局が改編され，福祉局・保健医療局，道府県においては健康福祉部，福祉保健部等の名称で設置されている。またこれらの部局の下に福祉保健課，福祉総務課等が設けられており，このほか，知事の下には，社会福祉に関する専門の行政機関として，福祉事務所，身体障害者更生相談所，知的障害者更生相談所，婦人相談所（令和6年4月より「女性相談支援センター」へ改称）および児童相談所が置かれている。

図2-1●厚生労働省組織図（令和5年9月1日現在）

```
                ┌─ 大臣官房·················· 人事課，総務課，会計課，地方課，国際課，厚生科学課
                ├─ 医 政 局·················· 総務課，地域医療計画課，医療経営支援課，医事課，歯科保健課，看護課，
                │                           医薬産業振興・医療情報企画課，研究開発政策課
                ├─ 健康・生活衛生局·········· 総務課，健康課，がん・疾病対策課，難病対策課，生活衛生課，水道課，
                │                           食品基準審査課，食品監視安全課
                │  └─ 感染症対策部·········· 企画・検疫課，感染症対策課，予防接種課
                ├─ 医薬局···················· 総務課，医薬品審査管理課，医療機器審査管理課，医薬安全対策課，監視
                │                           指導・麻薬対策課，血液対策課
                ├─ 労働基準局················ 総務課，労働条件政策課，監督課，労働関係法課，賃金課，労災管理課，
                │                           労働保険徴収課，補償課，労災保険業務課
                │  └─ 安全衛生部············ 計画課，安全課，労働衛生課，化学物質対策課
                ├─ 職業安定局················ 総務課，雇用政策課，雇用保険課，需給調整事業課，外国人雇用対策課，
                │                           雇用開発企画課，高齢者雇用対策課，障害者雇用対策課，地域雇用対策課，
                │                           労働市場センター業務室
                ├─ 雇用環境・均等局·········· 総務課，雇用機会均等課，有期・短時間労働課，職業生活両立課，在宅労
                │                           働課，勤労者生活課
 厚            ├─ 社会・援護局·············· 総務課，保護課，地域福祉課，福祉基盤課，援護企画課，援護・業務課，事業課
 生            │  └─ 障害保健福祉部········ 企画課，障害福祉課，精神・障害保健課
 労            ├─ 老 健 局·················· 総務課，介護保険計画課，高齢者支援課，認知症施策・地域介護推進課，
 働            │                           老人保健課
 省            ├─ 保 険 局·················· 総務課，保険課，国民健康保険課，高齢者医療課，医療介護連携政策課，
                │                           医療課，調査課
                ├─ 年 金 局·················· 総務課，年金課，国際年金課，資金運用課，企業年金・個人年金課，数理課，
                │                           事業企画課，事業管理課
                ├─ 人材開発統括官············ 参事官
                ├─ 政策統括官················ 参事官
                └─ サイバーセキュ
                   リティ・情報化
                   審議官·················· 参事官
```

〔施設等機関〕　検疫所（13）
　　　　　　　　国立ハンセン病療養所（13）
　　　　　　　　試験研究機関（4）…国立医薬品食品衛生研究所，国立保健医療科学院，国立社会保障・人口問
　　　　　　　　　　題研究所，国立感染症研究所
　　　　　　　　更生援護機関…国立障害者リハビリテーションセンター

〔審議会等〕　　社会保障審議会，厚生科学審議会，労働政策審議会，医道審議会，薬事・食品衛生審議会，が
　　　　　　　　ん対策推進協議会，肝炎対策推進協議会，アレルギー疾患対策推進協議会，中央最低賃金審議
　　　　　　　　会，労働保険審査会，過労死等防止対策推進協議会，アルコール健康障害対策関係者会議，中
　　　　　　　　央社会保険医療協議会，社会保険審査会，疾病・障害認定審査会，援護審査会，国立研究開発
　　　　　　　　法人審議会，ハンセン病元患者家族補償金認定審査会，循環器病対策推進協議会，医薬品等行
　　　　　　　　政評価・監視委員会，特定石綿被害建設業務労働者等認定審査会

〔特別の機関〕　自殺総合対策会議

〔地方支分部局〕 地方厚生（支）局（8），都道府県労働局（47）

〔外局〕　　　　 中央労働委員会事務局…総務課，審査課，調整第一課，調整第二課，審査総括官

　　　　指定都市については，社会福祉に関して都道府県とほぼ同様の事務を処理すること
　　とされているので，一部の例外（身体障害者更生相談所，知的障害者更生相談所，婦
　　人相談所は任意設置とされていること）を除いて都道府県とほぼ同様の組織となって
　　いる。

一般の市，特別区および町村においては，市区町村長の事務部局として条例により必要な部課が設けられているほか，市および特別区は義務的に，町村は任意に，福祉事務所を設けることとなっている。

ところで地方公共団体には，一般職員のほか専門的な業務に従事する職員が配置されている。その主なものは，福祉事務所等に置かれる社会福祉主事，児童相談所に置かれる児童福祉司，都道府県の福祉事務所等に置かれる身体障害者福祉司および知的障害者福祉司等（市および町村の福祉事務所については任意設置）である。また，これらの専門的職員とは別に，福祉事務所等に置かれ，在宅の要援護者に対して生活一般に関する相談指導にあたるものに相談員がある。現在制度化されているものには，児童相談所の相談員，身体障害者相談員，婦人相談員（令和6年4月1日より「女性相談支援員」へ改称），母子・父子自立支援員および知的障害者相談員がある。

なお，「老人福祉法等の一部を改正する法律」（福祉関係8法改正）により，措置権委譲に対応すべく都道府県および市町村の福祉事務所の所掌事務の明確化，社会福祉主事の福祉事務所未設置町村への任意設置等が平成5年4月1日より施行された。また，平成11年の「地方分権の推進を図るための関係法律の整備等に関する法律」（地方分権一括法）により，福祉事務所の設置基準の廃止など社会福祉関係の各種必置規制についても，廃止・緩和等の措置が講ぜられたところである。また，この地方分権一括法により，地方自治体が行っている事務については，「法定受託事務」および「自治事務」に区分されることとなった。

---

① **法定受託事務**
　〇第一号法定受託事務
　　都道府県，市町村又は特別区が処理することとされる事務のうち，国が本来果たすべき役割に係るものであって，国においてその適正な処理を特に確保する必要があるものとして法律又はこれに基づく政令に特に定めるもの
　〇第二号法定受託事務
　　市町村又は特別区が処理することとされる事務のうち，都道府県が本来果たすべき役割に係るものであって，都道府県においてその適正な処理を特に確保する必要があるものとして法律又はこれに基づく政令に特に定めるもの
② **自治事務**
　　地方公共団体が処理する事務のうち，法定受託事務以外のもの

その後，平成12年の「社会福祉の増進のための社会福祉事業法等の一部を改正する等の法律」による改正を受けて，平成15年度より知的障害者更生施設等への入所や知的障害者短期入所に係る事務，知的障害者地域生活援助事業（グループホーム）に係る事務，児童短期入所（障害児のショートステイ）に係る事務などが都道府県から市町村へ委譲された。これにより，従来から市町村が担当していた在宅サービスに関する事務とあわせ，知的障害者福祉に関する事務は市町村が一元的に行うことになった。

現在，わが国の社会福祉の実施体制は図2-2のようになっている。

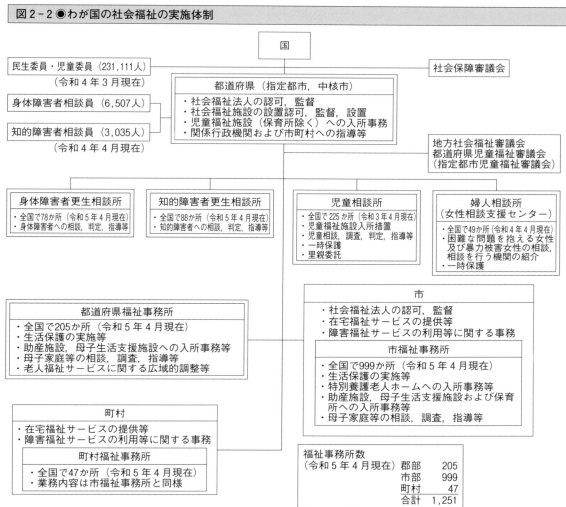

図2-2 ● わが国の社会福祉の実施体制

国

民生委員・児童委員（231,111人）
（令和4年3月現在）

身体障害者相談員（6,507人）

知的障害者相談員（3,035人）
（令和4年4月現在）

社会保障審議会

都道府県（指定都市，中核市）
・社会福祉法人の認可，監督
・社会福祉施設の設置認可，監督，設置
・児童福祉施設（保育所除く）への入所事務
・関係行政機関および市町村への指導等

地方社会福祉審議会
都道府県児童福祉審議会
（指定都市児童福祉審議会）

身体障害者更生相談所
・全国で78か所（令和5年4月現在）
・身体障害者への相談，判定，指導等

知的障害者更生相談所
・全国で88か所（令和5年4月現在）
・知的障害者への相談，判定，指導等

児童相談所
・全国で225か所（令和3年4月現在）
・児童福祉施設入所措置
・児童相談，調査，判定，指導等
・一時保護
・里親委託

婦人相談所
（女性相談支援センター）
・全国で49か所（令和4年4月現在）
・困難な問題を抱える女性及び暴力被害女性の相談，相談を行う機関の紹介
・一時保護

都道府県福祉事務所
・全国で205か所（令和5年4月現在）
・生活保護の実施等
・助産施設，母子生活支援施設への入所事務等
・母子家庭等の相談，調査，指導等
・老人福祉サービスに関する広域的調整等

市
・社会福祉法人の認可，監督
・在宅福祉サービスの提供等
・障害福祉サービスの利用等に関する事務

市福祉事務所
・全国で999か所（令和5年4月現在）
・生活保護の実施等
・特別養護老人ホームへの入所事務等
・助産施設，母子生活支援施設および保育所への入所事務等
・母子家庭等の相談，調査，指導等

町村
・在宅福祉サービスの提供等
・障害福祉サービスの利用等に関する事務

町村福祉事務所
・全国で47か所（令和5年4月現在）
・業務内容は市福祉事務所と同様

福祉事務所数
（令和5年4月現在）　郡部　　205
　　　　　　　　　　市部　　999
　　　　　　　　　　町村　　　47
　　　　　　　　　　合計　1,251

注　二重線囲い＝都道府県機関
　　児童相談所は政令指定都市・中核市にも設置されている。また，身体障害者更生相談所と知的障害者更生相談所は，政令指定都市において設置しているところもある。
出典　厚生労働省編『厚生労働白書（令和5年版）』（資料編），194頁，2023. を一部改変

第2節　各種審議会

　社会福祉に関する付属機関としては，まず厚生労働大臣の諮問機関としての審議会がある。現在設けられている審議会には，社会保障審議会がある。

　地方公共団体においては，都道府県（指定都市，中核市）に地方社会福祉審議会および都道府県（指定都市，中核市）児童福祉審議会が置かれており，また市町村には，必要に応じて市町村児童福祉審議会を設けることができることになっている。

　このほか，内閣府に障害者政策委員会が内閣総理大臣，厚生労働大臣または関係各大臣に対する意見具申機関として設置され，都道府県（指定都市）にそれぞれ都道府

県等における合議制の機関が設置されている。また，こども家庭庁においては，内閣総理大臣又はこども家庭庁長官の諮問に応じて，こども家庭審議会が設置されている。

第3節 福祉事務所，相談所

国民生活に直結した福祉活動を推進するため，社会福祉に関する専門の行政機関として設置されている。

1 ── 福祉事務所

福祉事務所は，昭和26年に社会福祉事業法（現・社会福祉法）に基づいて創設され，生活保護法，児童福祉法，身体障害者福祉法の3法をつかさどる第一線の行政機関として発足した。その後，昭和35年に精神薄弱者福祉法（現・知的障害者福祉法）が，昭和38年に老人福祉法が制定され，さらに昭和39年に母子福祉法（現・母子及び父子並びに寡婦福祉法）が制定されるに及んで，福祉事務所は社会福祉6法に関する業務を行う社会福祉行政の中核的な第一線の現業機関として設置されている。

なお，福祉事務所制度については昭和26年に創設されて以来，基本的な変革は行われずにきたが，平成2年の福祉関係8法改正により，都道府県および市町村の福祉事務所の所掌事務の明確化等福祉事務所機能の再編成が行われ，平成5年4月1日より施行された。また，平成11年の地方分権一括法により，福祉事務所の設置，廃止，職員の配置基準が改正され，平成12年4月1日より施行された。

さらに，平成12年の「社会福祉の増進のための社会福祉事業法等の一部を改正する等の法律」により，知的障害者福祉等に関する事務の権限委譲が行われ，平成15年4月1日より施行された。

平成5年には老人および身体障害者福祉分野で，平成15年には知的障害者福祉分野で，それぞれ施設入所措置事務等が都道府県から市町村へ委譲されている。

現在，福祉事務所は，図2-3に示すような活動を行っている。

1 福祉事務所の設置

福祉事務所は，社会福祉法により都道府県および市についてはその設置が義務づけられ，町村は行財政の能力等が考慮され任意設置となっている。

福祉事務所の発足当時は，都道府県が設置する事務所，すなわち郡部福祉事務所475，市が設置する福祉事務所334（町村2を含む），計809事務所であったが，昭和28年の町村合併促進法の施行以来，新市に多数誕生し，令和5年4月現在，都道府県205，市（特別区を含む）999，町村47，計1251か所となっている（表2-1参照）。

図2-3●福祉事務所の活動

郡部福祉事務所 市部福祉事務所		
生活保護の決定と実施（生活保護法）	児童，妊産婦の実情把握・相談・調査指導，助産施設および母子生活支援施設への入所事務等（児童福祉法）	母子家庭の実情把握・相談および調査指導等（母子及び父子並びに寡婦福祉法）

郡部福祉事務所		
老人福祉（老人福祉法）	身体障害者福祉（身体障害者福祉法）	知的障害者福祉（知的障害者福祉法）
広域連絡調整機関として，①市町村相互間の連絡調整，情報提供，助言・支援等，②各市町村の実態把握		

市部福祉事務所		
老人の実情把握，情報提供・相談および調査指導，施設への入所事務等（老人福祉法）	身体障害者の発見・相談・指導，情報提供，施設への入所事務等（身体障害者福祉法）	知的障害者の実情把握，情報提供，相談・調査指導，施設への入所事務等（知的障害者福祉法）

福祉事務所　1,251か所（令和5年4月）
査察指導員　3,762人（平成28年10月）
現　業　員　24,786人（平成28年10月）

所　長	老人福祉指導主事
査察指導員	家庭児童福祉主事
現　業　員	家庭相談員
面接相談員	婦人相談員
身体障害者福祉司	母子・父子自立支援員
知的障害者福祉司	嘱　託　医

その他福祉6法外の事務

婦人保護・災害救助・民生委員・児童委員・社会福祉協議会・生活福祉資金に関する事務等

表2-1●年次別福祉事務所数

年月 区分		昭和40.6	50.6	60.6	平成2.6	12.10	22.4	23.4	24.4	25.4	26.4	28.4	29.4	30.4	令和2.4	3.4	4.4	5.4
総　数		1,046	1,140	1,175	1,184	1,200	1,237	1,244	1,249	1,251	1,247	1,247	1,247	1,248	1,250	1,250	1,250	1,251
郡　部		381	343	344	340	341	214	214	211	210	208	208	207	207	206	205	205	205
市部	市	663	793	827	841	855	992	992	997	999	996	996	997	998	999	999	999	999
	町村	2	4	4	3	4	31	38	41	42	43	43	43	43	45	46	46	47

出典　厚生労働省HP「福祉事務所」

2　職員の現状

　福祉事務所には，社会福祉法第15条に基づき，所長のほか，査察指導員，現業員が配置されている（表2-2参照）。このほか，老人福祉の業務に従事する社会福祉主事，身体障害者福祉司，知的障害者福祉司などが配置されている福祉事務所がある。

　所員の定数は，地域の実情にあわせて条例で定めることとされているが，現業員の数については，社会福祉法第16条に基づき，各福祉事務所の被保護世帯の数に応じて定めることとなっている。

　また，査察指導員および現業員は，表2-3に掲げる職務にのみ従事することが原則であるが，その職務の遂行に支障がない場合には他の社会福祉または保健医療に関する業務を行うことができることとされており，民生委員・児童委員に関する事務，児童扶養手当に関する事務などを行っている福祉事務所が多くなっている。

　職員の資格については，査察指導員，現業員は，その職務の専門性から社会福祉主事の資格を必要とされている。しかし，資格保有率の状況は，平成28年10月現在において，査察指導員は72.8％，現業員は71.7％にとどまっている（表2-4参照）。

表2-2 ●福祉事務所職員配置状況

（平成28年10月1日現在）

	職員数（人）		職員数（人）
所　　　　　　　長		査 察 指 導 員（専 任）	1,188
専　　　　　任	321	査 察 指 導 員 の 計[2]	3,762
兼　　　　　任	932	現　　業　　員[3]	
次　　　　　　　長		専　　　　　　任	21,426
査察指導員[1]を兼務	21	兼　　　　　　任	2,800
専　　　　　任	650	非　　常　　勤	1,121
課　　　　　　　長		生活保護担当面接相談員	
査察指導員を兼務	142	専　　　　　　任	560
専　　　　　任	3,550	兼　　　　　　任	1,616
課 長 補 佐 ・ 係 長		非　　常　　勤	743
査察指導員を兼務	2,411	現 業 員 の 計[4]	24,786
専　　　　　任	8,641		

注　1)　現業員の指導監督を行う職員
　　2)　査察指導員を兼務している者（次長，課長，課長補佐・係長）と査察指導員（専任）の合計である。
　　3)　要援護者の家庭訪問，面接，資産等の調査，措置の必要の有無とその種類の判断，生活指導等を行う職員
　　4)　現業員（専任・兼任）と生活保護担当面接相談員の専任の者との合計である。
出典　厚生労働省「福祉事務所人員体制調査」

表2−3 ●福祉事務所の専門職種の主要業務および資格

職　名	主　要　業　務	資　　格
査察指導員	福祉事務所現業事務の指導監督	・社会福祉主事（＊）
現業員	援護・育成・更生を要する者の家庭訪問，面接，調査，保護そのほかの措置の必要の判断，生活指導等	・社会福祉主事（＊）
老人福祉指導主事	老人福祉に関し，福祉事務所所員への技術的指導 　老人福祉に関する情報提供，相談，調査，指導業務のうち，専門的技術を必要とする業務	・社会福祉主事（＊）であって老人福祉行政推進の中核となるに相応しい者
知的障害者福祉司	（市町村の知的障害者福祉司） 　知的障害者福祉に関し，福祉事務所所員への技術的指導 　知的障害者福祉に関する相談，調査，指導業務のうち，専門的技術を必要とする業務	・社会福祉主事（＊）であって知的障害者福祉従事経験2年以上の者 ・大学において指定科目を履修して卒業した者 ・医師 ・社会福祉士 ・指定校卒業者 ・以上に準ずる者で知的障害者福祉司として必要な学識経験を有する者
身体障害者福祉司	（市町村の身体障害者福祉司） 　身体障害者福祉に関し，福祉事務所所員への技術的指導 　身体障害者福祉に関する相談，調査，指導業務のうち，専門的技術を必要とする業務	・社会福祉主事（＊）であって身体障害者福祉従事経験2年以上の者 ・大学において指定科目を履修して卒業した者 ・医師 ・社会福祉士 ・指定校卒業者 ・以上に準ずる者で身体障害者福祉司として必要な学識経験を有する者

注＊　社会福祉主事の資格
　①　大学等において厚生労働大臣の指定した社会福祉に関する教科を3科目以上履修して卒業した者
　②　厚生労働大臣の指定する養成機関または講習会の課程を修了した者
　③　社会福祉士または精神保健福祉士　等

表2−4 ●査察指導員，現業員の有資格率の状況

（平成28年10月1日現在）

区分		社会福祉主事		社会福祉士		精神保健福祉士	
		査察指導員	現業員（常勤）	査察指導員	現業員（常勤）	査察指導員	現業員（常勤）
総数	資格取得者数（人）	2,738	17,760	282	3,250	55	669
	取得率（％）	72.8%	71.7%	7.5%	13.1%	1.5%	2.7%

出典　厚生労働省「福祉事務所人員体制調査」

2 ──── 相談所

1　身体障害者更生相談所（身体障害者福祉法第11条）

身体障害者の社会復帰などを効果的に進めていくためには，医学面，心理面，職能面等について評価，判定を行うことが必要であり，このような専門的判定を行う機関として設けられている。都道府県は義務設置（指定都市は任意設置）となっており，かつ，相談所には身体障害者福祉司を置かなければならない。

2　婦人相談所（売春防止法第34条）

要保護女子の保護更生のため，①要保護女子に関する各般の問題についての相談，②要保護女子およびその家庭について必要な調査や医学的，心理学的，職能的判定ならびにこれらに付随する必要な指導，③要保護女子の一時保護等を行う機関として設けられ，都道府県の義務設置（指定都市は任意設置）となっている。

なお，令和4年5月に公布された「困難な問題を抱える女性への支援に関する法律」により，婦人相談所は女性相談支援センターに改称される。同法は令和6年4月1日より施行予定である（第5章第11節参照）。

3　児童相談所（児童福祉法第12条）

児童の福祉に関し，①児童および妊産婦の福祉に関する必要な実情の把握，情報提供，相談，調査，指導ならびにこれらに付随する業務，②家庭等からの専門的な知識および技術を必要とする相談業務，③児童の一時保護等を行うとともに，施設入所や里親委託等の措置権を行使する行政機関であり，都道府県・指定都市の義務設置となっている。

4　知的障害者更生相談所（知的障害者福祉法第12条）

知的障害者に関する問題につき，家庭その他からの相談に応じ，18歳以上の知的障害者の医学的，心理学的および職能的判定を行う機関である。都道府県は義務設置（指定都市は任意設置）となっており，かつ，相談所には知的障害者福祉司を置かなければならない。

第4節　社会福祉法人

1 ──── これまでの経緯

社会福祉法人制度は，昭和26年に社会福祉事業法（現・社会福祉法）により，民間社会事業への規制と助成の仕組みとして創設された。当時の日本の社会福祉をめぐる

状況は，終戦による引揚者や戦災孤児，失業者などの増加により，行政のみの資源では こうした生活困難者への対応が難しい状況に陥っていた。このため，民間事業を活用しつつ，公益性を担保するための仕組みとして，社会福祉法人という特別な法人類型が設けられたものである。

　日本経済が復興し，高度経済成長期へと進んだ昭和30年代から40年代には，それまでの生活保護法，児童福祉法，身体障害者福祉法の福祉三法に加え，精神薄弱者福祉法（現・知的障害者福祉法），老人福祉法，母子福祉法（現・母子及び父子並びに寡婦福祉法）など，新たな福祉立法が行われ，社会福祉事業の専門分化が進められた。続く昭和50年代から60年代においても，少子高齢化の進展等を背景に福祉サービスの需要は増加し，社会保障制度の拡充が図られることとなるが，その受け皿としての施設整備が促進され，社会福祉法人もその数を増加させていくこととなった。

　その後，平成12年には，介護保険制度が創設されるとともに，社会福祉基礎構造改革が行われ，措置制度から契約制度へと福祉サービスが大きな転換期を迎えることとなるが，この際，社会福祉法人制度についても，法人の活性化に必要な規制緩和や，透明性の確保の強化等の観点から，幅広い見直しが行われ，現在に至っている。

　このように発展を遂げてきた社会福祉法人は，令和3年度において2万1021法人を数え，平成2年度の1万3356法人と比較すると，この30年弱で約1.5倍に増加している。また，設置主体からその数をみると，近年，社会福祉協議会が設立する法人が横ばい状態の一方で，施設経営法人が設立する法人が増加しており，令和3年度においては，1万8390法人と全体の約9割を占めるに至っている（表2−5参照）。

表2−5●社会福祉法人数の推移

（各年度末現在　単位：法人）

	総数	社会福祉協議会	共同募金会	社会福祉事業団	施設経営法人	その他
平成12年度	17,002	3,403	47	152	13,303	97
24	19,407	1,901	47	131	16,981	347
25	19,636	1,901	47	129	17,199	360
26	19,823	1,901	47	129	17,375	371
27	19,969	1,900	47	129	17,482	411
28	20,625	1,900	47	125	18,101	452
29	20,798	1,900	47	125	18,186	540
30	20,872	1,900	47	126	18,417	382
令和元年度	20,933	1,893	47	126	18,345	522
2	20,985	1,880	48	126	18,392	539
3	21.021	1,879	48	126	18,390	578

注　平成27年度までは2つ以上の都道府県の区域にわたり事業を行っている法人（厚生労働大臣及び地方厚生局長所管分）は含まれていないが，そのうち地方厚生局長所管分については平成28年度から都道府県に権限移譲されたため，対象となった当該法人が含まれている。
出典　厚生労働省「福祉行政報告例」（平成12年度は「社会福祉行政業務報告」）

2 ───── 社会福祉法人制度改革

　平成 12 年の社会福祉基礎構造改革以降，措置制度から契約制度への転換，福祉サービスの民間企業の参入，地域における福祉ニーズの顕在化が進むなか，多様化する福祉ニーズへの対応など，社会福祉法人に関して新たな課題が浮上している。

　特に平成 23 年度以降，①地域ニーズへの不十分な対応，②財務状況の不透明さ，③ガバナンスの欠如，④内部留保の問題，⑤他の経営主体との公平性といった観点から，厳しい指摘がなされ，こうした点を踏まえ，平成 25 年 9 月には，「社会福祉法人の在り方等に関する検討会」が開催された。同検討会では 12 回にわたる議論を経て，平成 26 年 7 月に，制度を取り巻く状況の変化や，社会福祉法人の課題，社会福祉法人に求められる今日的な役割といった点を踏まえ，制度の見直しに向けた論点整理が行われ

図 2-4 ●「社会福祉法人の在り方等に関する検討会」報告書のポイント（平成26年 7 月 4 日とりまとめ）

Ⅰ　社会福祉法人制度の概要

○社会福祉法人は，社会福祉事業を行うことを目的として設立される法人
○行政からのサービス実施（措置）の受託者として機能
○公の支配に属する法人
○所轄庁の監督の下，補助金や税制優遇を受ける一方，事業の範囲等は制限あり

Ⅱ　社会福祉法人制度を取り巻く状況の変化

1．社会情勢・地域社会の変化
（高齢単身世帯の増，若年層の孤立など）
2．社会福祉制度の変化
（利用制度への転換，サービス提供体制の多元化など）
3．公益法人制度の変化
4．最近の社会福祉法人に対する主な指摘
（いわゆる内部留保に対する批判，規制改革会議等での議論など）

Ⅲ　社会福祉法人の課題

1．地域ニーズへの不十分な対応
（先駆的・開拓的な地域貢献の取組が一部にとどまる）
2．財務状況の不透明さ
（財務諸表の国民一般への公表が不十分）
3．ガバナンスの欠如
（一部の理事長による法人の私物化など）
4．いわゆる内部留保
（使途の不明確さ）
5．他の経営主体との公平性
（イコールフッティング）

Ⅴ　社会福祉法人制度見直しにおける論点

1．地域における公益的な活動の推進

・地域における公益的な活動の枠組み
（実施義務，活動の定義，活動内容を定める仕組みなど）
・地域における公益的な活動の実施方法
・地域における公益的な活動の実施促進
（資金使途の弾力化，独自財源の確保・推進など）
・地域住民の理解促進
（実施状況の公表・評価，会計区分策定など）

2．法人組織の体制強化

・法人組織の機能強化
（法人組織の権限と責任の明確化，評議員会の設置など）
・法人本部機能の強化方策
（法人本部事務局の設置，法人単位の資金管理など）
・理事等の権限と責任の明確化，要件の見直し
（理事等の損害賠償責任，監事要件の見直しなど）
・理事長の権限を補佐する仕組み
（経営委員会，執行役員会等の活用）

3．法人の規模拡大・協働化

・規模拡大のための組織体制の整備
（合併・事業譲渡等手続の透明化，理事会開催方法の柔軟化など）
・複数法人による事業の協働化
（役職員の相互兼務，法人外への資金拠出の規制緩和，社団的連携など）

4．法人運営の透明性の確保

・財務諸表等の公表の義務化
・地域における活動についての公表
・都道府県，国単位での情報集約
・経営診断の仕組みの導入

5．法人の監督の見直し

・所轄庁の法人監査の見直し
・財務に係る外部監査の活用
・所轄庁の連携，監督能力の強化
・第三者評価の受審促進

Ⅳ　社会福祉法人の今日的な役割

1．社会福祉制度のセーフティネットとしての役割
（制度の狭間，市場原理のみでは満たされないニーズへの対応など）
2．措置事業を実施する役割
3．地域における公的法人としての役割の再認識
（地域のまちづくりの中核的役割）

出典　厚生労働省「第 1 回社会保障審議会福祉部会」（平成26年 8 月27日）資料 1

た（図2-4参照）。

　その後，平成26年8月からは，社会保障審議会福祉部会に検討の場を移し，制度の見直しの方向性について14回にわたる議論を重ねた結果，平成27年2月に，「社会福祉法人制度改革について」とする報告書をとりまとめている。この報告書の内容を踏まえ，平成27年の通常国会には「社会福祉法等の一部改正する法律案」（図2-5参照）が提出され，平成28年の通常国会において可決・成立した。

　なお，改正法の内容は，福祉サービスの供給体制の整備および充実を図るため，社会福祉法人制度の観点から「社会福祉法」を改正し，経営組織のガバナンスの強化，事業運営の透明性の向上等の改革を進めるほか，あわせて，福祉人材確保の観点から「社会福祉士及び介護福祉士法」等の改正が行われた。

　さらに，平成28年の社会福祉法の改正では，社会福祉法人の公益性・非営利を確保する観点から，経営組織のガバナンスの強化や事業運営の透明性の向上等の制度の見直しが行われ，地域社会に貢献する法人の在り方がさらに求められることとなった。

図2-5●社会福祉法等の一部を改正する法律（平成28年法律第21号）の概要

福祉サービスの供給体制の整備及び充実を図るため，
　・社会福祉法人制度について経営組織のガバナンスの強化，事業運営の透明性の向上等の改革を進めるとともに，
　・介護人材の確保を推進するための措置，社会福祉施設職員等退職手当共済制度の見直しの措置を講ずる。

1．社会福祉法人制度の改革

(1)経営組織のガバナンスの強化
　○議決機関としての評議員会を必置（小規模法人について評議員定数の経過措置），一定規模以上の法人への会計監査人の導入　等
(2)事業運営の透明性の向上
　○財務諸表・現況報告書・役員報酬基準等の公表に係る規定の整備　等
(3)財務規律の強化（適正かつ公正な支出管理・いわゆる内部留保の明確化・社会福祉充実残額の社会福祉事業等への計画的な再投資）
　○役員報酬基準の作成と公表，役員等関係者への特別の利益供与の禁止　等
　○「社会福祉充実残額（再投下財産額）」（純資産の額から事業の継続に必要な財産額（※）を控除等した額）の明確化
　　※①事業に活用する土地，建物等　②建物の建替，修繕に要する資金　③必要な運転資金　④基本金及び国庫補助等特別積立金
　○「社会福祉充実残額」を保有する法人に対して，社会福祉事業又は公益事業の新規実施・拡充に係る計画の作成を義務付け　等
(4)地域における公益的な取組を実施する責務
　○社会福祉事業及び公益事業を行うに当たって，無料又は低額な料金で福祉サービスを提供することを責務として規定
(5)行政の関与の在り方
　○所轄庁による指導監督の機能強化，国・都道府県・市の連携　等

2．福祉人材の確保の促進

(1)介護人材確保に向けた取組の拡大
　○福祉人材の確保等に関する基本的な指針の対象者の範囲を拡大（社会福祉事業と密接に関連する介護サービス従事者を追加）
(2)福祉人材センターの機能強化
　○離職した介護福祉士の届出制度の創設，就業の促進，ハローワークとの連携強化　等
(3)介護福祉士の国家資格取得方法の見直しによる資質の向上等
　○平成29年度から養成施設卒業者に受験資格を付与し，5年間をかけて国家試験の義務付けを漸進的に導入　等
(4)社会福祉施設職員等退職手当共済制度の見直し
　○退職手当金の支給乗率を長期加入者に配慮したものに見直し
　○被共済職員が退職し，再び被共済職員となった場合に共済加入期間の合算が認められる期間を2年以内から3年以内に延長
　○障害者支援施設等に係る公費助成を介護保険施設等と同様の取扱いに見直し

【施行期日】平成29年4月1日（1の(2)と(3)の一部，(4)，(5)の一部，2の(1)，(4)は平成28年4月1日，2の(3)は公布の日）
出典　厚生労働省「社会福祉法人制度改革の施行に向けた全国担当者説明会資料」（平成28年11月28日）資料1

一方，今後の地域社会を巡る環境に目を向けると，少子高齢化による現役世代（担い手）の減少という人口動態の変化に加え，血縁，地縁，社縁といった共同体の機能の脆弱化といった社会構造の変化が起きており，今後，子育てや介護，生活困窮など，福祉ニーズがますます複雑化・多様化していくことが想定される。

　このため，社会福祉法人が，法人の自主的な判断のもと，社会福祉法人の経営基盤の強化を図るとともに，複雑化，多様化する福祉ニーズに対応する観点から，住民に身近な圏域でさまざまな地域づくりの活動に参画する非営利セクターの中核としての機能が発揮できるよう，国としても社会福祉法人が円滑に連携・協働化しやすい環境の整備を行っていくことが求められている。

　平成31年4月，厚生労働省では，こうした経緯を踏まえ，社会福祉法人の事業展開等の在り方について検討を行うため「社会福祉法人の事業展開等に関する検討会」を設置し，令和元年12月に報告書のとりまとめを行った。

　同報告書では，社会福祉法人の連携・協働化に関して，「社会福祉協議会による連携や社会福祉法人の法人間連携」「社会福祉法人を中核とする非営利連携法人制度の創設」「希望する法人が合併・事業譲渡に円滑に取り組めるような環境整備」の3つの方向性を示しているが，これらの提言内容については，「地域共生社会の実現のための社会福祉法等の一部を改正する法律案」に反映され，社会福祉連携推進法人の創設に係る社会福祉法の改正規定として盛り込まれた。

　社会福祉連携推進法人制度は，社会福祉事業に取り組む社会福祉法人やNPO法人等を社員として，相互の業務連携を推進する制度で，令和4年4月1日から施行されている。

3 ── 社会福祉法人の概要

　社会福祉法人は，社会福祉法の規定に基づき設立される法人であり，社会福祉事業の主たる担い手として期待されている。

　その設立に際しては，必要な資産の保有や法人の組織運営等に関する一定の要件を満たしたうえで，所轄庁の認可を受ける必要がある。また，その運営については，自主的な経営基盤の強化，福祉サービスの質の向上，事業経営の透明性の確保等が求められ，事業収入は原則として社会福祉事業にのみに充てることができ，配当や収益事業には支弁できないなど，運営費の支出対象経費，繰入れ等に関する規制を受ける。

　このように，社会福祉法人制度は，法人の設立・運営に関して比較的強い公的規制をかける一方で，税制優遇や施設・整備に係る補助金の交付等の支援措置をあわせて講じ，規制・監督と支援・助成の一体的実施により，その健全な運営の確保と推進を同時に図る仕組みとなっている。

1　社会福祉法人が行う事業

　社会福祉法人の役割は第一義的には社会福祉事業の実施であるが，このほか，一定の公益事業および収益事業を行うことが認められている。

(1)　社会福祉事業

　第一種社会福祉事業と第二種社会福祉事業に分類されるが，第一種社会福祉事業には，利用者への影響が大きく，経営安定を通じた公的規制の必要性が比較的高いとされる事業が属し，主として施設入所サービスを対象としている。一方，第二種社会福祉事業には，比較的利用者への影響が小さく，公的規制の必要性が低いとされる事業が属し，主として在宅サービスを対象としている。

　このうち，第一種社会福祉事業の経営主体については，国，地方公共団体以外では，社会福祉法人に限定されており，社会福祉法人が担うべき公益的役割の大きさを物語っている。

　なお，平成28年の社会福祉法改正により，社会福祉法人には，社会福祉事業および公益事業を行うにあたって，日常生活または社会生活上の支援を必要とする者に対し，無料または低額な料金で，福祉サービスを積極的に提供するよう努める義務が課されることとなった。

(2)　公益事業

　社会福祉と関係のある公益を目的とする事業をいい，例えば，介護老人保健施設の経営，有料老人ホームの経営などが，社会福祉法人の行うことができる事業として認められる。

　ただし，社会福祉事業の円滑な遂行を妨げるおそれがないことを要件とし，公益事業の剰余金は社会福祉事業または公益事業に充てなくてはならない。

(3)　収益事業

　事業の収益を社会福祉事業または一定の公益事業に充てることを目的とするものをいい，例えば，貸ビルや駐車場の経営，公共的な施設内の売店の経営などが，社会福祉法人の行うことができる事業として認められる。

　ただし，社会福祉事業の円滑な遂行を妨げるおそれがないことを要件とする。また，事業の種類に特別の制限はないものの，社会的信用を傷つけるおそれがあるものや投機的なものなど，適当ではないものは認められない。

2　設立要件等

(1)　役員等に関する主な要件

　①　理事は，その定数を6名以上とし，各理事と親族等の特殊の関係のある者が一定数を超えてはならない。また，社会福祉事業についての学識経験者，地域の福祉関係者を加えなくてはならない。

　　なお，平成28年の社会福祉法改正により，法人の代表権を理事長のみに付与する等，理事，理事長，理事会，監事等法人の各機関の権限や責任の明確化が図ら

れた。

② 監事については，その定数を2名以上とし，他の役員と親族等の特殊の関係にある者であってはならない。また，財務管理には，財務管理や社会福祉事業に識見を有する者を充てなければならない。

③ 評議員については，その定数が理事の定数を超えるものでなくてはならない。また，各評議員および各役員と親族等の特殊の関係がある者であってはならず，社会福祉法人の適正な運営に必要な識見を有する者でなくてはならない。

なお，評議員会については，これまで任意設置の諮問機関とされてきたが，理事・理事長に対する牽制機能をもたせる観点から，平成28年の社会福祉法改正により，法人の重要事項（理事，監事および会計監査人の選任および解任，定款変更，法人の解散等）を決議する議決機関として，必置化された。

(2) 資産等に関する主な要件

① 施設を経営する法人については，原則として，社会福祉事業を行うために直接必要なすべての物件につき，所有権を有しているか，国もしくは地方公共団体から貸与もしくは使用許可を受けていなければならない。

ただし，都市部等土地の取得が極めて困難な地域においては，民間から敷地部分についてのみ貸与を受けることが認められる（この場合，地上権または賃借権の設定が必須）。また，すべての不動産について貸与または使用許可を受ける場合には，1000万円以上の基本財産を有していることが必要となる。

なお，特別養護老人ホームや，保育所等，一部の事業については，国または地方公共団体以外の者からの施設用地の貸与について，都市部以外であっても認められる等の緩和措置が講じられている。

② 施設を経営しない法人については，原則として1億円以上（委託費等で安定的な収入が見込める場合は，所轄庁が認める額）の基本財産を有していることが要件となる。ただし，居宅介護等事業，地域・共同生活援助事業，介助犬訓練事業または聴導犬訓練事業について，上記要件の緩和措置が講じられている。

3 社会福祉充実計画

平成28年の社会福祉法改正により，平成29年4月1日以降，社会福祉法人は，毎会計年度，貸借対照表の資産の部に計上した額から負債の部に計上した額を控除して得た額が，事業継続に必要な財産額（以下「控除対象財産」という。）を上回るかどうかを算定しなければならないこととされた。

これを上回る財産額（社会福祉充実残額）がある場合には，社会福祉充実残額を財源として，社会福祉充実事業（社会福祉事業または公益事業）の実施に関する計画（社会福祉充実計画）を策定するとともに，これに基づく事業の実施が義務づけられる。

なお，社会福祉充実事業の対象について，①社会福祉事業もしくは小規模の公益事業，②地域公益事業，③その他の公益事業の順で検討を行うものとされる。また，こ

こでいう「地域公益事業」は，日常生活または社会生活上の支援を必要とする事業区域の住民に対して，無料または低額な料金で，その需要に応じた福祉サービスを提供するものをいう。

これは，社会福祉法人の今日的意義が，社会福祉事業や公益事業に係る福祉サービスの供給・確保の中心的役割を果すことのみならず，他の事業主体では対応できないさまざまな福祉ニーズを充足することにより，積極的に地域社会に貢献していくことにあるとする考え方から，新たに導入された仕組みである。

4 情報公表

平成28年の社会福祉法改正により，公益性の高い法人として国民に対する説明責任を果たす必要があるとの観点から，社会福祉法人の定款，貸借対照表，収支計算書，事業報告書，財産目録，役員報酬基準を閲覧対象書類とし，広く国民一般に開示することが義務づけられた。

また，定款，貸借対照表，収支計算書，役員報酬基準，事業概要や役員区分毎の報酬総額を記載した現況報告書について，インターネットにより公表することとされた。事業報告書や財務諸表の公表は，これまで通知に基づき進められてきたが，情報開示の対象を拡大する等の見直しを行うとともに，法の規定として明確に盛り込むことで，さらなる透明性の確保が図られることとなった。

なお，都道府県では，これらの財務諸表等のデータについて分析を行い，地域住民のサービス利用，法人による経営分析等への活用を図るとともに，国においても，都道府県が収集した情報をもとに，社会福祉法人に関する全国的なデータベースの整備を進める仕組みとなっている。

5 社会福祉法人会計

繰り返しになるが，社会福祉法人には社会福祉事業の担い手として，事業の透明性の確保や自主的な経営基盤の強化が求められる。

このため，社会福祉法人の会計処理には，公的資金の収支を明瞭にし，その受託責任を明らかにすることが基本的な性質として求められる。このため，平成12年の社会福祉基礎構造改革の際には，従来の「社会福祉法人経理規定準則」に代わる「社会福祉法人会計基準」が定められた。それまで，施設単位であった会計単位を法人単位に一本化するなど，公益性を維持しつつ，自主的な運営を行うことができるよう見直しが行われている。

しかし，「指定介護老人福祉施設等会計処理等取扱指針」，「就労支援の事業の会計処理の基準」など，同一法人であっても事業の種類に応じた複数のルールが併存する課題が残されることとなった。このため，平成23年に新たな「社会福祉法人会計基準」を策定し，既存の会計ルールを整理するとともに，公益事業や収益事業も含めた法人で一本の会計単位とし，法人全体で資産や負債等の状況を把握できるよう見直し

が図られた（ただし，新たな会計基準は，平成24年4月1日から適用がはじまり，平成26年度決算までは従来の会計処理によることもできるとされた）。

さらに，平成28年4月からは，社会福祉法人に求められる公益性，非営利性にかんがみ，従来通知として取扱いが示されてきた社会福祉法人会計基準については，より規範性の高い省令として定めることとした（平成28年3月31日に厚生労働省令第79号として公布され，平成28年4月1日より施行されている）。

また，平成28年の社会福祉法改正では，一定規模以上の社会福祉法人（平成29年度から段階的に対象を拡大する予定であったが，平成30年11月付の事務連絡により延期された。）には，会計監査人の設置を義務づけることにより，事業の透明性のさらなる確保を図る見直しも実施している。

6　所轄庁

社会福祉法人の所轄庁は，法人の主たる事務所の所在地の都道府県知事が，その責にあたる。ただし，活動地域が単一の市を越えない場合など，以下に掲げる特定のケースでは，それぞれに定める者が所轄庁となる。

(1)　主たる事務所が市（特別区を含む）の区域内にあり，実施している事業が当該市の区域を越えない法人　→　当該市（特別区を含む）の長

(2)　主たる事務所が指定都市の区域内にあり，実施している事業が同一都道府県内の2以上の市町村の区域にわたる法人および地区社会福祉協議会である法人　→　指定都市の長

(3)　実施している事業が2以上の地方厚生局の管轄区域にわたり，厚生労働省令で定める事業（全国単位の事業等）を行う法人　→　厚生労働大臣（地方厚生局長への権限委任あり）

なお，所轄庁には，法人の適正な運営の担保を図る観点から，役員の解職勧告や法人の解散命令等公的関与の手続きが法律上規定されており，比較的強い公的権限が付与されている。

7　支援・助成

施設入所者（利用者）の福祉の向上を図るため，国から社会福祉法人に対する施設整備に係る補助が行われている。

また，社会福祉事業の公益性にかんがみ，その健全な発達を図るため，法人税，固定資産税，寄付等について税制上の優遇措置が講じられている。

このほか，社会福祉事業の振興に寄与することを目的として，社会福祉法人の経営する社会福祉施設の職員等を対象とした退職手当共済制度が設けられている。給付水準は国家公務員に準拠し，国および都道府県が補助（各3分の1）を行う仕組みとなっている。

社会福祉施設

1 ─── 施設の整備

　社会福祉施設は，老人，児童，障害者，生活困窮者等を援護，育成し，または更生のための各種訓練等を行い，これら要援護者の福祉の増進を図ることを目的として設置されている施設の総称である。社会福祉施設をそれぞれの法体系ごとに大別すると，保護施設，老人福祉施設，障害者支援施設，婦人保護施設，児童福祉施設，母子・父子福祉施設，その他の社会福祉施設等に区分することができる。これらの社会福祉施設は，さらに要援護者の程度，性質に応じ，その形態が細分化されているが，総じて人が入所して利用する施設については，社会福祉法上の規定により相対的に強い公的規制が課されており，経営主体は原則として，国，地方公共団体または社会福祉法人に限られている。

　全体として社会福祉施設は，令和3年10月1日現在で15万3048か所あり，その入所（利用）定員は約623万人となっている（表2-6参照）。これらの社会福祉施設の年次推移をみると，施設数は全体としてかなり増加しており，なかでも老人福祉施設の伸びが大きい（表2-7参照）。

　社会福祉施設の整備については，種別に応じてなおも不足している施設の整備や地域的格差の解消をする必要がある。

　特に，近年では，地方分権と規制緩和の流れのなかで，従来は国が一律に定めていた社会福祉施設等の基準についても，地方自治体が条例で定めることとされた。こうした動きもふまえ，地方自治体では，地域の実情に即したきめ細かな整備計画を策定することが重要であり，均衡のとれた計画的な整備を図る必要がある。

2 ─── 施設の運営

　社会福祉施設には指定介護老人福祉施設や障害者支援施設等の利用契約施設を除き，いわゆる措置ないし措置の委託を受ける制度が確立されており，措置および措置委託された人数に応じて施設の運営に必要な費用（いわゆる措置費）が公費で負担されている。

　措置費の負担割合は，表2-8のとおりとされている。

　国の負担割合は，昭和59年度までは10分の8，60年度は10分の7となっていたが，昭和61年度からは保護施設以外の施設は10分の5となった。また，平成元年度からは保護施設は4分の3となっている。

　措置費は，施設に従事する職員の給与等の人件費および施設の維持管理に要する施設管理費からなる事務費と飲食物費等入所者処遇のための事業費から構成されてい

表2-6●社会福祉施設分類別施設数，定員数

（令和3年10月1日現在）

分　類	施設数	利用者定員
総　数	（か所） 1) 153,048	（人） 1)2) 6,233,156
①経営主体分類		
公営	2) 15,614	2) 876,176
私営	2) 137,439	2) 5,356,979
②年齢別分類		
成人施設	106,488	2) 3,113,060
児童施設	46,560	3,120,096

資料　厚生労働省政策統括官付参事官付社会統計室「社会
　　　福祉施設等調査」（令和3年10月1日現在）及び「介護
　　　サービス施設・事業所調査」（令和3年10月1日現在）
（注）　1) 都道府県・指定都市・中核市が把握する施設につ
　　　　　いて，活動中の施設を集計している。
　　　　2) 推計値を含んだ数値であり，単位未満を四捨五入
　　　　　しているため，内訳の合計が「総数」に合わない
　　　　　場合がある。
出典　厚生労働省編『厚生労働白書（令和5年版）』（資料
　　　編），198頁，2023.

表2-7●社会福祉施設数の年次推移

	平成2	平成12	平成17	平成22	平成27	平成30	令和元	令和2	令和3
総　　　　　　数	51,006	75,875	94,612	89,277	134,106	146,774	148,749	150,732	153,048
保　護　施　設	351	296	298	297	292	286	288	289	288
老 人 福 祉 施 設	6,506	28,643	43,285	43,792	73,220	74,985	75,287	75,237	75,629
（う ち 特 養）	(2,260)	(4,463)	(5,535)	(5,978)	(9,452)	(10,411)	(10,593)	(10,719)	(10,888)
障 害 者 支 援 施 設 等	―	―	―	3,764	5,874	5,619	5,636	5,556	5,530
身体障害者社会参加支援施設	―	―	―	337	322	317	315	316	315
旧身体障害者更生援護施設	1,033	1,766	2,294	498	―	―	―	―	―
旧知的障害者援護施設	1,732	3,002	4,525	2,001	―	―	―	―	―
児 童 福 祉 施 設	33,176	33,089	33,545	31,623	37,139	43,203	44,616	45,722	46,560
（う ち 保 育 所）	(22,703)	(22,199)	(22,624)	(21,681)	(25,580)	(27,951)	(28,737)	(29,474)	(29,995)

資料　厚生労働省政策統括官付参事官付社会統計室「社会福祉施設等調査」，「介護サービス施設・事業所調査」
出典　厚生労働省編『厚生労働白書（令和5年版）』（資料編），199-200頁，2023.

る。このうち，職員の給与については国家公務員に準じた処遇水準の確保を図ってい
る。また，入所者処遇のための事業費についても毎年国民の生活水準の動向に見合っ
た改善が図られている。

　一方，措置費の対象とされていない社会福祉施設を含めて，令和3年10月1日現在
の入所（利用）定員は約623万人に達している（表2-6参照）。この入所（利用）人
員は国民約21人に1人の割合で施設を利用していることになり，いかに社会福祉施
設に対する国民の需要が高いかがうかがえる。

　そのため，今後ますます増大し，多様化する国民の福祉需要に対応できるように社
会福祉施設の充実強化を一層，推進することが必要となろう。

表2-8●施設種別における措置費の負担割合

施設種別	措置権者（※1）	入所先施設の区分	措置費支弁者（※1）	費用負担			
				国	都道府県指定都市中核市児童相談所設置市	市	町村
保　護　施　設	知事・指定都市市長・中核市市長	都道府県立施設市町村立施設私設施設	都道府県・指定都市・中核市	3/4	1/4	—	—
	市長（※2）		市	3/4	—	1/4	—
老人福祉施設	市町村長	都道府県立施設市町村立施設私設施設	市町村	—	—	10/10（※4）	
婦人保護施設	知　事	都道府県立施設市町村立施設私設施設	都道府県	5/10	5/10	—	—
児童福祉施設（※3）	知事・指定都市市長・児童相談所設置市市長	都道府県立施設市町村立施設私設施設	都道府県・指定都市・児童相談所設置市	1/2	1/2	—	—
母子生活支援施設助産施設	市長（※2）	都道府県立施設	都道府県	1/2	1/2	—	—
		市町村立施設私設施設	市	1/2	1/4	1/4	—
	知事・指定都市市長・中核市市長・児童相談所設置市市長	都道府県立施設市町村立施設私設施設	都道府県・指定都市・中核市・児童相談所設置市	1/2	1/2	—	—
保育所幼保連携型認定こども園小規模保育事業（所）（※6）	市町村長	私設施設	市町村	1/2	1/4（※7）	1/4	
身体障害者社会参加支援施設（※5）	知事・指定都市市長・中核市市長	都道府県立施設市町村立施設私設施設	都道府県・指定都市・中核市	5/10	5/10	—	—
	市町村長		市町村	5/10	—	5/10	

（注）※1　母子生活支援施設，助産施設及び保育所は，児童福祉法が一部改正されたことに伴い，従来の措置（行政処分）がそれぞれ母子保護の実施，助産の実施及び保育の実施（公法上の利用契約関係）に改められた。
　　　※2　福祉事務所を設置している町村の長を含む。福祉事務所を設置している町村の長の場合，措置費支弁者及び費用負担は町村となり，負担割合は市の場合と同じ。
　　　※3　小規模住居型児童養育事業所，児童自立生活援助事業所を含み，保育所，母子生活支援施設，助産施設を除いた児童福祉施設。
　　　※4　老人福祉施設については，平成17年度より養護老人ホーム等保護費負担金が廃止・税源移譲されたことに伴い，措置費の費用負担は全て市町村（指定都市，中核市含む）において行っている。
　　　※5　改正前の身体障害者福祉法に基づく「身体障害者更生援護施設」は，障害者自立支援法の施行に伴い，平成18年10月より「身体障害者社会参加支援施設」となった。
　　　※6　子ども子育て関連三法により，平成27年4月1日より，幼保連携型認定こども園及び小規模保育事業も対象とされた。また，私立保育所を除く施設・事業に対しては利用者への施設型給付及び地域型保育給付（個人給付）を法定代理受領する形に改められた。
　　　※7　指定都市・中核市は除く。
出典　厚生労働省編『厚生労働白書（令和5年版）』（資料編），201頁，2023.

社会福祉従事者の現状

　介護保険制度の創設や障害者福祉制度の見直し等による福祉・介護サービスの質の充実，量の拡大に伴い，介護・福祉サービスの従事者数は急速に増加している。社会福祉施設で働く従事者数は，令和3年10月1日現在で，121万4854人となっている。また一方で，より複雑で専門的な対応を必要とするニーズの顕在化等を背景として，必要なサービスが質的にもより多様化，高度化している現状にあり，これらの福祉・介護サービスを担う人材についても，介護職員のみならず，保健医療関係も含めて多種多様な職種が従事している（表2-9参照）。

　わが国の社会福祉事業の担い手である職員の状況は以上のとおりであるが，国民が要請する社会福祉の増進および向上を図るためには，これら職員の資質の向上は欠かすことのできない重要な課題である。従来から，社会福祉事業に従事する職員の養成および資質の向上については，社会福祉系大学等における福祉人材の養成教育や地方公共団体等による福祉人材に係る養成訓練事業の実施により行われているところであり，その概要は図2-6のとおりである。

（令和 3 年10月 1 日現在　単位：人）

	総　数	保護施設 1)	老人福祉施設 1)	障害者支援施設等	婦人保護施設	児童福祉施設(保育所等・地域型保育事業を除く) 1)	保育所等 2)	地域型保育事業	母子・父子福祉施設	有料老人ホーム(サービス付き高齢者向け住宅以外)
総　　数	1,214,854	6,203	39,452	108,397	400	91,028	690,188	56,307	218	222,661
施設長・園長・管理者	59,252	214	2,392	3,949	29	4,555	29,565	6,268	23	12,257
サービス管理責任者	4,063	…	…	4,063	…	…	…	…	…	…
生活指導・支援員等 3)	91,987	758	4,331	62,535	169	15,560	…	…	2	8,632
職業・作業指導員	3,547	62	108	2,391	14	453	…	…	—	521
セラピスト	7,497	7	149	1,080	7	3,833	…	…	…	2,421
理学療法士	2,668	2	44	553	—	1,099	…	…	…	970
作業療法士	1,756	4	32	356	—	914	…	…	…	451
その他の療法員	3,073	1	72	172	7	1,820	…	…	…	1,001
心理・職能判定員	37	…	…	37	…	…	…	…	…	…
医師・歯科医師	3,120	26	125	312	4	1,347	1,059	143	1	103
保健師・助産師・看護師	54,093	428	2,557	5,531	23	11,934	12,680	818	—	20,122
精神保健福祉士	1,373	121	34	1,006	0	…	…	…	…	212
保育士	406,005	…	…	…	…	19,668	384,371	1,959	8	…
保育補助者	22,374	…	…	…	…	…	22,300	74	…	…
保育教諭 4)	120,583	…	…	…	…	…	120,583	・	…	…
うち保育士資格保有者	114,224	…	…	…	…	…	114,224	・	…	…
保育従事者 5)	34,274	…	…	…	…	…	…	34,274	…	…
うち保育士資格保有者	32,131	…	…	…	…	…	…	32,131	…	…
家庭的保育者 5)	1,416	…	…	…	…	…	…	1,416	…	…
うち保育士資格保有者	1,071	…	…	…	…	…	…	1,071	…	…
家庭的保育補助者 5)	817	…	…	…	…	…	…	817	…	…
居宅訪問型保育補助者 5)	152	…	…	…	…	…	…	152	…	…
うち保育士資格保有者	83	…	…	…	…	…	…	83	…	…
児童生活支援員	644	…	…	…	…	644	…	…	…	…
児童厚生員	11,454	…	…	…	…	11,454	…	…	…	…
母子支援員	691	…	…	…	…	691	…	…	—	…
介護職員	170,279	3,169	18,194	12,213	5	…	…	…	…	136,698
栄養士	34,139	202	2,063	2,496	20	1,587	24,382	1,896	—	1,492
調理員	80,785	498	4,586	4,865	46	4,013	49,464	3,491	—	13,823
事務員	39,564	439	2,722	5,028	46	4,052	16,177	969	86	10,045
児童発達支援管理責任者	1,329	…	…	…	…	1,329	…	…	…	…
その他の教諭 6)	4,856	…	…	…	…	…	…	4,856	…	…
その他の職員 7)	60,521	279	2,192	2,891	36	9,908	24,752	4,030	99	16,335

資料：厚生労働省政策統括官付参事官付社会統計室「社会福祉施設等調査」
（注）　従事者数は常勤換算従事者数であり，小数点以下第 1 位を四捨五入している。
　　　従事者数は詳細票により調査した職種についてのものであり，調査した職種以外は「…」とした。
　　1 ）　保護施設には医療保護施設，老人福祉施設には老人福祉センター（特A型，A型，B型），児童福祉施設（保育所等・地域型保育事業所を除く）には助産施設，児童家庭支援センター及び児童遊園をそれぞれ含まない。
　　2 ）　保育所等は，幼保連携型認定こども園，保育所型認定こども園及び保育所，地域型保育事業所は小規模保育事業所A型，小規模保育事業所B型，小規模保育事業所C型，家庭的保育事業所，居宅訪問型保育事業所及び事業所内保育事業所である。
　　3 ）　生活指導・支援員等には，生活指導員，生活相談員，生活支援員，児童指導員及び児童自立支援専門員を含むが，保護施設及び婦人保護施設は生活指導員のみである。
　　4 ）　保育教諭には主幹保育教諭，指導保育教諭，助保育教諭及び講師を含む。また，就学前の子どもに関する教育，保育等の総合的な提供の推進に関する法律の一部を改正する法律（平成24年法律第66号）附則にある保育教諭等の資格の特例のため，保育士資格を有さない者を含む。
　　5 ）　保育従事者，家庭的保育者，家庭的保育補助者及び居宅訪問型保育者は地域型保育事業所の従事者である。なお，保育士資格を有さない者を含む。
　　6 ）　その他の教諭は，就学前の子どもに関する教育，保育等の総合的な提供の推進に関する法律（平成18年法律第77号）第14条に基づき採用されている，園長及び保育教諭（主幹保育教諭，指導保育教諭，助保育教諭及び講師を含む）以外の教諭である。
　　7 ）　その他の職員には，幼保連携型認定こども園の教育・保育補助員及び養護職員（看護師等を除く）を含む。
出典　厚生労働省編『厚生労働白書（令和 5 年版）』（資料編），203頁，2023.

図2-6●社会福祉従事職員研修等の概要

日本社会事業大学

〈令和5年度入学定員〉
- （社会福祉学部） 160人
- （3年次編入） 20人
- （専門職大学院） 50人
- （博士前期課程） 15人
- （博士後期課程） 5人
- （社会福祉士養成課程）（一般） *360人
- （短期） *140人
- （精神保健福祉士養成課程）（短期） *150人
- （社会福祉主事養成課程） *500人

指定保育士養成施設 ——(668校) 56,335人〈令4.4.1入学定員〉

社会福祉主事養成機関 ——(28校) 7,502人〈令5.4.1〉

社会福祉士指定養成施設 ——(68校) 13,835人〈令5.4.1〉

介護福祉士指定養成施設 ——(345校) 14,758人〈令5.4.1〉

国立リハセンターの実施による研修 〈令和5年度〉 2,705人

全社協中央福祉学院
- 社会福祉主事資格認定通信課程（公務員） 〈令和5年度〉*2,000人
- 社会福祉施設長資格認定講習課程（公立施設長） *300人
- 児童福祉司資格認定通信課程 *200人
- 社会福祉法人経営者研修課程 400人
- 「福祉職員キャリアパス対応生涯研修課程」指導者養成研修課程 80人

国立保健医療科学院
- 都道府県・指定都市・中核市指導監督中堅職員研修（社会福祉法人,老人・児童・障害者福祉施設） 〈令和5年度〉180人
- 福祉事務所長研修 80人
- 生活保護自立支援推進研修 20人
- 児童相談所の連携機能強化に向けた中堅職員研修 40人
- 婦人相談所等指導者研修 20人
- ユニットケアに関する研修 100人

社会福祉主事資格認定講習会 ——(3か所)50人〈平成29年度実績〉

保育士試験合格者 ——(47都道府県)25,978人〈令和4年度実績〉

福祉系大学等 ——(234校)〈令和5年度〉
（日社大を除く大学，短大，専修学校を含む）

福祉系高等学校 ——(113校)〈令和5年度〉

注1) *は通信教育課程の定員
 2) 保育士試験合格者には，特例制度による試験免除者（2,220人）を含む。

社会福祉主事の概要

1 ——— 社会福祉主事の沿革

・昭和25年，新生活保護法，児童福祉法および身体障害者福祉法の整備により，社会福祉事業の専門技術性が要請されたことに伴い，都道府県または市町村の事務の専任職員として，社会福祉主事に関する身分法として「社会福祉主事に関する法律」を制定。

・新生活保護法下においては，民生委員が協力機関とされた代わりとして，社会福祉主事が専従有給職員として第一線に配置。

・昭和26年に社会福祉主事に関する法律を廃止し，社会福祉事業法（平成12年6月，社会福祉法に名称変更）に規定。

2 ——— 社会福祉主事の職務

・都道府県の社会福祉主事は，都道府県の設置する福祉に関する事務所において，生活保護法，児童福祉法および母子及び父子並びに寡婦福祉法に定める援護，育成または更生の措置に関する事務を行うことを職務とする。

・市に設置しなければならない福祉に関する事務所または町村に設置することができる福祉に関する事務所に置かれる社会福祉主事は，生活保護法，児童福祉法，母子及び父子並びに寡婦福祉法，老人福祉法，身体障害者福祉法および知的障害者福祉法に定める援護，育成または更生の措置に関する事務を行うことを職務とする。

・福祉に関する事務所が設置されていない町村に置くことができる社会福祉主事は，老人福祉法，身体障害者福祉法および知的障害者福祉法に定める援護または更生の措置に関する事務を行うことを職務とする。

3 ── 社会福祉主事任用資格の取得方法

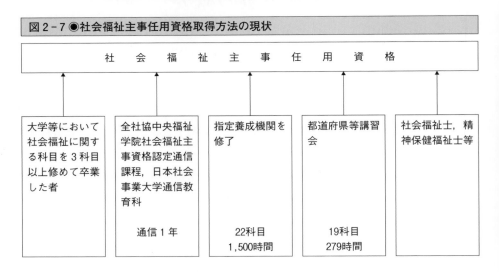

図2-7●社会福祉主事任用資格取得方法の現状

社　会　福　祉　主　事　任　用　資　格				
大学等において社会福祉に関する科目を3科目以上修めて卒業した者	全社協中央福祉学院社会福祉主事資格認定通信課程，日本社会事業大学通信教育科　　通信1年	指定養成機関を修了　　22科目1,500時間	都道府県等講習会　　19科目279時間	社会福祉士，精神保健福祉士等

1 ── これまでの福祉人材確保のための取組み

　わが国の社会福祉は，国，および地方公共団体ならびに社会福祉法人等の民間関係団体の取組みにより，さまざまな施策の充実・強化が図られ，飛躍的な福祉水準の発展が遂げられてきた。

　しかしながら，この間，社会的・経済的状況は大きく変貌し，また，諸外国にも例をみない急速な高齢化の進展，核家族化や扶養意識の変化等により，国民の福祉サービスに対する需要も増大し，かつ，複雑・多様化している。

　こうしたなかで，これら需要に対応すべく平成元年12月に「高齢者保健福祉推進10か年戦略（ゴールドプラン）」が策定され，在宅福祉，施設福祉等について平成2年度から平成11年度までに整備すべき目標を掲げてこれらの事業が強力に推進されることとなった。

　また，平成2年6月には，訪問介護サービス（ホームヘルプサービス）事業や日帰り介護（デイサービス）事業等の在宅福祉サービスを充実し，これら在宅福祉サービスと施設福祉サービスが住民に最も身近な市町村において総合的かつ一元的に実施されるよう老人福祉法をはじめとする福祉関係8法の改正を行い，地域における福祉の基盤整備が図られたところである。

　このような福祉需要の増大に対応し，国民の福祉需要に的確に応え，人生80年時代にふさわしい長寿・福祉社会を実現するため，福祉を実際に担う人々の質的量的両面

にわたる拡充・整備を図ることが重要となっている。

　厚生省（現：厚生労働省）では，このような福祉需要の増大に適切に対処していくため，同年8月に「保健医療・福祉マンパワー対策本部」を設置し，特に緊急性の高い職種を中心に，当面の具体的方策について検討を重ね，翌年3月には中間報告をとりまとめた。

　中間報告での指摘を踏まえ，平成4年6月に「社会福祉事業法及び社会福祉施設職員退職手当共済法の一部を改正する法律」（いわゆる「福祉人材確保法」）が制定され，中長期的視野にたった多様な人材対策が進められることとなった。

　福祉人材確保法では，まず，社会福祉事業法（現：社会福祉法）の改正により，社会福祉事業従事者の確保を図るための措置と，国民の社会福祉に関する活動への参加の促進を図るための措置について，それぞれに関する基本指針を定めることとした。これに基づき，「社会福祉事業に従事する者の確保を図るための措置に関する基本的な指針」（平成5年4月厚生省告示第116号）および「国民の社会福祉に関する活動への参加の促進を図るための措置に関する基本的な指針」（平成5年4月厚生省告示第117号）が公布されている。

　また，同じく社会福祉事業法の改正により，福祉人材センターおよび福利センターを創設し，無料職業紹介事業や研修を行うとともに，福利厚生の充実を図ることとした。

　さらに，社会福祉施設職員退職手当共済法（現：社会福祉施設職員等退職手当共済法）を改正し，手当共済の加入対象にホームヘルパーを追加するなど，時代の要請に即した見直しを行っている。

2 ─── 福祉人材確保指針の見直し

　福祉人材確保指針については，指針が制定された平成5年以降の社会福祉を取り巻く状況の変化をみると，福祉・介護ニーズがさらに増大するとともに，質的にも多様化・高度化している。福祉・介護サービス分野においては，高い離職率と相まって常態的に求人募集が行われ，一部の地域や事業所では人手不足が生じている状況にあるとの指摘もあること等を踏まえ，福祉・介護ニーズに的確に対応できる人材を安定的に確保していくために経営者，関係団体等ならびに国および地方公共団体が講ずるよう努めるべき措置について，改めて整理を行うべく見直しが行われ，平成19年8月に「社会福祉事業に従事する者の確保を図るための措置に関する基本的な指針」（厚生労働省告示第289号）が公布された。

　この福祉人材確保指針の見直しは，福祉・介護サービス分野が，就職期の若年層を中心とした国民各層から選択される職業となるよう，他の産業分野とも比較して適切な給与水準の確保等の労働環境の整備の推進や従事者のキャリアアップの仕組みの構築とともに，国家資格等を取得するなどの高い専門性を有する従事者には，その社会

的評価に見合う処遇が確保され，従事者の努力が報われる仕組みの構築等をその内容としている。

具体的には，

① 労働環境の整備の推進

② キャリアアップの仕組みの構築

③ 福祉・介護サービスの周知・理解

④ 潜在的有資格者等の参入の促進

⑤ 多様な人材の参入・参画の促進

図2-8 ●福祉人材確保指針のポイント

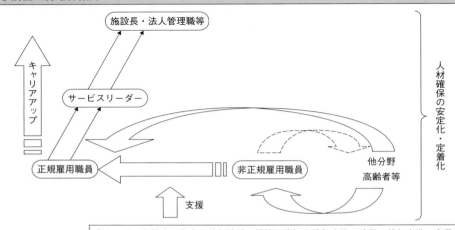

そのほか，経営者，関係団体等並びに国及び地方公共団体が，十分な連携を図りつつそれぞれの役割を果たすことにより，従事者の処遇の改善や福祉・介護サービスの社会的評価の向上等に取り組んでいくことを明記。

出典　厚生労働省『「社会福祉事業に従事する者の確保を図るための措置に関する基本的な指針」の見直しについて』(2007年8月)，37頁

の５つの観点から取り組むべき具体的な内容を整理している（図２-８参照）。

　なお，福祉人材確保指針は，これまで社会福祉事業従事者を対象としたものとなっていたが，平成28年３月の社会福祉法改正により，社会福祉事業と密接に関連する介護サービス従事者にまで対象範囲を拡大することとなった。

　また，平成29年４月からは，離職した介護福祉士の届出制度が施行されるほか，就業の促進，ハローワークとの連携強化等，都道府県福祉人材センターの機能強化が図られている。

<table>
<tr><td>第9節</td><td>社会福祉士および介護福祉士</td></tr>
</table>

1 ─── 資格制度の法制化

　昭和61年１月から中央社会福祉審議会等福祉関係三審議会の合同企画分科会において，中長期的な社会福祉制度の見直しの検討が行われ，昭和62年３月23日「福祉関係者の資格制度について」意見具申が行われた。

　この意見具申では，①高齢化と福祉の需要への専門的な対応，②国際化と福祉専門家の養成，③シルバーサービスの動向と資格制度の必要性といった観点から，社会福祉士および介護福祉士に係る資格制度の法制化に関する提言が行われた一方で，資格制度の創設にあたって考慮すべき事項として，ボランティアの振興は不可欠であることや，福祉サービスの供給体制が多様化するなかで公的施策の重要性についても触れられている。

　「社会福祉士及び介護福祉士法案」はこの意見具申をもとにとりまとめられ，昭和62年の通常国会において可決・成立し，昭和63年４月１日に全面施行された。

表２-10●社会福祉士および介護福祉士の有資格者推移

（単位：人）

	平成２年度	12	22	27	30	令和元年度	2	3	4
社会福祉士	527	24,006	134,066	189,903	226,283	238,696	250,346	260,518	271,098
介護福祉士	7,323	210,732	898,429	1,398,315	1,623,451	1,693,165	1,753,418	1,813,112	1,874,074
国家試験	6,202	120,315	632,566	1,072,431	—	—	—	—	—
養成施設	1,121	90,417	265,863	325,884	—	—	—	—	—

注　人数は各年度９月末の登録者数
出典　厚生労働省HP「社会福祉士・介護福祉士等」

2 ── 社会福祉士および介護福祉士の業務と資格要件

1 業務

(1) 社会福祉士の業務

　社会福祉士の名称を用いて，専門的知識および技術をもって，身体上もしくは精神上の障害があることまたは環境上の理由により日常生活を営むのに支障がある者の福祉に関する相談に応じ，助言，指導，福祉サービスを提供する者または医師その他の保健医療サービスを提供する者その他の関係者との連絡および調整その他の援助（相談援助）を行うこと。

(2) 介護福祉士の業務

　介護福祉士の名称を用いて，専門的知識および技術をもって，身体上または精神上の障害があることにより日常生活を営むのに支障がある者につき，心身の状況に応じた介護（「喀痰吸引等」を含む。）を行い，ならびにその者およびその介護者に対して介護に関する指導（介護等）を行うこと。

2 資格

(1) 社会福祉士については，福祉系4年制大学卒業者（指定科目履修），社会福祉士養成施設卒業者等で，社会福祉士試験に合格し登録した者が，その資格を有する。

(2) 介護福祉士については，次のいずれかに該当する場合に，その資格を有する。

　① 3年以上の介護等の業務に関する実務経験および都道府県知事が指定する実務者研修等における必要な知識および技能の修得を経た後に，国家試験に合格した者

　② 都道府県知事が指定する介護福祉士養成施設等において必要な知識および技能を修得した後に，国家試験に合格（平成29年度試験より受験必須。経過措置あり）した者

　③ 文部科学大臣および厚生労働大臣が指定する福祉系高校において必要な知識および技能を修得した後に，国家試験に合格した者

　④ 経済連携協定（EPA）に基づく外国人介護福祉士候補者であって，3年以上介護等の業務に従事した後に，国家試験に合格した者

(3) ただし，次のいずれかに該当する者は，社会福祉士または介護福祉士となることができない。

　① 心身の故障により社会福祉士または介護福祉士の業務を適正に行うことができない者として厚生労働省令で定めるもの

　② 禁錮以上の刑に処せられ，その執行を終わり，または執行を受けることがなくなった日から起算して2年を経過しない者

　③ 社会福祉士及び介護福祉士法の規定，その他社会福祉または保健医療に関する法律の規定であって政令で定めるものにより，罰金の刑に処せられ，その執行を

終わり，または執行を受けることがなくなった日から起算して2年を経過しない者

④　社会福祉士および介護福祉士の登録を取り消され，その取消しの日から起算して2年を経過しない者

3　社会福祉士試験

(1)　概要

社会福祉士として必要な知識及び技能について，毎年1月に筆記試験が行われている。なお，試験の実施に関する事務を行う機関として，公益財団法人社会福祉振興・試験センターが指定されている。

(2)　受験資格（図2-9参照）

社会福祉士試験の受験資格として，次のいずれかに該当することが求められる。

①　大学（短期大学を除く。以下同じ。）において「指定科目」を修めて卒業した者その他これに準ずるもの

②　大学において「社会福祉に関する基礎科目」を修めて卒業した者その他これに準ずるものであって，社会福祉士短期養成施設等において6月以上社会福祉士として必要な知識および技能を修得したもの

③　大学を卒業した者その他これに準ずるものであって，社会福祉士一般養成施設等において1年以上社会福祉士として必要な知識および技能を修得したもの

④　短期大学（修業年限が3年であるものに限る。）において指定科目を修めて卒業した者（夜間において授業を行う学科または通信による教育を行う学科を卒業した者を除く。）その他これに準ずるものであって，指定施設において1年以上相談援助の業務に従事したもの

⑤　短期大学（修業年限が3年であるものに限る。）において「社会福祉に関する基礎科目」を修めて卒業した者（夜間において授業を行う学科または通信による教育を行う学科を卒業した者を除く。）その他これに準ずるものであって，指定施設において1年以上相談援助の業務に従事した後，社会福祉士短期養成施設等において6月以上社会福祉士として必要な知識および技能を修得したもの

⑥　短期大学（修業年限が3年であるものに限る。）を卒業した者（夜間において授業を行う学科または通信による教育を行う学科を卒業した者を除く。）その他これに準ずるものであって，指定施設において1年以上相談援助の業務に従事した後，社会福祉士一般養成施設等において1年以上社会福祉士として必要な知識および技能を修得したもの

⑦　短期大学において指定科目を修めて卒業した者その他これに準ずるものであって，指定施設において2年以上相談援助の業務に従事したもの

⑧　短期大学において「社会福祉に関する基礎科目」を修めて卒業した者その他これに準ずるものであって，指定施設において2年以上相談援助の業務に従事した

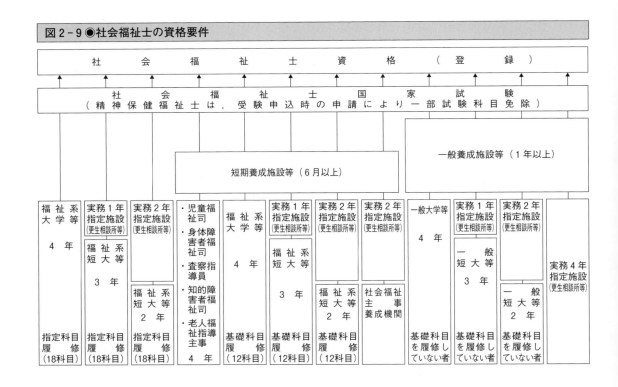

図2-9 ● 社会福祉士の資格要件

社 会 福 祉 士 資 格 （ 登 録 ）

社 会 福 祉 士 国 家 試 験
（ 精 神 保 健 福 祉 士 は, 受 験 申 込 時 の 申 請 に よ り 一 部 試 験 科 目 免 除 ）

短期養成施設等（6月以上）

一般養成施設等（1年以上）

| 福祉系大学等 4年 指定科目履修（18科目） | 実務1年指定施設〔更生相談所等〕 福祉系短大等 3年 指定科目履修（18科目） | 実務2年指定施設〔更生相談所等〕 福祉系短大等 2年 指定科目履修（18科目） | ・児童福祉司 ・身体障害者福祉司 ・査察指導員 ・知的障害者福祉司 ・老人福祉指導主事 4年 | 福祉系大学等 4年 基礎科目履修（12科目） | 実務1年指定施設〔更生相談所等〕 福祉系短大等 3年 基礎科目履修（12科目） | 実務2年指定施設〔更生相談所等〕 福祉系短大等 2年 基礎科目履修（12科目） | 実務2年指定施設〔更生相談所等〕 社会福祉主事養成機関 | 一般大学等 4年 基礎科目を履修していない者 | 実務1年指定施設〔更生相談所等〕 一般短大等 3年 基礎科目を履修していない者 | 実務2年指定施設〔更生相談所等〕 一般短大等 2年 基礎科目を履修していない者 | 実務4年指定施設〔更生相談所等〕 |

後, 社会福祉士短期養成施設等において6月以上社会福祉士として必要な知識および技能を修得したもの

⑨ 社会福祉主事養成機関の課程を修了した者であって, 指定施設において2年以上相談援助の業務に従事した後, 社会福祉士短期養成施設等において6月以上社会福祉士として必要な知識および技能を修得したもの

⑩ 短期大学または高等専門学校を卒業した者その他これに準ずるものであって, 指定施設において2年以上相談援助の業務に従事した後, 社会福祉士一般養成施設等において1年以上社会福祉士として必要な知識および技能を修得したもの

⑪ 指定施設において4年以上相談援助の業務に従事した後, 社会福祉士一般養成施設等において1年以上社会福祉士として必要な知識および技能を修得した者

⑫ 児童福祉司, 身体障害者福祉司, 査察指導員, 知的障害者福祉司ならびに老人福祉指導主事であった期間が4年以上となった後, 社会福祉士短期養成施設等において6月以上社会福祉士として必要な知識および技能を修得した者

4　介護福祉士試験

(1)　概要

　　介護福祉士として必要な知識および技能について, 毎年1月に筆記試験, 3月に実技試験が行われている。なお, 試験の実施に関する事務を行う機関として, 公益財団法人社会福祉振興・試験センターが指定されている。

(2) 受験資格（図2-10参照）

介護福祉士試験の受験資格として，次のいずれかに該当することが求められる。

① 大学に入学することができる者であって，文部科学大臣および厚生労働大臣の指定した学校または都道府県知事の指定した養成施設において2年以上介護福祉士として必要な知識および技能を修得した者

② 大学において文部科学省令・厚生労働省令で定める社会福祉に関する科目を修めて卒業した者その他その者に準ずるものとして厚生労働省令で定める者であって，文部科学大臣および厚生労働大臣の指定した学校または都道府県知事の指定した養成施設において1年以上介護福祉士として必要な知識および技能を修得した者

③ 大学に入学することができる者であって，厚生労働省令で定める学校または養成所を卒業した後，文部科学大臣および厚生労働大臣の指定した学校または都道府県知事の指定した養成施設において1年以上介護福祉士として必要な知識およ

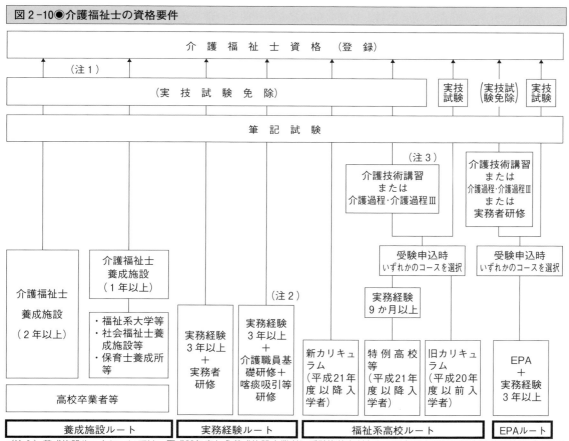

図2-10●介護福祉士の資格要件

（注1）養成施設ルートについては，平成29年度から養成施設卒業者に受験資格を付与し，10年間をかけて国家試験の義務づけを漸進的に導入します。
（注2）当分の間，介護職員基礎研修及び喀痰吸引等研修を修了した方についても介護福祉士試験を受けることができます。
（注3）平成20年度以前に福祉系高等学校（専攻科を含む）に入学し，卒業した方，特例高等学校（専攻科を含む）を卒業し，9か月以上介護等の業務に従事した方が，「実技試験の免除」を申請する場合は，「介護技術講習」，「介護過程」，「介護過程Ⅲ」のいずれかを修了または履修する必要があります。

び技能を修得した者

④　3年以上介護等の業務に従事した者であって，文部科学大臣および厚生労働大臣の指定した学校または都道府県知事の指定した養成施設が行う実務者研修を6月以上受講して修了した者

⑤　3年以上介護等の業務に従事した者であって，喀痰吸引等研修，介護職員初任者研修，訪問介護員養成研修（1〜3級），介護職員基礎研修のいずれかの課程またはこれらに準ずる課程として厚生労働大臣が認める課程の修了後，文部科学大臣および厚生労働大臣の指定した学校または都道府県知事の指定した養成施設が行う実務者研修を1月以上受講して修了した者

⑥　高等学校または中等教育学校において，文部科学大臣および厚生労働大臣の指定したものにおいて，社会福祉士介護福祉士学校指定規則別表第5に定める高等学校等に係る教科目および単位数を修めて，大学への入学を認められた者

⑦　高等学校または中等教育学校であって，文部科学大臣および厚生労働大臣の指定したもの（特例高等学校等）に入学し，当該学校において3年以上（専攻科において2年以上必要な知識および技能を修得する場合にあっては，2年以上）介護福祉士として必要な基礎的な知識および技能を修得した者等であって，介護等の業務に9月以上従事した者

⑧　高等学校または中等教育学校であって文部科学大臣および厚生労働大臣の指定したものにおいて3年以上（専攻科において2年以上必要な知識および技能を修得する場合にあっては，2年以上）介護福祉士として必要な知識および技能を修得した者

⑨　インドネシア，フィリピンおよびベトナムとの経済連携協定（EPA）に基づく外国人介護福祉士候補者であって，3年以上介護等の業務に従事した者

　なお，従来，養成施設ルートは養成施設の卒業をもって介護福祉士になることとされていたが，平成29年度より養成施設卒業者に受験資格を付与し，経過措置を講じつつ国家試験の義務づけを漸進的に導入することとされた。この経過措置については，令和8年度末までの卒業生に適用され，卒業後5年間は国家試験を受験しなくても，または，合格しなくても，介護福祉士の資格を有することができる。この間に国家試験に合格するか，卒業後5年間続けて介護等の業務に従事することで，5年経過後も引き続き介護福祉士の資格を有することができる。一方，令和9年度以降の卒業生には経過措置が適用されず，国家試験に合格しなければ介護福祉士の資格を有することはできない。

(3)　実技試験の実施

　実技試験については，筆記試験に合格した者のみが受けることができる。

　なお，以下に該当する受験生は実技試験が免除される。

①　養成施設ルートの方

②　実務経験ルートの方

③　平成 20 年度以前に福祉系高等学校（専攻科を含む）に入学し，卒業して「介護技術講習」「介護過程」「介護過程Ⅲ」のいずれかを修了または履修した方

④　平成 21 年度以降に特例高等学校（専攻科を含む）に入学し，卒業して 9 か月以上介護等の業務に従事し「介護技術講習」「介護過程」「介護過程Ⅲ」のいずれかを修了または履修した方

⑤　経済連携協定（EPA）ルートで「実務者研修」または「介護技術講習」を修了した方

3 ─── 社会福祉士制度の見直し

1　平成 19 年改正

　介護保険法や障害者自立支援法（現・障害者総合支援法）の創設により，介護サービスは単なる身体介護のみならず，認知症高齢者に対する介護や生活の支援など，幅広い対応を求められるようになった。福祉分野でも，サービスの利用支援や成年後見などの権利擁護に関する援助など，業務が拡大している。このような，多様化するニーズに対応できる質の高い人材を確保・養成していくため，平成 19 年 12 月に社会福祉士及び介護福祉士法が改正され，定義規定や義務規定の見直し並びに社会福祉士養成課程の見直しが行われた。

(1)　資格取得方法の見直し

　①　福祉系大学等ルートの見直し

　　実習等の教育内容，時間数等について，文部科学大臣・厚生労働大臣が基準を設定した。

　②　行政職ルートの見直し

　　4 年以上の行政職経験に加え，新たに 6 月以上の養成課程を経たうえで国家試験を受験する仕組みとした。

(2)　社会福祉士の任用・活用の促進

　①　社会福祉主事から社会福祉士へのステップアップ

　　社会福祉主事養成課程を修了後，2 年以上の実務経験を有し 6 月以上の養成課程を経た者に，新たに社会福祉士国家試験の受験資格を付与することとした。

　②　身体障害者福祉司等の任用資格の見直し

　　身体障害者福祉司，知的障害者福祉司等の任用資格として，社会福祉士を位置づけた。

2　令和 2 年の社会福祉士養成課程における教育内容の見直し

　近年の福祉ニーズの変化等に伴い，社会福祉士の活躍の場が多様な広がりをみせる一方で，社会福祉士の養成カリキュラムは，平成 19 年度以来見直しが行われていなかった。また，地域の課題が多様化・複雑化していくなかで，社会福祉士には，実践

力の強化が求められるようになってきた。

こうした状況を踏まえ，社会保障審議会福祉部会福祉人材確保専門委員会では，平成 28 年 12 月以降 5 回にわたる議論を重ね，平成 30 年 3 月に「ソーシャルワーク専門職である社会福祉士に求められる役割等について」のとりまとめを行うとともに，厚生労働省では，「社会福祉士養成課程における教育内容等の見直しに関する作業チーム」を設置し，具体的な検討を行うこととした。

同作業チームでは，近年の社会状況の変化や法制度の創設等を踏まえ，ソーシャルワーク機能を発揮できる実践能力の習得が図られるよう，以下の点から見直しの検討を行い，令和元年 6 月にカリキュラムの改定案の提示を行った。

① 養成カリキュラムの内容の充実
② 実習および演習の充実
③ 実習施設の範囲の見直し等

こうした経緯を経て，令和 2 年 3 月に学校規則等の関係省令の一部を改正する省令が公布され，これらの省令で定める社会福祉士学校等の教育内容について，地域共生社会の実現を推進し，新たな福祉ニーズに対応するための実践能力を備えた社会福祉士を養成するための見直しや，ソーシャルワーク演習の教員要件の精神保健福祉士養成課程との共通化を図る見直しが行われ，令和 3 年度の入学生から，順次，新たなカリキュラムの適用が図られることとなった。

4 ── 介護福祉士制度の見直し

1 介護福祉士資格取得方法の一元化（平成 19 年改正）

平成 19 年 12 月の社会福祉士及び介護福祉士法改正により，介護福祉士の全資格取得ルートにおいて国家試験の義務づけが図られることとなり，資格取得方法が一元化された。

① 養成施設ルートの見直し：
　資格を取得するためには，新たに国家試験を受験する仕組みとした。ただし，前述のとおり，令和 8 年度末までの卒業生については経過措置が講じられており，10 年間かけて漸進的に国家試験の義務づけを導入する。
② 福祉系高校ルートの見直し：
　教科目・時間数だけでなく新たに教員要件，教科目の内容等にも基準を課すとともに，文部科学大臣・厚生労働大臣の指導監督に服する仕組みとした。
③ 実務経験ルートの見直し：
　3 年以上の実務経験に加え，新たに 6 月以上の実務者研修を受講したうえで国家試験を受験する仕組みとした。ただし，通信課程等を認め，働きながら学ぶ者の負担軽減に配慮した。

2　介護人材の確保対策の方向性（平成28年改正）

　一方で，資格取得方法の一元化による介護人材の量的確保が困難になるという懸念もあり，2回にわたる施行延長が行われたが，平成27年2月の報告書「2025年に向けた介護人材の確保～量と質の確保に向けて～」において，一定の配慮策を示したうえで，速やかに実施すべきとの提言がなされた。それを踏まえ，平成28年「社会福祉法等の一部を改正する法律」が成立し，以下の見直しが行われた。

(1)　社会福祉士及び介護福祉士法の一部改正

　　平成28年度から平成30年度までに，高等学校または中等教育学校であって文部科学大臣および厚生労働大臣の指定したものに入学し，当該学校において3年以上介護福祉士として必要な基礎的な知識および技能を修得した者等であって，9月以上介護等の業務に従事したものは，介護福祉士試験を受けることができることとする。

(2)　社会福祉士及び介護福祉士法等の一部を改正する法律（平成19年法律第125号）の一部改正

　①　介護福祉士の資格取得方法に関する改正規定の施行の延期

　　　大学に入学することができる者であって，文部科学大臣および厚生労働大臣の指定した学校または都道府県知事の指定した養成施設（以下「介護福祉士の養成施設」という。）において2年以上介護福祉士として必要な知識および技能を修得したもの等について，「介護福祉士となる資格を有する者」から「介護福祉士試験の受験資格を有する者」へ改める規定の施行期日を，平成28年4月1日から平成29年4月1日に変更する。

　②　介護福祉士の資格取得に関する特例

　　ア　平成29年度から令和3年度までの間に介護福祉士の養成施設を卒業した者については，当該卒業した日の属する年度の翌年度の4月1日から5年間，介護福祉士となる資格を有するものとする。

　　イ　アの者が受けた介護福祉士の登録は，その者が5年経過日までの間に介護福祉士試験に合格しなかったときは，効力を失うものとする。

　　ウ　アの者が，卒業した日の属する年度の翌年度の4月1日から継続して5年間介護等の業務に従事した場合には，5年間経過後も引き続き介護福祉士となる資格を有するものとする。

　　エ　アの者が，育児休業等をした場合には，アからウまでの適用については，5年間に限り育児休業等をした期間を考慮するものとする。

3　医療的ケアに関する見直し

　介護職員等によるたんの吸引等の取扱いについては，介護現場におけるニーズ等を踏まえ，当面のやむを得ない措置として，在宅・特別養護老人ホーム・特別支援学校において，介護職員等がたんの吸引等のうち一定の行為を実施することが一定の要件

のもとで容認されてきた。しかしながら，こうした取扱いは法的な安定性に欠け，介護現場等において必要なケアをより安全に提供できる仕組みを構築する必要があったことから，平成22年7月，「介護職員等によるたんの吸引等の実施のための制度の在り方に関する検討会」が設置され，12月には基本的な考え方と骨子がまとめられている。その「中間まとめ」をもとに，平成23年6月には「介護サービスの基盤強化のための介護保険法等の一部を改正する法律」に盛り込まれる形で，社会福祉士及び介護福祉士法が一部改正され，介護福祉士および一定の追加的な研修を受けた介護職員等が，医療関係者との連携が確保された事業所でたんの吸引等を行うことができる制度が導入され，平成24年4月1日から施行された。

平成28年の「社会福祉法等の一部を改正する法律」により，前記2の(2)の②による介護福祉士の喀痰吸引等の規定については，平成28年度以前に介護福祉士を有していた者と同様の取扱いとすることとなった。

4　介護福祉士養成課程の教育内容の見直し（平成30年改正）

平成29年10月にとりまとめられた「介護人材に求められる機能の明確化とキャリアパスの実現に向けて」において，介護福祉士の養成に係る教育内容の見直しの必要性が示されたことを受け，厚生労働省では，「介護福祉士養成課程における教育内容の見直し」検討チームを設置し，具体的な検討を行うこととした。

同検討チームでは，5か月ほどの短期間で集中的な議論を重ね，下記の観点を踏まえつつ，カリキュラムの改定案の提示を行った。

① チームマネジメント能力を養うための教育内容の拡充
② 対象者の生活を地域で支えるための実践力の向上
③ 介護過程の実践力の向上
④ 認知症ケアの実践力の向上
⑤ 介護と医療の連携を踏まえた実践力の向上

こうした経緯を経て，平成30年8月に社会福祉士介護福祉士学校指定規則（平成20年文部科学省・厚生労働省令第2号。以下「学校規則」という。）の一部を改正する省令が公布され，学校規則で定める介護福祉士学校等の教育内容について，介護の質を高めるために必要なチームマネジメントの能力を養うため，所要の科目の時間数を拡充する（30時間→60時間）等の見直しが行われ，平成31年度の入学生から，順次，新たなカリキュラムの適用が図られることとなった。

第10節 精神保健福祉士

1 ──── 趣旨

　精神障害者については，長期入院，社会的入院等の問題があり，その社会復帰の促進が緊急の課題となっている。また，疾病と障害が併存する精神障害者の社会復帰を円滑に進めるためには，精神障害者の保健と福祉に関する知識および技術を併せもつ者による援助が提供されることが適切であること等から，そのための相談援助を行う専門職種として，精神保健福祉士の資格が定められた。

2 ──── 法律の概要

⑴　精神保健福祉士の業務

　精神科病院等に入院中または精神障害者の社会復帰を目的とする施設を利用している精神障害者の地域相談支援の利用に関する相談その他の社会復帰に関する相談援助を行うこと。なお，平成24年4月に，精神保健福祉士の義務として，障害者総合支援法に規定する地域相談支援の利用に関する精神障害者からの相談に応じることが明確化された。

⑵　受験資格（図2-11参照）

　4年制大学において文部科学省令・厚生労働省令で定める科目を修めて卒業した者等。

⑶　試験登録事務の委託

　厚生労働大臣は，指定法人に精神保健福祉士試験の実施および精神保健福祉士の登録の実施に関する事務を行わせることができる。

⑷　守秘義務等

　精神保健福祉士は，精神保健福祉士の信用を傷つけるような行為をしてはならない。また，正当な理由がなく，その業務に関して知り得た人の秘密を漏らしてはならない。

　なお，平成22年12月の改正法により，個人の尊厳を保持し，誠実に業務を行わなければならないこと，相談援助に関する知識および技能の向上に努めることとする義務規定が追加され，平成24年4月から施行されている。

⑸　関係者との連携等

　精神保健福祉士は，保健医療サービス，障害福祉サービス，地域相談支援に関するサービス等の関係者との連携を保つとともに，精神障害者に主治の医師があるときは，その指導を受けなければならない。

　連携等に関しては，従来は「医師その他の医療関係者」との規定のみであったが，

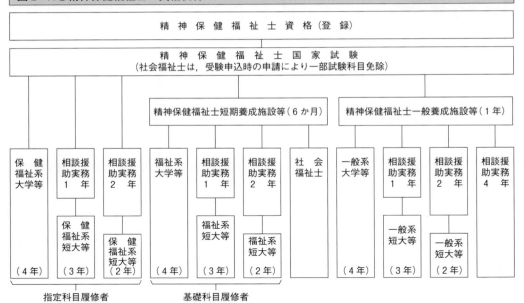

図2-11●精神保健福祉士の資格要件

平成24年4月からは，保健医療サービス等の関係者との連携についても規定された。

(6) 名称独占資格

精神保健福祉士でない者は，精神保健福祉士という名称を使用してはならない。

3 ─── 精神保健福祉士養成課程の教育内容の見直し

精神保健福祉士を取り巻く環境の変化を踏まえ，新しい状況に的確に対応できる人材を育成することを目的として，「精神保健福祉士の養成の在り方等に関する検討会」が平成30年12月より開催された。同検討会では，6回にわたる議論を重ね，令和2年3月に，「精神保健福祉士資格取得後の継続教育や人材育成の在り方について」をとりまとめた。同とりまとめでは，精神保健福祉士に求められる役割と能力，また，国，地方公共団体，職能団体等関係団体及び養成校の役割等を整理したうえで，今後の資格取得後の継続教育・人材育成の在り方についての提言を行っている。また，併せて，「精神保健福祉士養成課程における教育内容等の見直しについて」を公表し，これらの提言を踏まえ，必要な人材が育成されるよう，養成課程のカリキュラムの見直し等，教育内容の見直しについて具体的な方向を示した。なお，カリキュラムの見直しについては，令和3年度の入学者から順次適用されている。

1 ── 今後の人材確保対策の方向性

1 現状の認識

近年，高齢化に伴う福祉ニーズの拡大等に伴い，福祉人材の確保は喫緊の課題とされ，特に介護人材の確保については，入職率・離職率の高さ，相対的に低い給与水準，著しく高い女性比率に，結婚・出産段階での離職率の高さなどの課題が指摘されている。

また，厚生労働省の資料（令和3年7月に公表された第8期介護保険事業計画に基づく介護人材の必要数（都道府県別））によれば，2025（令和7）年に必要とされる介護人材は約243万人であるのに対し，実際に供給できるのは約211万人と，約32万人の人材不足が予測されている。

2 2025年に向けた人材確保

平成26年6月，厚生労働省は，多様な人材の参入促進，資質の向上および環境の改善等を図る観点から，「福祉人材確保対策検討会」を開催し，福祉人材の確保対策の在り方について，有識者の意見を踏まえた多角的な検討を行った。7回にわたる議論の結果，平成26年10月には，介護人材確保に係る11の方向性や，介護福祉資格取得方法の見直しに向けた取組みに関する方向性等がとりまとめられ，その後，社会保障審議会福祉部会（福祉人材確保専門委員会）において議論が重ねられた結果，平成27年2月には「2025年に向けた介護人材の確保〜量と質の好循環の確立に向けて〜」とする報告書がまとめられた。

この報告書では，①持続的な人材確保サイクルの確立，②介護人材の構造転換（「まんじゅう型」から「富士山型」へ），③地域のすべての関係主体が連携し，介護人材を育む体制の整備，④中長期的視点に立った計画の策定の4点を基本的な考え方として，量的確保と質的確保の同時達成に向けた取組みに関する提言が行われている（図2-12参照）。

3 介護人材の機能とキャリアパスについて

今後，地域包括ケアシステムの構築に向けて，必要な人材を確保していくためには，限られた人材を有効に活用していく必要がある。平成27年2月の報告書（「2025年に向けた介護人材の確保〜量と質の好循環の確立に向けて〜」）においても，こうした考え方から，平成28年度を目途に介護人材の類型化・機能分化について，実態把握・検証を通して具体的な検討を進めるよう提言がなされた。

これを受け，社会保障審議会福祉部会福祉人材確保専門委員会では，平成28年10

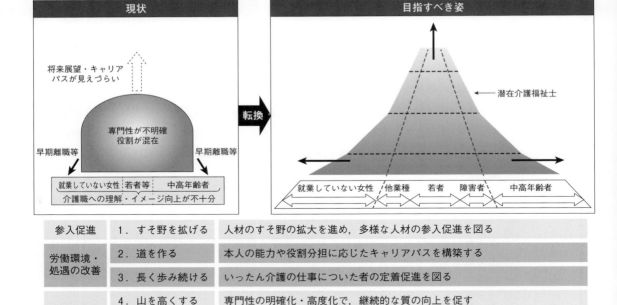

図2-12●2025年に向けた介護人材の構造転換（イメージ）

現状	目指すべき姿
将来展望・キャリアパスが見えづらい	潜在介護福祉士
専門性が不明確 役割が混在	
早期離職等　　　　　早期離職等	
就業していない女性｜若者等｜中高年齢者	就業していない女性｜他業種｜若者｜障害者｜中高年齢者
介護職への理解・イメージ向上が不十分	

参入促進	1. すそ野を拡げる	人材のすそ野の拡大を進め，多様な人材の参入促進を図る
労働環境・処遇の改善	2. 道を作る	本人の能力や役割分担に応じたキャリアパスを構築する
	3. 長く歩み続ける	いったん介護の仕事についた者の定着促進を図る
資質の向上	4. 山を高くする	専門性の明確化・高度化で，継続的な質の向上を促す
	5. 標高を定める	限られた人材を有効活用するため，機能分化を進める

国・地域の基盤整備

出典　厚生労働省「社会保障審議会福祉部会（福祉人材確保専門委員会）」（平成27年6月24日）資料

月以降6回にわたる議論を重ね，平成29年10月に「介護人材に求められる機能の明確化とキャリアパスの実現に向けて」のとりまとめを行った。同とりまとめでは，介護分野に参入した人材が意欲・能力に応じてキャリアアップを図り，各人材が期待される役割を担っていけるよう，「介護職のグループにおけるリーダーの育成」，「介護人材のすそ野の拡大に向けた入門的研修の導入」などの具体的な対応を求めるとともに，介護福祉士養成課程におけるカリキュラムについても，介護福祉の専門職として，介護職のグループのなかで中核的な役割を果たし得るよう見直しを求めている。

2 ─── 外国人介護人材の受入れ

　経済連携協定（EPA）により，平成20年度以降，インドネシア（平成20年度〜），フィリピン（平成21年度〜），ベトナム（平成26年度〜）の3国から，令和5年1月1日現在で2622人の介護福祉士候補者を受け入れている。なお，資格取得者数は635人である。平成29年9月の入国管理及び難民認定法の一部改正により在留資格「介護」が創設されたこともあり，今後さらに，介護福祉士を目指す外国人の増加が期待されている。

現在，外国人介護人材の受入れについては，①経済活動の連携強化を目的とした特例的な受入れ（EPA），②日本から他国への技能移転（外国人技能実習制度），③専門的・技術的分野への人材の受入れ（在留資格「介護」）の３つの枠組みが存在するが，いずれも介護分野の労働力不足への対応としてではなく，各制度の趣旨に沿って円滑な推進が図られることが求められる。

　こうした観点から，平成29年４月にEPA介護福祉士の就労範囲に訪問系サービスを追加するにあたり，日本の生活様式を含めた研修等の実施，緊急事態発生時の対応，訪問サービス提供に関する適切な記録等に関する通知が厚生労働省より発出された。また，平成29年11月に技能実習制度の対象職種に介護職種が追加された際には，技能実習生に一定程度の日本語能力を求めるなどの措置が講じられた。

　平成29年12月に政府は，「新しい経済政策パッケージ」（閣議決定）において，在留資格「介護」の対象を拡大（実務経験ルートで介護福祉士の資格を取得した者を追加）する方針を示したが，今後ますます広がりをみせる外国人介護人材に対し，いかに受入れ環境を整備していくかということが，今後の福祉人材確保をめぐる課題の１つとなっている。

3 ─── こども家庭ソーシャルワーカーの創設

　令和元年６月に成立した「児童虐待防止対策の強化を図るための児童福祉法等の一部を改正する法律」において，子ども家庭福祉分野のソーシャルワーカーの資格の在り方とその資質の向上策が改めて検討事項とされ，「子ども家庭福祉に関し専門的な知識・技術を必要とする支援を行う者の資格の在り方その他資質の向上策に関するワーキンググループ」が設置された。

　ワーキンググループでの議論を踏まえ，令和４年６月「児童福祉法等の一部を改正する法律」が公布され，国の基準を満たした機関が認定した研修等を経て取得する認定資格として導入されることとなった。児童福祉司の任用要件を満たすものとして児童福祉法上に位置づけられる。令和５年３月，「子ども家庭福祉の認定資格の取得に係る研修等に関する検討会」の報告書がまとめられ，実務経験者が指定の研修を受け，試験に合格することで取得できる認定資格となった。名称は「こども家庭ソーシャルワーカー」で，令和６年４月１日の施行に向けて整備が進められている。

社会福祉関係税制

1 ── 高齢者，障害者，寡婦等に関する所得税，住民税の軽減

1 控除の種類および控除額

高齢者，障害者，寡婦等については，その稼働上または生活上のハンディキャップに対応して，税制上も次に示すように特別の控除（課税所得の減額）を設けている。

2 控除の対象となる者の範囲

(1) 障害者控除

① 知的障害者（児童相談所，知的障害者更生相談所，精神保健福祉センターもしくは精神保健指定医の判定による）

② 精神障害者（精神障害者保健福祉手帳の交付を受けている2，3級の精神障害者）

③ 身体障害者（身体障害者手帳の交付を受けている3〜6級の身体障害者）

④ 戦傷病者（戦傷病者手帳の交付を受けている者）

⑤ 精神または身体に障害のある年齢65歳以上の者でその障害の程度が①または③に準ずるものとして市町村長等の認定を受けている者

(2) 特別障害者控除

① 精神上の障害により事理を弁識する能力を欠く常況にある者または重度の知的障害者（児童相談所，知的障害者更生相談所，精神保健福祉センターもしくは精神保健指定医の判定による）

② 重度の精神障害者（精神障害者保健福祉手帳1級の精神障害者）

③ 重度の身体障害者（身体障害者手帳に障害の程度が1級または2級と記載されている者）

④ 重度の戦傷病者（戦傷病者手帳の障害の程度が恩給法別表の特別項症から第3項症までであると記載されている者）

⑤ 原子爆弾被爆者（その負傷または疾病が原子爆弾の傷害作用に起因する旨の厚生労働大臣の認定を受けている者）

⑥ 常に就床を要し，複雑な介護を要する者

⑦ (1)の⑤の者のうち(2)の①または(2)の③に準ずるものとして市町村長等の認定を受けている者

(3) 寡婦控除

次にあたる者で老年者に該当しない者

① 夫と離婚した後，婚姻しておらず，扶養親族がいる者で，合計所得金額が500万円以下である者

②　夫と死別した後，婚姻をしていない者または夫の生死の明らかでない者で，合計所得金額が 500 万円以下である者

(4)　寡夫控除（令和 2 年分から(5)ひとり親控除に含まれたため廃止）

(5)　ひとり親控除

婚姻をしていないことまたは配偶者の生死の明らかでない者であって，次の要件をすべて満たしていること

①　事実上婚姻関係と同様の事情にあると認められる一定の者がいないこと

②　生計を同一にする子（総所得金額等が 48 万円以下で，他の者の同一生計者または扶養親族になっていない者）がいること

③　合計所得金額が 500 万円以下であること

(6)　老人扶養控除

70 歳以上の扶養親族

(7)　老人控除対象配偶者の配偶者控除

控除対象配偶者のうち年齢 70 歳以上の者

(8)　同居老親等扶養控除

納税者またはその配偶者の直系尊属で，かついずれかと同居している老人扶養親族

(9)　同居特別障害者扶養控除

納税者の控除対象配偶者または扶養親族で当該納税者または当該納税者の配偶者もしくは当該納税者と生計を一にするその他の親族のいずれかとの同居を常況としている特別障害者

3　地方税の非課税

(1)　次に掲げる者に対しては，住民税（所得割および均等割）を課税しない（地方税法第 24 条の 5，第 295 条）。

①　生活保護法による生活扶助を受けている者

②　障害者，未成年者，寡婦またはひとり親で前年の所得が 135 万円以下の者

(2)　重度の視力障害者（失明または両眼の視力が 0.06 以下の者）が行うあんま，はり等，医業に類する事業については，事業税は課されない（地方税法第 72 条の 2 第 10 項第 5 号，同法施行令第 13 条）。

2 ——— 社会福祉関係給付金等に関する免税

次に掲げる社会福祉，社会保障関係法に基づく給付は，国税，地方税とも課税の対象としない。

①　生活保護法に基づく保護金品および進学準備給付金（生活保護法第 57 条）

②　児童福祉法に基づく支給金品（児童福祉法第 57 条の 5）

③　自立支援給付として支給を受けた金品（障害者総合支援法第14条）

④　介護保険給付として支給を受けた金品（介護保険法第26条）

⑤　母子保健法に基づく支給金品（母子保健法第23条）

⑥　児童扶養手当法に基づく児童扶養手当（児童扶養手当法第25条）

⑦　特別児童扶養手当等の支給に関する法律に基づく特別児童扶養手当，障害児福祉手当，特別障害者手当（特別児童扶養手当等の支給に関する法律第16条，第26条，第26条の5）

⑧　児童手当法に基づく児童手当（児童手当法第16条）

⑨　母子及び父子並びに寡婦福祉法に基づく自立支援教育訓練給付金または高等職業訓練促進給付金（母子及び父子並びに寡婦福祉法第31条の4）

⑩　厚生年金保険法，国民年金法等に基づく年金等（老齢厚生年金，老齢基礎年金，付加年金を除く）および恩給法に基づく増加恩給，傷病賜金等（厚生年金保険法第41条，国民年金法第25条，所得税法第9条）

⑪　地方公共団体が行う心身障害者扶養共済制度に基づき支給される給付金（所得税法第9条）

⑫　生活困窮者自立支援法に基づく住居確保給付金（生活困窮者自立支援法第20条）

⑬　子ども・子育て支援法に基づく子どものための教育・保育給付として支給を受けた金品（子ども・子育て支援法第18条）

3 ─── 身体障害者等に対する相続税等の減免

(1)　身体障害者が取得し，または所有する自動車等で，身体障害者等自身が運転するものまたは身体障害者等の通勤等のためにその生計同一者もしくは身体障害者等のみで構成される世帯の身体障害者等のために常時介護者が運転するものについては，地方公共団体の条例により，環境性能割，自動車税，軽自動車税の減免措置が講じられている（地方税法第167条，第461条）。

(2)　身体障害者用に製作された器具，物品（義肢，人工代用筋，車椅子，装着式尿収器，点字器，タイプライター，時計，はかり，温度計および体温計等）および慈善，救じゅつのために寄贈された給与品および救護施設，養老施設その他の社会福祉事業を行う施設に寄贈された物品で給与品以外のもののうちこれらの施設において直接社会福祉の用に供するものと認められるものの輸入については，関税が免除される（関税定率法第14条，第15条，同法施行令第16条の2）。

(3)　心身障害者が相続した場合，障害の程度および年齢に応じ相続税額が減額される（相続税法第19条の4）。

①　要件

相続人が障害者であって年齢85歳未満であること。

(注)障害者（特別障害者）の範囲は，所得税法上の障害者（本節1の「**2　控**

除の対象となる者の範囲」の(1)および(2)) 参照

② 控除額

(85歳−障害者の年齢)×10万円（特別障害者は20万円）が障害者の相続税額から控除される。

なお，障害者控除の額が，障害者に対する相続税額を超える部分は，同時に相続した当該障害者の扶養義務者の相続税額から控除される。

(4) 特定障害者を受益者とする信託契約に基づき，金銭等の財産が信託されたときは，特別障害者である特定障害者については6000万円，特別障害者以外の特定障害者については3000万円を限度として，贈与税が非課税とされる（相続税法第21条の4）。

4 ─── 社会福祉事業を行う者に対する免税

社会福祉法人，日本赤十字社，公益社団法人，公益財団法人および宗教法人等の公益法人については，利子，配当，利息等の所得に所得税は課税されない（所得税法第11条）。

法人税についても，収益事業に係る益金以外に課税されない（法人税法第4条）。

収益事業の範囲等は次のとおりである。

(1) 収益事業の範囲種類は，物品販売業，印刷業，医療保健業，駐車場業等34種の事業であるが，次に掲げるものはこれに含まれない（法人税法施行令第5条）。

① 公益社団法人または公益財団法人が行う収益事業のうち，公益目的事業に該当するもの

② 収益事業であっても，身体障害者，知的障害者，精神障害者，生活保護法による生活扶助を受けている者，65歳以上の者，母子家庭の母および寡婦等が，従業員の半数以上を占め，かつ，その事業が，これらの者の生活の保護に寄与しているもの

③ 母子及び父子並びに寡婦福祉法による母子・父子福祉団体の行う事業のうち，(i)母子父子福祉資金の貸付けを受けた事業で，その償還の終わっていないもの，および(ii)公共施設内で行われる売店などの事業

④ 社会福祉法人または日本赤十字社が行う医療保健事業

⑤ 公益法人等の行う医療保健事業で低所得者に対する医療費の減免等一定の要件を満たすもの

(2) 収益事業の益金を本来の公益事業に充当した場合，公益社団法人または公益財団法人の場合，所得の2分の1，社会福祉法人は2分の1（公益事業に充てられる金額が年間200万円に満たない場合は，収益事業所得の2分の1を超えるときでも，年間200万円まで非課税），公益法人等（公益社団法人，公益財団法人，社会福祉法人等を除く。）は100分の20までは損金算入が認められる（法人税法第37条，同法

施行令第73条)。

⑶　地方税（事業税，住民税）についても収益事業の範囲等は同様であるが，住民税については，収益の90％以上を公益事業に充当すると非課税とされる（地方税法施行令第7条の4）。

5 ─── 社会福祉事業の用に供する資産等に対する非課税

⑴　個人が，国，地方公共団体および社会福祉法人に対し，第1種社会福祉事業用施設，老人デイサービスセンター，老人短期入所施設の用地として土地を売却した場合，地方公共団体および社会福祉法人に対して，保育所の用地として土地を売却した場合，当該土地譲渡所得に対し，5000万円までの特別控除が認められる（租税特別措置法第33条，第33条の2，第33条の4）。

⑵　社会福祉事業の用に供する土地建物（社会福祉法人，公益社団法人，公益財団法人等政令で定める主体が経営する場合に限定）については，不動産取得税，固定資産税，特別土地保有税，都市計画税は課されない（地方税法第73条の4，第348条，第586条，第702条の2）。

⑶　社会福祉法人が社会福祉事業の用に供する土地建物の権利の取得登記については，登録免許税は課されない（登録免許税法第4条）。

　　なお，この取扱いを受けるためには，当該不動産が，社会福祉事業の用に供するものである旨の都道府県知事および指定都市・中核市市長等の証明が必要である。

⑷　社会福祉事業の用に供する施設については事業所税は課されない（地方税法第701条の34）。

6 ─── 社会福祉事業として行われる資産の譲渡等に対する非課税

　　社会福祉法に規定する社会福祉事業を経営する事業として行われる資産の譲渡等（障害者総合支援法に規定する生活介護，就労移行支援または就労継続支援を行う事業において生産活動としての作業に基づき行われるものを除く。）については，消費税が非課税とされる（消費税法第6条）。

7 ─── 社会福祉事業に対する寄附，贈与等についての免税

⑴　個人が寄附した場合の所得控除（所得税法第78条）

①　個人が次の法人に寄附金を支出した場合には，寄附金控除として一定の計算により課税対象所得から控除される（特定寄附金）。

　㋐　国，地方公共団体

　㋑　公益社団法人，公益財団法人等で財務大臣の指定を受けたもの

（注）(イ)の指定は，当該寄附金が(i)広く一般に募集されること，(ii)社会福祉等公益の増進に寄与するための支出で緊急を要するものに充てられることが確実であることを審査して行われることになっている。

　(ウ)　社会福祉法人，公益社団法人，公益財団法人等で，社会福祉等公益の増進に著しく寄与するもの（特定公益増進法人）

②　寄附金控除の額

　次のいずれか低い金額−2000円

　(ア)　その年中に支出した特定寄附金の額の合計額

　(イ)　その年分の総所得金額，退職所得金額及び山林所得金額の合計額の40％の額

(2)　法人が寄附した場合の損金算入（法人税法第37条，同法施行令第73条，第77条の2）

　会社等が一般に寄附金を支出した場合には①の限度額まで損金に計上できることとなっているが，公益のための寄附金については，この限度額が②のように増額，または③のように限度額に関係なく損金に算入される。

①　一般の損金算入限度額

　　（資本金または出資金の額×（当期の月数/12）× 2.5/1000 ＋当該事業年度の所得（利益）× 2.5/100）× 1/4

②　損金算入限度額が増額される場合

　社会福祉法人，日本赤十字社等公益の増進に著しく寄与するものとして政令に定めるもの（特定公益増進法人）に対する寄附金については，次のいずれか少ない金額が損金に算入される。

　(ア)　特定公益増進法人に対する寄附金の合計額

　(イ)　（資本金または出資金等の額×（当期の月数/12）× 3.75/1000 ＋当該事業年度の所得（利益）× 6.25/100）× 1/2

③　損金算入限度額に関係なく全額損金に算入される場合

　(ア)　国，地方公共団体に対する寄附金

　(イ)　公益社団法人，公益財団法人等に対する寄附金で財務大臣の指定を受けたもの

(3)　法人または個人が共同募金会を通じて社会福祉法人等に寄附する場合には，社会福祉事業もしくは更生保護事業の用に供される土地，建物および機械その他の設備に要する費用および経常的経費，または社会福祉事業に係る民間奉仕活動に必要な基金（ボランティア基金）に充てるために支出した全額が損金算入または寄附金控除の対象となる（「寄附金控除の対象となる寄附金又は法人の各事業年度の所得の金額の計算上損金の額に算入する寄附金を指定する件」（昭和40年大蔵省告示第154号）第4号の2）。

(4)　個人が都道府県共同募金会または日本赤十字社支部に対して寄附した場合の寄附金控除（地方税法第37条の2，第314条の7）

個人が賦課期日現在における住所所在の都道府県共同募金会または日本赤十字社支部に対して 2000 円を超える寄附を行った場合，当該寄附金（年間所得の 30％を限度とする額）のうち 2000 円を超える金額の 10％（都道府県 4％，市町村 6％）相当額が控除される。

(5) 個人が不動産等の資産を寄附した場合の譲渡所得の非課税（所得税法第 59 条，同法施行令第 169 条，租税特別措置法第 40 条）

個人が土地，建物，山林等の資産を無償または時価の 2 分の 1 以下の低額で譲渡した場合には，時価により譲渡したものとみなして譲渡益に対して所得税が課税されるが，次のような場合には非課税となる。

① 国，地方公共団体に寄附した場合

② 社会福祉法人，公益社団法人，公益財団法人，特定一般法人等に寄附した場合で国税庁長官の承認を得たもの

（注）国税庁長官の承認は，(i)当該物件が社会福祉事業の用に供されること，(ii)役員構成議決事項についての当該法人の規定が，同族的でなく，寄附者に特別の利益が生じるおそれのないものであること等を審査して決定される。

(6) 個人が相続財産を寄附した場合の相続税の非課税（租税特別措置法第 70 条，同法施行令第 40 条の 3）

相続財産を相続税の申告期間内に次に掲げるものに寄附した場合には，当該財産は相続税の課税価格の計算の基礎に算入しない。

① 国，地方公共団体

② 社会福祉法人，日本赤十字社

③ 公益社団法人もしくは公益財団法人等で社会福祉への貢献その他公益の増進に著しく寄与するもの

●第3章● 公的扶助と
生活困窮者
自立支援

生活保護の動向

1 ───── 戦後の動向

　戦後の生活保護の動向を概観してみると，昭和26年度には被保護世帯が70万世帯（被保護人員204万6646人）であったものが，神武景気（昭和29年～32年）を経て，昭和32年度には，58万世帯（162万4000人）にまで減少した。また，石炭産業の合理化による離職者が大量発生した昭和38年度には65万世帯（174万5000人），ドルショック（昭和46年後半）の影響を受けた昭和48年度には69万7000世帯（134万6000人）と増加している。

　その後も，上下動を繰り返しながら，昭和の経済成長を反映し，全体としては減少傾向が続き，平成4年度には58万6000世帯（89万8000人）と過去最少の世帯数を記録した（被保護人員では平成7年度の88万2229人が過去最少）。しかし，その後は平成26年度まで増加へと転じ，平成27年度から微減傾向となり，令和3年度には164万1512世帯（203万8557人）となっている（図3-1参照）。

2 ───── 近年の動向

　平成20年のリーマンショック以降，特に稼働能力のある生活保護受給者の増加が顕著となった（図3-2参照）。このため，近年，保護受給者に対する就労・自立支援

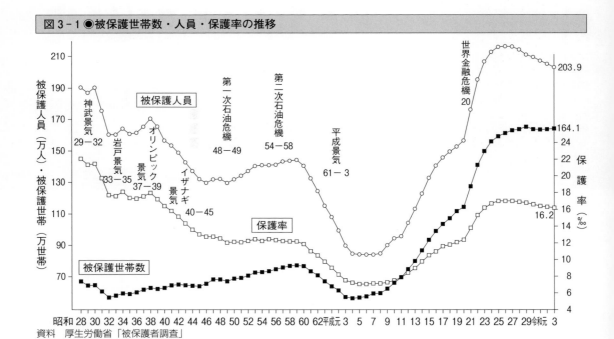

図3-1 ●被保護世帯数・人員・保護率の推移

資料　厚生労働省「被保護者調査」

の充実が図られてきた。

　平成23年度に，福祉事務所にハローワークの常設窓口の設置を図るなど，被保護者を対象とする就労支援が予算事業を中心に進められ，平成25年の法改正により平成26年度には「就労自立給付金」，平成27年度には「被保護者就労支援事業」が，法に基づく制度として位置づけられるようになった。

　また，「貧困の連鎖」に関連して，平成21年7月には，保護基準において学習支援

図3-2●世帯類型別の保護世帯数と構成割合の推移

世界金融危機後，「その他の世帯」の割合が大きく上昇した。
「高齢者世帯」以外の世帯は減少傾向となっているが，「高齢者世帯」は増加傾向にある。

■世帯類型別の生活保護受給世帯数の推移　（単位：万世帯）

	高齢者世帯	母子世帯	傷病・障害者世帯	その他の世帯
平成10年度	29.5万世帯	5.5	26.8	4.5
平成11年度	31.6	5.8	27.9	5.0
平成12年度	34.1	6.3	29.1	5.5
平成13年度	37.0	6.8	30.4	6.2
平成14年度	40.3	7.5	31.9	7.2
平成15年度	43.6	8.2	33.7	8.5
平成16年度	46.6	8.7	35.0	9.4
平成17年度	45.2	9.1	39.0	10.7
平成18年度	47.4	9.3	39.7	11.0
平成19年度	49.8	9.3	40.1	11.1
平成20年度	52.4	9.3	40.7	12.2
平成21年度	56.3	10.0	43.6	17.2
平成22年度	60.4	10.9	46.6	22.7
平成23年度	63.6	11.3	48.9	25.4
平成24年度	67.8	11.4	47.5	28.5
平成25年度	72.0	11.2	46.5	28.8
平成26年度	76.1	10.8	45.4	28.1
平成27年度	80.3	10.4	44.2	27.2
平成28年度	83.7	9.9	43.0	26.3
平成29年度	86.5	9.2	42.0	25.6
平成30年度	88.2	8.7	41.2	24.8
令和元年度	89.7	8.1	40.7	24.3
令和2年度	90.4	7.6	40.5	24.5
令和4年10月	90.8	6.8	40.7	25.4

（平成21年度に「世界金融危機」）

■世帯類型別の構成割合の推移

	高齢者世帯	母子世帯	傷病・障害者世帯	その他の世帯
平成10年度	45%	8%	40%	7%
平成11年度	45%	8%	40%	7%
平成12年度	45%	8%	39%	7%
平成13年度	46%	9%	38%	8%
平成14年度	46%	9%	37%	8%
平成15年度	46%	9%	36%	9%
平成16年度	47%	9%	35%	9%
平成17年度	43%	9%	37%	10%
平成18年度	44%	9%	37%	10%
平成19年度	45%	8%	36%	10%
平成20年度	46%	8%	36%	11%
平成21年度	44%	8%	34%	14%
平成22年度	43%	8%	33%	16%
平成23年度	43%	8%	33%	17%
平成24年度	44%	7%	31%	18%
平成25年度	45%	7%	29%	18%
平成26年度	47%	7%	28%	17%
平成27年度	50%	6%	27%	17%
平成28年度	51%	6%	26%	16%
平成29年度	53%	6%	26%	16%
平成30年度	54%	5%	25%	15%
令和元年度	55%	5%	25%	15%
令和2年度	55%	5%	25%	15%
令和4年10月	55%	4%	25%	15%

※高齢者世帯の92.4%が単身世帯（令和4年10月）。
注：世帯数は各年度の1か月平均であり，保護停止中の世帯は含まない。
資料：被保護者調査　月次調査（厚生労働省）（平成23年度以前は福祉行政報告例）（令和4年10月分は速報値）

世帯類型の定義
- ●高齢者世帯：男女とも65歳以上（平成17年3月以前は，男65歳以上，女60歳以上）の者のみで構成されている世帯か，これらに18歳未満の者が加わった世帯
- ●母子世帯：死別・離別・生死不明及び未婚等により現に配偶者がいない65歳未満（平成17年3月以前は，18歳以上60歳未満）の女子と18歳未満のその子（養子を含む。）のみで構成されている世帯
- ●障害者世帯：世帯主が障害者加算を受けているか，障害・知的障害等の心身上の障害のため働けない者である世帯
- ●傷病者世帯：世帯主が入院（介護老人保健施設入所を含む。）しているか，在宅患者加算を受けている世帯，若しくは世帯主が傷病のため働けない者である世帯
- ●その他の世帯：上記以外の世帯

出典　「令和4年度　全国厚生労働関係部局長会議資料（社会・援護局詳細資料）」，60頁

費が創設された。それまで教育扶助の対象について，義務教育に伴って必要となる費用に限定していたものを，世帯の自立を助長する観点から，家庭内学習に必要な図書購入費など，これまで扶助の対象とされてこなかった費用を支給対象とした。その後，「保護受給世帯の世帯主の約4人に1人は，出身世帯も生活保護を受給している」といった研究報告が発表されるなど，貧困の連鎖の問題が広く社会に認識されることとなり，平成25年6月の「子どもの貧困対策の推進に関する法律」の制定，平成26年8月の「子供の貧困対策に関する大綱」（閣議決定）の策定，さらには，平成27年4月からの生活困窮者自立支援制度における「学習支援事業」（現・子どもの学習・生活支援事業）の創設等へとつながっていった。

　そもそも，わが国の生活保護制度は，支援が必要な者に適切に保護を実施していくという基本的な考え方に立脚してきた。しかしながら，前述のような近年の課題に対応するためには，就労を伴った生活の自立や貧困の連鎖の防止をいかに進めていくかが鍵となる。特に，今すぐには生活保護が必要ではないものの，いずれ必要になる可能性が高い稼働年齢層への対応では，生活困窮者自立支援制度との連携のもと，総合的な支援を進めていく必要がある。近年の生活保護制度は，単に受給者を「保護」するだけにとどまらず，受給者の「自立」を支える制度としての在り方が問われるようになってきている。

3 ─── 改正生活保護法の成立

　平成25年12月の改正法に続く改正法として，平成30年6月8日に「生活困窮者等の自立を促進するための生活困窮者自立支援法等の一部を改正する法律」が成立し，生活困窮者自立支援法の見直しとともに，生活保護法の改正が行われることとなった（本章第10節参照）。

　この改正法による見直しは多岐にわたり，段階をおって実施されていくこととなるが，主な内容と施行時期の関係を整理すると，表3-1のようになる。

　このうち，「進学準備給付金」は，子どもの貧困対策の観点から，大学等に進学した場合に新生活の立ち上げ費用を支給する制度として設けられたものであり，平成30年度の入学者にも支給が可能となるよう，平成30年1月1日に遡って適用された。

　また，令和2年4月に施行された無料低額宿泊所等の見直しは，社会福祉法の改正により社会福祉事業の類型に「社会福祉居住施設」を追加し，いわゆる「貧困ビジネス」への規制強化を図るとともに，生活保護法の改正により単独で居住が困難な方の日常生活を支援する仕組みを創設するものである。

　なお，こうした法改正に伴う見直し以外にも，平成25年の改正法により新たに設けられた「就労自立給付金」について，算定方法に係る告示改正を行い，積立率を一律10％に統一するなど，制度の簡素化・効率化を図る見直しが平成30年10月に実施された。

表3-1●改正生活保護法（平成30年法律第44号）の主な施行時期

施行時期	改正内容	備考
平成30年6月8日	・進学準備給付金の支給（法第55条の5）	平成30年1月1日から適用
平成30年10月1日	・後発医薬品の使用原則化（法第34条第3項） ・資力がある場合の返還金債権の破産法（平成16年法律第75号）上の偏頗行為否認の例外化，同債権の保護費との調整（法第77条の2，78条の2） ・介護保険適用の有料老人ホーム等に係る居住地特例（法第19条第3項） ・都道府県による援助（法第81条の2） ・生活困窮者自立支援制度に係る情報提供等（法第81条の3） ・自立支援医療費に係るレセプトの情報提供義務（法別表第1）	
令和2年4月1日	・単独での居住が困難な生活保護受給者に対し，サービスの質が確保された施設において，必要な日常生活支援を提供する仕組みの創設（法第30条第1項ただし書き）	無料低額宿泊所の規制強化（社会福祉法第68条の2等）
令和3年1月1日	・健康管理支援事業の創設（法第55条の8） ・健康管理支援事業の実施に資するための国による調査分析等（法第55条の9）	

第2節　生活保護基準

1 ─── 生活保護基準の意義

　生活保護制度は，国がその責任において生活に困窮するすべての国民に対して，健康で文化的な最低限度の生活を保障するものである。しかし，健康で文化的な最低限度の生活水準とは具体的にはどういうことなのか，生活保護の法文上必ずしも明確ではない。そこで，厚生労働大臣の定める生活保護基準により，それを明確化するとともに，この基準によって個々の国民が最低限度の生活需要を満たしているかどうかを判定するのである。そして，算定された基準（最低生活費）と収入とを対比し，収入が最低生活費を下回っている場合に生活保護が適用される。

　生活保護基準は多様な日常生活に対応するために，生活扶助をはじめとし，住宅・教育・介護・医療・出産・生業・葬祭の8つの扶助に分かれており，さらに，生活扶助基準のなかには各種の加算制度があり，より細かな需要に対応できるように設定されている（図3-3参照）。

　このような種々の基準を設定する際には，要保護者の年齢・世帯構成・所在地域等の事情を考慮し，国民一般の生活実態，物価，消費の動向等を勘案して，常に科学性・合理性・妥当性が確保されるように配慮されている。

図3-3●最低生活費について

【最低生活費の体系】
　最低生活費を計算する尺度となる保護基準は，厚生労働大臣が，要保護者の年齢，世帯構成，所在地等の事情を考慮して扶助別（8種類）に定める。

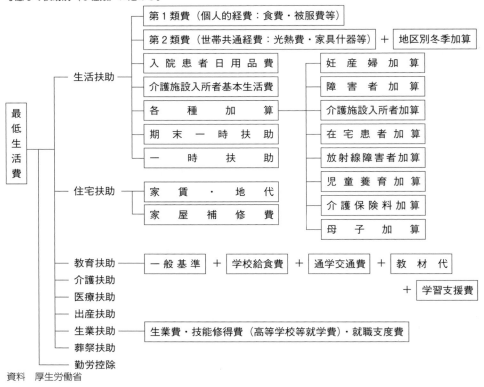

資料　厚生労働省

　なお，生活保護基準については，専門的かつ客観的な評価・検証を行うため，社会保障審議会の下に生活保護基準部会が設置された。平成23年4月19日に第1回会合が開催され，平成25年1月に報告書がとりまとめられた。

2 ─── 生活保護基準改定の概要

　生活保護基準の中心である生活扶助基準の設定方式は，昭和23年度から35年度までは最低生活に必要な物資を積み上げ，その購入金額を合算するマーケット・バスケット方式，36年度から39年度までは，栄養学的に算定した飲食物費を積み上げ，現実にこれに合致する飲食物費を支出している世帯の生活費を最低生活費とするエンゲル方式が採用された。また，40年度からは政府の経済見通しによる民間最終消費支出（53年度までは個人消費支出）の伸び率を基礎として，一般世帯と被保護世帯との消費水準の格差を縮小させていく，いわゆる格差縮小方式が採用され，さらに59年度から一般国民の消費水準の動向にスライドさせる水準均衡方式に改められた（図3-4参照）。この水準均衡方式は当該年度に予測される一般国民の消費動向を踏まえると同時に，前年度までの一般国民の消費水準との調整を図る方式である。

図3-4●生活扶助基準額の推移（標準世帯1級地—1）

実施年月日	標準世帯基準額（1級地）	標準世帯（モデル世帯）	改定方式	基準額体系	級地
昭和21. 3. 13	199.80 円	5人世帯	標準生計費方式	基準額／世帯人員別	6地域区分制
21. 7. 1	303				21.7.1
23. 8. 1	4,100	─23.8.1	─23.8.1		3地域区分制
23. 11. 1	4,535			─23.11.1	
26. 5. 1	5,826	［64歳男／35歳女／9歳男／5歳女／1歳男］標準5人世帯	マーケットバスケット方式	性別・年齢別・世帯人員別 基準額組合わせ方式	5級地制 ─26.5.1
32. 4. 1	8,850				［特級地プラス 28〜31年度］32.4.1
36. 4. 1	10,344	─36.4.1	─36.4.1		4級地制
40. 4. 1	18,204	［35歳男／30歳女／9歳男／4歳女］標準4人世帯	エンゲル方式 ─40.4.1		
53. 4. 1	105,577		格差縮小方式		─53.4.1
59. 4. 1	152,960		─59.4.1		
60. 4. 1	157,396（124,487）※1			─60.4.1	3級地制
61. 4. 1	126,977	─61.4.1			
62. 4. 1	129,136 ※2				─62.4.1
平成元. 4. 1	136,444		水準均衡方式	年齢別・世帯人員別 基準額組合わせ方式	
24. 4. 1	162,170	［33歳男／29歳女／4歳子］標準3人世帯			
25. 8. 1	156,810				3級地制 ［各級地を2区分］
26. 4. 1	155,840				
27. 4. 1	150,110				
28. 4. 1	150,110				
29. 4. 1	150,110				
30. 10. 1	148,900				
令和元. 10. 1	149,790				
2. 10. 1	148,570				
3. 4. 1	148,570				

※1 （ ）内は，昭和61年4月1日との比較のために，昭和60年4月1日における標準3人世帯基準額を記載したもの
2 昭和62年4月1日以降の基準額は，1級地—1の基準額を記載した
出典 「第38回社会保障審議会生活保護基準部会」参考資料（令和3年4月27日），13頁を一部改変

平成25年8月の改定

　生活保護基準については，5年に1度の頻度で検証を行うこととされており，平成23年4月から厚生労働省の社会保障審議会生活保護基準部会で全国消費実態調査のデータに基づき，当時の生活保護基準の妥当性について検証が行われた。平成25年1月には検証結果が報告書としてまとめられ，同年5月に「生活保護法による保護の基準」が改正された（平成25年8月1日施行）。改正内容のポイントは，①年齢・世帯人員・地域間の差の調整，②物価の動向を勘案，③激変緩和策を講じることとなっている。激変緩和策は，基準額の改定幅は10％が限度となるように，また，今後の基準額の見直しについては3年程度かけて段階的に実施するものとされた。その他，勤労控除については全額控除となる水準8000円を1万5000円に，控除率の逓減措置は廃止（控除率一律10％），また，特別控除も廃止された。

平成 30 年 10 月の改定

　生活扶助基準の見直しについては，一般低所得世帯の消費実態との均衡を図り，生活扶助基準の見直し（増減額）を行うこととしているが，平成 29 年の生活保護基準部会の検証において，「世帯への影響に十分配慮」し，「検証結果を機械的に当てはめることのないよう」と指摘されていること等を踏まえ，多人数世帯や都市部の単身高齢世帯等への減額影響が大きくならないよう，個々の世帯での生活扶助費，母子加算および児童養育加算の合計の減額幅を現行基準から▲ 5％以内にとどめる緩和措置を講ずることとされた。

　また，生活保護世帯への周知や地方自治体におけるシステム改修に要する期間を考慮して，平成 30 年度については 10 月から実施することとしたうえで，激変緩和のために，3 年間をかけて段階的に実施することとしている。

令和 5 年 10 月の改定

　令和 4 年の生活保護基準部会の検証において，令和元年以降，コロナ禍による影響やエネルギー・食料品を中心とした物価上昇の影響を受けているが，その動向の見極めが困難であることなどが報告された。こうした状況を踏まえ，当面 2 年間の臨時的・特例的な対応として次の 2 点を令和 5 年 10 月から実施することとされた。

　　・令和元年当時の消費実態の水準に世帯人員 1 人当たり月額 1000 円を加算
　　・加算を行ってもなお現行の基準から減額となる世帯について，現行の基準額を保障

　また，生活保護の医療扶助において，適正かつ効率的な運営を促進することなどを目的としたオンラインでの資格確認が令和 6 年 3 月から導入される予定となっている。

1　生活扶助基準

　平成 25 年 8 月の生活扶助基準見直しにおいて，平成 24 年度基準額から減額幅を▲ 10％以内とする緩和措置を講じており，一部の世帯では，見直し前の基準額が平成 24 年度基準額を基に設定されていることを踏まえ，平成 30 年 10 月以降の生活扶助基準額は，「平成 24 年度基準額表」と「平成 30 年 10 月基準額表」の 2 つの基準額表を設定したうえで，現行の基準額から減額幅▲ 5％以内に調整を図る経過的加算を設けて算出する（図 3-5 参照）。

2　その他の扶助基準

　住宅扶助は家賃・間代等の額が一般基準として定められているが，この基準により難い場合は，都道府県，指定都市および中核市ごとに厚生労働大臣が別に定める額が設定されている。

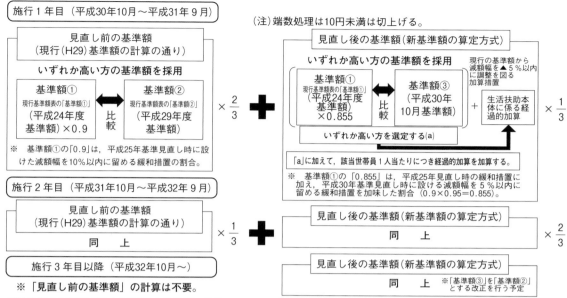

(注)施行 2 年目及び 3 年目以降の基準額は見込みであり，今後の社会経済情勢等により変更があり得る。

出典　厚生労働省社会・援護局保護課「生活保護関係全国係長会議資料」（平成30年 9 月 4 日），12頁

表 3－2 ●生活扶助基準額の例（令和 5 年 4 月 1 日現在）

	東京都区部等	地方郡部等
3 人世帯（33歳，29歳，4 歳）	158,760円	139,630円
高齢者単身世帯（68歳）	77,980円	66,300円
高齢者夫婦世帯（68歳，65歳）	121,480円	106,350円
母子世帯（30歳，4 歳，2 歳）	190,550円	168,360円

※児童養育加算等を含む。

出典　厚生労働省 HP「生活保護制度に関する Q&A」

保護施設

　保護施設は，生活保護法に基づき，居宅において一定水準の生活を営むことが困難な者を入所させて保護を行う施設であり，それぞれの需要に応じ，救護施設，更生施設，医療保護施設，授産施設および宿所提供施設の5種類の施設が設置されている。救護施設，更生施設は，身体上または精神上障害がある要保護者を入所させて生活扶助を行う施設であり，医療保護施設，授産施設，宿所提供施設は，要保護者に対しそれぞれ医療の給付，就労または技能修得の機会の供与および住宅扶助を行うことを目的とした施設である。

　保護施設の設置は，事業の公共性から，都道府県，市町村および地方独立行政法人のほかに社会福祉法人または日本赤十字社に限られており，社会福祉法人または日本赤十字社が設置する場合には，その設置に要する費用について都道府県は4分の3以内を補助できる，国は都道府県が補助した額の3分の2以内を補助できることとされている。また，保護施設に勤務する職員の人件費，施設の管理費などの施設運営に要する費用については，国が4分の3，都道府県，市または福祉事務所を設置する町村が4分の1を負担することとされている。

　保護施設数は，令和3年10月1日現在で288あり，その年次推移は，表3-3のとおりであるが，横ばい傾向を示しており，また，入所者の入所期間の長期化，高齢化，障害の重度化等の傾向を示している。救護施設の入所者の多くは，複合した障害を

表3-3●保護施設数の年次推移　　　　　　　（令和3年10月1日現在）				
年　度	救　護　施　設	更　生　施　設	授　産　施　設	宿所提供施設	医療保護施設
	か所	か所	か所	か所	か所
昭和55	160	16	76	27	68
60	169	18	76	21	69
平成2	173	18	76	16	68
7	174	18	68	15	65
12	178	19	24	11	64
17	183	20	21	12	62
22	188	19	20	10	60
24	184	20	20	11	60
25	184	19	18	11	60
26	183	19	18	11	60
27	185	19	18	11	59
28	186	21	17	10	59
29	186	21	15	10	59
30	182	20	16	10	58
令和元	183	20	15	14	56
2	183	20	15	15	56
3	182	20	15	15	56

資料　厚生労働省「社会福祉施設等調査」

もっている者および精神障害者であり，このような者を対象としている救護施設はなお貴重な存在意義をもち，将来もその果たす役割は大きいといえる。

　救護施設をはじめ保護施設については，それぞれの機能に応じ医師，看護師，指導員，介護職員，栄養士などの専門職員が配置されているが，施設での入所者に対する処遇はもっぱら職員の働きによって営まれていることから，より資質の高い職員の確保および定着化を促進するため，職員の労働条件とその待遇を改善し，今後ますます入所者の障害程度に応じた施設処遇の充実強化を図っていく必要がある。

第4節　授産事業

　授産事業は，心身の理由または世帯の事情により就業能力の限られた者，あるいは高齢者など労働能力の比較的低い要援護者，その他の低所得者に対して就労の機会を与え，または技能を修得させて，その援護と自立更生を図ろうとするもので，地方公共団体，社会福祉法人などが設置経営する社会福祉事業である。

　授産施設には，生活保護法に基づく保護授産施設と社会福祉法に基づく社会事業授産施設とがあり，それぞれ家庭授産が併設できるようになっている。保護授産施設では定員が場内作業については20人以上，家庭授産については50人以上とされ，利用者総数に占める被保護者の割合は50%以上であることが必要とされているが，社会事業授産施設では定員が場内作業については20人以上と同じであるが，被保護者の占める割合は特に規定されていない。

　なお，家庭授産は，授産施設を利用して働きたいという意思をもちながら，育児や病人の介護など家庭の事情などによって施設に通うことが困難な者が，施設から製品の原材料を家庭まで届けてもらい，簡易な作業を家庭内においてもできるようにした制度である。授産事業において行われている作業種目は，縫製，印刷，製本，クリーニング，電器部品組立等多岐にわたっている。

　授産施設の状況（表3-4，3-5参照）は令和3年10月1日現在において，保護授産施設15か所，社会事業授産施設61か所となっている。

　授産施設は低所得者層対策の1つとして取りあげられているが，近年その数は減少の傾向を示している。しかし，授産施設は一般労働市場における就業になじみ難く，かつ，多様なニーズを有する要援護者などに対する施策として，これからもますます重要な役割を担っている。

　今後は，これらの利用者の処遇改善に直接結びつく受注・販路の拡大および授産施設の活性化・近代化を図ることが重要であることを考慮して，昭和63年度から，授産施設の機械設備の近代化に対する国庫補助が行われている。

（単位：か所）

	平成14年	15	16	17	18	19	20	21	22	23	24	25	26	27	28	29	30	令和元年	2	3
総　　　　数	176	171	151	146	134	99	96	93	87	89	89	88	89	86	85	81	78	76	76	76
保護授産施設	22	22	21	21	21	21	21	21	20	20	20	18	18	18	17	15	16	15	15	15
社会事業授産施設	154	149	130	125	113	78	75	72	67	69	69	70	71	68	68	66	62	61	61	61
公営 保　護	7	7	6	6	6	6	6	7	7	6	6	5	5	6	5	3	3	3	3	2
公営 社会事業	115	102	85	81	70	47	48	44	42	41	39	39	39	36	32	30	28	30	30	30
私営 保　護	15	15	15	15	15	15	15	14	13	14	14	13	13	12	12	12	13	12	12	13
私営 社会事業	39	47	45	44	43	31	27	28	25	28	30	31	32	32	36	36	34	31	31	31

資料　厚生労働省「社会福祉施設等調査」

表3−5●授産施設の現況　　　　　　　　　　　　　　　　　　　（令和3年10月1日現在）

	施設数	定員・A	利用人員・B	利用率B／A
総　　数	76か所	2,270人	—	—
保　護	15か所	440人	299人	68.0%
社会事業	61か所	1,830人	—	—

資料　厚生労働省「社会福祉施設等調査」

第5節　日常生活支援住居施設における支援

　従来から，無料低額宿泊所やいわゆる「無届け施設」のなかには，居室やサービスに見合わない宿泊料やサービス利用料を生活保護費のなかから徴収する，いわゆる「貧困ビジネス」と考えられる施設が存在すると指摘されてきた。

　こうした課題を踏まえ，平成30年6月に公布された「生活困窮者等の自立を促進するための生活困窮者自立支援法等の一部を改正する法律」（平成30年法律第44号）により，社会福祉法の一部改正が行われ，令和2年4月から，無料低額宿泊事業について事前届出制度を導入するとともに，住居の用に供する施設を設置して第2種社会福祉事業を行う施設（社会福祉住居施設）に係る最低基準を設けるなど，「貧困ビジネス」への規制の強化が図られることとなった。

　また，前述の改正にあわせ，生活保護法の一部改正が行われ，単独での居住が困難な生活保護受給者に対する日常生活上の支援を，一定の基準を満たす無料低額宿泊所等（日常生活支援住居施設）に委託できる仕組みを設け，良質な生活支援を提供している施設を評価する仕組みが導入された（表3−6参照）。

　なお，従来から，無料低額宿泊所の入居者等に対する居宅生活への移行支援として，入居者等へ日常生活における自立支援・就労支援を行う「居宅生活移行支援事業」や，居住先の確保が困難な者について，家賃の代理納付の推進や不動産業者への同行など居宅の確保支援を行う「居住の安定確保支援事業」が実施されてきたが，前述の改正を踏まえ，これら2事業については，退去後の地域生活定着支援を実施する事業（居

表3-6 ●貧困ビジネスの規制強化に係る見直しの概要

施策	見直しの概要	根拠法
無料低額宿泊所の規制の強化	住居の用に供するための施設を設置して第2種社会福祉事業を行う場合，その施設を「社会福祉住居施設」（※）と定義し，次の措置を講じる。 ① 社会福祉住居施設を経営しようとする場合の事前届出制の導入 ② 社会福祉住居施設に係る設備や運営等に関する事項について，法律に基づく最低基準の創設 ③ 社会福祉住居施設が②の最低基準を満たさない場合の改善命令の創設 ※ 現行「社会福祉住居施設」に該当する施設は，無料低額宿泊所のみ	社会福祉法
日常生活支援住居施設の創設	単独での居住が困難と認められる生活保護受給者の日常生活上の支援について，福祉事務所が，「日常生活支援住居施設」（※）に委託し，委託に要する費用を支弁できる仕組みを創設 ※ 無料低額宿泊所等であって，日常生活上の支援の実施について厚生労働省令で定める要件に該当すると都道府県知事等が認めたものを「日常生活支援住居施設」と位置づける	生活保護法

宅生活移行総合支援事業）として統合され，一時的な宿泊施設である無料低額宿泊所や簡易宿所等からの居宅生活移行の一層の推進が図られることとなった。

第6節 就労支援

　被保護世帯は傷病や障害など，多岐にわたる問題を抱えている傾向にある。そのため，経済的な給付だけでなく，組織的に被保護世帯の自立・就労を支援することを目的に自立支援プログラムが平成17年度に導入された。就労による自立（経済的自立），身体や精神の健康を回復・維持し，自分で自分の健康管理，生活管理を行うなど日常生活において自立した生活を送ること（日常生活自立），社会的なつながりを回復・維持し，地域社会の一員として充実した生活を送ること（社会生活自立）などを目指し，多岐にわたる問題に対応できるよう整備された。

　近年，稼働能力のある生活保護受給者の急増に対応し，自治体とハローワークが一体となった就労支援の拡充が図られている。

1 ──── 就労自立促進事業

　平成23年度には，ハローワークと福祉事務所との連携を強化し，福祉事務所にハローワークの常設窓口を設置するなどワンストップ型の支援体制を全国的に整備し，積極的な就労支援を推進する「『福祉から就労』支援事業」が創設された。

　平成25年度からは，これを発展的に解消した「生活保護受給者等就労自立促進事業」が実施されている。また，平成27年4月からは，生活困窮者自立支援法の施行に伴い，

地方自治体にハローワークの常設窓口を増設する等，両機関が一体となった就労支援を推進することにより，支援対象者の就労による自立の促進を図ることとされている。

2 ── 就労自立促進給付

平成24年以降の「社会保障・税一体改革」の議論のなかで行われた生活保護制度の見直しの検討の際，「生活保護から脱却すると，税・社会保険料等の負担が生じるため，こうした点を踏まえたうえで，生活保護を脱却するためのインセンティブを強化するとともに，脱却直後の不安定な生活を支え，再度保護に至ることを防止することが重要である」との指摘がなされた点を踏まえ，平成26年7月から，保護受給中の就労収入のうち，収入認定された金額の範囲内で別途一定額を仮想的に積み立て，安定就労の機会を得たことにより保護廃止に至ったときにその積み立て額を支給する制度（就労自立給付金）が設けられている（図3-6，3-7参照）。

3 ── 被保護者就労支援事業

生活保護制度の見直しおよび新たな生活困窮者自立支援制度の創設に伴い，平成27年4月からは，それまで予算事業として実施されてきた就労支援事業が，法的に明確な位置づけをもつ「被保護者就労支援事業」として実施されることとなった。

なお，平成27年4月から創設された生活困窮者自立支援法に基づく「生活困窮者自立相談支援事業」における就労支援に相当する事業である。

新たな就労支援事業では，従来の就労支援員による就労支援の状況等を踏まえ，①就労に向けた個別支援，②稼働能力判定会議等の開催に加え，③就労支援の連携体制の構築（地域における被保護者の就労支援体制に関する課題の共有や関係機関の連携強化，個別求人開拓等を円滑に進めるため，ハローワーク等の行政機関，社会福祉法人等関係団体や企業が参画する就労支援の連携体制を構築）を図ることとしている。

4 ── 被保護者就労準備支援事業

平成27年3月まで予算事業として実施されてきた「就労意欲喚起等支援事業」「日常・社会生活及び就労自立総合支援事業」「社会的な居場所づくり支援事業」「居宅生活移行支援事業」が再編され，平成27年4月より「被保護者就労準備支援事業」として実施されることとなった。

生活困窮者自立支援法に基づく「生活困窮者就労準備支援事業」と同等の支援を生活保護受給者にも実施できるよう設けられた予算事業である。

図 3-6 ●生活保護制度における切れ目のない就労・自立支援

生活保護制度における切れ目のない就労・自立支援とインセンティブの強化について

　保護開始直後から脱却後まで，稼働可能な者については，切れ目なく，また，どの段階でも，就労等を通じて積極的に社会に参加し，自立することができるよう支援を実施

①保護開始段階での取組

○本人の納得を得た集中的支援（平成25年5月から実施）

　働く能力がある等保護受給開始後，一定期間内に就労自立が見込まれる者を対象に，原則6か月以内の一定期間を活動期間とする，受給者主体の自立に向けた計画的な取組についての確認を行い，本人の納得を得て集中的な就労支援を実施

○就労活動促進費の創設（平成25年8月から実施）

　自ら積極的に就労活動に取り組んでいる者に対して，活動内容や頻度等を踏まえて就労活動促進費の支給

・支給金額：月5千円（支給対象期間：原則6か月以内，延長3か月，再延長3か月　最長1年）
・支給要件：被保護者が，福祉事務所と事前確認した活動期間内に保護脱却できるよう，ハローワークにおける求職活動等を月6回以上行っているなど計画的な就労活動に積極的に取り組んでいること

②保護開始後3〜6月段階での取組

○職種・就労場所を広げて就職活動（平成25年5月から実施）

　希望を尊重した求職活動の結果，就職の目途が立たない場合等は，「職種・就労場所を広げて就職活動」を基本とする。

○低額であっても一旦就労（平成25年5月から実施）

　それまでの求職活動を通じて直ちに保護脱却可能な就労が困難と見込まれる者については，生活のリズムの安定や就労実績を積み重ねることでその後の就労に繋がりやすくする観点から，「低額であっても一旦就労」を基本的考え方とする。

③就労開始段階の取組

○勤労控除制度の見直し（平成25年8月から実施）就労の意欲が高まるよう，基礎控除のうち，全額控除額の引き上げ及び控除率の定率化

　（最低控除額8千円→1万5千円，一律10％，就労人数が最も多い収入区分　20,000円　控除額15,600円　5,190円増，総数の平均就労収入額　67,000円　控除額20,400円　2,420円増）

④保護脱却段階での取組

○就労自立給付金の創設（平成26年7月から実施）

　保護脱却後に税，社会保険料等の負担が生じることを踏まえて，生活保護脱却のインセンティブを強化

・支給金額：上限額　単身世帯10万円，多人数世帯15万円
　　　　　　保護脱却前6か月間の各月の就労収入額に対し，算定率を乗じて算定した額と上限額のいずれか低い額を支給。
・支給要件：安定した就労の機会を得たこと等により，保護を必要としなくなった者

⑤保護脱却後の取組

○新たな相談支援事業の運営機関にその後の支援を繋ぐことで，連続的支援を検討

出典　厚生労働省社会・援護局「生活困窮者自立支援制度及び被保護者就労支援事業の創設について」（平成26年8月21日）

図 3-7 ●就労自立給付金について

◆ 保護脱却段階での取組について
○ 生活保護から脱却すると，税，社会保険料等の負担が生じるため，こうした点を踏まえて，生活保護を脱却する
ためのインセンティブを強化する必要がある。
○ このため，保護受給中の就労収入のうち，収入認定された金額の範囲内で別途一定額を仮想的に積み立て，安定
就労の機会を得たことにより保護廃止に至った時に支給する制度（就労自立給付金）の創設を検討することが必要
である。

※ 就労自立給付金のイメージ

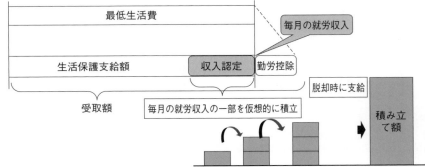

資料 厚生労働省

第7節 生活保護世帯に属する子どもへの進学支援等

1——進学準備給付金

「生活保護世帯に属する子どもの大学等進学率」については，子どもの貧困対策の指標として設定されており，平成25年4月時点の32.9%から，平成29年4月時点には35.3%へと上昇している。ただし，全世帯における進学率が73.0%であることと比較すると，依然として著しく低い状況にある。

こうした状況を踏まえ，社会保障審議会生活困窮者自立支援及び生活保護部会では，平成29年12月の報告書において，「生活保護費の中から大学等への進学後の費用を貯蓄することは認められておらず，進学直後に必要となる様々な費用を進学前からあらかじめ用意することが困難であるという生活保護世帯特有の事情もある」と指摘するとともに，「生活保護制度特有の事情が障壁になることがないよう，制度を見直すべき」との意見をまとめている。

また，同報告書では，進学する子どもについて生活保護の対象から外す，いわゆる「世帯分離」に関する問題提起もなされた。この問題は，平成30年6月に厚生労働省が公表した「生活保護受給世帯出身の大学生等の生活実態の調査・研究（委託事業）」の報告書においても，「大学等進学による生活保護費減額の影響が大いにある場合は，高校進学時に経済的な理由で志望校を変えなければならなかった経験をしている人が多い」とまとめられており，改善すべき課題として認識を深めるところとなった。

図3-8●生活保護世帯の子どもの大学等への進学支援

生活保護世帯の子どもの大学等への進学率が全世帯の子どもより著しく低いことを踏まえ，貧困の連鎖を断ち切り，生活保護世帯の子どもの自立を助長するため，生活保護制度に起因する課題に対応した支援策を講じる。

大学等進学時の一時金の創設（平成30年生活保護法の改正により新設）

生活保護受給世帯の子どもが大学等に進学した際に，新生活の立ち上げ費用として一時金を給付する。
（自宅通学で10万円～自宅外通学で30万円）（平成30年に進学した者から給付）

（参考）大学等就学中に住宅扶助を減額しない措置の実施

大学進学後も引き続き，出身の生活保護世帯と同居して通学している場合は，大学等に通学している間に限り，子どもの分の住宅扶助額を減額しない措置を講じる。（平成30年4月より実施）

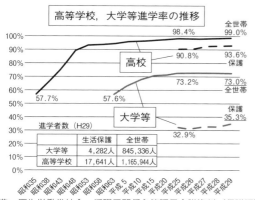

高等学校，大学等進学率の推移

進学者数（H29）	生活保護	全世帯
大学等	4,282人	845,336人
高等学校	17,641人	1,165,944人

東京都23区（1級地の1）母と子2人の3人世帯における第1子の大学等進学前後の生活保護基準額の例

母（40～20歳），第1子：高校卒業生（18歳），第2子：高校生（18～15歳）の世帯では，第1子が大学等に進学すると生活保護から外れその分の生活保護費が減額となる

減額しないことに	進学前	進学後	差
生活扶助	19万4,980円	15万4,040円	▲4万940円
住宅扶助（上限額）	6万9,800円	6万4,000円	▲5,800円
高等学校等就学費（基本額）（第2子）	5,200円	5,200円	0
合計	26万9,980円	22万3,240円	▲4万6,740円

（注）金額は平成30年10月1日現在
（参考）第1子の高校卒業に伴い給付されなくなる母子加算（子1人は21,400円，子2人めは＋2,800円），児童養育加算（1人あたり10,000円）及び第1子の高等学校等就学費（基本額：5,200円）を含めると，合計で約6万円の減額となる。

出典　厚生労働省社会・援護局関係主管課長会議資料（保護課）（平成31年3月5日），3頁

　このような状況を踏まえ，平成30年6月8日に公布された改正生活保護法により，大学等に進学した場合に新生活立ち上げ費用として一時金を支給する「進学準備給付金」制度が創設された（図3-8参照）。この給付金に関する規定は，平成30年1月1日に遡って適用することとし，平成30年3月に高等学校等を卒業した者についても要件を満たす場合に支給対象となるよう，子どもの貧困対策の観点から特段の配慮がなされている。

　また，いわゆる「世帯分離」に関する問題について，保護基準の運用上の取扱いを見直し，大学等への進学により子の世帯分離をした場合であっても，引き続き生活保護世帯と同居して通学している場合は，子の分の住宅扶助額を減額しない措置が講じられた。

2 ─── 高等教育の修学支援新制度

　令和3年4月時点における「生活保護世帯に属する子どもの大学等進学率」は39.9％であり，全世帯の75.2％と比較して低い状況にあり，令和元年11月に策定された新たな「子どもの貧困対策に関する大綱」においても，引き続き貧困対策の指標として設定されている。

　このような状況も踏まえ，令和元年5月には，生活保護世帯を含む低所得世帯を対

図3-9●高等教育の修学支援新制度について

高等教育の修学支援新制度について　　　　　（実施時期：令和2年4月1日／通常国会で法成立：令和元年5月10日）
【幼児教育・高等教育無償化の制度の具体化に向けた方針（平成30年12月28日関係閣僚合意）より】

＊政省令：令和元年6月28日公布

【支援対象となる学校種】大学・短期大学・高等専門学校・専門学校
【支援内容】①授業料等減免制度の創設　②給付型奨学金の支給の拡充
【支援対象となる学生】住民税非課税世帯　及び　それに準ずる世帯の学生
　　　　　　　　　　（（令和2年度の在学生（既入学者も含む）から対象））
【財源】少子化に対処するための施策として，消費税率引上げによる財源を活用
　　　国負担分は社会保障関係費として内閣府に予算計上，文科省で執行

令和4年度予算額　　　5,196億円
授業料等減免　2,671億円※
給付型奨学金　2,525億円
※公立大学等及び私立専門学校に係る
　地方負担分（405億円）は含まない。
国・地方の所要額　　　5,601億円

授業料等減免
○　各大学等が，以下の上限額まで授業料等の減免を実施。減免に要する費用を公費から支出
（授業料等減免の上限額（年額）（住民税非課税世帯））

	国公立		私立	
	入学金	授業料	入学金	授業料
大学	約28万円	約54万円	約26万円	約70万円
短期大学	約17万円	約39万円	約25万円	約62万円
高等専門学校	約8万円	約23万円	約13万円	約70万円
専門学校	約7万円	約17万円	約16万円	約59万円

給付型奨学金
○　日本学生支援機構が各学生に支給
○　学生が学業に専念するため，学生生活を送るのに必要な学生生活費を賄えるよう措置
（給付型奨学金の給付額（年額）（住民税非課税世帯））

国公立　大学・短期大学・専門学校	自宅生 約35万円，自宅外生 約80万円
国公立　高等専門学校	自宅生 約21万円，自宅外生 約41万円
私立　大学・短期大学・専門学校	自宅生 約46万円，自宅外生 約91万円
私立　高等専門学校	自宅生 約32万円，自宅外生 約52万円

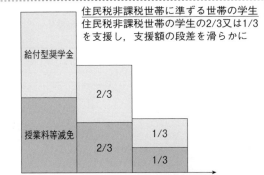

住民税非課税世帯に準ずる世帯の学生
住民税非課税世帯の学生の2/3又は1/3
を支援し，支援額の段差を滑らかに

年収目安　約270万円　　約300万円　約380万円
〔非課税〕
（両親・本人・中学生の家族4人世帯の場合の目安。基準を満たす世帯年収は家族構成により異なる）

支援対象者の要件
○　進学前は成績だけで否定的な判断をせず，レポート等で本人の学習意欲を確認
○　大学等へは進学後の学修状況に厳しい要件
大学等の要件：国又は自治体による要件確認を受けた大学等が対象
○　学問追究と実践的教育のバランスが取れた大学等
○　経営に課題のある法人の設置する大学等は対象外

※詳細は，文部科学省ホームページ「高等教育の修学支援新制度」（https://www.mext.go.jp/a_menu/koutou/hutankeigen/index.htm）参照
出典　文部科学省資料

象として，授業料等減免と学資支給（給付型奨学金の支給）をあわせて行う仕組み等を盛り込んだ「大学等における修学の支援に関する法律」（令和元年法律第8号）が公布された。この法律により，生活保護世帯を含む低所得世帯を対象とする新たな修学支援が令和2年4月から実施されている（図3-9参照）。

第8節　健康管理支援事業

　　生活保護制度は，被保護者の最低生活を保障するとともに，自立の助長を図ることを目的としている。自立の助長については，経済的自立だけでなく，日常生活自立や，社会生活自立といった側面からも，支援を講じていくことが必要と考えられる。

その一方で，被保護者の多くは，健康上の問題を抱えているにもかかわらず，健康増進法（平成14年法律第103号）による健診受診率が10％以下にとどまる等，健康に向けた諸活動が低調な状況が続いてきた。また，多くの被保護者は，医療保険者が実施する保健事業の対象とはなっておらず，多くの健康上の課題を抱えていると考えられる。

こうした状況を踏まえ，「生活困窮者等の自立を促進するための生活困窮者自立支援法等の一部を改正する法律」により，生活保護法を改正し，「被保護者健康管理支援事業」を創設し，令和3年1月からすべての福祉事務所で実施される必須事業として位置づけられることとなった。

同事業による支援の流れについては，まず，自治体毎に現状（健康・医療等情報，社会資源等）を調査・分析し，地域の被保護者の健康課題の把握（地域分析を実施）を行ったうえで，頻回受診指導その他の取組みの方針を策定し，地域の実情に応じた支援を実施していくこととなる。

第9節　被保護人員等の動向

1 ──── 被保護人員の動向

被保護人員の動きを昭和49年度以降の推移でみると，49年度の131万2000人から50年度134万9000人，55年度142万7000人，59年度146万9000人と増加傾向で推移していたが，60年度になると143万1000人と減少に転じ，その後平成5年度の88万3112人まで減少していたが，6年度からは横ばい傾向で推移し，8年度後半に増加に転じて22年度では195万2063人となった。また，平成26年度の被保護者調査では，過去最高の216万5895人を記録し，平成27年度以降は減少している。

1　保護率の動向

次に保護率の推移をみると全国平均で昭和50年度は12.1‰（パーミル；人口千人比），55年度12.2‰，59年度12.2‰とほぼ横ばいで推移していたが，60年度に11.8‰となって以降低下を続け，平成7年度は7.0‰と過去最低となった。しかし，8年度は7.1‰と0.1ポイント増加し，以降平成27年度まで増加に転じ，近年は微減傾向にあり，令和3年度では16.2‰となっている。これを地域別にみると，平成29年度の都道府県別保護率の最高は北海道23.7‰で最低は富山県の2.7‰であり，地域間の差は依然として大きい。

2　年齢階級別構成

被保護人員を年齢階級別構成でみると，昭和45年度から50年度までは幼少年齢層

表3-7 ● 被保護人員の年齢階級別構成比の推移

	年度	総　数	0〜14歳（幼少年齢層）	15〜59歳（稼働年齢層）	60歳以上（高年齢層）
		%	%	%	%
被保護人員	昭和50	100.0	23.5	46.2	30.3
	55	100.0	23.9	48.5	27.6
	60	100.0	22.6	49.2	28.2
	平成 2	100.0	16.8	47.3	35.9
	7	100.0	13.0	43.0	44.0
	12	100.0	12.5	40.0	47.6
	17	100.0	12.6	37.6	49.8
	22	100.0	11.1	38.0	50.9
	26	100.0	9.5	36.2	54.3
	27	100.0	9.0	35.4	55.5
	28	100.0	8.5	34.7	56.8
	29	100.0	8.0	34.2	57.8
	30	100.0	7.4	33.8	58.6
	令和元	100.0	6.9	33.4	59.5
	2	100.0	6.7	33.4	60.0
	3	100.0	6.2	33.1	59.9

資料　厚生労働省「被保護者調査」（個別調査）（平成23年度までは「被保護者全国一斉調査」（基礎調査））

の構成割合は減少，稼働年齢層および高年齢層は増加傾向となっているが，特に，高年齢層の増加が著しい。このように高年齢層の割合が増加した理由としては，出生率の低下により児童数が減少したこと，平均寿命の著しい伸長により全体として高齢者人口が増加したこと，国民の扶養意識の変化等により高年齢の夫婦や単身世帯が増加したことなどが考えられる。

　しかしながらその後，昭和58年度までは，48年後半の石油危機以降の不況等の影響により稼働年齢層が増加傾向を示しているのに対し，幼少年齢層・高年齢層は横ばいあるいは減少傾向にあったが，60年度以降になると，稼働年齢層が減少傾向に転じ，高年齢層は再び増加傾向となり，令和3年度には幼少年齢層6.2%，稼働年齢層33.1%，高年齢層59.9%となっている（表3-7参照）。

3　扶助の種類別受給人員

　扶助の種類別受給人員をみると，被保護人員のうち約9割が生活扶助を受けている。住宅扶助人員は昭和47年度から60年度まで増加傾向を続け，特に50年度以降の伸びは著しく，59年度には97万4000人に及んでいる。これは大都市およびその周辺における被保護人員の増加に伴い，借家・借間に居住している者が増加していることによるものと考えられる。60年度以降は被保護人員の減少とともに減少し，平成8年度から増加に転じてきたが，近年は減少傾向にあり，令和3年度には174万6910人となっている（図3-10，表3-8参照）。

　医療扶助は被保護人員のうち約9割が受給しており，昭和32年度に36万5000人であったが，それ以後増加を続け，48年度には76万3000人とほぼ2倍の人員に増加した。49年度は75万6000人と7000人の減少となったものの，50年度には78万5000人と再び増加傾向に転じ，55年度には85万6000人，59年度には91万2000人となった。それ以後減少し，平成5年度においては65万9000人となり，再び増加に

図 3-10●扶助別被保護人員の推移（年度平均）

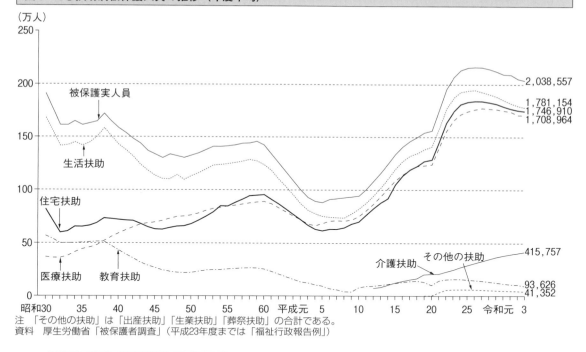

（万人）

被保護実人員

生活扶助

住宅扶助

医療扶助　　　教育扶助

介護扶助　　　その他の扶助

2,038,557
1,781,154
1,746,910
1,708,964

415,757

93,626
41,352

昭和30　　35　　40　　45　　50　　55　　60　平成元　5　　10　　15　　20　　25　令和元　3

注　「その他の扶助」は「出産扶助」「生業扶助」「葬祭扶助」の合計である。
資料　厚生労働省「被保護者調査」（平成23年度までは「福祉行政報告例」）

表 3-8●被保護人員，保護率，扶助別人員および扶助率の推移

年度	被保護人員	保護率	生活扶助	住宅扶助	教育扶助	介護扶助	医療扶助	その他の扶助	扶助率（実人員＝100.0）					
									生活扶助	住宅扶助	教育扶助	介護扶助	医療扶助	その他の扶助
	千人	‰	千人	千人	千人	千人	千人	千人	％	％	％	％	％	％
平成11	1,004	7.9	877	763	91	―	804	2	87.3	76.0	9.1	―	80.0	0.2
12	1,072	8.4	943	824	97	67	864	2	87.9	76.9	9.0	6.2	80.6	0.2
17	1,476	11.6	1,320	1,194	136	164	1,208	32	89.5	80.9	9.2	11.1	81.8	2.1
22	1,952	15.2	1,767	1,635	155	228	1,554	56	90.5	83.7	8.0	11.7	79.6	2.9
26	2,166	17.0	1,947	1,844	148	310	1,763	59	89.9	85.1	6.9	14.3	81.4	2.7
27	2,164	17.0	1,927	1,842	142	330	1,776	57	89.1	85.1	6.6	15.3	82.1	2.7
28	2,145	16.9	1,907	1,830	134	348	1,770	54	88.9	85.3	6.3	16.2	82.5	2.5
29	2,124	16.8	1,885	1,815	125	366	1,765	51	88.7	85.5	5.9	17.2	83.1	2.4
30	2,097	16.6	1,852	1,792	117	381	1,751	49	88.3	85.5	5.6	18.2	83.5	2.3
令和元	2,073	16.4	1,820	1,770	108	394	1,743	46	87.8	85.4	5.2	19.0	84.1	2.2
2	2,052	16.3	1,796	1,755	101	405	1,710	43	87.5	85.5	4.9	19.7	83.3	2.1
3	2,039	16.2	1,781	1,747	94	416	1,709	41	87.4	85.7	4.6	20.4	83.8	2.0

注　「その他の扶助」は「出産扶助」「生業扶助」「葬祭扶助」の合計である。
資料　厚生労働省「被保護者調査」（平成23年度までは「福祉行政報告例」）

　転じてきたが，近年は横ばいで推移し，令和3年度では170万8964人となっている（図3-10，表3-8参照）。
　入院・入院外別の医療扶助人員の動きをみると，入院総数は昭和49年度以降微増傾向にあったが，53年度を境に減少傾向に転じている。これを病類別にみると，精神病患者は同様に53年度を境にそれまでの微増傾向から減少傾向を示しており，その他の患者も同様に減少傾向で推移している。また構成比では，精神病患者が45年度に50.0％と入院総数の半数に達し，55年度には59.4％となったが，その後低下し，令和3年度においては40.8％となっている（表3-9参照）。

表3-9●入院・入院外病類別にみた医療扶助人員の推移（1か月平均）

	年度	被保護実人員	医療扶助人員総数 総数	精神病	結核	その他	(再掲)単給	入院 総数	入院 精神病	入院 結核	入院 その他	入院外 総数	入院外 精神病	入院外 結核	入院外 その他
		千人	千人	千人	千人	千人	千人	千人	千人	千人	千人	千人	千人	千人	千人
実数	昭和45	1,344	702	108	33	561	177	191	95	10	86	511	12	24	475
	50	1,349	785	131	25	629	167	197	112	7	78	588	19	19	550
	55	1,427	856	146	17	693	152	197	117	4	77	659	29	13	617
	60	1,431	910	153	757		136	191	109	82		718	43	675	
	平成2	1,015	711	120	592		94	133	70	63		578	50	528	
	7	882	680	127	553		91	124	64	60		556	62	494	
	12	1,072	864	156	709		89	133	65	68		731	91	641	
	17	1,476	1,208	205	1,003		83	131	62	69		1,077	142	935	
	22	1,952	1,554	103	1,451		74	130	56	74		1,424	47	1,377	
	26	2,166	1,763	115	1,649		66	118	51	67		1,645	64	1,581	
	27	2,164	1,776	116	1,659		66	116	49	67		1,660	67	1,592	
	28	2,145	1,770	118	1,652		66	114	48	66		1,656	70	1,586	
	29	2,125	1,765	118	1,647		63	112	47	65		1,653	71	1,582	
	30	2,097	1,751	120	1,631		62	111	47	64		1,640	73	1,567	
	令和元	2,073	1,743	120	1,622		62	111	46	65		1,632	74	1,557	
	2	2,052	1,710	119	1,590		62	107	44	62		1,603	75	1,528	
	3	2,051	1,709	119	1,590		60	103	42	61		1,606	77	1,529	
指数（昭和45年度＝100）	昭和50	100.4	111.9	121.9	75.8	112.1	94.4	103.1	117.3	66.0	91.5	115.2	158.4	80.0	115.8
	55	106.2	121.9	135.2	51.5	123.5	85.9	103.1	123.2	40.0	89.5	129.0	241.7	54.2	129.9
	60	106.5	129.6	141.7	127.4		76.8	100.0	114.7	85.4		140.5	358.3	135.3	
	平成2	75.5	101.3	111.1	99.7		53.1	69.6	73.7	65.6		113.1	416.7	105.8	
	7	65.7	96.9	117.6	93.1		51.4	64.9	67.4	62.5		108.8	516.7	99.0	
	12	79.8	123.1	144.4	119.4		50.5	69.6	68.4	70.8		143.1	758.3	128.5	
	17	109.8	172.1	190.1	168.8		46.8	68.6	65.5	71.8		210.8	1,168.0	187.5	
	22	145.2	221.4	95.4	244.3		41.8	68.1	58.9	77.1		278.7	391.7	276.0	
	26	161.1	251.3	106.6	277.5		37.4	61.8	53.4	70.2		322.3	524.2	317.2	
	27	161.0	253.0	107.4	279.3		37.3	60.7	51.6	69.8		324.9	558.3	319.0	
	28	159.6	252.1	109.3	278.1		37.3	59.7	50.5	68.8		324.1	583.3	317.8	
	29	158.1	251.4	109.3	293.6		35.6	58.6	49.5	67.7		323.5	591.7	317.0	
	30	156.0	251.4	111.1	274.6		35.0	58.6	49.5	66.7		320.9	608.3	314.0	
	令和元	154.2	248.3	111.1	273.1		35.0	58.6	48.4	67.7		319.4	616.7	312.0	
	2	152.7	243.6	110.2	267.7		35.0	56.0	46.3	64.6		313.7	625.0	306.2	
	3	152.6	243.4	110.2	267.7		33.9	53.9	44.2	63.5		314.3	641.7	306.4	
構成比	昭和50	—	100.0	16.7	3.2	80.1	21.3	100.0(25.1)	56.9	3.3	39.8	100.0(74.9)	3.3	3.2	93.5
	55	—	100.0	17.1	2.0	81.0	17.8	100.0(23.0)	59.4	2.0	39.1	100.0(77.0)	4.4	2.0	93.6
	60	—	100.0	16.8	83.2		14.9	100.0(21.1)	57.1	42.9		100.0(78.9)	6.0	94.0	
	平成2	—	100.0	16.9	83.3		13.2	100.0(18.7)	52.6	47.4		100.0(81.3)	8.7	91.4	
	7	—	100.0	18.6	81.4		13.3	100.0(18.2)	52.0	48.0		100.0(81.8)	11.2	88.8	
	12	—	100.0	18.1	82.1		10.3	100.0(15.4)	48.9	51.1		100.0(84.6)	12.4	87.6	
	17	—	100.0	16.9	83.1		6.9	100.0(10.9)	47.7	52.3		100.0(89.1)	13.2	86.8	
	22	—	100.0	6.6	93.4		4.8	100.0(8.4)	43.0	57.0		100.0(91.6)	3.3	97.0	
	26	—	100.0	6.5	93.5		3.8	100.0(6.7)	43.2	56.8		100.0(93.3)	3.9	96.1	
	27	—	100.0	6.6	93.4		3.7	100.0(6.5)	42.4	57.6		100.0(93.5)	4.1	95.9	
	28	—	100.0	6.7	93.3		3.7	100.0(6.4)	42.5	57.5		100.0(93.6)	4.2	95.8	
	29	—	100.0	6.7	93.3		3.6	100.0(6.3)	42.0	58.0		100.0(93.7)	4.3	95.7	
	30	—	100.0	6.9	93.1		3.5	100.0(6.3)	42.3	57.7		100.0(93.7)	4.5	95.5	
	令和元	—	100.0	6.9	93.1		3.5	100.0(6.4)	41.4	58.6		100.0(93.6)	4.5	95.5	
	2	—	100.0	7.0	93.0		3.5	100.0(6.3)	41.4	58.6		100.0(93.7)	4.7	95.3	
	3	—	100.0	7.0	93.0		3.5	100.0(6.0)	40.8	59.2		100.0(94.0)	4.8	95.2	

注　昭和60年度以降は結核とその他を一括計上している。
資料　厚生労働省「被保護者調査」（平成23年度までは「福祉行政報告例」）

　　次に入院外総数について昭和45年度を100とした指数でみると，50年度115.2，55年度129.0，60年度140.5，令和3年度においては314.3となっている。病類別には，令和3年度において，精神病患者が641.7，その他の患者で306.4となっている（表3－9参照）。

表3-10●被保護世帯数の市部・郡部別推移（1か月平均）

（指数：昭和45年度＝100）

年度	被保護世帯（世帯）			指　　数			世帯保護率（‰）		
	総　数	市　部	郡　部	総　数	市　部	郡　部	総　数	市　部	郡　部
昭和45	658,277	443,758	214,519	100.0	100.0	100.0	23.6	27.6	12.2
平成11	704,055	607,403	96,652	107.0	136.9	45.1	15.7	16.7	11.2
12	751,303	650,766	100,537	114.1	146.6	46.9	16.5	17.8	11.1
17	1,041,508	950,731	90,777	158.2	214.2	42.3	22.1	24.3	11.4
22	1,410,049	1,326,042	84,007	214.2	298.8	39.2	29.0	30.0	19.1
26	1,612,340	1,525,056	87,284	244.9	343.7	40.7	32.0	33.0	20.8
27	1,629,743	1,542,253	87,490	247.6	347.5	40.7	32.4	33.6	19.1
28	1,637,045	1,549,718	87,326	248.7	349.2	40.7	32.8	33.9	20.7
29	1,640,854	1,553,968	86,886	249.3	350.2	40.5	32.5	33.5	21.5
30	1,637,422	1,551,315	86,107	248.7	349.6	40.1	32.1	32.9	22.4
令和元	1,635,724	1,550,004	85,721	248.5	349.3	40.0	31.6	32.8	19.3
2	1,636,959	1,551,951	85,008	248.7	349.7	39.6			
3	1,641,512	1,556,768	84,744	249.4	350.8	39.5	31.6	33.3	16.6

注1　平成23年度の国民生活基礎調査を基に算出した世帯保護率は東日本大震災の影響により，岩手県，宮城県及び福島県を除いたものである。
注2　令和2年度の世帯保護率は，国民生活基礎調査の中止により算出することができない。
資料　厚生労働省「被保護者調査」（平成23年度までは「福祉行政報告例」），「国民生活基礎調査」

2───── 被保護世帯数の動向

　世帯数の推移をみると，昭和39年度までは実人員の動きとほぼ同様の増加傾向を示してきたが，40年度からは実人員が減少したにもかかわらず世帯数は64万4000世帯，48年度には69万7000世帯と増加を示した。49年度には68万9000世帯と一転して減少したが，48年後半の石油危機に端を発した不況の影響から50年度には70万8000世帯と再び増加に転じ，59年度にはピークの79万世帯となった。60年度には78万1000世帯と減少し，それ以降は減少傾向で推移して平成4年度には58万6000世帯となったが，5年度より増加に転じてからは増加傾向で推移している。

　令和3年度の被保護世帯数は総数で164万1512世帯，市部で155万6768世帯，郡部で8万4744世帯であり，令和2年度に比し全体で4553世帯の増加となっており，その内訳として市部で4817世帯の増加，郡部では264世帯の減少となっている（表3-10参照）。

1　世帯人員別世帯数の動向

　世帯人員別世帯数の動きをみると，単身者世帯が全体の8割弱を占め世帯人員が増えるにしたがって世帯数は少なくなっている。平成27年には単身世帯が全体の78.1％，2人世帯が15.0％と2人以下の世帯が全体の93.1％を占め，3人以上の世帯は6.9％となっている。2人以下の世帯は昭和40年以降一貫して増加し，50年をピークに微減傾向ないしは横ばいの傾向を示してきたが，58年以降増加傾向にある。その結果，被保護世帯の平均世帯人員は昭和40年2.60人，45年2.11人であったが50年には1.91人と落ち込み，53年には1.93人と伸びたが55年には1.91人となり，以降減少傾向で推移し，60年においては1.83人となり，令和3年においては1.24人となっている（表3-11参照）。

表 3–11 ● 被保護世帯と一般世帯の世帯人員別構成割合の推移

		総　数	1人	2人	3人	4人	5人	6人以上	平均世帯人員
	年	%	%	%	%	%	%	人	人
被保護世帯	昭和60	100.0	57.3	20.2	11.5	6.6	2.7	1.7	1.83
	平成2	100.0	64.7	19.3	8.9	4.4	1.7	1.0	1.63
	7	100.0	71.8	17.3	6.3	2.9	1.1	0.6	1.46
	12	100.0	73.5	16.8	5.6	2.6	0.9	0.5	1.42
	17	100.0	73.7	16.9	5.6	2.4	0.9	0.5	1.42
	22	100.0	75.6	15.9	5.1	2.1	0.8	0.4	1.38
	27	100.0	78.1	15.0	4.3	1.6	0.6	0.4	1.33
	28	100.0	79.0	14.6	4.0	1.5	0.5	0.3	1.31
	29	100.0	79.9	14.2	3.7	1.4	0.5	0.3	1.30
	30	100.0	80.8	13.7	3.5	1.3	0.5	0.3	1.28
	令和元	100.0	81.5	13.3	3.2	1.2	0.4	0.3	1.27
	2	100.0	82.4	12.8	3.0	1.1	0.4	0.3	1.25
	3	100.0	83.0	12.5	2.8	1.0	0.4	0.3	1.24
一般世帯	昭和60	100.0	18.4	18.5	17.6	25.2	12.1	8.1	3.22
	平成2	100.0	21.0	21.2	18.2	21.9	10.5	7.2	3.05
	7	100.0	22.6	23.5	18.6	19.6	9.3	6.4	2.91
	12	100.0	24.1	26.3	19.2	18.0	7.2	5.1	2.76
	17	100.0	24.6	28.2	19.7	15.9	6.9	4.7	2.68
	22	100.0	25.5	29.3	20.6	15.4	6.0	3.3	2.59
	27	100.0	26.8	31.3	19.7	14.4	5.2	2.6	2.49
	28	100.0	26.9	31.5	20.2	13.9	5.1	2.4	2.47
	29	100.0	27.0	31.5	19.3	14.7	5.1	2.3	2.47
	30	100.0	27.7	31.8	19.5	14.1	4.9	2.1	2.44
	令和元	100.0	28.8	32.0	19.7	13.1	4.3	2.0	2.39
	2	—	—	—	—	—	—	—	—
	3	100.0	29.5	32.5	18.7	13.0	4.4	1.9	2.37

注　令和2年の一般世帯構成割合は，国民生活基礎調査の中止により算出することができない。
資料　厚生労働省「被保護者調査」（平成23年までは「福祉行政報告例」），「国民生活基礎調査」

表 3–12 ● 被保護世帯の世帯類型別世帯数の推移

年度	世帯数（1か月平均）				
	総　数	高齢者世帯	母子世帯	傷病・障害者世帯	その他世帯
昭和50	704,785	221,241	70,211	322,458	90,875
平成12	750,182	341,196	63,126	290,620	55,240
17	1,039,570	451,962	90,531	389,818	107,259
22	1,405,281	603,540	108,794	465,540	227,407
26	1,604,083	761,179	108,333	453,959	280,612
27	1,621,356	802,811	104,343	442,369	271,833
28	1,628,465	837,029	98,884	429,577	262,975
29	1,632,548	864,714	92,472	419,518	255,845
30	1,615,357	883,800	82,902	404,547	244,108
令和元	1,627,724	896,945	81,015	406,931	242,832
2	1,629,524	903,991	75,646	404,766	245,120
3	1,633,767	908,834	71,148	404,764	249,020

年度	指数（昭和50年度＝100）				
	総　数	高齢者世帯	母子世帯	傷病・障害者世帯	その他世帯
昭和50	100.0	100.0	100.0	100.0	100.0
平成12	106.4	154.2	89.9	90.1	60.8
17	147.5	204.3	128.9	120.9	118.0
22	199.4	272.8	155.0	144.4	250.2
26	227.6	344.0	154.3	140.8	308.8
27	230.0	362.9	148.6	137.2	299.1
28	231.1	378.3	140.8	133.2	289.4
29	231.6	390.8	131.7	130.1	281.5
30	229.2	399.5	118.1	125.5	268.6
令和元	231.0	405.4	115.4	126.2	267.2
2	231.2	408.6	107.7	125.5	269.7
3	231.8	410.8	101.3	125.5	274.0

注　世帯数総数は，現に保護を受けた世帯の総数である。
資料　厚生労働省「被保護者調査」（平成23年度までは「福祉行政報告例」）

表3-13 ● 被保護世帯と一般世帯の世帯類型別構成割合の推移

年度		構成割合					
		総　数	高齢者	母子	その他		
					総数	傷病・障害者	その他
年度		％	％	％	％	％	％
昭和50	被保護世帯	100.0	31.4	10.0	58.6	45.8	12.9
55		100.0	30.3	12.8	56.9	46.0	10.9
60		100.0	31.2	14.6	54.1	44.8	9.3
平成2		100.0	37.2	11.7	51.1	42.9	8.1
7		100.0	42.3	8.7	49.0	42.0	6.9
12		100.0	45.5	8.4	46.1	38.7	7.4
17		100.0	43.5	8.7	47.8	37.5	10.3
22		100.0	42.8	7.7	49.2	33.0	16.1
26		100.0	47.5	6.8	45.8	28.3	17.5
27		100.0	49.5	6.4	44.0	27.3	16.8
28		100.0	51.4	6.1	42.5	26.4	16.1
29		100.0	53.0	5.7	41.4	25.7	15.7
30		100.0	54.0	5.3	40.5	25.3	15.2
令和元		100.0	55.1	5.0	39.9	25.0	14.9
2		100.0	55.5	4.6	39.9	24.8	15.0
3		100.0	55.6	4.4	40.0	24.8	15.2
年度		％	％	％	％		
昭和50	一般世帯	100.0	4.9	1.1	93.9	―	―
55		100.0	6.9	1.3	91.9	―	―
60		100.0	8.4	1.4	90.3	―	―
平成2		100.0	10.4	1.3	88.2	―	―
7		100.0	13.8	1.2	85.0	―	―
12		100.0	17.1	1.3	81.6	―	―
17		100.0	17.7	1.5	80.8	―	―
22		100.0	21.0	1.5	77.6	―	―
26		100.0	24.2	1.5	74.3	―	―
27		100.0	25.2	1.6	73.2	―	―
28		100.0	26.6	1.4	72.0	―	―
29		100.0	26.2	1.5	72.3	―	―
30		100.0	27.6	1.3	71.1	―	―
令和元		100.0	28.7	1.2	70.0	―	―
2		―	―	―	―	―	―
3		100.0	29.0	1.2	69.8	―	―
年度		‰	‰	‰	‰		
昭和50	世帯保護率	21.4	136.7	189.2	13.4	―	―
55		21.1	93.0	211.5	13.1	―	―
60		20.9	78.2	225.3	12.5	―	―
平成2		15.5	55.2	135.0	8.9	―	―
7		14.7	45.3	108.7	8.5	―	―
12		16.5	43.9	106.1	9.3	―	―
17		22.1	54.1	131.0	13.1	―	―
22		28.9	59.1	153.7	18.4	―	―
26		31.8	62.3	148.0	19.6	―	―
27		32.2	63.1	131.6	19.4	―	―
28		32.6	63.1	138.9	19.3	―	―
29		32.4	65.4	120.6	18.5	―	―
30		31.9	62.7	130.8	18.2	―	―
令和元		31.4	60.3	125.8	17.9	―	―
2		―	―	―	―	―	―
3		31.5	60.3	114.2	18.0	―	―

注1　母子世帯の定義：福祉行政報告例では現に配偶者がいない18歳以上60歳未満の女子と18歳未満のその子（養子を含む）だけで構成されている世帯をいうのに対し，国民生活基礎調査では現に配偶者のいない20歳以上60歳未満の女子と20歳未満のその子（養子を含む）のみで構成されている世帯をいい，若干定義の違いがある。

注2　国民生活基礎調査は，平成9年度より定義変更となったが，本表では，旧定義で計上している。

注3　令和2年の一般世帯構成割合，世帯保護率は，国民生活基礎調査の中止により算出することができない。

資料　厚生労働省「被保護者調査」（平成23年度までは「福祉行政報告例」），「国民生活基礎調査」

2　世帯類型別世帯の動向

　世帯類型別世帯数の推移をみると，昭和50年度には22万1241世帯だった高齢者世帯は，増加傾向が最も強く，平成20年度には50万世帯を超え，令和3年度には90万8834世帯となっている（表3-12参照）。

　構成割合の推移をみると，昭和50年度には高齢者世帯が全体の31.4％，母子世帯が10.0％，傷病・障害者世帯が45.8％であったが，令和3年度には高齢者世帯55.6％，母子世帯4.4％，傷病・障害者世帯24.8％となっている。

　高齢者世帯の占める割合は昭和51年度以降ほぼ横ばいで推移してきたが，60年度になると31.2％，平成12年度では45.5％と増加している。傷病・障害者世帯においてはほぼ減少傾向で推移してきているが，これは昭和61年度の障害基礎年金導入等が反映しているものと考えられる。世帯類型別に世帯保護率をみると令和3年度には高齢者世帯60.3‰，母子世帯114.2‰，その他の世帯18.0‰である（表3-13参照）。

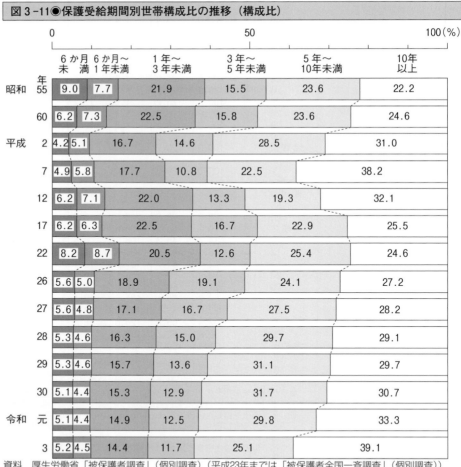

図3-11●保護受給期間別世帯構成比の推移（構成比）

資料　厚生労働省「被保護者調査」（個別調査）（平成23年までは「被保護者全国一斉調査」（個別調査））

3 受給期間別世帯の動向

　保護の受給期間別世帯数の推移をみると，全体として保護受給期間は長期化傾向にある。これは被保護世帯のうち特に稼働能力をもたない高齢者世帯，傷病・障害者世帯の割合が増加し，受給期間が長期化したことによるものである。今後もこの傾向が進むものと考えられる（図3-11参照）。

表3-14●被保護世帯の労働力類型別世帯数の推移（1か月平均）

<table>
<tr><td rowspan="2"></td><td rowspan="2"></td><td rowspan="2">総　数</td><td colspan="5">世帯主が働いている世帯</td><td rowspan="2">世帯員が働いている世帯</td><td rowspan="2">働いている者のいない世帯</td></tr>
<tr><td>総　数</td><td>常　用</td><td>日　雇</td><td>内　職</td><td>その他</td></tr>
<tr><td rowspan="19">世帯数</td><td>年度</td><td>世帯</td><td>世帯</td><td>世帯</td><td>世帯</td><td>世帯</td><td>世帯</td><td>世帯</td><td>世帯</td></tr>
<tr><td>昭和45</td><td>654,550</td><td>151,021</td><td>33,709</td><td>42,506</td><td>19,131</td><td>55,675</td><td>69,109</td><td>434,420</td></tr>
<tr><td>50</td><td>704,785</td><td>109,542</td><td>29,936</td><td>27,637</td><td>15,230</td><td>36,582</td><td>51,226</td><td>544,017</td></tr>
<tr><td>55</td><td>744,724</td><td>113,254</td><td>43,476</td><td>25,768</td><td>14,459</td><td>29,552</td><td>47,962</td><td>583,509</td></tr>
<tr><td>60</td><td>778,797</td><td>122,909</td><td>62,486</td><td>21,761</td><td>14,168</td><td>24,494</td><td>43,281</td><td>612,607</td></tr>
<tr><td>平成2</td><td>622,235</td><td>90,200</td><td>51,065</td><td>13,144</td><td>10,226</td><td>15,765</td><td>26,769</td><td>505,266</td></tr>
<tr><td>7</td><td>600,980</td><td>63,705</td><td>37,546</td><td>8,788</td><td>7,076</td><td>10,294</td><td>17,899</td><td>519,376</td></tr>
<tr><td>12</td><td>750,181</td><td>71,151</td><td>45,552</td><td>9,318</td><td>6,360</td><td>9,921</td><td>18,509</td><td>660,522</td></tr>
<tr><td>17</td><td>1,039,570</td><td>105,505</td><td>71,493</td><td>15,302</td><td>6,526</td><td>12,184</td><td>25,039</td><td>909,026</td></tr>
<tr><td>22</td><td>1,405,281</td><td>152,427</td><td>106,684</td><td>22,996</td><td>7,553</td><td>15,194</td><td>34,321</td><td>1,218,533</td></tr>
<tr><td>26</td><td>1,604,083</td><td>211,952</td><td>154,526</td><td>28,640</td><td>9,165</td><td>19,621</td><td>40,926</td><td>1,351,205</td></tr>
<tr><td>27</td><td>1,621,356</td><td>218,529</td><td>160,503</td><td>28,459</td><td>9,661</td><td>19,906</td><td>40,575</td><td>1,362,252</td></tr>
<tr><td>28</td><td>1,628,465</td><td>221,450</td><td>165,068</td><td>27,236</td><td>9,271</td><td>19,875</td><td>39,687</td><td>1,367,328</td></tr>
<tr><td>29</td><td>1,632,548</td><td>218,386</td><td>164,757</td><td>24,964</td><td>9,146</td><td>19,519</td><td>38,766</td><td>1,375,396</td></tr>
<tr><td>30</td><td>1,629,148</td><td>218,038</td><td>164,335</td><td>23,957</td><td>9,664</td><td>20,083</td><td>37,067</td><td>1,374,042</td></tr>
<tr><td>令和元</td><td>1,627,724</td><td>215,581</td><td>162,650</td><td>22,911</td><td>9,898</td><td>20,122</td><td>35,409</td><td>1,376,733</td></tr>
<tr><td>2</td><td>1,629,524</td><td>205,130</td><td>154,260</td><td>20,618</td><td>10,051</td><td>20,251</td><td>32,747</td><td>1,391,647</td></tr>
<tr><td>3</td><td>1,633,767</td><td>204,935</td><td>153,626</td><td>19,841</td><td>10,429</td><td>21,040</td><td>31,570</td><td>1,397,263</td></tr>
<tr><td rowspan="19">構成比</td><td>年度</td><td>%</td><td>%</td><td>%</td><td>%</td><td>%</td><td>%</td><td>%</td><td>%</td></tr>
<tr><td>昭和45</td><td>100.0</td><td>23.1</td><td>5.1</td><td>6.5</td><td>2.9</td><td>8.5</td><td>10.6</td><td>66.4</td></tr>
<tr><td>50</td><td>100.0</td><td>15.5</td><td>4.3</td><td>3.9</td><td>2.2</td><td>5.2</td><td>7.3</td><td>77.2</td></tr>
<tr><td>55</td><td>100.0</td><td>15.2</td><td>5.8</td><td>3.5</td><td>1.9</td><td>4.0</td><td>6.4</td><td>78.4</td></tr>
<tr><td>60</td><td>100.0</td><td>15.8</td><td>8.0</td><td>2.8</td><td>1.8</td><td>3.1</td><td>5.6</td><td>78.7</td></tr>
<tr><td>平成2</td><td>100.0</td><td>14.5</td><td>8.2</td><td>2.1</td><td>1.6</td><td>2.5</td><td>4.3</td><td>81.2</td></tr>
<tr><td>7</td><td>100.0</td><td>10.6</td><td>6.2</td><td>1.5</td><td>1.2</td><td>1.7</td><td>3.0</td><td>86.4</td></tr>
<tr><td>12</td><td>100.0</td><td>9.5</td><td>6.1</td><td>1.2</td><td>0.8</td><td>1.3</td><td>2.5</td><td>88.0</td></tr>
<tr><td>17</td><td>100.0</td><td>10.1</td><td>6.9</td><td>1.5</td><td>0.6</td><td>1.2</td><td>2.4</td><td>87.4</td></tr>
<tr><td>22</td><td>100.0</td><td>10.8</td><td>7.6</td><td>1.6</td><td>0.5</td><td>1.1</td><td>2.4</td><td>86.7</td></tr>
<tr><td>26</td><td>100.0</td><td>13.2</td><td>9.6</td><td>1.8</td><td>0.6</td><td>1.2</td><td>2.6</td><td>84.2</td></tr>
<tr><td>27</td><td>100.0</td><td>13.5</td><td>9.9</td><td>1.8</td><td>0.6</td><td>1.2</td><td>2.5</td><td>84.0</td></tr>
<tr><td>28</td><td>100.0</td><td>13.6</td><td>10.1</td><td>1.7</td><td>0.6</td><td>1.2</td><td>2.4</td><td>84.0</td></tr>
<tr><td>29</td><td>100.0</td><td>13.4</td><td>10.1</td><td>1.5</td><td>0.6</td><td>1.2</td><td>2.4</td><td>84.2</td></tr>
<tr><td>30</td><td>100.0</td><td>13.4</td><td>10.1</td><td>1.5</td><td>0.6</td><td>1.2</td><td>2.3</td><td>84.3</td></tr>
<tr><td>令和元</td><td>100.0</td><td>13.2</td><td>10.0</td><td>1.4</td><td>0.6</td><td>1.2</td><td>2.2</td><td>84.6</td></tr>
<tr><td>2</td><td>100.0</td><td>12.6</td><td>9.5</td><td>1.3</td><td>0.6</td><td>1.2</td><td>2.0</td><td>85.4</td></tr>
<tr><td>3</td><td>100.0</td><td>12.5</td><td>9.4</td><td>1.2</td><td>0.6</td><td>1.3</td><td>1.9</td><td>85.5</td></tr>
<tr><td rowspan="18">指数（昭和45年度＝100）</td><td>年度</td><td></td><td></td><td></td><td></td><td></td><td></td><td></td><td></td></tr>
<tr><td>昭和50</td><td>107.7</td><td>72.5</td><td>88.8</td><td>65.0</td><td>79.6</td><td>66.0</td><td>74.1</td><td>125.2</td></tr>
<tr><td>55</td><td>113.8</td><td>75.0</td><td>129.0</td><td>60.6</td><td>75.6</td><td>53.0</td><td>69.4</td><td>134.3</td></tr>
<tr><td>60</td><td>108.8</td><td>74.1</td><td>178.8</td><td>42.7</td><td>66.8</td><td>37.1</td><td>53.8</td><td>129.7</td></tr>
<tr><td>平成2</td><td>95.1</td><td>59.7</td><td>151.5</td><td>30.9</td><td>53.5</td><td>28.3</td><td>38.7</td><td>116.3</td></tr>
<tr><td>7</td><td>91.8</td><td>42.2</td><td>111.4</td><td>20.7</td><td>37.0</td><td>18.5</td><td>25.9</td><td>119.6</td></tr>
<tr><td>12</td><td>114.6</td><td>47.1</td><td>135.1</td><td>21.9</td><td>33.2</td><td>17.8</td><td>26.8</td><td>152.0</td></tr>
<tr><td>17</td><td>158.8</td><td>69.9</td><td>212.1</td><td>36.0</td><td>34.1</td><td>21.9</td><td>36.2</td><td>209.3</td></tr>
<tr><td>22</td><td>214.7</td><td>100.9</td><td>316.5</td><td>54.1</td><td>39.5</td><td>27.3</td><td>49.7</td><td>280.5</td></tr>
<tr><td>26</td><td>245.1</td><td>140.3</td><td>458.4</td><td>67.4</td><td>47.9</td><td>35.2</td><td>59.2</td><td>311.0</td></tr>
<tr><td>27</td><td>247.7</td><td>144.7</td><td>476.1</td><td>67.0</td><td>50.5</td><td>35.8</td><td>58.7</td><td>313.6</td></tr>
<tr><td>28</td><td>248.8</td><td>146.6</td><td>489.7</td><td>64.1</td><td>48.5</td><td>35.7</td><td>57.4</td><td>314.7</td></tr>
<tr><td>29</td><td>249.4</td><td>144.6</td><td>488.8</td><td>58.7</td><td>47.8</td><td>35.1</td><td>56.1</td><td>316.6</td></tr>
<tr><td>30</td><td>248.9</td><td>144.4</td><td>487.5</td><td>56.4</td><td>50.5</td><td>36.1</td><td>53.6</td><td>316.3</td></tr>
<tr><td>令和元</td><td>248.7</td><td>142.7</td><td>482.5</td><td>53.9</td><td>51.7</td><td>36.1</td><td>51.2</td><td>316.9</td></tr>
<tr><td>2</td><td>249.0</td><td>135.8</td><td>457.6</td><td>48.5</td><td>52.5</td><td>36.4</td><td>47.4</td><td>320.3</td></tr>
<tr><td>3</td><td>249.6</td><td>135.7</td><td>455.7</td><td>46.7</td><td>54.5</td><td>37.8</td><td>45.7</td><td>321.6</td></tr>
</table>

注　世帯数総数は，停止中の世帯を除いた世帯の総数である。
資料　厚生労働省「被保護者調査」（平成23年度までは「福祉行政報告例」）

4 世帯の労働力類型別世帯の動向

世帯の労働力類型別世帯数の推移をみると，非稼働世帯の割合は昭和45年度には66.4％であったが令和3年度で85.5％となっている。これは高齢者世帯が次第に増大してきていることも一因と考えられる。一方，稼働者のいる世帯（世帯主または世帯員が働いている世帯）は昭和45年度には33.7％を占め，以後60年度には21.4％，平成12年度には12.0％，17年度には12.5％と減少傾向が続いていたが，近年は微増傾向に転じ令和3年度では14.4％となっている（表3-14参照）。

3 ─── 保護の開始・廃止の動向

1 保護開始

保護を開始するに至った主な理由をみると「貯金等の減少・喪失」が最も多く，令和3年では44.1％を占めている。次に「傷病による」が19.2％となっている（表3-15参照）。

2 保護廃止

保護を廃止した理由についてみると，「傷病治癒」，「死亡」，「失そう」，「働きによる収入の増加・取得・働き手の転入」が令和3年でそれぞれ0.3％，47.8％，4.5％，14.5％となっている（表3-16参照）。

新たに保護を開始・廃止した世帯数および人員は，表3-17のとおりである。

表3-15●保護開始世帯の理由別世帯数構成比の推移（1か月平均）

	総数	傷病による	急迫保護で医療扶助単給	要介護状態	働きによる収入の減少・喪失	社会保障給付金・仕送りの減少・喪失	貯金等の減少・喪失	その他
	世帯	世帯	世帯	世帯	世帯	世帯	世帯	世帯
平成12年	14,681	6,347	2,323	41	2,878	599	1,500	993
17年	15,662	6,704	1,777	57	3,052	728	2,323	1,021
22年	24,088	6,733	1,259	120	7,142	1,221	5,792	1,821
26年	17,142	4,443	552	115	3,861	791	5,520	1,860
27年	16,747	4,216	565	119	3,608	761	5,719	1,767
28年	15,856	3,981	370	115	3,366	724	5,629	1,670
29年	15,191	3,779	318	132	4,151	697	5,561	1,632
30年	14,909	3,492	299	144	2,883	689	5,785	1,619
令和元年	14,775	3,372	295	129	2,780	687	5,946	1,565
2年	15,055	2,891	251	134	3,363	681	6,159	1,575
3年	14,942	2,865	223	156	2,822	693	6,591	1,592
	％	％	％	％	％	％	％	％
平成12年	100.0	43.2	15.8	0.3	19.6	4.1	10.2	6.8
17年	100.0	42.8	11.3	0.4	19.5	4.6	14.8	6.5
22年	100.0	28.0	5.2	0.5	29.6	5.1	24.0	7.6
26年	100.0	25.9	3.2	0.7	22.5	4.6	32.2	10.9
27年	100.0	25.2	3.4	0.7	21.5	4.5	34.1	10.6
28年	100.0	25.1	2.3	0.7	21.2	4.6	35.5	10.5
29年	100.0	24.9	2.1	0.9	27.3	4.6	36.6	10.7
30年	100.0	23.4	2.0	1.0	19.3	4.6	38.8	10.9
令和元年	100.0	22.8	2.0	0.9	18.8	4.6	40.2	10.6
2年	100.0	19.2	1.7	0.9	22.3	4.5	40.9	10.5
3年	100.0	19.2	1.5	1.0	18.9	4.6	44.1	10.7

資料　厚生労働省「被保護者調査」（平成23年までは「福祉行政報告例」）

表3-16●保護廃止世帯の理由別世帯数構成比の推移（1か月平均）

	総数	傷病治癒	死亡	失そう	働きによる収入の増加・取得・働き手の転入	社会保障給付金・仕送りの増加	親族等の引取り・施設入所	医療費の他法負担	その他
	世帯	世帯	世帯	世帯	世帯	世帯	世帯	世帯	世帯
平成12年	9,958	1,111	1,886	1,103	1,104	551	474	48	3,681
17年	11,757	2,047	2,717	1,871	1,722	660	588	70	2,082
22年	13,070	755	4,107	1,653	2,097	851	640	65	2,902
26年	14,346	122	5,045	1,195	2,700	641	794	73	3,776
27年	14,609	116	5,175	1,139	2,806	658	775	77	3,864
28年	14,250	153	5,422	1,025	2,635	576	753	76	3,611
29年	14,272	138	5,683	895	2,586	721	750	85	3,413
30年	14,107	71	5,856	872	2,499	609	767	89	3,345
令和元年	14,020	72	6,065	801	2,370	601	778	93	3,239
2年	13,626	60	6,203	698	1,937	557	762	146	3,262
3年	13,950	43	6,669	625	2,028	507	746	118	3,214
	％	％	％	％	％	％	％	％	％
平成12年	100.0	11.2	18.9	11.1	11.1	5.5	4.8	0.5	37.0
17年	100.0	17.4	23.1	15.9	14.6	5.6	5.0	0.6	17.7
22年	100.0	5.8	31.4	12.6	16.0	6.5	4.9	0.5	22.2
26年	100.0	0.9	35.2	8.3	18.8	4.5	5.5	0.5	26.3
27年	100.0	0.8	35.4	7.8	19.2	4.5	5.3	0.5	26.4
28年	100.0	1.1	38.0	7.2	18.5	4.0	5.3	0.5	25.3
29年	100.0	1.0	39.8	6.3	18.1	5.1	5.3	0.6	23.9
30年	100.0	0.5	41.5	6.2	17.7	4.3	5.4	0.6	23.7
令和元年	100.0	0.5	43.3	5.7	16.9	4.3	5.5	0.7	23.1
2年	100.0	0.5	45.5	5.1	14.2	4.1	5.6	1.1	23.9
3年	100.0	0.3	47.8	4.5	14.5	3.6	5.3	0.8	23.0

資料　厚生労働省「被保護者調査」（平成23年までは「福祉行政報告例」）

表3-17●保護の開始・廃止世帯および人員数の推移（年度累計）

年度	開始		廃止		指数（昭和45年度＝100）			
					開始		廃止	
	世帯数	人員	世帯数	人員	世帯数	人員	世帯数	人員
昭和45	218,133	425,333	216,711	433,504	100.0	100.0	100.0	100.0
平成12	200,667	277,704	150,338	191,823	92.0	65.3	69.4	44.2
17	218,247	296,578	178,491	228,133	100.1	69.7	82.4	52.6
22	311,564	428,638	197,748	247,724	142.8	100.8	91.2	57.1
26	225,043	302,466	204,801	263,342	103.2	71.1	94.5	60.7
27	221,475	294,625	208,784	268,587	101.5	69.3	96.3	62.0
28	212,229	278,648	205,651	260,828	97.3	65.5	94.9	60.2
29	204,044	264,083	205,370	257,719	93.5	62.1	94.8	59.5
30	200,551	258,181	202,568	250,920	91.9	60.7	93.5	57.9
令和元	198,767	252,323	201,040	246,231	91.1	59.3	92.8	56.8
2	202,870	251,400	196,793	234,990	93.0	59.1	90.8	54.2
3	202,689	249,808	202,178	237,633	92.9	58.7	93.3	54.8

注　実数は月分報告の累計である。
資料　厚生労働省「被保護者調査」（平成23年度までは「福祉行政報告例」）

4 ─── 生活保護費の動向

　　生活保護世帯に対して給付された扶助額のうち国庫負担額は昭和60年度まで年々増加をみているが，これは毎年の保護基準額の引上げや医療給付費の増加によるものである。昭和45年度において扶助費総額は2713億円であったが，50年度には6764億円，60年度には1兆5027億円と45年度に比べ5倍強に達している。令和3年度においては3兆5208億円となっている。

　　1人1か月当たりの平均扶助受給額はほぼ横ばいで推移している（表3-18参照）

表3-18● 1人1か月当たり平均扶助受給額の推移

	年度	総額	生活扶助	住宅扶助	教育扶助	医療扶助	介護扶助
		円	円	円	円	円	円
扶助受給額	昭和45	16,958	6,443	1,361	1,374	19,864	—
	50	42,317	16,703	2,910	3,257	43,432	—
	55	68,386	26,769	5,781	4,736	63,814	—
	60	88,700	35,309	8,548	5,530	77,549	—
	平成2	108,231	41,217	11,709	6,113	90,332	—
	7	140,260	51,044	16,626	6,759	108,104	—
	12	150,719	56,644	20,293	7,177	103,281	17,872
	17	148,444	53,604	22,835	7,239	92,940	23,889
	22	142,141	54,469	25,468	10,679	84,217	24,063
	23	141,154	53,830	25,758	10,714	82,636	23,739
	24	140,580	53,842	25,997	10,693	81,377	23,311
	25	139,995	52,618	26,320	10,749	81,526	22,481
	26	141,663	53,134	26,858	10,681	82,303	23,188
	27	142,415	51,768	27,106	11,161	83,449	21,001
	28	142,628	51,920	27,215	11,168	82,987	20,496
指数（昭和45年度＝100）	昭和50	249.5	259.7	213.8	237.1	257.5	—
	55	403.3	416.1	424.8	344.7	378.4	—
	60	523.1	548.0	628.1	402.5	390.4	—
	平成2	638.2	639.7	860.3	444.9	454.8	—
	7	827.1	792.2	1,221.6	491.9	544.2	—
	12	888.8	879.2	1,491.0	522.3	519.9	—
	17	875.4	832.0	1,677.8	526.9	467.9	—
	22	838.2	845.4	1,871.3	777.2	424.0	—
	23	832.4	835.5	1,892.6	779.8	416.0	—
	24	829.0	835.7	1,910.1	778.2	409.7	—
	25	825.5	816.7	1,933.9	782.3	410.4	—
	26	835.4	824.7	1,973.4	777.4	414.3	—
	27	839.8	803.5	1,991.6	812.3	420.1	—
	28	841.1	805.8	1,999.6	812.8	417.8	—

注 各扶助総額を各扶助別受給人員で除したものであるから各扶助額の合計と総額とは合致しない。
資料 厚生労働省「被保護者調査」（平成23年度までは「福祉行政報告例」），「生活保護費国庫負担金実績報告」

が，保護費総額は増加が続いている。

　保護費総額を扶助の種類別にその割合をみると，平成28年度では生活扶助費32.4％，医療扶助費48.0％，それ以外の扶助費19.6％と，生活扶助費と医療扶助費で全体の80.4％を占めている。

　医療扶助は，前述の傷病を理由とする保護開始世帯が圧倒的に多いことを反映して，全体の約5割を占め，生活扶助費の約1.5倍に達している。

　一般世帯における医療費総額が昭和45年度には2兆4962億円，50年度6兆4779億円，60年度16兆159億円，令和2年度42兆9665億円と増加している（表3-19参照）ことをあわせ，生活保護世帯においても今後ともこの傾向は続くものと予想され，医療扶助運営の適切な実施を一層推進していく必要がある。

表3-19● 国民医療費（推計額）の推移

	昭和50年度	55年度	60年度	平成2年度	7年度	12年度	17年度	22年度	27年度	30年度	令和元年度	2年度
医療費総額(A)	億円 64,779	億円 119,805	億円 160,159	億円 206,074	億円 269,577	億円 303,583	億円 331,289	億円 374,202	億円 423,644	億円 433,949	億円 443,895	億円 429,665
生活保護医療扶助費(B)	億円 4,092	億円 6,759	億円 8,464	億円 7,379	億円 8,819	億円 10,711	億円 13,470	億円 15,701	億円 17,785	億円 17,816	億円 18,013	億円 17,536
B／A	% 6.3	% 5.6	% 5.3	% 3.6	% 3.3	% 3.5	% 4.1	% 4.2	% 4.2	% 4.1	% 4.1	% 4.1

資料 厚生労働省「国民医療費」，「社会・援護局関係主管課長会議資料」

1 ─── 制度創設の経緯

　戦後の日本経済は，昭和を通じて長く成長を遂げてきたが，1990年代以降は，バブル経済の崩壊を機に長い低迷期へと突入し，平成4年度に58万6000世帯であった被保護世帯は，平成27年度には162万世帯を超えている。

　特に，リーマンショック後には，稼働年齢層と考えられる「その他の世帯」や，高齢化により「高齢者世帯」の増加が顕著な傾向として表れるようになり，また，非正規雇用労働者が3割を超えるなどの雇用形態の変化や，年収200万円以下の給与所得者が徐々に増加するといった状況も踏まえ，生活保護受給には至っていないものの将来的に生活困窮に至るリスクの高い層の増加が，大きな課題として認識されるようになった。

　政府は，このような状況に対し，生活保護に至る前の自立支援策の強化を図るとともに，生活保護から脱却した人が再び生活保護に頼ることを喫緊の課題として捉え，生活保護制度の見直しと生活困窮者対策の一体的な実施に取り組むこととした。

　具体的には，平成25年度に生活扶助基準の見直しや，生活保護法の一部を改正する法律を公布するとともに，新たに「生活困窮者自立支援法」を制定することで，従来の社会保険・労働保険，生活保護といったセーフティネットとあわせ，国民の暮らしを支える新たな仕組みを講じていくこととなった（図3-12参照）。

2 ─── 制度見直しの経緯

　生活困窮者自立支援制度の中心は，必須事業として位置づけられる自立相談支援事業である。新制度の施行から2年で，新規相談者は約45万人，プラン作成により継続的に支援した人は約12万人にのぼるなど，制度の定着は着実に進んできた。

　その一方で，任意事業の実施状況（901自治体中，平成28年度実績）をみると，子どもの学習支援事業が46％と，他の任意事業に比べると高い実施率となっているが，それでも半数以上の自治体が実施していないという状況にあった（以下，就労準備支援事業が39％，家計相談支援事業が33％と続き，一時生活支援事業に至っては25％となっている）。一方で，いずれの事業においても，実施率が100％に達している都道府県もあり，地域によるばらつきも顕著となった。

　生活困窮者自立支援法に，施行後3年を目途に制度の在り方を総合的に検討するという，いわゆる「検討規定」が設けられていたこともあり，こうした状況を踏まえ，「生活困窮者自立支援のあり方等に関する論点整理のための検討会」「社会保障審議会（生活保護法生活困窮者自立支援及び生活保護部会）」等での検討を経て，平成30

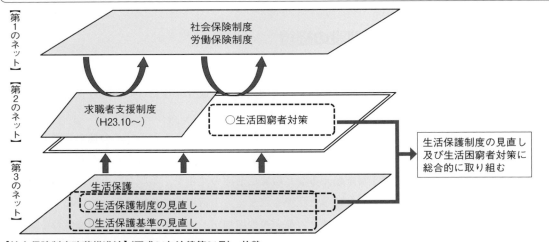

図3-12●生活保護制度の見直しと新たな生活困窮者対策の全体像

生活保護制度の見直し及び生活困窮者対策に総合的に取り組むとともに，生活保護基準の見直しを行う。

【第1のネット】 社会保険制度 労働保険制度

【第2のネット】 求職者支援制度（H23.10〜） ○生活困窮者対策

生活保護制度の見直し及び生活困窮者対策に総合的に取り組む

【第3のネット】 生活保護 ○生活保護制度の見直し ○生活保護基準の見直し

【社会保障制度改革推進法】（平成24年法律第64号） 抜粋

（生活保護制度の見直し）
附則第二条　政府は，生活保護制度に関し，次に掲げる措置その他必要な見直しを行うものとする。
一　<u>不正な手段により保護を受けた者等への厳格な対処</u>，生活扶助，医療扶助等の給付水準の適正化，保護を受けて
　　いる世帯に属する者の就労の促進その他の必要な見直しを早急に行うこと。
二　生活困窮者対策及び生活保護制度の見直しに総合的に取り組み，保護を受けている世帯に属する子どもが成人に
　　なった後に再び保護を受けることを余儀なくされることを防止するための支援の拡充を図るとともに，<u>就労が困難
　　でない者に関し，就労が困難な者とは別途の支援策の構築</u>，正当な理由なく就労しない場合に厳格に対処する措置
　　等を検討すること。

出典　厚生労働省「新たな生活困窮者支援制度の創設」（平成25年8月2日生活困窮者自立促進支援モデル事業担当者連絡会議資料を
　　　一部修正），8頁

年通常国会に改正法案が提出され，平成30年6月に「生活困窮者等の自立を促進する
ための生活困窮者自立支援法等の一部を改正する法律」として公布された。

　なお，この見直しは，「「地域共生社会」の実現に向けて（当面の改革工程）」にも盛
り込まれたように，「地域社会」の実現に向けた改革の一工程としても位置づけられて
おり，自立相談支援事業等の利用勧奨の努力義務の創設，関係機関間の情報共有を行
う会議の設置など，生活困窮者に対する包括的な支援体制の強化を図る見直しや，自
立相談支援事業・就労準備支援事業・家計改善支援事業の一体的な実施の促進を図り，
任意事業の実施率の低さや地域によるばらつきの是正を図るなどの見直しのほか，生
活保護世帯の子どもの大学等への進学支援を行う生活保護法の改正も一体的に盛り込
まれることとなった（図3-13参照）。

3 ──── 制度の概要と施行状況

　生活困窮者自立支援制度は，生活保護に至る前の段階の自立支援策の強化を図るた
め，生活困窮者に対し，自立相談支援事業の実施，住居確保給付金の支給その他の支
援を行うための所要の措置を講ずるもので，生活保護に至っていない生活困窮者に対

図3-13●生活困窮者等の自立を促進するための生活困窮者自立支援法等の一部を改正する法律（平成30年法律第44号）の概要

改正の趣旨

　生活困窮者等の一層の自立の促進を図るため，生活困窮者に対する包括的な支援体制の強化，生活保護世帯の子どもの大学等への進学支援，児童扶養手当の支払回数の見直し等の措置を講ずるほか，医療扶助における後発医薬品の原則化等の措置を講ずる。

改正の概要

１．生活困窮者の自立支援の強化（生活困窮者自立支援法）
　(1)生活困窮者に対する包括的な支援体制の強化
　　①自立相談支援事業・就労準備支援事業・家計改善支援事業の一体的実施を促進
　　　・就労準備支援事業・家計改善支援事業を実施する努力義務を創設
　　　・両事業を効果的・効率的に実施した場合の家計改善支援事業の国庫補助率を引上げ（1/2→2/3）
　　②都道府県等の各部局で把握した生活困窮者に対し，自立相談支援事業等の利用勧奨を行う努力義務の創設
　　③都道府県による市等に対する研修等の支援を行う事業を創設
　(2)子どもの学習支援事業の強化
　　①学習支援のみならず，生活習慣・育成環境の改善に関する助言等も追加し，「子どもの学習・生活支援事業」として強化
　(3)居住支援の強化（一時生活支援事業の拡充）
　　①シェルター等の施設退所者や地域社会から孤立している者に対する訪問等による見守り・生活支援を創設　等

２．生活保護制度における自立支援の強化，適正化（生活保護法，社会福祉法）
　(1)生活保護世帯の子どもの貧困の連鎖を断ち切るため，大学等への進学を支援
　　①進学の際の新生活立ち上げの費用として，「進学準備給付金」を一時金として給付
　(2)生活習慣病の予防等の取組の強化，医療扶助費の適正化
　　①「健康管理支援事業」を創設し，データに基づいた生活習慣病の予防等，健康管理支援の取組を推進
　　②医療扶助のうち，医師等が医学的知見から問題ないと判断するものについて，後発医薬品で行うことを原則化
　(3)貧困ビジネス対策と，単独での居住が困難な方への生活支援
　　①無料低額宿泊所について，事前届出，最低基準の整備，改善命令の創設等の規制強化
　　②単独での居住が困難な方への日常生活支援を良質な無料低額宿泊所等において実施
　(4)資力がある場合の返還金の保護費との調整，介護保険適用の有料老人ホーム等の居住地特例　等

３．ひとり親家庭の生活の安定と自立の促進（児童扶養手当法）
　(1)児童扶養手当の支払回数の見直し（年３回（４月,８月,12月）から年６回（１月,３月,５月,７月,９月,11月））　等

施行期日

　平成30年10月１日（ただし，１．(2)(3)は平成31年４月１日，２．(1)は公布日，２．(2)①は平成33年１月１日，２．(3)は平成32年４月１日，３．は平成31年９月１日※等）

　　　　　　　　　　　　　　　　　　　　　　　　　　　　※平成31年11月支払いより適用

出典　厚生労働省社会・援護局「生活困窮者自立支援制度全国担当者会議」（平成30年７月26日）資料１，４頁

する「第２のセーフティネット」を全国的に拡充し，包括的な支援体系を創設する制度である。

　単に，本人の自己選択，自己決定を基本に，経済的自立・日常生活自立・社会生活自立など，本人の状態に応じた自立の支援を図るだけでなく，生活困窮者の自立支援を通じた地域ネットワークの構築や，働く場・参加する場を広げていくなど「相互に支え合う」地域づくりを目指すものである。

　また，その基本的な対象者については，生活困窮者自立支援法において「就労の状況，心身の状況，地域社会との関係性その他の事情により，現に経済的に困窮し，最低限度の生活を維持することができなくなるおそれのある者」（下線部は，平成30年10月の改正で追加）と規定されている。

　要保護者以外の生活困窮者という幅広い対象者を想定しているが，単に生活保護に

至る前の自立支援策の強化を図るだけでなく，生活保護から脱却した人が再び生活保護に頼ることのないよう，生活保護制度と生活困窮者対策の一体的な実施が前提となっている。

　具体的な施策については，生活困窮者に対する自立相談支援事業の実施，住居確保給付金の支給その他の所要の措置が法律上に規定されており，福祉事務所を設置する自治体が直接または社会福祉法人やNPO法人等へ委託することにより，行われている。なお，法に基づく事業等のうち，「自立相談支援事業」と「住居確保給付金の支給」は，福祉事務所設置自治体が必ず行う事業等として位置づけられ，その他の事業（就労準備支援事業，家計改善支援事業，一時生活支援事業，子どもの学習・生活支援事業）については，福祉事務所設置自治体の判断により実施される任意事業として位置づけられるが，就労準備支援事業と家計改善支援事業については，努力義務が課されている（図3-14参照）。

　また，生活困窮者自立支援制度では，前述の相談支援事業に加え，直ちに一般就労につながることが困難である生活困窮者に対して，就労の機会と必要な訓練等を提供する「就労訓練事業」（いわゆる「中間的就労」）について，認定制度を導入し，その適切な運営の確保を図る仕組みが講じられている。制度発足1年目の平成27年度末時点で，484件の認可，利用定員は1416人に過ぎなかったが，令和5年3月末時点で

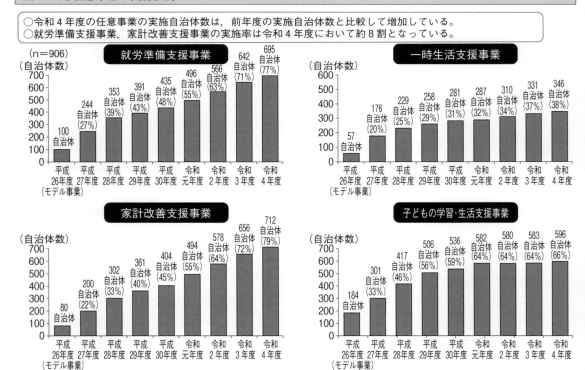

図3-14●任意事業の実施状況

○令和4年度の任意事業の実施自治体数は，前年度の実施自治体数と比較して増加している。
○就労準備支援事業，家計改善支援事業の実施率は令和4年度において約8割となっている。

出典　厚生労働省社会・援護局地域福祉課生活困窮者自立支援室「生活困窮者自立支援法等に基づく各事業の令和3年度事業実施調査集計結果」，1頁を一部改変

は，全国で 2182 件の認定があり，利用定員は 5545 人と，着実に普及が進んでいる。

生活困窮者や生活保護受給者などの地域の要援護者に対して，生活困窮者自立支援法に基づく事業のみならず，地方自治体等が地域の実情に応じて，自立・就労に向けたさまざまな支援サービスを総合的，一体的に提供する取組みが進められている。

生活困窮の課題は多様かつ複合的で，障害・高齢，ニート・ひきこもり，ホームレス，ひとり親家庭，矯正施設出所者，外国人，DV 被害者，多重・過剰債務者，セクシュアル・マイノリティと，さまざまな要因が絡んでいる。このため，矯正施設退所者の地域生活定着支援，ひきこもり対策といった分野横断の取組みも重要視されている。

また，生活困窮者にかかわりの深い施策としては，第 4 章で取りあげる日常生活自立支援事業や生活福祉資金の貸付けがその代表に挙げられ，その実施にあたっては民生委員や社会福祉協議会が大きな役割を担っている。今後は，公的制度の枠組みにとどまらず，地域にあるさまざまな社会資源を活用し，これまで支援の「受け手」であった人が「支え手」に回るような参加の場や就労の場を地域に見出していく取組みが重要になるといえる。この点については，第 4 章を参照のこと。

1 ——— 矯正施設退所者の地域生活定着支援

矯正施設（刑務所，少年刑務所，拘置所および少年院）の出所者等のなかには，福祉的な支援が必要であるにもかかわらず，適切な支援が受けられず，自立した生活を送ることが困難になり，結果として犯罪を繰り返す者が多いといわれている。

このため，高齢・障害等により，特に福祉的な支援を要する出所者等については，司法と福祉が連携して，刑務所に入所中から，帰住地において出所後直ちに福祉サービスを受けられるよう準備を進めることが，社会復帰の支援や再犯防止につながると考えられる。

こうした観点から，平成 21 年度から「地域生活定着促進事業」が実施され，各都道府県に地域生活定着支援センターが設置されている。同センターでは，矯正施設収容中から，矯正施設や保護観察所，既存の福祉関係者と連携して，支援の対象となる者が釈放後から福祉サービスを受けられるよう，各般の取組みが進められてきた。また，平成 23 年度末には，全国 47 都道府県への整備が完了し，平成 24 年度からは全国での広域調整の取組みが進められている。

なお，地域生活定着支援センターの主な業務としては，次の 3 点が挙げられる。

(1) コーディネート業務

保護観察所からの依頼に基づき，福祉サービスに係るニーズの内容の確認等を行

表3-20●矯正施設を退所し受入れ先に帰住した者の障害・年齢別内訳　　　　　　　　　　（令和3年度）

（単位：人）

	身体障害あり	知的障害あり	精神障害あり	身体＋知的	身体＋精神	知的＋精神	身体＋知的＋精神	その他※	合計
65歳以上	37(27)	29(22)	56(56)	4(1)	5(8)	8(6)	3(1)	242(221)	384(342)
65歳未満	22(21)	135(132)	212(188)	6(7)	11(13)	70(65)	3(1)	3(2)	462(429)
合計	59(48)	164(154)	268(244)	10(8)	16(21)	78(71)	6(2)	245(223)	846(771)

※「その他」には，軽度の認知症の者や，障害が疑われる者などが含まれる。※※かっこ内は令和2年度の実績である。
出典　厚生労働省HP「地域生活定着支援センターの支援状況」，参考1

図3-15●矯正施設を退所し受入れ先に帰住した者の矯正施設退所時点の居住先内訳

（単位：人）

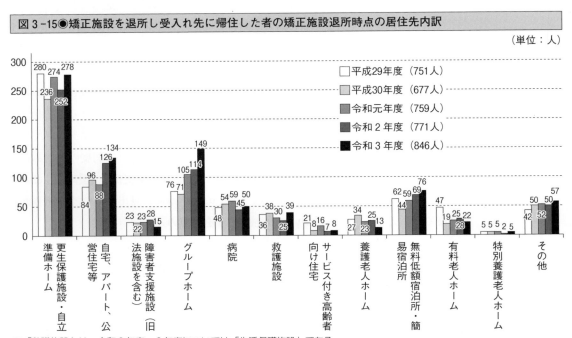

※「救護施設」は，令和2年度・3年度については「生活保護施設」である。
出典　厚生労働省HP「地域生活支援定着センターの支援状況」，参考2

い，受入れ先施設等のあっせんまたは福祉サービスに係る申請支援等を行う。

(2)　フォローアップ業務

コーディネート業務を経て矯正施設から退所した者が，社会福祉施設等を利用している場合に，本人を受け入れた施設等に対して必要な助言等を行う。

(3)　相談支援業務

懲役もしくは禁錮の刑の執行を受け，または保護処分を受けた後，矯正施設から退所した者の福祉サービスの利用に関して，本人またはその関係者からの相談に応じて，助言その他必要な支援を行う。

2 ── ひきこもり対策

　ひきこもり問題への対応については，従来から，精神保健，児童福祉，ニート対策等において相談対応を行われてきたが，ひきこもりに特化した相談窓口がないことや，そもそも，ひきこもりの実態が精緻には把握されていないこともあり，ひきこもり本人やその家族が十分に相談を受ける機会が確保されていないといった課題も指摘されていた。

　これを踏まえ，平成19年度から平成21年度にかけ，「思春期のひきこもりをもたらす精神科疾患の実態把握と精神医学的治療・援助システムの構築に関する研究（厚生労働科学研究）」が実施され，平成22年5月には，その研究成果として「ひきこもりの評価・支援に関するガイドライン」がとりまとめられた。

　このガイドラインでは，「ひきこもり」について，「様々な要因の結果として社会的参加（義務教育を含む就学，非常勤職を含む就労，家庭外での交遊など）を回避し，原則的には6月以上にわたって概ね家庭にとどまり続けている状態（他者と交わらない形での外出をしていてもよい）を指す現象概念」と定義づけ，長期化を防止するための視点や，ひきこもりの評価，訪問支援（アウトリーチ型支援）等の支援の方向性等が示されている。

　また，平成21年度には「ひきこもり対策推進事業」が新設され，ひきこもりに特化した第1次相談窓口としての機能を有する「ひきこもり地域支援センター」の整備が進められてきた。令和5年4月現在，全国の都道府県・指定都市に80か所（自治体の独自事業によるものを除く。）が設置されている。

　各センターには，「ひきこもり支援コーディネーター」（社会福祉士・精神保健福祉士等）が配置され，①第一次的な相談窓口（電話・来所・訪問など多様な形式による相談対応（必要に応じて医療・教育・労働・福祉などの適切な関係機関へのつなぎ）），②関係機関のネットワークの強化（連絡協議等の設置），③情報提供（関係機関・事業紹介に関するリーフレットの作成・配布）等を行っている。

　また，平成25年度からは，「ひきこもり地域支援センター」の設置・運営にあわせて，「ひきこもりサポーター」の養成研修事業および派遣事業が実施されていたが，平成30年度からは，さらに拡充され，ひきこもりサポーターだけでなく，「ひきこもり支援に携わる人材」の養成研修及びひきこもりサポート事業（利用可能なひきこもりの相談窓口や支援機関の情報発信，ひきこもり支援拠点（居場所，相談窓口）づくり等）が行われている。

3 ── ホームレス支援

1　法と基本指針

　ホームレスの自立の支援等に関する総合的な施策の推進は，平成14年8月に成立

したホームレスの自立の支援等に関する特別措置法（平成14年法律第105号。以下「法」という。）に基づき実施されてきた。

　法においては，ホームレスの自立の支援等に関する施策の目標を掲げるとともに，国および地方公共団体の責務として，当該目標に関する総合的または地方の実情に応じた施策の策定および実施を位置づけている。

　また，ホームレスの実態に関する全国調査（生活実態調査）を踏まえ，「ホームレスの自立の支援等に関する基本方針」が策定され，地方公共団体においては，この基本方針等に即して，必要に応じ，ホームレスに関する問題の実情に応じた施策を実施するための計画を策定し，ホームレスの自立の支援等を行ってきた。この間，平成20年，平成25年，平成28年には，ホームレスの実態に関する全国調査（生活実態調査）の結果を踏まえ，それぞれ見直しを行っている。令和4年に実施された調査においては，コロナ禍での失業など，様々な要因で路上（野宿）生活を行うことになったホームレスの傾向や環境の変化が明らかとなり，令和5年7月に新たな基本方針が策定された。

2　全国調査

　ホームレスの実態に関する全国調査（生活実態調査）は，法制定直後の平成15年に第1回目が行われたのに続き，平成19年に第2回目，平成24年に第3回目，平成28年に第4回目，令和3年に第5回目が実施され，性別・年齢の状況，路上での生活，路上生活までのいきさつ，健康状態等，政策評価の実施に必要なデータを得てきた。

　統一した調査方法により全国すべての市区町村において行われたことから，わが国初めてのホームレスの数に関する全国調査（概数調査）となった平成15年調査で報告されたホームレスの数は2万5296人であったが，年々減少し，平成24年調査では9576人となり1万人を切った。令和5年1月の調査では3065人となった。

　こうした大幅な減少については，ホームレスに対する総合的な支援施策の成果とみることもできるが，実際には，簡易宿泊所や終夜営業の店舗等で寝泊まりする等，ホームレスの態様にも変化がみられ，路上と屋根のある場所を行き来するために全国調査上はカウントされない対象者も多数存在するものと推測される。

3　生活困窮者自立支援法施行後のホームレス対策

　生活困窮者自立支援法は，生活困窮者を対象に包括的な支援を実施するものであり，ホームレスも対象となる。このため，従来のホームレス対策のうち福祉の観点から実施されていたものについては，法の趣旨・理念を踏まえつつ，基本的に生活困窮者自立支援法に基づき実施されることになる。

地域福祉の推進

1 ──── 地域共生社会の実現に向けて

　少子高齢・人口減少という大きな課題に直面する近年のわが国において，まち・ひと・しごと創生や，我が事・丸ごとの地域づくりなど，社会福祉の領域を超え，地域全体での課題に取り組む「地域共生社会の実現」がキーワードになっている。

　こうした観点から，平成28年に成立した地域包括ケア強化法では，社会福祉法等の規定を改め，地域住民等が地域住民の抱えるさまざまな地域生活課題を把握し，関係機関との連携等によりその解決を図る旨を地域福祉の推進の理念として規定するとともに，市町村による地域住民と行政等との協働による包括的支援体制づくりの推進を図る見直しが行われた。

　また，令和2年6月には「地域共生社会の実現のための社会福祉法等の一部を改正する法律」が成立し，地域住民の複雑化・複合化した支援ニーズに対応する包括的な福祉サービス提供体制の整備や，市町村の包括的な支援体制の構築の支援，地域の特性に応じた認知症施策や介護サービス提供体制の整備等の推進といった施策が，順次展開されていくこととなった。

2 ──── 重層的支援体制整備事業

　「地域共生社会の実現のための社会福祉法等の一部を改正する法律」の成立に伴い，社会福祉法において「重層的支援体制整備事業」が創設された。同事業は，これまで介護，障害，子育てなど分野ごとに分かれていた支援を一体的に実施することを目的としている。

　地域住民が抱える課題は複雑化・複合化しており，従来の属性ごとに分けられた支援体制では，複合課題や狭間のニーズへの対応が困難である。また，属性を超えた相談窓口の設置等の動きはあるものの，各制度の国庫補助金の目的外流用を避けるための経費按分に係る事務負担が大きいことなどが課題として挙げられる。

　事業を始める市町村には，相談支援，参加支援，地域づくりに向けた支援を一体的に執行できるよう重層的支援体制整備事業交付金が交付され，包括的な支援体制の構築が図れるよう整備が進められている（図4−1参照）。

図4-1●重層的支援体制整備事業の概要

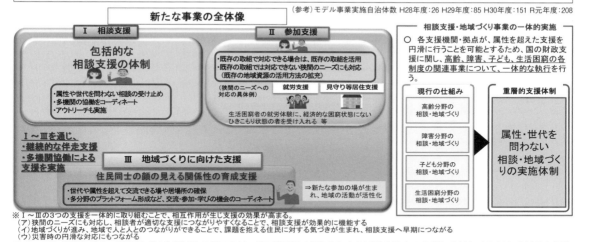

※Ⅰ～Ⅲの3つの支援を一体的に取り組むことで，相互作用が生じ支援の効果が高まる。
　(ア) 狭間のニーズにも対応し，相談者が適切な支援につながりやすくなることで，相談支援が効果的に機能する
　(イ) 地域づくりが進み，地域で人と人とのつながりができることで，課題を抱える住民に対する気づきが生まれ，相談支援へ早期につながる
　(ウ) 災害時の円滑な対応にもつながる

出典　厚生労働省社会・援護局「社会福祉法の改正趣旨・改正概要」（令和2年度地域共生社会の実現に向けた市町村における包括的な支援体制の整備に関する全国担当者会議（令和2年7月17日）資料1），25頁を一部改変

第2節　民生委員・児童委員

　民生委員・児童委員は，市町村の区域にあって社会奉仕の精神をもって常に住民の立場に立って生活に関する相談に応じるとともに，助言その他の援助を行い，地域住民の福祉の増進に努める篤志奉仕者である。

　この制度は，大正6年の岡山県における済世顧問制度および大正7年の大阪府における方面委員制度に始まり，その後，昭和11年に公布された方面委員令によって全国的な制度として発足したものである。昭和23年には民生委員法が制定され，昭和25年に旧生活保護法から現行の生活保護法への見直しにより民生委員は生活保護法における補助機関から協力機関へと位置づけられ，現在に至っている。

　民生委員は厚生労働大臣が委嘱し，児童福祉法の定めるところにより児童委員を兼ねることとされ，児童福祉の推進にも重要な役割を果たしている。また，出生率の低下等に伴って「健やかに子どもを生み育てる環境づくり」が社会全体の課題となり，一部の児童委員は児童福祉に関する事項を専門的に担当する「主任児童委員」の指名を受けている。

　令和5年4月よりこども家庭庁の創設を受けて，児童委員・主任児童委員制度の所管はこども家庭庁へ移管されるが，民生委員・児童委員の業務や役割に変更は生じな

い。主任児童委員の指名についても,引き続き厚生労働大臣が行うこととなっており,各省庁の連携の推進を図っていくこととされている。

1 ──── 定数の配置状況

民生委員の配置基準については,平成8年12月の地方分権推進委員会第1次勧告において,「民生委員の定数決定事務は,都道府県の自治事務とする。また,国の定数基準については,全国的に一定水準を確保するとともに,都道府県が地域の実情等に配慮して定数決定を行えるよう弾力的なものとする」とされたことから,東京都区部および指定都市にあっては220~440世帯ごとに,中核市および人口10万人以上の市にあっては170~360世帯ごとに,人口10万人未満の市にあっては120~280世帯ごとに,町村にあっては70~200世帯ごとに,それぞれ1人を配置することとし,平成10年12月1日の一斉改選から適用されている。

令和3年度の民生委員の定数は,23万9514人(地区担当:21万7539人,主任児童委員:2万1975人)で,年度末現在,23万690人(地区担当:20万9268人,主任児童委員:2万1422人)が民生委員として委嘱され,活動している(表4-1参照)。

民生委員の任期は民生委員法により3年とされている。これは,職務の性質から援助を要するものと互いに心から知り合うことが必要であり,任期が比較的長いことが望まれる一方,民生委員自身が清新の気風を失い,その活動が一定の型に固定することがないよう勘案して定められたものである。

2 ──── 活動状況

民生委員は,住民の生活状態を必要に応じ適切に把握しておくこと,低所得者・高齢者・母子世帯などの援助を必要とする者がその有する能力に応じ自立した日常生活を営むことができるように生活に関する相談に応じ,助言その他の援助を行うこと,福祉サービスを適切に利用するための必要な情報提供その他の援助を行うこと,社会福祉を目的とする事業を経営する者または社会福祉に関する活動を行う者と密接に連携し,その事業または活動を支援すること,また,福祉事務所など関係行政機関の生活保護,身体障害者福祉,高齢者福祉,知的障害者福祉,児童福祉,母子・父子および寡婦福祉,婦人保護などの事務に対して協力することのほか,災害時要援護者支援活動などの自主的活動を積極的に展開するなど,地域福祉の増進のためにきわめて広範な活動を行っている(表4-2参照)。

これらの諸活動を推進するためには,民生委員・児童委員が新しい制度に対する知識の吸収に努めるとともに新鮮な社会的感覚を身につけることが必要であり,都道府県,市町村段階でそれぞれの地域の実情に応じた研修会,研究会などが活発に行われている。

表4-1 ●民生委員・児童委員の定数の状況

(単位：人)（各年度末）

昭和61年	平成元年	10年	13年	16年	19年	22年	25年	28年	令和元年	2年	3年
179,061	184,321	216,824	226,695	229,948	232,092	230,339	236,272	238,349	239,467	239,497	239,514

注 平成22年度については，東日本大震災の影響により，福島県（郡山市及びいわき市以外）を除いて集計した数値。
資料 厚生労働省「福祉行政報告例」

表4-2 ●民生委員・児童委員の活動状況

1．内容別相談・支援件数

(令和3年度)

内容	在宅福祉	介護保険	健康・保健医療	子育て・母子保健	子どもの地域生活	子どもの教育・学校生活	生活費	年金・保険
件数	311,090	128,010	382,287	109,012	415,714	251,998	98,973	22,265

内容	仕事	家族関係	住居	生活環境	日常的な支援	その他	総数
件数	32,836	136,143	76,430	246,235	1,397,994	1,387,112	4,996,099

2．分野別相談・支援件数

分野	高齢者に関すること	障害者に関すること	子どもに関すること	その他	総数
件数	2,944,939	214,502	949,906	886,752	4,996,099

3．その他の活動件数

内容	調査・実態把握	行事・事業・会議への参加協力	地域福祉活動・自主活動	民児協運営・研修	証明（調査・確認等）事務	要保護児童の発見の通告・仲介	総数
件数	3,328,556	2,889,066	7,206,115	4,982,737	365,298	37,813	18,809,585

資料 厚生労働省「福祉行政報告例」

第3節 社会福祉協議会

　社会福祉協議会は，社会福祉法に基づき設置されており，一定の地域において，社会福祉を目的とする事業を経営する者，社会福祉に関する活動を行う者，社会福祉事業または更生保護事業を経営する者等の参加を得て，地域福祉の推進を図ることを目的とした民間の組織であり，地域福祉の推進において中心的な役割を果たすことが期待されている。

　社会福祉協議会は，中央に全国社会福祉協議会が，都道府県・指定都市に都道府県・指定都市社会福祉協議会が，また，市区町村には市区町村社会福祉協議会が結成されており（表4-3参照），その結成率は100％となっている。

　現在，社会福祉協議会を通じて地域における社会福祉に関する活動が活発に進められているが，その具体的内容は，それぞれの地域の実情に応じたものとなっており多岐にわたっている。

　そのなかで，多くの社会福祉協議会が取り組んでいる事業や活動としては，①ボランティア活動に関する支援，ボランティアの普及活動，②ふれあいサロンやいきいき

	設置数
全国社会福祉協議会	1
都道府県・指定都市社会福祉協議会	67
市区町村社会福祉協議会	1817

表4-3●社会福祉協議会の設置数

注　令和5年4月1日現在
出典　厚生労働省編『厚生労働白書（令和5年版）』
　　　（資料編），197頁，2023.

サロン等，住民のつながりの場の提供，③近隣住民の訪問活動などによる小地域での見守りネットワークづくり，④民間福祉サービスの推進に向けた地域福祉活動計画の策定，⑤ホームヘルプサービスやデイサービスの運営等，介護保険サービスによる生活の支援，⑥食事サービスや入浴サービスの実施等，高齢者への生活支援サービス，⑦ホームヘルプ等，障害者への生活支援サービス，⑧ひとり親家庭組織への支援，子供会・クラブの組織化等，児童への生活支援サービス，⑨生活福祉資金の貸付や各種相談活動の実施，⑩生活困窮者への相談支援などがある。

1 ─── 市区町村社会福祉協議会

　市区町村社会福祉協議会は社会福祉協議会の基礎的組織であり，この活動の裏づけとなる組織体制も年々整備されてきている。

　その1つの現れとして，社会福祉協議会の法人化が挙げられる。社会福祉法人としての法人格を取得した市区町村社会福祉協議会の数は，昭和37年当時は66に過ぎなかったが，現在ではほぼ100％に近い法人化率となっている。

　市区町村社会福祉協議会が行う事業としては，社会福祉を目的とする事業の企画および実施，社会福祉に関する活動への住民の参加のための援助，社会福祉を目的とする事業に関する調査，普及，宣伝，連絡，調整および助成などがある。

2 ─── 都道府県および全国社会福祉協議会

　都道府県の社会福祉協議会は都道府県の市区町村社会福祉協議会や社会福祉施設・団体などを加えて組織されたものである。都道府県社会福祉協議会が行う事業は，社会福祉を目的とする事業に従事する者の養成および研修，社会福祉を目的とする事業の経営に関する指導および助言，市区町村社会福祉協議会の相互の連絡および事業の調整など，多岐にわたっている。

　全国社会福祉協議会は，都道府県社会福祉協議会の連絡組織として，また全国を単位とする社会福祉施設・団体などを加えて組織されたものであり，その活動は全国の民間社会福祉活動の推進方策について，総合的な調査，研究および企画立案，広報などを行っている。

認知症高齢者等の権利擁護

　1990年代後半以降，1998（平成10）年度の保育所の利用制度化，2000（平成12）年度の介護保険制度の創設，2003（平成15）年度の障害福祉施策における支援費制度の導入など，ノーマライゼーションや自己決定の理念の実現等を目指した改革の進展に伴い，従来の措置制度から契約による利用制度へと，順次転換が図られてきた。

　しかし，認知症高齢者，知的障害者，精神障害者などの人々が，さまざまな障害を克服して自己実現を行うためには，サービスの利用制度化だけでは十分とはいえず，判断能力の不十分な人が日常生活を維持するための特段の仕組みをあわせて講じる必要があった。

　このため，2000（平成12）年4月の介護保険法の施行にあわせ，民法の一部改正を行い，判断能力の低下した人の日常生活を支援する仕組みとして，成年後見制度が設けられることとなった。

　なお，この制度を利用するためには，本人，配偶者，4親等内の親族等による後見開始の申立てが要件となるが，民法改正の際に，老人福祉法，知的障害者福祉法，精神保健福祉法の一部改正を行い，当事者間の申立てが期待できない場合に備え，市町村長が職権で後見開始の申立てを行う特段の規定が各福祉法上に規定されることとなった。

　また，社会福祉分野において，成年後見制度を補完する制度として，介護保険制度の実施を視野に入れつつ，「地域福祉権利擁護事業」（現・「日常生活自立支援事業」）が，1999（平成11）年度に創設された。

　その後も，介護保険制度に地域支援事業を創設する際に，権利擁護事業の必須化が図られ（平成18年度），また，障害福祉施策上の地域生活支援事業に「成年後見制度普及啓発事業」がメニュー事業として追加（平成24年度）されるなど，さまざまな関連事業が展開されてきたが，普及が十分に進まない状況が続いた。

　このため，2016（平成28）年5月に，成年後見制度のさらなる利用促進を図るため「成年後見制度の利用の促進に関する法律（平成28年法律第29号）」を施行し，同法に基づく計画的かつ総合的な施策の推進が図られることとなった。

1───── 成年後見制度

1　制度の概要

　成年後見制度とは，認知症高齢者，知的障害者，精神障害者などが，判断能力が十分でないために法律行為における意思決定の際に困難を伴う場合，成年後見人，保佐人，補助人といった保護者を選定し，一定の行為の取消権，同意見，代理権等を付与することで，判断能力を補う制度をいう。介護保険制度をはじめ，契約によるサービ

ス利用を前提とする近年の福祉制度において，利用者の権利擁護を図る仕組みとして重要な役割を担ってきた。

上記の制度は，平成12年に従来の禁治産制度を見直し，民法上に創設された仕組みであるが，任意後見契約に関する法律（平成11年法律第150号）に基づく将来の判断能力の低下に備えた仕組み（任意後見）と対比する形で，「法定後見」とも呼ばれる（広義の「成年後見制度」は，「法定後見」と「任意後見」の2つからなる）。

2 成年後見制度の利用状況

成年後見制度の各事件類型における利用者数はいずれも増加傾向にあり，平成28年（12月末時点）には，20万人を突破した。また，類型別にみると，成年後見が大半を占め，令和4年12月末日時点の利用者数では，成年後見の割合が約72.8%，保佐の割合が約20.0%，補助の割合が約6.1%，任意後見の割合が約1.1%となっている（図4-2参照）。

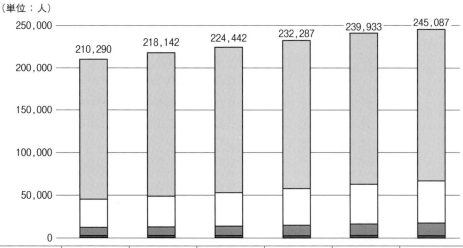

図4-2 ●成年後見制度の利用者数の推移（平成29年〜令和4年）

○成年後見制度の各事件類型における利用者数はいずれも増加傾向にある。
○令和4年12月末日時点の利用者数については，成年後見の割合が約72.8%，保佐の割合が約20.0%，補助の割合が約6.1%，任意後見の割合が約1.1%となっている。

（単位：人）

	平成29年 12月末日	平成30年 12月末日	令和元年 12月末日	令和2年 12月末日	令和3年 12月末日	令和4年 12月末日
成年後見	165,211	169,583	171,858	174,680	177,244	178,316
保　佐	32,970	35,884	38,949	42,569	46,200	49,134
補　助	9,593	10,064	10,983	12,383	13,826	14,898
任意後見	2,516	2,611	2,652	2,655	2,663	2,739
計	210,290	218,142	224,442	232,287	239,933	245,087

出典　厚生労働省「成年後見制度の現状」（令和5年5月），3頁

2 ─── 成年後見制度の利用促進

1 成年後見制度利用促進法

　成年後見制度は，認知症，知的障害その他の精神上の障害があることにより財産の管理または日常生活等に支障がある人を支える重要な制度であるが，その一方で普及が十分になされていない状況にあった。

　このため，国では，平成28年4月に「成年後見制度の利用の促進に関する法律（平成28年法律第29号）」を公布し，成年後見制度の利用を促進するための基本理念や国の責務等を明らかにするとともに，基本方針や基本計画を定めることで，本制度の総合的かつ計画的な推進を図ることとした。

　また，同法では，成年被後見人等の権利の制限に係る関係法律の在り方について検討を加え，必要に応じて見直しを行うこととしており，平成30年の通常国会には，「成年被後見人等の権利の制限に係る措置の適正化等を図るための関係法律の整備に関する法律案」が提出され，継続審議を経て，令和元年6月に可決・成立した。

　この改正法は，成年被後見人等を資格・職種・業務等から一律に排除する規定等（欠格条項）を設けている各制度について，心身の故障等の状況を個別的，実質的に審査し，各制度に必要な能力の有無を判断する規定（個別審査規定）への適正化等を図るもので，関係法律数は約180にも及ぶ。

2 厚生労働省の取組み

　厚生労働省においては，高齢者福祉，障害者福祉の両施策領域において，成年後見制度の普及促進を図る各般の予算事業を展開してきた。

　大別すると，「成年後見制度利用支援事業」などのように普及啓発等に係るものと，「市民後見推進事業」「権利擁護人材育成事業」「成年後見制度法人後見支援事業」などのように担い手の育成・活用に関するものに分かれるが，このうち，市民後見推進事業については，近年の家庭環境の変化などにより，親族が後見人となることが難しくなっている状況も踏まえ，親族以外の弁護士，司法書士，社会福祉士などの専門職に加えて，地域住民のなかから後見業務に携わる「市民後見人」の養成を図るとともに，活動支援のための仕組みを構築する事業として実施されている。

　さらに，成年後見制度利用促進基本計画において，権利擁護支援の地域連携ネットワークの必要性が示され，中核機関の設置など地域社会への参加を支援する体制整備が推進されている。地域連携ネットワークが担う機能には，権利擁護支援を行う3つの場面に対応した形で，福祉・行政・法律専門職など多様な主体の連携による「支援」機能と，家庭裁判所による「制度の運用・監督」機能がある。また，中核機関とは，地域連携ネットワークのコーディネートを担う機関であり，主に①広報・啓発，②相談・アセスメント，③成年後見制度の利用促進，④後見人の支援を行っている。

　令和4年3月に策定された第二期基本計画においては，地域共生社会の実現に向け

て，権利擁護支援をより一層強化することが示された。

3　日常生活自立支援事業

日常生活自立支援事業は，判断能力が不十分な者に対し，社会福祉協議会が実施する福祉サービスの利用援助に係る事業である。介護保険制度の創設を翌年に控えた平成11年度に「地域福祉権利擁護事業」として創設され，平成19年度に「日常生活自立支援事業」に改称され，現在に至っている。

事業の対象者は，①認知症高齢者，知的障害者，精神障害者等であって，日常生活を営むうえで必要なサービスを利用するための情報の入手，理解，判断，意思表示を本人のみでは適切に行うことが困難な者，②本事業の契約の内容について判断し得る能力を有していると認められる者のいずれにも該当する者とされている。

援助の内容は，預金の払戻し，預金の解約，預金の預入れ手続等利用者の日常生活費の管理（日常的金銭管理）または定期的な訪問による生活変化の察知を基準とする，①福祉サービスの利用援助，②苦情解決制度の利用援助，③住宅改造，居住家屋の賃借，④日常生活上の消費契約および住民票の届出等の行政手続に関する援助等とされている。平成28年度における実施状況等は，延べ相談件数が190万4734件，新規利用契約件数が1万1849件にのぼる。

なお，実施主体は，都道府県社会福祉協議会および指定都市社会福祉協議会であるが，窓口業務は，利用者の利便性を考慮し，都道府県社会福祉協議会または指定都市社会福祉協議会から委託を受けた市区町村社会福祉協議会等（基幹的社協）が実施している。また，基幹的社協には，相談の受付から支援計画の策定，利用契約の締結などを担う専門員，支援計画に基づいて支援を行う生活支援員が配置されており，図4-3のようなプロセスで援助が展開される。

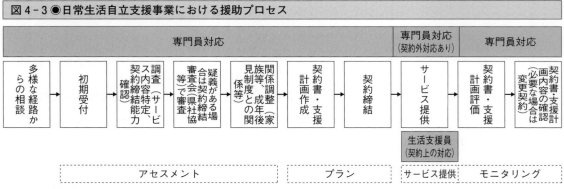

図4-3●日常生活自立支援事業における援助プロセス

＊介護保険法，障害者総合支援法のケアマネジメントと同様のプロセス
資料　厚生労働省

生活福祉資金貸付制度

　生活福祉資金貸付制度は，低所得世帯，障害者世帯，高齢者世帯に対して，資金の貸付けと必要な相談支援を行うことにより，その世帯の経済的自立や生活意欲の助長促進，在宅福祉や社会参加の促進を図り，安定した生活を送ることができるようにすることを目的としている。

　本制度の貸付資金の種類としては，総合支援資金，福祉資金，教育支援資金，不動産担保型生活資金の4種類がある（表4-4参照）。

　資金の借入れの申込みは，その世帯の居住地を担当地域とする民生委員または市町村社会福祉協議会を通じて行われ，都道府県社会福祉協議会において貸付けが決定されることとなる。

　本制度は，制度創設以来，低所得世帯等の自立支援に大きな役割を果たしてきており，低所得階層に対する中核的な施策として今後も重要な役割を果たすものと考えられる。

　平成21年10月より制度が見直され，総合支援資金（継続的な相談支援とあわせて，生活費および一時的な資金の貸付を行う）の創設や連帯保証人要件の緩和，貸付利子の引下げ等が行われた。

　さらに，平成27年4月から「生活困窮者自立支援法」が施行されたことに伴い，法に基づく相談支援と密接な連携を図りながら生活困窮者支援に対応することで，より効果的，効率的に制度が機能するよう見直しが行われている。

　具体的には，①総合支援資金と緊急小口資金の貸付けにあたっては，原則として自立相談支援事業の利用を要件とすることとされた。また，②法との連携による緊急小口資金の貸付事由の拡大が行われた。さらに，③総合支援資金と緊急小口資金の貸付期間・償還期限の見直しが行われている。

　平成28年2月には，延滞利子を年5％に引き下げ，教育支援費貸付上限額を1.5倍まで引き上げる見直しが行われている。

　また，令和2年3月以降，新型コロナウイルス感染症の影響を踏まえ，貸付の対象世帯を低所得者以外に拡大し，休業や失業等により生活資金に困窮している世帯に向けた一時的な資金の緊急貸付が緊急小口資金，総合支援資金として令和4年9月まで実施された。この特例措置では新たに，償還時において，なお所得の減少が続く住民税非課税世帯の償還を免除することができる。

表 4-4 ●生活福祉資金貸付条件等一覧（令和 5 年 4 月現在）

資金の種類			貸付条件				
			貸付限度額	据置期間	償還期限	貸付利子	保証人
総合支援資金	生活支援費	・生活再建までの間に必要な生活費用	（2 人以上）月20万円以内 （単身）月15万円以内 ・貸付期間：原則 3 月（最長12月）	最終貸付日から 6 月以内	据置期間経過後10年以内	保証人あり 無利子 保証人なし 年1.5%	原則必要 ただし，保証人なしでも貸付可
	住宅入居費	・敷金，礼金等住宅の賃貸契約を結ぶために必要な費用	40万円以内	貸付けの日（生活支援費とあわせて貸し付けている場合は，生活支援費の最終貸付日）から 6 月以内			
	一時生活再建費	・生活を再建するために一時的に必要かつ日常生活費で賄うことが困難である費用 就職・転職を前提とした技能習得に要する経費 滞納している公共料金等の立て替え費用 債務整理をするために必要な経費　等	60万円以内				
福祉資金	福祉費	・生業を営むために必要な経費 ・技能習得に必要な経費およびその期間中の生計を維持するために必要な経費 ・住宅の増改築，補修等および公営住宅の譲り受けに必要な経費 ・福祉用具等の購入に必要な経費 ・障害者用自動車の購入に必要な経費 ・中国残留邦人等にかかる国民年金保険料の追納に必要な経費 ・負傷または疾病の療養に必要な経費およびその療養期間中の生計を維持するために必要な経費 ・介護サービス，障害者サービス等を受けるのに必要な経費およびその期間中の生計を維持するために必要な経費 ・災害を受けたことにより臨時に必要となる経費 ・冠婚葬祭に必要な経費 ・住居の移転等，給排水設備等の設置に必要な経費 ・就職，技能習得等の支度に必要な経費 ・その他日常生活上一時的に必要な経費	580万円以内 ※資金目的に応じて上限目安額を設定（表 4-5 参照）	貸付けの日（分割による交付の場合には最終貸付日）から 6 月以内	据置期間経過後20年以内	保証人あり 無利子 保証人なし 年1.5%	原則必要 ただし，保証人なしでも貸付可
	緊急小口資金	・緊急かつ一時的に生計の維持が困難となった場合に貸し付ける少額の費用	10万円以内	貸付けの日から 2 月以内	据置期間経過後12月以内	無利子	不要
教育支援資金	教育支援費	・低所得世帯に属する者が高等学校，大学または高等専門学校に修学するために必要な経費	〈高校〉　　月3.5万円以内 〈高専〉　　月 6 万円以内 〈短大〉　　月 6 万円以内 〈大学〉　　月6.5万円以内 ※特に必要と認める場合は，上記各上限額の1.5倍まで貸付可能	卒業後 6 月以内	据置期間経過後20年以内	無利子	不要 ※世帯内で連帯借受人が必要
	就学支度費	・低所得世帯に属する者が高等学校，大学または高等専門学校への入学に際し必要な経費	50万円以内				
不動産担保型生活資金	不動産担保型生活資金	・低所得の高齢者世帯に対し，一定の居住用不動産を担保として生活費を貸し付ける資金	・土地の評価額の70%程度 ・月30万円以内 ・貸付期間 借受人の死亡時までの期間または貸付元利金が貸付限度額に達するまでの期間	契約終了後 3 月以内	据置期間終了時	年 3 %，又は長期プライムレートのいずれか低い利率	要 ※推定相続人の中から選任
	要保護世帯向け不動産担保型生活資金	・要保護の高齢者世帯に対し，一定の居住用不動産を担保として生活費を貸し付ける資金	・土地及び建物の評価額の70%程度（集合住宅の場合は50%） ・生活扶助額の1.5倍以内 ・貸付期間 借受人の死亡時までの期間または貸付元利金が貸付限度額に達するまでの期間				不要

表 4-5 ● 福祉費対象経費の上限目安額等

資金の目的	貸付上限額の目安	据置期間	償還期間
生業を営むために必要な経費	460万円	6月	20年
技能習得に必要な経費およびその期間中の生計を維持するために必要な経費	技能を修得する期間が 6月程度　130万円 1年程度　220万円 2年程度　400万円 3年以内　580万円	同上	8年
住宅の増改築，補修等および公営住宅の譲り受けに必要な経費	250万円	同上	7年
福祉用具等の購入に必要な経費	170万円	同上	8年
障害者用自動車の購入に必要な経費	250万円	同上	8年
中国残留邦人等にかかる国民年金保険料の追納に必要な経費	513.6万円	同上	10年
負傷または疾病の療養に必要な経費およびその療養期間中の生計を維持するために必要な経費	療養期間が 1年を超えないときは170万円 1年を超え1年6月以内であって，世帯の自立に必要なときは230万円	同上	5年
介護サービス，障害者サービス等を受けるのに必要な経費およびその期間中の生計を維持するために必要な経費	介護サービスを受ける期間が 1年を超えないときは170万円 1年を超え1年6月以内であって，世帯の自立に必要なときは230万円	同上	5年
災害を受けたことにより臨時に必要となる経費	150万円	同上	7年
冠婚葬祭に必要な経費	50万円	同上	3年
住居の移転等，給排水設備等の設置に必要な経費	50万円	同上	3年
就職，技能習得等の支度に必要な経費	50万円	同上	3年
その他日常生活上一時的に必要な経費	50万円	同上	3年

※表中の貸付条件は目安であり，個別の状況により福祉費の範囲内（上限額580万円以内，据置期間6月以内，償還期間20年以内）で貸付可能。

第6節　共同募金

　わが国における共同募金の歴史は，大正10年に長崎県社会事業協会が主体となって10月20日から2週間，長崎市において行われた共同募金運動に始まっている。

　この運動は，その当時としては大規模な募金運動の最初のものであったが，1回限りで終わっている。その後も全国各地で研究が進められたが，具体的に定着するに至らなかった。今日の形での共同募金は，昭和22年に社会事業共同募金中央委員会が発足し，全国的規模での募金運動を展開したことに始まる。以来，60年以上続いており，「赤い羽根」をシンボルとして国民に親しまれてきている。この運動は「国民たすけあい」の精神を基調とした社会連帯，相互扶助精神に基づいた地域住民の自主的活動として展開され，国民一人ひとりの善意がこの運動を支え発展させてきたところにきわめて大きな意義があるといえよう。

　現在では社会福祉法第113条に規定される第1種社会福祉事業として，国民各層の社会福祉に対する理解と関心を培うとともに民間社会福祉事業の発展に寄与し，いわゆる社会福祉事業の推進に大きな役割を果たしている。

1 ——— 募金運動

　共同募金運動の実施機関は，都道府県単位に組織されている社会福祉法人共同募金会が主体となっている。共同募金会は，それぞれ独立した社会福祉法人であり，その地域の民意を公正に代表できるように各界各層から選ばれた役員，評議員によって運営されている。また，これらの各共同募金会の全国的な連絡調整を行う機関として社会福祉法人中央共同募金会が組織されている。これら都道府県の組織は毎年の募金目標額の設定，配分計画の策定および集められた募金のとりまとめと配分の調整をその主な役割としており，具体的な募金活動は，都道府県共同募金会の下部組織としての市区郡町村の支会，旧町村における分会において組織された学生，婦人会，民生委員，町内会，自治会など約200万人の募金奉仕者によって展開されている。

　共同募金の実施期間は，毎年，厚生労働大臣の定める期間内に限られ，昭和34年度以降は10月から3月までの6か月間に展開され，そのうち12月は歳末たすけあい募金が共同募金の一環として行われている。なお，実施期間や方法は各都道府県により異なっている。

2 ——— 目標額の設定および募金実績

　社会福祉法第119条において，「共同募金会は，共同募金を行うには，あらかじめ，都道府県社会福祉協議会の意見を聴き，及び配分委員会の承認を得て，共同募金の目

表4-6 ●年次別共同募金実績額（一般募金・歳末たすけあい募金）

（単位：千円）

年度	募金実績額	内　　　　　訳	
		一　般　募　金	歳　　　　末 たすけあい
昭和30	1,143,906	1,109,820	34,086
35	1,925,307	1,534,696	390,611
40	3,163,455	2,323,850	839,605
45	4,579,216	3,017,337	1,561,879
50	9,448,141	5,626,628	3,821,513
55	17,771,303	11,056,719	6,714,584
60	21,745,675	14,112,191	7,633,484
平成2	24,772,738	16,468,560	8,304,178
7	26,579,351	17,949,148	8,630,203
12	24,803,164	16,842,587	7,960,577
17	22,100,114	15,381,996	6,718,118
22	19,710,913	14,131,483	5,579,430
24	19,098,691	13,813,233	5,285,458
25	18,990,112	13,783,899	5,206,213
26	18,723,326	13,635,638	5,087,688
27	18,462,737	13,490,460	4,972,279
28	18,144,261	13,330,692	4,813,569
29	17,910,158	13,167,626	4,742,532
30	17,617,841	12,945,206	4,672,634
令和元	17,365,693	12,784,344	4,581,348
2	16,883,709	12,540,966	4,342,742
3	16,955,940	12,670,272	4,285,668

資料　中央共同募金会

標額，受配者の範囲及び配分の方法を定め，これを公告しなければならない」と規定し，計画募金の原則を明確にしている。実際には都道府県の共同募金会が個々の社会福祉施設や団体ごとに必要額を算出し，寄附金の最も効果的な活用を図るため都道府県社会福祉協議会の意見を聴き，および配分委員会の承認を得て配分計画を立て，この計画に基づいて目標額を定めている。募金実績は表4-6のとおりである。

3 ─── 募金方法

戸別募金，街頭募金，法人募金，学校・職域募金，歳末たすけあい募金，イベント募金などがあり，それぞれの特質を活かした募金活動が行われている。

1 戸別募金

共同募金は，地域社会を基盤とする運動であり，特に地域社会の最も重要な構成要素である世帯からの募金を戸別募金とよんでいる。この募金は，募金総額の約70％を占めている（表4-7参照）。募金方法については，町内会，自治会等を通じて行われている例が多くみられる。このうち，個人の大口寄附者（2000円以上）に対して所得税法上の特定寄附金として所得税の課税対象所得から寄附金控除が認められることになっている。

表4-7 ●募金方法別構成比（一般募金）

（単位：%）

方法別 / 年度	戸　別	街　頭	法　人	職　域	学　校	イベント	個人	その他
昭和30	79.7	6.8	3.8	2.7	—	—	—	6.9
35	75.6	5.4	10.0	3.1	—	—	—	5.9
40	71.1	6.4	15.0	3.5	—	—	—	4.0
45	70.1	4.5	17.6	3.0	—	—	—	4.8
50	70.1	4.2	17.1	3.8	—	—	—	4.8
55	70.6	4.0	16.2	6.4	—	—	—	2.8
60	69.5	2.9	17.2	6.6	—	—	—	3.8
平成2	66.5	2.5	18.2	4.2	2.6	0.3	—	5.6
7	66.7	2.8	18.0	4.6	2.6	0.3	—	5.1
12	71.4	2.6	15.2	4.4	2.0	0.4	—	4.1
17	73.7	2.4	13.2	4.2	2.0	0.5	—	4.2
22	74.2	2.3	12.0	4.2	1.9	0.6	1.2	3.7
24	73.5	2.3	11.7	4.8	2.1	0.7	1.4	3.4
25	72.7	2.3	11.7	4.9	2.0	0.8	1.7	4.1
26	72.4	2.3	12.2	4.9	1.9	0.8	2.0	3.5
27	71.9	2.3	12.2	4.9	2.0	0.9	1.8	4.1
28	71.5	2.2	12.5	4.9	2.0	0.8	1.8	4.2
29	71.0	2.2	12.3	5.0	2.0	0.9	2.1	4.5
30	71.1	2.1	12.5	5.0	2.0	0.9	1.9	4.5
令和元	70.7	2.1	12.7	4.9	1.9	0.9	2.3	4.5
2	69.7	0.9	13.0	5.1	2.0	0.2	2.0	6.9

注1　昭和61年度までは，「学校募金」と「職域募金」を合算している。
　　2　「イベント募金」は，昭和62年度から「興行募金」として統計を取り始めたものである。昭和61年度
　　　までは，「その他の募金」に含まれている。
　　3　「個人募金」は，平成20年度から項目を新設して統計を取り始めたものである。平成19年度までは，
　　　「その他の募金」に含まれている。
　　4　「その他」の主な内訳は，バッジ募金（昭和55年度まで。以降は職域募金に算入。），事務局直納募金
　　　（平成6年度まで。以降は，各方法別に振り分けている。）
　　資料　中央共同募金会

2　街頭募金

　10月の街をいろどり，国民がこぞって参加するという雰囲気を生み出す街頭募金は，奉仕者の受持区域や期日についてあらかじめ計画を立て，明るい整然とした奉仕者の態度によって，進んで寄附金が寄せられるものである。

3　法人募金

　会社などの法人が募金するものを法人募金と呼んでおり，法人税法上の指定寄附金として全額損金算入が認められている。

　昭和45年度の税制改正の一環として，共同募金の期間外になされた共同募金会に対する法人寄附金についても指定寄附金として取り扱われることになった。

4　学校・職域募金

　学校募金は生徒児童が持ち寄るもので，主として生徒会などの組織を通じて自主的に行われている。寄附額の多寡は問題でなく，実践的な教育効果を主眼とした教育活動の一環としてとらえることが望ましい。

　また，職域募金は，官公庁，会社，銀行，あるいはそれぞれの労働組合の協力によっ

て行われるものである。具体的には，赤い羽根や募金箱を職場に配布するという方法がとられている。

5　歳末たすけあい募金

　この募金は昭和34年以来，共同募金運動の一環として12月に限って行われている。この運動は，民生委員や地域の住民，関係団体等の協力のもとに地域を単位に推進される地域歳末たすけあいと，NHKが全国のテレビ・ラジオを通じて呼びかけを行うNHK歳末たすけあいとの2つの方法により展開されてきている。

　地域歳末たすけあいは，市町村ごとに民生委員などが中心となって戸別募金を行う方法が主体で，市町村における地域福祉のために配分されている。NHK歳末たすけあいは，寄附者が郵便振替等で送金する方法が主体で，全県的な事業に対する配分が多い。

4 ——— 配分

　共同募金の募金総額は令和3年度では169億5594万円となっている。

　例えば地域福祉に対する配分では，主として市町村社会福祉協議会を通じて地域住民の福祉のために配分され，高齢者，母子家庭，身体障害児・者，知的障害者などの在宅援護あるいは児童の育成支援，青少年の健全育成などのために使用されている。近年ではこれらの活動を進めるNPOやボランティア団体のために配分されている。

　歳末たすけあいの寄附金の配分は，在宅の生活困窮者や社会福祉施設に入所している人々が少しでも明るいお正月を迎えられるよう社会福祉協議会によって，歳末時期に行われる地域福祉・在宅サービス事業をはじめ，年末に見舞金品などが贈られている。

5 ——— 募金額および配分結果報告

　このようにして集まった浄財や配分結果については，都道府県の共同募金会が新聞，広報紙などを通じて，また，中央共同募金会ではホームページ（https://www.akaihane.or.jp/）に掲載し，募金者や奉仕者に知らせている。

ボランティア活動の振興等

　近年，人口の高齢化，核家族化の進行，国際化，情報化に伴って国民の意識は大きく変化しつつあり，生活の重視や，地域社会への参加という新しいライフスタイルを求めるようになってきた。また，企業や労働組合，生協，農協等の組織・団体の福祉活動への参加の拡大，住民参加型在宅福祉サービスなど新しい形の活動の拡大など，住民の福祉活動への参加やボランティア活動への関心の高まりがみられる。

　国民の福祉ニーズが多様化，増大化するなかで活力ある福祉社会を築いていくためには，各種の公的施策の充実と相まって地域住民の自発的な福祉活動への参加が重要であり，それによって福祉に厚みと柔軟性が増すことが期待され，ボランティア活動の振興は大きな意義をもつものである。

　さらに平成7年1月の阪神・淡路大震災においては，多くのボランティアによる献身的な救援活動が展開され，改めてボランティア活動の重要性や意義が国民に認識された。

　近年，国民のボランティア活動に対するニーズと期待は高く，平成23年の調査によれば，約50.3％の人々がボランティア活動への参加意欲を示し（図4-4参照），また，令和4年12月の世論調査によれば，64.3％の人が，社会のために役立ちたいと思っている，といった調査結果が出ている（図4-5参照）。

　厚生労働省としては，これまでボランティア活動振興のため，昭和48年から奉仕銀行事業，昭和50年から社会奉仕活動センター事業，昭和60年から福祉ボランティアの町づくり（ボラントピア）事業等へ助成を行った。また昭和52年には，全国社会福祉協議会に設置されている全国ボランティア・市民活動振興センター（平成22年4月より全国ボランティア活動振興センターから名称変更）の運営費への助成を開始した。

　近年では，平成元年度から，ボランティア活動に対する社会的評価を確立する一助となるようボランティア功労者に対する厚生労働大臣表彰を行うほか，平成4年度からは，ボランティアの交流や情報交換等を行うことを目的として開催している全国ボランティアフェスティバル等への支援を行っている。

　また，平成5年4月には「国民の社会福祉に関する活動への参加の促進を図るための措置に関する基本的な指針」が策定され，平成5年7月には中央社会福祉審議会地域福祉専門分科会から「ボランティア活動の中長期的な振興方策について」の意見具申が提出された。

　これを受け，平成6年から，都道府県・指定都市ならびに市区町村ボランティアセンター活動事業等への助成を開始し，福祉教育の推進やボランティア活動を推進するリーダーやコーディネーターの養成・研修，ボランティア活動に関する相談・登録あっせん等の事業へ支援を行った。また，民間において設立された「広がれボランティアの輪」連絡会議が行う取組みの支援を開始した。その後，平成13年からは，地域福祉

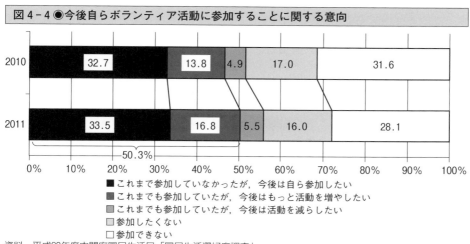

図4-4●今後自らボランティア活動に参加することに関する意向

2010　32.7　13.8　4.9　17.0　31.6
2011　33.5　16.8　5.5　16.0　28.1
　　　50.3%

0%　10%　20%　30%　40%　50%　60%　70%　80%　90%　100%

■これまで参加していなかったが，今後は自ら参加したい
■これまでも参加していたが，今後はもっと活動を増やしたい
■これまでも参加していたが，今後は活動を減らしたい
□参加したくない
□参加できない

資料　平成23年度内閣府国民生活局「国民生活選好度調査」

図4-5●社会への貢献意識

Q：あなたは，日頃，社会の一員として，何か社会のために役に立ちたいと思っていますか，それとも，あまりそのようなことは考えていませんか。

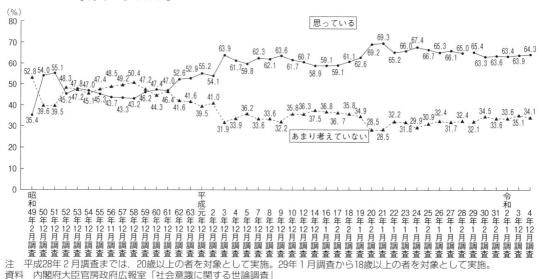

注　平成28年2月調査までは，20歳以上の者を対象として実施。29年1月調査から18歳以上の者を対象として実施。
資料　内閣府大臣官房政府広報室「社会意識に関する世論調査」

の総合的な推進を図るため地域福祉推進事業としてボランティア振興事業やボランティア養成事業等を通し，これらの事業の継続を支援してきたところである。

　平成20年度以降は，地域福祉等推進特別支援事業等において，こうしたボランティア活動振興のための取組みを支援している。

消費生活協同組合は，一定の地域または職域を活動区域として，消費者自らがその生活の安定と向上を図るために組織する協同組織体である。

組合が行う事業には，①食料品，衣料品等の生活必需品の購買事業，②食堂等の共同利用施設等の利用事業，③火災共済，生命共済，年金共済，自動車共済等の共済事業，④医療事業，⑤福祉事業，⑥教育・文化事業等がある。

令和3年度で，組合数（活動中）は連合会を含めて906，組合員数は6890万人である（表4-8参照）。組合員数についてはおよそ年々増加傾向にあり，これは消費生活協同組合の果たす役割が，広く国民に認識されてきた結果であると思われる。

令和3年度の事業実績の状況についてみると，供給（購買）・利用事業の事業高は，約3兆2895億円で，前年に比べ50億円増加している（表4-9参照）。

近年，組合員同士による暮らしの助け合い活動等の福祉活動も，全国各地の組合で盛んに取り組まれるようになってきており，その活動は福祉関係者等からも注目を集めるようになってきている。

医療，福祉事業を中心に行う消費生活協同組合も存在しており，令和3年度の事業収入は，医療事業で2965億円，福祉・介護事業で997億円となっている（表4-11，

表4-8●組合数および組合員数

	総　数		地　域		職　域		連合会
	組合数	組合員数	組合数	組合員数	組合数	組合員数	組合数
	組合	万人	組合	万人	組合	万人	組合
平成12年度	1,167	5,354	552	4,491	533	863	82
13	1,154	5,500	548	4,651	524	849	82
14	1,146	5,628	546	4,791	517	836	83
15	1,128	5,773	542	4,942	502	831	84
16	1,116	5,915	536	5,090	497	825	83
17	1,097	6,032	523	5,204	493	829	81
18	1,085	6,053	519	5,221	485	832	81
19	1,093	6,318	529	5,480	482	838	82
20	1,036	6,333	524	5,540	428	792	84
21	934	5,971	455	5,170	398	801	81
22	947	6,498	455	5,682	413	816	79
23	963	6,680	455	5,860	420	820	88
24	920	6,174	435	5,363	399	811	86
25	969	6,783	452	5,965	430	818	87
26	955	6,433	448	5,620	421	813	86
27	976	6,663	474	5,822	416	841	86
28	938	6,636	457	5,853	398	783	83
29	895	6,620	412	5,848	401	772	82
30	898	6,652	424	5,869	396	783	78
令和元	912	6,767	424	5,982	411	786	77
2	866	6,761	409	6,004	384	757	73
3	906	6,890	426	6,120	404	770	76

資料　厚生労働省「消費生活協同組合（連合会）実態調査」

4 -12 参照）。

　今後，確実に到来する高齢社会に備え，国民の自発的な相互扶助組織である消費生活協同組合は，これまで事業活動の中心となってきた消費生活や共済事業等の分野の

表 4 - 9 ●供給・利用事業状況

	供給事業			利用事業		
	総数	地域	職域	総数	地域	職域
年度	百万円	百万円	百万円	百万円	百万円	百万円
平成 7	3,054,154	2,593,452	460,702	388,024	274,126	113,898
12	2,941,190	2,570,555	370,635	433,981	307,345	126,636
17	2,925,677	2,613,507	312,170	486,543	348,434	138,109
22	2,836,905	2,518,383	318,523	70,390	7,413	62,977

	供給・利用事業					
	総数		地域		職域	
平成23	2,928,238	百万円	2,600,686	百万円	327,552	百万円
24	2,357,516		2,037,533		319,984	
25	2,929,247		2,599,614		329,634	
26	2,921,493		2,612,839		308,654	
27	2,980,531		2,706,085		274,446	
28	3,047,772		2,740,871		306,901	
29	3,033,511		2,739,209		294,302	
30	3,057,068		2,759,653		297,414	
令和元	3,067,595		2,762,958		304,637	
2	3,284,513		3,080,373		204,141	
3	3,289,486		3,059,076		230,409	

注 1　平成20年度より，医療事業及び福祉事業については，利用事業から除外している。
　 2　平成23年度より，供給事業と利用事業の事業高を合算し，供給・利用事業とした。
資料　厚生労働省「消費者生活協同組合（連合会）実態調査」

表 4 -10●共済事業状況

	総　数		地　域		職　域		連　合　会	
	契約高	給付額	契約高	給付額	契約高	給付額	契約高	給付額
	億円	億円	億円	億円	億円	億円	億円	億円
平成12年度	13,247,188	5,144	241,073	324	3,005,554	918	10,000,561	3,902
13	13,979,369	5,998	268,254	340	3,371,603	885	10,339,512	4,773
14	13,835,905	6,882	251,808	724	3,085,002	904	10,499,095	5,254
15	14,306,460	6,463	273,865	667	3,623,479	1,107	10,409,116	4,689
16	10,915,860	6,513	280,363	389	3,339,944	1,274	7,295,553	4,850
17	11,221,285	6,751	281,256	414	2,796,396	1,165	8,143,632	5,171
18	11,463,534	6,819	262,743	469	2,782,946	1,142	8,417,845	5,208
19	11,608,422	7,420	256,034	483	2,701,892	1,184	8,650,496	5,753
20	12,424,406	9,225	215,494	1,845	2,172,968	1,180	10,035,944	6,199
21	12,585,506	6,160	225,679	4,329	2,229,348	1,216	10,130,479	4,510
22	12,688,015	8,246	217,859	4,448	2,246,593	1,225	10,223,563	6,577
23	12,694,998	9,710	221,651	335	2,201,156	1,196	10,272,190	8,179
24	12,804,835	9,686	218,452	632	2,166,895	1,370	10,419,488	7,683
25	10,974,648	8,836	214,179	329	1,343,725	1,317	9,416,744	7,190
26	11,641,584	8,731	277,217	327	1,202,078	1,137	10,162,288	7,267
27	11,496,705	8,941	197,599	522	1,180,235	1,151	10,118,871	7,269
28	11,818,429	9,085	382,989	324	1,234,180	1,149	10,072,769	7,317
29	11,409,390	8,726	191,300	346	1,215,767	1,144	10,002,323	7,236
30	11,418,032	9,014	273,318	396	1,175,985	1,199	9,968,729	7,419
令和元	11,547,225	9,558	187,053	477	1,134,982	1,142	10,225,190	7,970

資料　厚生労働省「消費生活協同組合（連合会）実態調査」

みならず，福祉，健康，文化等生活全般にわたる幅広い活動を通じて，積極的にその役割を果たしていくことが期待されている。

表4-11●医療事業収入の状況

	組　合　数	金　額 医療事業収入
	組合	億円
平成17年度	135	2,598
18	134	2,559
19	137	2,652
20	131	2,500
21	132	2,356
22	121	2,687
23	121	2,853
24	111	2,905
25	120	2,928
26	121 (2)	2,961
27	125	3,026
28	115	2,893
29	101	2,599
30	109	2,814
令和元	113	2,994
2	107	2,763
3	116	2,965

注　（　）は，不詳組合数である。
資料　厚生労働省「消費生活協同組合（連合会）実態調査」

表4-12●福祉・介護事業種類別事業収入の状況

	組　合　数	金額　（構成比） 総　額	介　護 介護事業収入	介　護　以　外 障害者福祉事業収入	その他の福祉事業収入
	組合	億円　　%	億円　　%	億円　　%	億円　　%
平成17年度	209	635 （100.0）	606 （95.4）	29 （4.6）	
18	241	645 （100.0）	607 （94.1）	38 （5.9）	
19	251	667 （100.0）	632 （94.7）	35 （5.3）	
20	214	630 （100.0）	581 （92.3）	12 （1.9）	36 （5.8）
21	214	622 （100.0）	577 （92.8）	11 （1.8）	33 （5.4）
22	195	704 （100.0）	650 （92.3）	16 （2.3）	38 （5.4）
23	191	737 （100.0）	552 （74.8）	6 （0.9）	179 （24.3）
24	176	813 （100.0）	473 （58.2）	3 （0.3）	337 （41.5）
25	186	812 （100.0）	321 （39.5）	5 （0.6）	487 （60.0）
26	188	837 （100.0）	329 （39.3）	2 （0.3）	506 （60.4）
27	191	862 （100.0）	299 （34.7）	3 （0.3）	560 （65.0）
28	183	840 （100.0）	286 （34.1）	3 （0.4）	551 （65.5）
29	164	834 （100.0）	257 （30.8）	2 （0.2）	575 （69.0）
30	175	956 （100.0）	522 （54.6）	28 （2.9）	407 （42.5）
令和元	179	975 （100.0）	299 （30.7）	17 （1.7）	660 （67.6）
2	167	939 （100.0）	825 （87.9）	28 （3.0）	86 （9.1）
3	173	997 （100.0）	890 （89.3）	29 （3.0）	77 （7.7）

注　カッコ内は総額に対する各事業の事業収入の割合を示している。
資料　厚生労働省「消費生活協同組合（連合会）実態調査」

　周知のように，すべての国民の個人としての尊厳を尊重し，基本的人権を保障することは，民主主義社会の基本であり憲法に保障されているところである。

　しかしながら，今日の社会においても，市民的権利と自由が完全に保障されていない人々が今なお存在している。

　同和問題は，人権の保障と大きなかかわりをもつものであり，あらゆる機会を通して，国民一人ひとりがこの問題を正しく認識し，その早期解決が図られることが望まれるところである。

1 ─── 同和問題の本質

　同和問題とは，人類普遍の原理である人間の自由と平等に関する問題であり，同時に日本国憲法によって保障された基本的人権に関する問題である。

　この問題は，大正時代の米騒動，全国水平社の解放運動を契機として，重大な社会問題として認識され，以来，環境改善等の対策が講じられてきた。しかし同和地区に関する社会的および経済的諸問題を解決する基本的方策が示されたのは，昭和40年の同和対策審議会の答申後のことである。

　この答申は，同和問題の本質について次のように述べている。

　「いわゆる同和問題とは，日本社会の歴史的発展の過程において形成された身分階層構造に基づく差別により，日本国民の一部の集団が経済的・社会的・文化的に低位の状態におかれ，現代社会においても，なお著しく基本的人権を侵害され，とくに，近代社会の原理として何人にも保障されている市民的権利と自由を完全に保障されていないという，もっとも深刻にして重大な社会問題である。

　その特徴は，多数の国民が社会的現実としての差別があるために一定地域に共同体的集落を形成していることにある。最近この集団的居住地域から離脱して一般地区に混在するものも多くなってきているが，それらの人びともまたその伝統的集落の出身なるがゆえに陰に陽に身分的差別のあつかいをうけている。集落をつくっている住民は，かつて『特殊部落』『後進部落』『細民部落』などの蔑称でよばれ，現在でも『未解放部落』または『部落』などとよばれ，明らかな差別の対象となっているのである。」

　さらにその歴史的流れとして次のように続けている。

　「同和地区は，中世末期ないしは近世初期において，封建社会の政治的，経済的，社会的諸条件に規制せられ，一定地域に定着して居住することにより形成された集落である。」

　明治4年，太政官布告第61号（いわゆる身分解放令）により同和地区住民は，一応制度上の身分差別から解放されたのであるが，その後の政府の諸施策にもかかわらず，

なお同和問題が未解決であることについて，同答申は次のように述べている。

「戦後のわが国の社会状況はめざましい変化を遂げ，政治制度の民主化が前進したのみでなく，経済の高度成長を基底とする社会，経済，文化の近代化が進展したにもかかわらず，同和問題はいぜんとして未解決のままでとり残されているのである。

しかるに，世間の一部の人々は，同和問題は過去の問題であって，今日の民主化，近代化が進んだわが国においてはもはや問題は存在しないと考えている。けれども，この問題の存在は，主観をこえた客観的事実に基づくものである。」

そして，現代における差別の核心について，同答申は次のように結んでいる。

「近代社会における部落差別とは，ひとくちにいえば，市民的権利，自由の侵害にほかならない。市民的権利，自由とは，職業選択の自由，教育の機会均等を保障される権利，居住および移転の自由，結婚の自由などであり，これらの権利と自由が同和地区住民にたいしては完全に保障されていないことが差別なのである。これらの市民的権利と自由のうち，職業選択の自由，すなわち就職の機会均等が完全に保障されていないことがとくに重大である。なぜなら，歴史をかえりみても，同和地区住民がその時代における主要産業の生産過程から疎外され，賤業とされる雑業に従事していたことが社会的地位の上昇と解放への道を阻む要因となったのであり，このことは現代社会においても変らないからである。したがって，同和地区住民に就職と教育の機会均等を完全に保障し，同和地区に滞留する停滞的過剰人口を近代的な主要産業の生産過程に導入することにより生活の安定と地位の向上をはかることが，同和問題解決の中心的課題である。」

2 ——— 同和対策の概要

前述のような同和問題に対し，大正9年に国は初めて同和対策の予算を計上し，また，昭和10年には「融和事業完成10か年計画」を策定する等，各種施策を実施したが，太平洋戦争のぼっ発等の時局の混迷により，その完了をみるに至らなかった。

戦後，連合軍の占領政策のため同和対策は中断されたが，昭和28年講和条約の発効とともに，同年度の厚生省予算に隣保館の設置経費の補助金が計上され，戦後の同和対策がスタートすることになった。

その後，昭和33年には，内閣に同和問題閣僚懇談会（その後，臨時同和問題閣僚協議会に改組）が設置され，それまで厚生省の生活環境改善事業に限られていた同和対策事業は漸次関係各省の所管事業に及ぶこととなった。

さらに，昭和40年に同和対策審議会の答申が出されると，国民の強い関心を呼び，翌41年には，総理府に同和対策協議会が設置され同和対策について熱心な審議が行われるようになった。

こうして，昭和44年に10年間の時限立法として「同和対策事業特別措置法」が制定され，さらに第85回国会（昭和53年11月）において，同法の一部改正により3年

間の期限延長が図られた。

そして，同和対策事業特別措置法による13年間にわたる成果を踏まえつつ，なお残された課題を解決するため，従来の施策の反省のうえに立って新たな観点を加えた「地域改善対策特別措置法」が，昭和57年4月1日から昭和62年3月31日まで5年間の時限立法として制定された。

さらに，過去18年間にわたる特別法に基づく対策の成果等を踏まえ，基本的見直しが行われ，昭和62年度以降見込まれる事業について可能な限り一般対策へ移行させるとともに，特に必要な事業の円滑な実施を図るため，「地域改善対策特定事業に係る国の財政上の特別措置に関する法律」（地対財特法）が昭和62年4月1日から平成4年3月31日までの5年間の最終時限立法として制定され，同法に基づき，地域改善対策特定事業の推進が図られてきた。

しかしながら，一部に事業の取組みがなお遅れている地域がみられること等により，平成4年度以降の物的事業が相当程度見込まれ，また啓発等非物的な事業の面においても課題が残されていることから「地対財特法」の制定の趣旨を踏まえつつ，一部が改正され平成4年4月1日から平成9年3月31日までの5か年間延長された。

政府は，平成5年7月28日総理府の審議機関である地域改善対策協議会に総括部会を設置し，地域改善対策特定事業の一般対策への円滑な移行方策等を審議することとした。地対財特法の失効を1年後に控えた平成8年3月28日同協議会は，これまでの地対財特法により実施してきた特別対策については，「地方公共団体にとって財政的負担が特に大きい物的な基盤整備はおおかた完了したとみられる。これらを総合的に勘案した場合，全般的にみれば，これまでの特別対策は現行法期限内におおむねその目的を達成できるものと考えられる」とし，「これまでの特別対策については，おおむねその目的を達成できる状況になったことから，現行法の期限である平成9年3月末をもって終了することとし，教育，就労，産業等のなお残された課題については，その解決のため，工夫を一般対策に加えつつ対応するという基本姿勢に立つべきである」との意見具申をまとめた。

政府はこの意見具申を尊重し，特別対策は平成9年3月末をもって終了することを基本としつつ，15の事業に限定して5年間に限り経過的に法的措置を講ずるよう平成8年7月26日に閣議決定（「同和問題の早期解決に向けた今後の方策について」）した。これに基づき，一般対策への円滑な移行のための経過措置を講ずることとして，「地域改善対策特定事業に係る国の財政上の特別措置に関する法律の一部を改正する法律」が平成9年3月31日に制定，施行された。

さらに，この閣議決定において，差別意識の解消に向けた教育および啓発の推進，人権侵害による被害の救済等の充実強化が必要であるとして，「人権教育のための国連の十年」について必要な施策を積極的に推進するための行財政的措置を講ずることとされた。

また，平成8年12月26日には「人権擁護施策推進法」が制定され，法務省内に「人

表4-13●同和対策事業予算および地域改善対策事業予算の推移（昭和44～平成13年度）

（単位：百万円）

	昭和44～61年度	62年度	63年度	平成元年度	2年度	3年度	4年度	5年度	6年度	7年度	8年度	9年度	10年度	11年度	12年度		13年度	計
厚生省	630,032	44,488	37,977	37,210	36,925	38,324	33,961	30,042	27,756	24,614	30,072	39	32	24	16	厚生労働省	592	1,020,137
労働省	32,677	1,033	1,062	1,122	1,174	1,230	1,261	1,295	1,330	1,368	1,403	899	803	724	652			
総務庁	2,837	497	548	605	663	725	801	1,207	994	1,076	1,181	—	—	—	—	総務省	—	22,587
自治省	7,433	558	500	456	411	454	412	362	350	324	193	—	—	—	—			
法務省	1,176	184	206	230	257	284	317	351	387	425	465	—	—	—	—	法務省	—	4,282
文部省	107,113	11,541	11,677	11,894	12,043	12,243	12,297	12,360	12,397	12,211	12,262	8,748	7,455	6,758	5,904	文部科学省	5,557	262,460
建設省	1,190,693	90,128	91,072	80,525	71,883	74,048	58,411	55,919	57,389	58,183	59,615	42,468	32,989	31,283	20,653	国土交通省	19,101	2,034,360
農林水産省	373,680	29,176	24,812	22,078	17,746	18,390	13,089	12,040	11,519	11,567	10,668	76	—	—	—	農林水産省	—	544,841
通商産業省	249,555	13,344	11,319	10,299	10,270	10,241	10,212	10,190	10,189	10,170	10,156	9,461	9,375	9,290	9,195	経済産業省	9,096	402,362
計	2,595,196	190,949	179,173	164,419	151,372	155,939	130,761	123,766	122,311	119,938	126,015	61,691	50,654	48,079	36,420		34,346	4,291,029

権尊重の理念に関する国民相互の理解を深めるための教育及び啓発に関する施策の総合的な推進に関する基本的な事項」と「人権が侵害された場合における被害者の救済に関する施策の充実に関する基本的事項」について調査審議する人権擁護推進審議会が設置された。

平成12年12月6日に「人権教育及び人権啓発の推進に関する法律」が制定され，国は人権教育および人権啓発に関する施策の総合的かつ計画的な推進を図るため，基本計画を策定することとされた。

昭和44年の同和対策事業特別措置法の施行以来，33年間にわたって3つの特別措置法に基づき実施してきた同和地区・同和関係者を対象とする特別対策（表4-13参照）は，地域改善対策特定事業に係る国の財政上の特別措置に関する法律（地対財特法）の失効に伴い，平成14年3月31日をもって終了した。

平成14年度以降，施策ニーズに対しては，ほかの地域と同様に必要性に応じた施策が実施されることとなった。

平成14年3月にまとめられた人権教育・啓発に関する基本計画においては，これまでの同和問題に関する教育・啓発活動の成果を踏まえ，同和問題を重要な人権問題の1つとしてとらえ，一般対策による各施策を積極的に推進することとされている。

3 ── 地方改善事業・アイヌ政策

1 地方改善事業

厚生労働省においては，北海道のウタリ地区をはじめ旧産炭地，漁村スラム地区であること等により生活環境等の安定向上を図る必要がある地域における，地域住民の社会的，経済的，文化的改善向上を図るため，地区道路等の整備および隣保館（生活館）運営事業に対し補助事業を行っている。

施設整備については，昭和36年度から，施設整備費の2分の1の国庫補助がなされた。当時は，補助対象施設も生活館，共同浴場のみであったが，昭和37年度には下水排水路，共同井戸が，昭和46年度には地区道路が，昭和48年度には大型共同作業場，

橋梁が，昭和53年度には墓地移転，納骨堂，街灯が加えられた。現在は，共同作業場等（大型共同作業場，共同作業場，下水排水路，地区道路，橋梁，墓地移転），隣保館等（隣保館，生活館，ホームレス自立支援センター，応急仮設施設）の施設の整備に，地方改善施設整備費補助金として国庫補助が行われている。

　また，これらの施設整備事業のほか，各種相談事業等生活改善のための隣保館運営に要する経費が計上され，当該地区の生活改善，福祉向上等が図られている。

2　アイヌ政策

　アイヌの人々は，日本列島北部周辺，とりわけ北海道に先住し，独自の言語，宗教や文化の独自性を有する先住民族である。平成29年に北海道が実施した「北海道アイヌ生活実態調査」によると，北海道内の市町村が調査対象者として把握しているアイヌの人々の人数は，1万3118人とされている。

　アイヌの人々は，わが国の近代化のなかで，自由な交易を制限され，労働力として拘束・収奪され，社会や文化を破壊された。それに伴いアイヌの人口は激減した。北海道開拓においては，いわゆる同化政策が進められ，アイヌの人々の伝統的生活を支えてきた狩猟，漁撈の制限・禁止，アイヌ語の使用をはじめとする伝統的な生活習慣の保持の制限などが行われ，アイヌの人々の社会や文化は大きな打撃を受けた。差別され，貧窮を余儀なくされたアイヌの人々も多数にのぼった。

　こうした問題を受け，アイヌ政策として，昭和49年以来，北海道による生活向上関連施策が実施されるとともに，平成8年には「ウタリ対策のあり方に関する有識者懇談会」が開催され，施策の基本理念や具体的施策の在り方等をとりまとめた報告書が提出され，これを踏まえて，平成9年5月，「アイヌ文化の振興並びにアイヌの伝統等に関する知識の普及及び啓発に関する法律」（アイヌ文化振興法）が制定され，アイヌ文化振興等に関する施策が推進されてきた。

　なお，行政施策では，アイヌという呼称をウタリ（同胞）とすることを選択してきたが，民族的な誇りの尊重という基本理念に基づく関連施策を展開するにあたって，アイヌという呼称を統一的に用いることが適当とされた。

　このようななか，平成19年9月に「先住民族の権利に関する国際連合宣言」が国際連合総会で採択され，国際連合における先住民族に関する議論が一定の結論をみた。さらに，平成20年6月，衆議院及び参議院において「アイヌ民族を先住民族とすることを求める決議」が全会一致で採択された。政府は，同決議を受け「政府としても，アイヌの人々が日本列島北部周辺，とりわけ北海道に先住し，独自の言語，宗教や文化の独自性を有する先住民族であるとの認識のもとに，『先住民族の権利に関する国際連合宣言』における関連条項を参照しつつ，これまでのアイヌ政策をさらに推進し，総合的な施策の確立に取り組む」（「アイヌ民族を先住民族とすることを求める決議」に関する内閣官房長官談話）考えを示した。

　その後，平成21年7月には「アイヌ政策のあり方に関する有識者懇談会」が開催さ

れ，アイヌの人々の意見等を踏まえつつ総合的かつ効果的なアイヌ政策を推進するために，平成 22 年 1 月からは「アイヌ政策推進会議」が設置・開催されている。平成 24 年 7 月の同会議では，「北海道外アイヌの生活実態調査」を踏まえた全国的見地からの施策の展開について検討状況が報告され，作業部会ではアイヌの人々への生活相談の充実に向けた具体的な対策等についても検討が行われている。

　なお，「北海道外のアイヌの人々の相談に適切に対応するため，民生委員等，生活相談に応ずる者に対するアイヌに関する研修の充実を図るべき」との提言もあったことを踏まえ，首都圏の民生委員向けの研修会等でのアイヌに関するリーフレット配布など，アイヌの人々に対する理解を深める活動が行われている。

　平成 30 年 12 月には，第 11 回となる「アイヌ政策推進会議」が行われている。また，平成 31 年 4 月に「アイヌの人々の誇りが尊重される社会を実現するための施策の推進に関する法律」（平成 31 年法律第 16 号）が公布され，令和元年 5 月 24 日に施行された。同法により内閣に「アイヌ政策推進本部」が設置され，現在，わが国では，アイヌの人々の民族としての誇りが尊重され，地位の向上が図られる社会の実現を目指し，アイヌ文化の振興やアイヌの伝統等の知識の普及・啓発，アイヌの人々の生活の向上を図るための施策が推進されている。

第10節 自殺総合対策

1 ── 自殺対策の推進

　我が国の自殺者数は，平成10年から14年連続で3万人を超えて推移しており，自殺死亡率は先進諸国と比較しても高い水準にあった。その後，国を挙げた自殺対策の推進により，平成22年以降は10年連続の減少に転じ，令和元年の自殺者数は2万169人と，昭和53年の統計開始以来最少となった。

　しかし，感染症の拡大の影響等で自殺の要因となり得るさまざまな問題が悪化したことにより，令和2年に11年ぶりに前年を上回った。令和4年の年間自殺者数は2万1881人となっており，令和3年に比べ4.2%増加している（図4-6参照）。

2 ── 自殺総合対策大綱

　平成18年10月，自殺対策として相談体制の整備，自殺防止のための啓発などに取り組んできたが，減少傾向がみられないことから，自殺対策を総合的に推進するため，自殺基本法が施行された。同法の規定に基づき，自殺対策の指針となる「自殺総合対策大綱」が平成19年6月に策定された。翌年10月には大綱の改正とともに，「自殺対策加速化プラン」が策定され，より一層自殺対策の推進が図られた。

　5年を目途に見直すこととされており，平成24年8月と平成29年7月に見直しが行われ，令和4年10月に「自殺総合対策大綱〜誰も追い込まれることのない社会の実現を目指して〜」が策定された。コロナ禍の自殺の動向も踏まえつつ，子ども・若者の自殺対策強化，女性に対する支援，地域自殺対策の取組強化などが盛り込まれた（図4-7参照）。

図4-6●自殺者数の年次推移

○令和4年の自殺者数は21,881人となり，対前年比874人（約4.2%）増。
○男女別にみると，男性は13年ぶりの増加，女性は3年連続の増加となっている。また，男性の自殺者数は，女性の約2.1倍となっている。

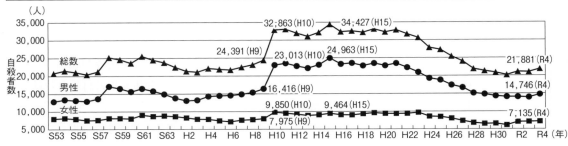

自殺の原因・動機　原因・動機は4つまで計上

	自殺者	原因・動機特定者	原因・動機別							不詳
			健康問題	家庭問題	経済・生活問題	勤務問題	交際問題	学校問題	その他	
2022年	21,881	19,164	12,774	4,775	4,697	2,968	828	579	1,734	2,717

原因・動機特定者とは自殺者数から不詳を引いたもの19,164人
資料：警察庁自殺統計原票データより厚生労働省自殺対策推進室作成
出典　厚生労働省編『厚生労働白書（令和5年版）』，248頁，2023

図4-7●自殺総合対策大綱（令和4年10月閣議決定）の概要

○平成18年に自殺対策基本法が成立。
○同法に基づく「自殺総合対策大綱」に基づき，自殺対策を推進。

現　行：令和4年10月14日閣議決定
第3次：平成29年7月25日閣議決定
第2次：平成24年8月28日閣議決定
第1次：平成19年6月8日閣議決定

第1　自殺総合対策の基本理念

誰も自殺に追い込まれることのない社会の実現を目指す

✓自殺対策は，社会における「生きることの阻害要因」を減らし，「生きることの促進要因」を増やすことを通じて，社会全体の自殺リスクを低下させる

阻害要因：過労，生活困窮，育児や介護疲れ，いじめや孤立等
促進要因：自己肯定感，信頼できる人間関係，危機回避能力等

第2　自殺の現状と自殺総合対策における基本認識

✓自殺は，その多くが追い込まれた末の死である

✓年間自殺者数は減少傾向にあるが，非常事態はいまだ続いている

✓新型コロナウイルス感染症拡大の影響を踏まえた対策の推進

✓地域レベルの実践的な取組をPDCAサイクルを通じて推進する

第3　自殺総合対策の基本方針

1．生きることの包括的な支援として推進する
2．関連施策との有機的な連携を強化して総合的に取り組む
3．対応の段階に応じてレベルごとの対策を効果的に連動させる
4．実践と啓発を両輪として推進する
5．国，地方公共団体，関係団体，民間団体，企業及び国民の役割を明確化し，その連携・協働を推進する
6．自殺者等の名誉及び生活の平穏に配慮する

第4　自殺総合対策における当面の重点施策

1．地域レベルの実践的な取組への支援を強化する
2．国民一人ひとりの気付きと見守りを促す
3．自殺総合対策の推進に資する調査研究等を推進する
4．自殺対策に関わる人材の確保，養成及び資質の向上を図る
5．心の健康を支援する環境の整備と心の健康づくりを推進する
6．適切な精神保健医療福祉サービスを受けられるようにする
7．社会全体の自殺リスクを低下させる
8．自殺未遂者の再度の自殺企図を防ぐ
9．遺された人への支援を充実する
10．民間団体との連携を強化する
11．子ども・若者の自殺対策を更に推進する
12．勤務問題による自殺対策を更に推進する
13．女性の自殺対策を更に推進する

第5　自殺対策の数値目標

✓誰も自殺に追い込まれることのない社会の実現を目指すため，当面は先進諸国の現在の水準まで減少させることを目指し，令和8年までに，自殺死亡率（人口10万人当たりの自殺者数）を平成27年と比べて30%以上減少させることとする。
（平成27年：18.5⇒令和8年：13.0以下）※令和2年：16.4

第6　推進体制等

1．国における推進体制
2．地域における計画的な自殺対策の推進
3．施策の評価及び管理
4．大綱の見直し

資料　厚生労働省HP

子ども・子育て支援の経緯

1 ─── 少子化の現状

　わが国の少子化は，昭和 40 年代後半の第 2 次ベビーブーム以降，急速に進行し，当時 200 万人を超えていた出生数も，近年では 80 万人を割り込んでいる。

　こうした少子化の問題を広く知らしめたのが，いわゆる「1.57 ショック」である。丙午で出生数が減少した昭和 41 年の合計特殊出生率（1.58）を平成元年のそれが下回るというショッキングな事態は，少子化対策の機運を高める契機となった。以来，各種保育サービスの拡充を中心として，「子どもを産み育てようとする者が生み育てやすい環境」の整備に向けたさまざまな対策が，次々と実施されてきた。

　しかし，国を挙げてのこうした取組みにもかかわらず，少子化傾向に歯止めはかからず，令和 4 年の出生数は，概数で 77 万 747 人となり，明治 32 年に統計を取り始めて以来過去最少となった。また，平成元年に「1.57」を記録した合計特殊出生率は，平成 17 年には過去最低の「1.26」にまで減少し，その後は微増傾向にあったが，平成 30 年は「1.42」で前年より低下し，令和 4 年は「1.26」であり，過去最低に並んでいる（図 5 - 1 参照）。

　人口維持に必要な合計特殊出生率は，「2.07」ともいわれており，日本の総人口がこ

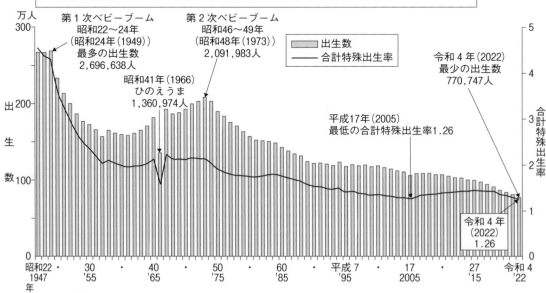

図 5 - 1 ● 出生数および合計特殊出生率の年次推移

○現在わが国においては急速に少子化が進行。合計特殊出生率は，平成17年に1.26と過去最低を更新。令和 4 年の合計特殊出生率はそれに並ぶ1.26となった。

資料　厚生労働省「令和 4 年（2022）人口動態統計月報年計（概数）の概況」（図 1 ）を一部改変

図5-2●子ども・子育て支援の経緯

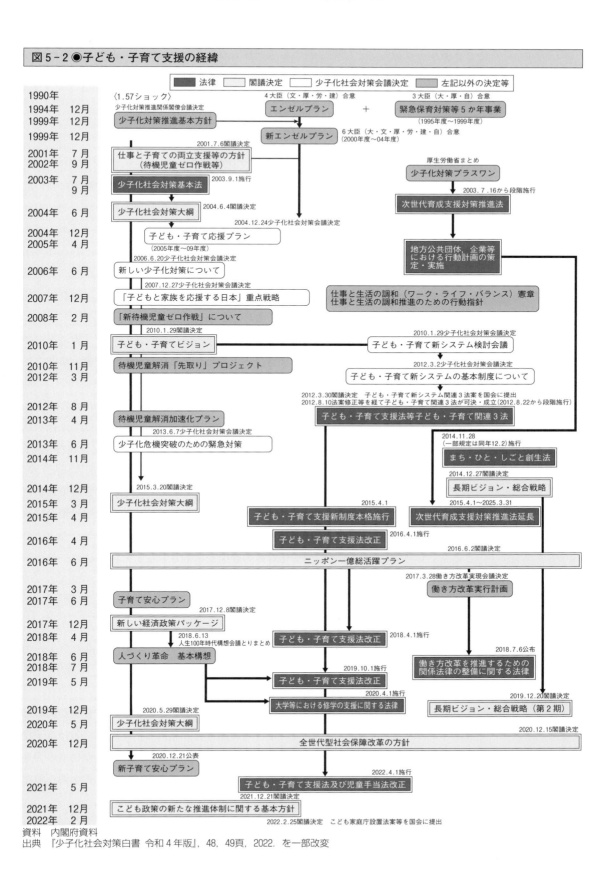

凡例: ■ 法律　□ 閣議決定　□ 少子化社会対策会議決定　■ 左記以外の決定等

1990年		〈1.57ショック〉

4大臣（文・厚・労・建）合意　エンゼルプラン
3大臣（大・厚・自）合意　緊急保育対策等5か年事業（1995年度～1999年度）

1994年 12月　少子化対策推進関係閣僚会議決定　少子化対策推進基本方針

1999年 12月　新エンゼルプラン　6大臣（大・文・厚・労・建・自）合意（2000年度～04年度）

2001年 7月　2001.7.6閣議決定　仕事と子育ての両立支援等の方針（待機児童ゼロ作戦等）

2002年 9月　厚生労働省まとめ　少子化対策プラスワン

2003年 7月　少子化社会対策基本法　2003.9.1施行
2003年 9月　2003.7.16から段階施行　次世代育成支援対策推進法

2004年 6月　少子化社会対策大綱　2004.6.4閣議決定

2004年 12月　子ども・子育て応援プラン（2005年度～09年度）　2004.12.24少子化社会対策会議決定

2005年 4月　地方公共団体、企業等における行動計画の策定・実施

2006年 6月　新しい少子化対策について　2006.6.20少子化社会対策会議決定

2007年 12月　「子どもと家族を応援する日本」重点戦略　2007.12.27少子化社会対策会議決定
仕事と生活の調和（ワーク・ライフ・バランス）憲章　仕事と生活の調和推進のための行動指針

2008年 2月　「新待機児童ゼロ作戦」について

2010年 1月　子ども・子育てビジョン　2010.1.29閣議決定　子ども・子育て新システム検討会議　2010.1.29少子化社会対策会議決定

2010年 11月　待機児童解消「先取り」プロジェクト

2012年 3月　子ども・子育て新システムの基本制度について　2012.3.2少子化社会対策会議決定

2012年 8月　子ども・子育て支援法等子ども・子育て関連3法　2012.3.30閣議決定 子ども・子育て新システム関連3法案を国会に提出　2012.8.10法案修正等を経て子ども・子育て関連3法が可決・成立（2012.8.22から段階施行）

2013年 4月　待機児童解消加速化プラン
2013年 6月　少子化危機突破のための緊急対策　2013.6.7少子化社会対策会議決定

2014年 11月　まち・ひと・しごと創生法　2014.11.28（一部規定は同年12.2）施行

2014年 12月　長期ビジョン・総合戦略　2014.12.27閣議決定

2015年 3月　少子化社会対策大綱　2015.3.20閣議決定

2015年 4月　子ども・子育て支援新制度本格施行　2015.4.1　次世代育成支援対策推進法延長　2015.4.1～2025.3.31

2016年 4月　子ども・子育て支援法改正　2016.4.1施行

2016年 6月　ニッポン一億総活躍プラン　2016.6.2閣議決定

2017年 3月　働き方改革実行計画　2017.3.28働き方改革実現会議決定
2017年 6月　子育て安心プラン

2017年 12月　新しい経済政策パッケージ　2017.12.8閣議決定

2018年 4月　子ども・子育て支援法改正　2018.4.1施行

2018年 6月　人づくり革命　基本構想　2018.6.13 人生100年時代構想会議とりまとめ
2018年 7月　働き方改革を推進するための関係法律の整備に関する法律　2018.7.6公布

2019年 5月　子ども・子育て支援法改正　2019.10.1施行

2019年 12月　大学等における修学の支援に関する法律　2020.4.1施行　長期ビジョン・総合戦略（第2期）　2019.12.20閣議決定

2020年 5月　少子化社会対策大綱　2020.5.29閣議決定

2020年 12月　全世代型社会保障改革の方針　2020.12.15閣議決定
新子育て安心プラン　2020.12.21公表

2021年 5月　子ども・子育て支援法及び児童手当法改正　2022.4.1施行

2021年 12月　こども政策の新たな推進体制に関する基本方針　2021.12.21閣議決定

2022年 2月　2022.2.25閣議決定 こども家庭庁設置法案等を国会に提出

資料　内閣府資料
出典　『少子化社会対策白書 令和4年版』，48，49頁，2022．を一部改変

のまま減少を続けることは明らかである。日本の少子化対策には，大きな転換が求められているといえよう。

2 ——— 少子化対策の変遷

1　「エンゼルプラン」から「子ども・子育て応援プラン」へ

　前述の「1.57ショック」を契機に，出生率の低下と子どもの数の減少傾向に強い危機感をもった政府は，仕事と子育ての両立等を旗印に対策の検討を始めた。そして，平成6年12月の「今後の子育ての支援のための施策の基本的方向について（エンゼルプラン）」（文・厚・労・建の4大臣合意）において，その方向性を示すとともに，平成11年度を目標年次とする「緊急保育対策等5か年事業」を策定し，保育所の量的拡大，多様な保育サービスの充実（低年齢児保育，延長保育の実施等），地域子育て支援センターの整備等の計画的な推進が始められることとなった。

　こうした5か年計画による保育サービス等の整備促進を図る展開は，「新エンゼルプラン」（平成12年度～16年度）に引き継がれ，雇用，母子保健，教育等の事業を加えた幅広い施策へと進展していくこととなる。

　しかし，奇しくも，新エンゼルプランの終期と重なる平成17年には，日本の総人口が初めて減少へと転じるなど，エンゼルプランを起点とする一連の施策は，十分な成果を上げるには至らなかった。こうした反省を踏まえ，平成15年に制定された「少子化社会対策基本法」に基づき，平成16年6月に「少子化社会対策大綱」（閣議決定）が，同年12月には，平成17年度からの新たな5か年計画となる「少子化社会対策大綱に基づく具体的な計画について（子ども・子育て応援プラン）」（少子化社会対策会議決定）が策定された。①若者の自立，②子育ての不安の解消，③子育ての新たな支え合いと連帯という視点に根ざした少子化対策の展開が示唆されており，ここで，後の子ども・子育て支援制度にも通じる重要な考え方が提起されたとみることができる。

2　少子化対策のもう1つの系譜（少子化対策プラスワン）

　平成14年1月に発表された将来人口推計により，晩婚化のさらなる進行や1人あたりの出生児数の減少という新たな傾向が確認されたこと等を踏まえ，平成14年9月に，厚生労働省により「少子化対策プラスワン」がとりまとめられた。

　これは，子育てをする家庭の視点からより均衡のとれた施策を進める必要があるという基本的な考え方に基づき，①男性を含めた働き方の見直し，②地域における子育て支援，③社会保障における次世代育成支援，④子どもの社会性の向上や自立の促進という4本の柱に，国，地方公共団体，企業等のさまざまな主体による総合的な取組みを促す内容になっている。

　平成15年7月には，この流れに沿って，「次世代育成支援対策推進法」が制定された。同法では，事業主にも次世代育成支援の「行動計画」の策定と実施を求めること

とし，事業主が行動計画を策定し，その目標を達成するなどの一定の基準を満たした場合に，その認定を行うとともに認定マーク（くるみん）を交付する仕組みが導入された。

以降，国や地方公共団体による取組みとともに，労働者が仕事と子育てを両立させ，少子化の流れを変える取組みが推進されてきた。

なお，平成26年には，当初，平成27年3月31日までとされていた有効期限を令和7年3月31日までに延長するとともに，新たな認定制度の創設等の法改正が行われ，さらなる施策の推進が図られることとなった。

3 「新しい少子化対策について」の策定

平成17年に日本の総人口が減少に転じるという予想以上の少子化が明るみにでるなか，平成18年6月，少子化社会対策会議により「新しい少子化対策について」が決定された。「子ども・子育て応援プラン」の着実な推進にあわせて，妊娠・出産から高校・大学生になるまで，子どもの成長に応じた総合的な子育て支援策の推進とともに，働き方改革や社会の意識改革の必要性といった，対策の方向性に転換を求めるような視点も提起された。

平成19年2月には，少子化社会対策会議のもと，「「子どもと家族を応援する日本」重点戦略検討会議」が発足し，制度・政策・意識改革など，あらゆる観点から効果的な対策の検討が進められた。この結果，同年12月に，「「子どもと家族を応援する日本」重点戦略」がまとめられ，「ワーク・ライフ・バランス」と「仕事と家庭の両立」という考え方が提起されると，これに呼応するように「仕事と生活の調和（ワーク・ライフ・バランス）憲章」と「仕事と生活の調和推進のための行動指針」が，政労使の代表者で構成されるトップ会議において決定された。

4 新たな子ども・子育て支援制度の創設

「子ども・子育て応援プラン」が平成21年度で終期を迎えることを踏まえ，平成22年1月29日，「子ども・子育てビジョン」（閣議決定）が策定された。社会全体で子どもと子育てを応援する社会の実現を目指し，平成22年度から26年度までの5年間で目指すべき施策内容と具体的な数値目標を掲げ，保育サービスの充実やワーク・ライフ・バランスの推進など，子どもの育ちを社会全体で支え合う環境づくりが推し進められることとなった。

また，同日，少子化社会対策会議では，「子ども・子育て新システム検討会議」の設置を決定し，その後，幼保一体化を含む新たな次世代育成支援のための包括的・一元的なシステムの構築について検討が進められることとなった。

同年6月，同検討会において，「子ども・子育て新システムの基本制度案要綱」（子ども・子育て新システム検討会議）がとりまとめられると，「社会保障・税一体改革成案」（政府・与党社会保障改革検討本部決定）の工程表において，子ども・子育て新シ

ステムが組み込まれ，その早期実施が図られることとなった。また，翌月には，地方公共団体，労使，関係団体等の参画する基本制度ワーキングチームにより，「子ども・子育て新システムに関する中間とりまとめ」が，とりまとめられた。

こうした経緯を経て，平成 24 年 3 月に少子化社会対策会議で「子ども・子育て新システムの基本制度について」が決定され，閣議決定を経て，「子ども・子育て新システム関連 3 法案」が国会提出へと至った。

関連 3 法案は，国会審議を経て同年 8 月に可決・成立をみているが，新法として提出された「総合こども園法案」が，認定こども園法の改正法案に差し替わる曲折を経て，「子ども・子育て関連 3 法」として公布されている。これに基づき，平成 27 年度から，子ども・子育て支援新制度が実施されることとなった。

5 少子化社会対策大綱

子ども・子育て支援新制度の発足を翌月に控えた平成 27 年 3 月，平成 16 年，平成 22 年の大綱に続く少子化社会対策大綱が閣議決定された。①結婚や子育てしやすい環境となるよう社会全体を見直す，②個々人が結婚や子供についての希望を実現できる社会をつくる，③「結婚，妊娠・出産，子育ての各段階に応じた切れ目のない取組」と「地域・企業など社会全体の取組」を両輪とするきめ細かな対応を進める，④長期展望に立って，子供への資源配分を拡充し，継続的かつ総合的な対策を推進する等の考え方が示されているが，こうした考え方は，「まち・ひと・しごと創生」や「一億総活躍社会」に向けた新・第三の矢にも共通する特徴といえる。

また，その 5 年後の令和 2 年 5 月には，平成 27 年の大綱に続く新たな少子化社会対策大綱が閣議決定された。この大綱では，「「希望出生率 1.8」の実現に向け，令和の時代にふさわしい環境を整備し，国民が結婚，妊娠・出産，子育てに希望を見出せるとともに，男女が互いの生き方を尊重しつつ，主体的な選択により，希望する時期に結婚でき，かつ，希望するタイミングで希望する数の子供を持てる社会をつくる」という基本目標のもと，総合的かつ長期的な少子化対策の取組みに関する指針を示している。大綱を推進していくうえでの具体的な取組みに加え，令和 3 年 2 月には，新型コロナウイルス感染症を踏まえた少子化対策が公表された。感染症が結婚・子育て世代に与える影響を注視し，不安に寄り添いながら，安心して結婚，妊娠・出産，子育てができる環境整備への取組みが示されている。

6 こども家庭庁の創設

令和 3 年 12 月 21 日に「こども政策の新たな推進体制に関する基本方針」が閣議決定され，子どもの最善の利益を第一に考え，子どもに関する取組み・政策をわが国社会の真ん中に据えた「こどもまんなか社会」を目指した新たな司令塔として「こども家庭庁」の創設が示された。令和 4 年 6 月には，こども家庭庁設置法が公布され，厚生労働省子ども家庭局で所管している施策と障害保健福祉部の障害児施策，内閣府の

子ども・子育て支援施策，文部科学省のいじめ防止施策など，これまで各省庁にまたがっていたこどもに関する政策が一元化された。内閣総理大臣，こども政策を担当する内閣府特命担当大臣，こども家庭庁長官の下に内部部局として長官官房，成育局，支援局の3つの部門が置かれ，令和5年4月1日より運用されている（図5-3参照）。

　また，こども家庭庁の創設と同じく，令和4年6月には，こども基本法が公布され，令和5年4月1日より施行されている。同法は，憲法および子どもの権利条約の精神にのっとり，こども施策を総合的に推進することを目的とした法律である。「こども」を「心身の発達の過程にある者」と定義し，新生児期から思春期を経ておとなになるまでのこどもの成長を支援することなどが定義された。さらに，同法において，少子化社会対策大綱，子供・若者育成支援推進大綱，子供の貧困対策に関する大綱を1つに束ねた「こども大綱」の策定が規定された。一元化とともに必要なこども施策を盛り込むことで，これまで以上に総合的かつ一体的にこども施策を推進することを目的とし，令和5年に策定されることとなっている。

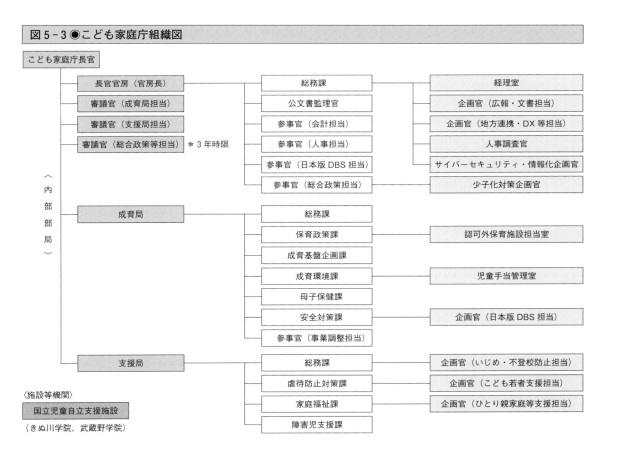

図5-3●こども家庭庁組織図

子ども・子育て支援制度

　子どもや子育てをめぐる環境の現実は厳しく，近年の家族構成の変化や地域のつながりの希薄化によって，子育てに不安や孤立感を感じる家庭は少なくない。また，待機児童の解消が喫緊の課題となっていることや，本格的な人口減少社会が到来し，子どもを生み，育てたいという個人の希望がかなうようにするためのサポートが強く求められている。子ども・子育て支援制度は，こうした観点から，国や地域を挙げて，社会全体で子ども・子育てを支援する新しい支え合いの仕組みの構築を目指すもので，具体的な制度の骨格は，平成24年8月に公布された「子ども・子育て支援法」「就学前の子どもに関する教育，保育等の総合的な提供の推進に関する法律の一部を改正する法律」「子ども・子育て支援法及び就学前の子どもに関する教育，保育等の総合的な提供の推進に関する法律の一部を改正する法律の施行に伴う関係法律の整備等に関する法律」の3法により定められている。

　なお，これらの法律は，一部の規定を除き，「社会保障の安定財源の確保等を図る税制の抜本的な改革を行うための消費税法の一部を改正する等の法律」による消費税率の10％への引上げを見据え，平成27年4月から施行されている。

1　子ども・子育て支援制度の要点

　主な特徴としては，次の3つが挙げられる。

　まず1点目は，「施設型給付」と「地域型保育給付」の創設である。

　とりわけ子育てに関する分野においては二重行政の課題がつきまとっていた。幼稚園や保育所への財政支援でも学校教育と福祉の体系で別々に行われてきた。新たに創設された「施設型給付」は，認定こども園，幼稚園，保育所への給付を共通にし，財政支援を一本化した。また，「地域型保育給付」は都市部に集中する待機児童への対処として小規模保育や家庭的保育などの量的拡充を図ったものである。地域の実情にあわせ，多様な保育を可能にする財政的措置となる。

　新設の給付制度に併せて保育所の認可制度の改善も行われた。これは，制度の透明化を図り，施設や事業への適切な給付の実施を図ったものとなる。

　2点目は，認定こども園制度の改善である。認可や指導監督などに関する二重行政の弊害を解決するため，学校と児童福祉施設の法的位置づけをもつ単一の認可施設として「幼保連携型認定こども園」が創設されている。

　3点目は，地域の実情に応じた子ども・子育て支援の充実である。保育が必要な家庭だけでなく，すべての家庭を支える地域的な支援を図るものとなる。地域子育て支援拠点や一時預かりなどが「地域子ども・子育て支援事業」として法的に位置づけられ，財政支援が強化される。

2　子ども・子育て支援給付

　子ども・子育て支援制度における給付については，「子どものための現金給付」および「子どものための教育・保育給付」の2種類に大別されるが，子どものための現金給付については，児童手当の支給をいい，詳細については「児童手当法」に規定するところによる（本章第3節7参照）。一方，子どものための教育・保育給付については，新制度における大きな特徴の1つである「施設型給付」と「地域型保育給付」が，その基本的な内容となる。

　介護保険や障害者自立支援給付と同様に，サービスの利用者（希望する子どもの保護者）が，市町村に申請を行い，支給認定を受けてサービス利用を行った際に，サービス費用に係る給付が現物給付（代理受領）により支給される仕組みとなっている。

(1)　施設型給付費

　保育所，認定こども園，幼稚園の利用に際し，1月につき，下記①に掲げる額から②に掲げる額を控除して得た額（当該額が0を下回る場合には，0とする。）が支給される。

①　小学校就学前の子どもの区分，保育必要量，当該特定教育・保育施設の所在する地域等を勘案して算定される特定教育・保育に通常要する費用の額を勘案して内閣総理大臣が定める基準により算定した費用の額（その額が現に当該支給認定教育・保育に要した費用の額を超えるときは，当該現に支給認定教育・保育に要した費用の額）

②　政令で定める額を限度として当該支給認定保護者の属する世帯の所得の状況その他の事情を勘案して市町村が定める額

(2)　地域型保育給付費

　地域型保育とは，家庭的保育，小規模保育，居宅訪問型保育および事業所内保育をいい，これらの保育サービスの利用に際し，1月につき，下記①に掲げる額から②に掲げる額を控除して得た額（当該額が0を下回る場合には，0とする。）が支給される。

①　地域型保育の種類ごとに，保育必要量，当該地域型保育の種類に係る特定地域型保育事業所の所在する地域等を勘案して算定される当該特定地域型保育に通常要する費用の額を勘案して内閣総理大臣が定める基準により算定した費用の額（その額が現に要した費用の額を超えるときは，当該現に要した費用の額）

②　政令で定める額を限度として当該支給認定保護者の属する世帯の所得の状況その他の事情を勘案して市町村が定める額

3　認定こども園制度の改善

　幼稚園は満3歳以上の子どもを対象に1日4時間程度の教育を行う学校として，また，保育所は就労等の事情により保護者が世話をすることができない子どもを対象に1日8時間程度の保育を行う児童福祉施設として，それぞれの役割を果たしてきたが，

近年の急速な少子化の進行や，地域や家庭の子育て力の低下のなかで，就学前の教育や保育に対するニーズは多様化している。

こうしたニーズに応えるため，平成18年に「就学前の子どもに関する教育，保育等の総合的な提供の推進に関する法律」（認定こども園法）が制定され，幼稚園と保育所の良いところを活かしながら，その両方の役割を果たすことができるような新しい仕組みを設けることとなった。この法律に基づき，幼稚園や保育所の中で，保護者が就労している家庭の子どもも，就労していない家庭の子どもも受け入れて教育と保育を一体的に提供するとともに，すべての子育て家庭を対象に，子育て不安に対応した相談や，親子の集いの場の提供といった地域における子育て支援を行う施設を「認定こども園」として認定する仕組みが平成18年10月から開始された（表5-1参照）。

しかしながら，認定こども園は幼稚園と保育所を併せた施設であり，それぞれ文部科学省と厚生労働省の所管であるため二重行政による弊害があるとされた。

このため，平成27年度からの新たな制度では，認定こども園について，保育所，幼稚園とともに施設型給付の対象として給付の一本化を図るとともに，幼保連携型認定こども園について，「学校及び児童福祉施設」の両方の性質を併せもつ施設として位置づけるなどの見直しを行い，併せて新たに税制上，補助制度上の優遇措置等の推進施策を講じるなど，整備の促進を図っている（図5-4参照）。

4　地域子ども・子育て支援事業

市町村は，子ども・子育て支援法の規定に基づき，市町村子ども・子育て支援事業計画に従って，次に掲げる事業を「地域子ども・子育て支援事業」として実施することとされている（なお，⑤から⑫については児童福祉法，⑬については母子保健法で定める当該事業をいう）。

①　子どもまたは子どもの保護者からの相談に応じ，必要な情報の提供及び助言等を行う事業（利用者支援事業）

②　時間外保育の費用の全部または一部の助成を行うことにより必要な保育を確保する事業（延長保育事業）

③　世帯の所得の状況その他の事情を勘案して市町村が定める基準に該当する支給認定保護者が支払うべき教育・保育に必要な物品の購入に要する費用等の全部または一部を助成する事業（実費徴収に係る補足給付を行う事業）

④　多様な事業者の能力を活用した特定教育・保育施設等の設置または運営を促進するための事業（多様な事業者の参入促進・能力活用事業）

⑤　放課後児童健全育成事業

⑥　子育て短期支援事業

⑦　乳児家庭全戸訪問事業（こんにちは赤ちゃん事業）

⑧　養育支援訪問事業，要保護児童対策地域協議会その他の者による要保護児童等に対する支援に資する事業（子どもを守る地域ネットワーク機能強化事業）

表5-1●認定こども園の認定件数の推移

（各年4月1日現在）

	認定こども園数	公私の内訳		類型別の内訳			
		公立	私立	幼保連携型	幼稚園型	保育所型	地方裁量型
平成19年	94	23	71	45	32	13	4
20	229	55	174	104	76	35	14
21	358	87	271	158	125	55	20
22	532	122	410	241	180	86	25
23	762	149	613	406	225	100	31
24	909	181	728	486	272	121	30
25	1099	220	879	595	316	155	33
26	1360	252	1108	720	411	189	40
27	2836	554	2282	1930	525	328	53
28	4001	703	3298	2785	682	474	60
29	5081	852	4229	3618	807	592	64
30	6160	1006	5154	4409	966	720	65
31	7208	1138	6070	5137	1104	897	70
令和2年	8016	1272	6744	5688	1200	1053	75
3	8585	1325	7260	6093	1246	1164	82
4	9220	1414	7806	6475	1307	1354	84

資料　内閣府子ども・子育て本部　文部科学省・厚生労働省幼保連携推進室

図5-4●幼保連携型認定こども園

○　学校教育・保育及び家庭における養育支援を一体的に提供する施設とする。
※　ここで言う「学校教育」とは，現行の学校教育法に位置付けられる小学校就学前の満3歳以上の子どもを対象とする教育（幼児期の学校教育）を言い，「保育」とは児童福祉法に位置付けられる乳幼児を対象とした保育を言う。以下同じ。

> ア　満3歳以上児の受入れを義務付け，標準的な教育時間の学校教育を提供。
> 　また，保育を必要とする子どもには，学校教育に加え，保護者の就労時間等に応じて保育を提供。
> イ　保育を必要とする満3歳未満児については，保護者の就労時間等に応じて保育を提供。

※　満3歳未満児の受入れは義務付けないが，満3歳未満児の受入れを含め，幼保連携型認定こども園の普及を促進する。
○　学校教育，児童福祉及び社会福祉の法体系において，学校，児童福祉施設及び第2種社会福祉事業として位置づける。
※　幼保連携型認定こども園は，幼稚園と同様に，小学校就学前の学校教育を行う学校であることを明確にする。
※　幼保連携型認定こども園は，小学校就学前の学校として，小学校教育との連携・接続が必要であることについて明確にする。
○　幼保連携型認定こども園の設置主体は，国，地方公共団体，学校法人又は社会福祉法人とする。（既存の幼稚園及び保育所からの移行は義務づけない。）

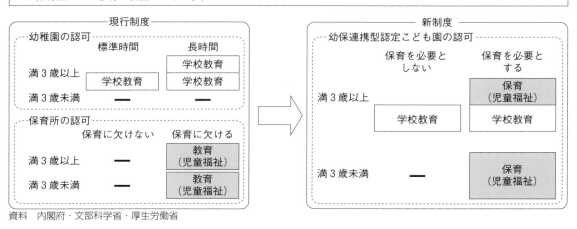

資料　内閣府・文部科学省・厚生労働省

⑨　地域子育て支援拠点事業

⑩　一時預かり事業

⑪　病児保育事業

⑫　子育て援助活動支援事業（ファミリー・サポート・センター事業）

⑬　妊婦に対して健康診査を実施する事業

5　子ども・子育て支援法の改正等

平成28年通常国会において，子ども・子育て支援の提供体制の充実を図るため，事業所内保育業務を目的とする施設等の設置者に対する助成および援助を行う事業を創設するとともに，一般事業主から徴収する拠出金の率の上限を引き上げる等の「子ども・子育て支援法」の改正法が成立し，平成28年4月に施行された。

さらに，令和3年には，子育て支援に積極的に取り組む事業主に対する助成制度が創設された。その他，施設型給付費等支給費用に充てることができる事業主拠出金の上限割合の引上げ等の改正があり，令和4年4月1日より施行されている（一部は令和3年10月1日施行）。

また，平成29年12月8日，「新しい経済政策パッケージ」（閣議決定）により，「人づくり革命」と「生産性革命」を車の両輪とした2兆円規模の少子高齢化対策が示され，子育て世代や子どもたちに政策資源を大胆に投入することで，社会保障制度を全世代型へと改革することとなった。この改革の方向性に沿って，令和元年5月17日に「子ども・子育て支援法の一部を改正する法律」が成立し，同年10月から幼児教育・保育の無償化が図られている。

第3節　児童健全育成施策

1───放課後児童健全育成事業（放課後児童クラブ）

放課後児童健全育成事業（放課後児童クラブ）は，保護者が労働等により昼間家庭にいない小学校に就学している児童に対し，授業の終了後に児童厚生施設等を利用して適切な遊びおよび生活の場を与えて，その健全な育成を図るものである。

平成7年度からの緊急保育対策等5か年事業に位置づけられ，予算補助事業として推進されてきたが，平成9年の児童福祉法の改正により新たに法律上に位置づけられ，平成10年4月1日から施行されている。

また本事業は，社会福祉法においても，一定の要件の下に第2種社会福祉事業として位置づけられ，社会福祉法の必要最小限の規制と各種の優遇措置を講ずることにより，質の確保と事業の一層の推進を図ることとされている。

実施主体は，市町村とされ，市町村が適切と認めた者に委託等を行うこともできる。

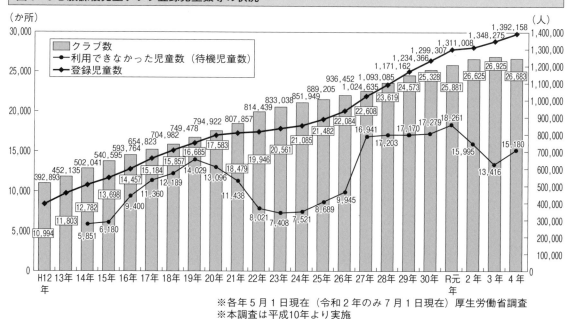

図5-5●放課後児童クラブ登録児童数等の状況

※各年5月1日現在（令和2年のみ7月1日現在）厚生労働省調査
※本調査は平成10年より実施

出典　厚生労働省子ども家庭局子育て支援課「令和4年（2022年）放課後児童健全育成事業（放課後児童クラブ）の実施状況（令和4年（2022年）5月1日現在）」（令和4年12月23日）

　　平成28年度からは，子ども・子育て支援法に規定する地域子ども・子育て支援事業の対象としても位置づけられ，令和4年5月現在，1627市町村の2万6683か所で実施され，139万2158人の児童が登録されている（図5-5参照）。

　　なお，放課後児童クラブの整備については，平成19年度より，文部科学省と厚生労働省による連携のもと，放課後子ども教室とともに，「放課後子どもプラン」による総合的な推進施策が講じられてきたが，平成26年7月に策定・公表された新たな「放課後子ども総合プラン」では，学校施設を徹底的に活用し，新たに開設する放課後児童クラブの約80％を小学校内で実施することを目指すこととされ，また，同プランでは，放課後児童クラブについて，令和元年度末までに，約30万人分を新たに整備するとともに，すべての小学校区で，放課後児童クラブ及び放課後子供教室を一体的にまたは連携して実施（うち一体型の放課後児童クラブ及び放課後子供教室について，1万か所以上で実施）すること等を目標として掲げられた。

　　また，平成27年4月からは，対象となる児童の年齢を「おおむね10歳未満」から「小学校に就学している」と児童全般に拡大するほか，事業の一般原則や，配置職員の資格等について定めた基準省令（「放課後児童健全育成事業の設備及び運営に関する基準」）が施行された。これにより，特に職員に関する基準については，保育士，社会福祉士等の資格や一定の実務経験を有する者等で都道府県知事が行う研修（認定資格研修）を修了した者を「放課後児童支援員」として認定し，原則として支援の単位ごとに2名以上配置することとなった（1名は補助員でも可）。

これまでの進捗状況や，児童福祉や教育分野における施策の動向も踏まえ，放課後児童対策の取組みをさらに推進させるため，平成30年9月には「新・放課後子ども総合プラン」がとりまとめられた。この新プランでは，令和5年度末までの以下の4つの目標を掲げ，引き続き共働き家庭等の「小1の壁」・「待機児童」を解消するとともに，すべての児童が放課後を安全・安心に過ごし，多様な体験・活動を行うことができるよう，放課後児童クラブと放課後子供教室の両事業の計画的な整備等が推進されている。

① 放課後児童クラブについて，2021年度末までに約25万人分を整備し，待機児童解消を目指し，その後も女性就業率の上昇を踏まえ2023年度末までに計約30万人分の受け皿を整備する（約122万人から約152万人へ）。

② すべての小学校区で，両事業を一体的にまたは連携して実施し，うち小学校内で一体型として1万か所以上で実施することを目指す。

③ 両事業を新たに整備等する場合には，学校施設を徹底的に活用することとし，新たに開設する放課後児童クラブの約80パーセントを小学校内で実施することを目指す。

④ 子どもの主体性を尊重し，子どもの健全な育成を図る放課後児童クラブの役割を徹底し，子どもの自主性，社会性等のより一層の向上を図る。

2 ── 児童厚生施設

児童厚生施設は，児童福祉施設の一種であって，児童館，児童遊園等児童に健全な遊びの場を与えて，その健康を増進し情操を豊かにすることを目的とする施設である。

児童厚生施設には「児童の遊びを指導する者」（児童厚生員）が置かれ，その施設の所在する地域社会との連携を密にし，母親クラブ，子ども会等の児童福祉のための地域組織活動の拠点としての機能をもっている。また，児童館によっては，幼児の集団指導や放課後児童健全育成事業を行っている。

児童厚生施設の設置状況は表5-2のとおりである。

1 児童館

児童館は，屋内の活動を主とし，その規模および機能から，おおむね次のような型に分けることができる。

(1) 小型児童館

小地域を対象として，児童に健全な遊びを提供し，その健康を増進し，情操を豊かにするとともに，母親クラブ，子ども会等の地域組織活動の育成助長を図る等，児童の健全育成に関する総合的な機能を有するもの。

(2) 児童センター

小型児童館の機能に加えて，児童の体力増進に関する指導機能を併せもつもの。

表 5-2 ● 児童厚生施設設置状況

	総　　　数			児　童　館			児　童　遊　園		
	総　数	公　営	私　営	総　数	公　営	私　営	総　数	公　営	私　営
昭和55年度	7,052	6,468	584	2,815	2,376	439	4,237	4,092	145
60	7,690	6,968	722	3,517	2,943	574	4,173	4,025	148
平成2	7,943	7,095	848	3,840	3,137	703	4,103	3,958	145
7	8,304	7,250	1,054	4,154	3,275	879	4,150	3,975	175
12	8,527	7,192	1,335	4,420	3,259	1,161	4,107	3,933	174
17	8,518	6,843	1,675	4,716	3,200	1,516	3,802	3,643	159
22	7,628	5,925	1,703	4,345	2,732	1,613	3,283	3,193	90
27	7,394	5,488	1,906	4,613	2,770	1,843	2,781	2,718	63
29	6,921	4,960	1,961	4,541	2,632	1,909	2,380	2,328	52
30	6,770	4,838	1,932	4,477	2,595	1,882	2,293	2,243	50
令和元	6,674	4,719	1,955	4,453	2,573	1,900	2,221	2,166	55
2	6,571	4,609	1,962	4,398	2,488	1,910	2,173	2,121	52
3	6,468	4,451	2,017	4,347	2,381	1,966	2,121	2,070	51

資料　「社会福祉施設等調査」

　特に，上記の機能に加えて，中学生，高校生等の年長児童の情操を豊かにし，健康を増進するための育成機能を有する児童センターは「大型児童センター」と呼んでいる。

(3)　大型児童館

①　A型児童館

　　児童センターの機能に加えて，都道府県内の小型児童館，児童センターおよびその他の児童館の指導および連絡調整等の役割を果たす中枢的機能を有するもの。

②　B型児童館

　　豊かな自然環境に恵まれた一定の地域内に設置し，児童が宿泊をしながら，自然を活かした遊びを通して，協調性，創造性，忍耐力等を高めることを目的とした児童館であり，小型児童館の機能に加えて，自然のなかで児童を宿泊させ，野外活動が行える機能を有するもの。

③　C型児童館

　　広域を対象として児童に健全な遊びを提供し，児童の健康を増進し，情操を豊かにする等の機能に加えて芸術，体育，科学等の総合的な活動ができるように，劇場，ギャラリー，屋内プール，コンピュータプレイルーム，歴史・科学資料展示室，宿泊研修室，児童遊園等が適宜附設され，多様な児童のニーズに総合的に対応できる体制にあるもの。

2　児童遊園

　児童遊園は屋外型の児童厚生施設であり，その標準的規模は都市部において土地の確保が困難な状況に鑑み，平成4年度から縮小され，330㎡以上であって，広場，ブランコ等の遊具設備および便所，水飲場等を設けることとされている。

3 ——— 児童環境づくり基盤整備事業

　核家族化の進行，児童虐待の増加など，子どもや子育てをめぐる環境の複雑・多様化により，家庭や地域における子育て機能の低下といった問題が生じていることから，児童の健全育成に資する模範的・先駆的な事業等を実施することにより，児童育成事業の普及や次世代育成支援対策等の一層の推進を図り，次代を担う児童の健全育成を支援する事業として児童環境づくり基盤整備事業がある。

4 ——— 地域組織活動

　児童の健全育成は，家庭や地域社会の人々との実践と国や地方公共団体の施策と，児童福祉関係機関や児童福祉施設の活動が相まって達成される。

　児童の健全育成を図るための地域組織活動としては，子ども会などの児童自身の集団活動と，母親クラブ，親の会など，親が近隣地域で児童の健全育成のために集団活動する親の組織活動とがある。

　これらの組織は，町単位あるいはそれ以下の小地域における近隣の児童や母親などによって組織されている。

　子ども会は，近隣の児童の遊び仲間を基盤に組織化された児童の地域組織で，小・中学生を中心に遊びを主とする集団活動によって，児童の自主性や社会性などを高め，心身の健全な発達を図ることを目的とするものである。

　したがって，児童の自主的活動を中心に，地域社会の人々の協力によって，組織的に育成助長されることが望ましいものであり，また，あらゆる関係機関と団体の協力と連携のもとに育成されることが必要である。

　母親クラブ，親の会などの親の組織は，近隣の母親または両親が集団で活動するものであり，そのねらいの1つ目は，話し合いを通じて，児童の健康，栄養，余暇指導など，児童養育についての知識や技術を高め，これを各家庭で実践することであり，もう1つは，親たちの協力によって，地域の児童のため諸活動を行い，あるいは，児童福祉関係機関や施設の活動に協力するなど，児童福祉に寄与することである。

　特に，母親による地域活動への参加は，地域における母親の互助，連帯を強め，地域全体で児童を育成する体制を確立するうえで効果的である。

　厚生労働省では，これらの組織を育成助長し，さらに地域に根ざしたものとするため，昭和48年度から，活動内容など一定の要件を具備している母親クラブ等に対して国庫補助を行い，その活動の促進を図ってきた（平成24年度より一般財源化）。また，近年，子育て支援NPO等の活動も増加していることから，幅広く地域組織の活動への支援を図ることとしている。

5 ── 主任児童委員

　少子化等児童を取り巻く環境の変化を踏まえ，民生委員・児童委員のうち児童福祉に関する事項を専門的に担当する児童委員として，地域における児童関係機関との連絡・調整や児童に対する健全育成活動の支援など従来の地区担当の児童委員と一体となった活動を展開することにより，児童委員活動の一層の推進を図ることを目的に，平成6年1月1日に設けられた。その後，時代の変化とともに児童に関する問題が複雑・多様化し，主任児童委員の役割がひろがったことから平成13年11月の児童福祉法の改正により法定化され，同年12月1日の一斉改選を機にすべての地域において，複数配置とされ，約6000人の増員が図られた。さらに，平成16年12月の児童福祉法の改正においては，主任児童委員が区域を担当する児童委員と連携しつつ，個別事案についても児童委員としての職務を行い得ることが明確化された。

　なお，任期は3年であり，令和3年度末現在の定数は，2万1975人である。

6 ── 児童福祉文化財の推薦等

　社会保障審議会および都道府県児童福祉審議会は，児童福祉法第8条第9項の規定により，児童の健全育成に有益な児童福祉文化財の普及向上を図るため，出版物，舞台芸術，映像・メディア等について，推薦を行っている。

　令和4年度の推薦件数は，出版物28点，舞台芸術8点，映像・メディア等2点である。

7 ── 児童手当

　児童手当制度は，児童を養育している者に児童手当を支給することにより，家庭等における生活の安定に寄与するとともに，次代の社会を担う児童の健やかな成長に資することを目的として，昭和47年1月1日から実施されている。

　その後，昭和53年度から児童手当を補完するものとして福祉施設費が創設され，昭和57年度からは臨調答申を受けた臨時特例の措置として児童手当の所得制限強化と特例給付の支給が行われ，昭和60年には，給付内容について制度改正が行われ，支給対象が第2子に拡大されるとともに，支給期間が小学校入学前までとされるという経緯を経て，平成4年1月から再度給付内容について大幅な制度改正が行われた。

　さらに，平成6年度には，従来の福祉施設費を児童育成事業費に改めてその拡充を図るとともに，これに要する費用に充てるため，一般事業主から拠出金を徴収する制度改正が行われた。平成12年度には，支給期間を小学校入学前までとする制度改正が行われ，平成13年度には，支給対象児童を扶養する親等の所得制限限度額が大幅に緩和され，支給率がおおむね85％になるよう引き上げられ，平成16年度には，支給期

間を小学校第3学年修了前までとする制度改正が行われた。平成18年度には，支給期間が小学校修了前までとされ，あわせて所得制限限度額が緩和され，支給率がおおむね90％になるよう引き上げる制度改正が行われ，対象児童の拡充が図られた。平成19年度には，3歳未満の乳幼児の養育者に対する児童手当の額が，第1子および第2子について倍増し，出生順位にかかわらず一律1万円とされた。

平成22年度には，子育てを未来への投資として，次代を担う子どもの育ちを個人の問題とするのではなく，社会全体で応援するという観点から，子ども手当が創設され，中学校修了前までのすべての子のその父母等に月額1万3000円が支給されることとなった（平成23年9月まで延長）。平成23年10月からは，3歳未満は月額1万5000円，3歳から小学生は月額1万円（第3子以降は月額1万5000円），中学生は月額1万円が，その父母や児童養護施設の設置者等，未成年後見人や父母指定者等に支給されることとなった。

平成24年度からは子ども手当から再び所得制限（例：夫婦・児童2人世帯の場合は年収960万円）を伴う児童手当となり，所得制限額以上である者に対しては，特例給付として児童1人当たり月額5000円が支給されることとなった（表5-3参照）。

旧子ども手当制度に盛り込まれていた①児童に国内居住要件を設けること（留学中の場合を除く。），②児童養護施設に入所している児童等について，手当を施設の設置者等に支給すること，③保育料を手当から直接徴収できる仕組みにするとともに，学校給食費を本人同意により手当から納付することができる仕組みとすること等につい

表5-3●児童手当制度の概要

制度の目的	○家庭等の生活の安定に寄与する ○次代の社会を担う児童の健やかな成長に資する		
支給対象	○中学校修了までの国内に住所を有する児童 　（15歳に到達後の最初の年度末まで）	受給資格者	○監護生計要件を満たす父母等 ○児童が施設に入所している場合は施設の設置者等
手当月額	○0～3歳未満　一律15,000円 ○3歳～小学校修了まで 　・第1子，第2子：10,000円（第3子以降：15,000円） ○中学生　　　　一律10,000円 ○所得制限以上　一律5,000円（当分の間の特例給付）	実施主体	○市区町村（法定受託事務） ※公務員は所属庁で実施
		支払期月	○毎年2月，6月及び10月（各前月までの分を支払）
		所得制限 （夫婦と児童2人）	○所得限度額（年収ベース） ・960万円未満

○財源については，国，地方（都道府県，市区町村），事業主拠出金（※）で構成。
※事業主拠出金は，標準報酬月額及び標準賞与額を基準として，拠出金率（3.6/1000）を乗じて得た額で，児童手当等に充当されている。

費用負担

		被用者		非被用者		公務員
0歳～3歳未満	特例給付 （所得制限以上）	国2/3	地方1/3	国2/3	地方1/3	所属庁 10/10
	児童手当	事業主7/15	国16/45　地方8/45	国2/3	地方1/3	
3歳～ 中学校修了前	特例給付 （所得制限以上）	国2/3	地方1/3	国2/3	地方1/3	所属庁 10/10
	児童手当	国2/3	地方1/3	国2/3	地方1/3	

財源内訳 （令和4年度予算額）	［給付総額］　1兆9,988億円　　（内訳）国負担分　　：　1兆951億円 　　　　　　　　　　　　　　　　　　　　地方負担分　：　5,476億円 　　　　　　　　　　　　　　　　　　　　事業主負担分：　1,637億円 　　　　　　　　　　　　　　　　　　　　公務員分　　：　1,925億円

出典　こども家庭庁HP（児童手当制度の概要）を一部改変

ても引き続き実施することになった。

令和3年5月には「子ども・子育て支援法及び児童手当法の一部を改正する法律」の成立により，令和4年10月支給分から高所得者世帯（世帯主の年収1200万円以上）への特例給付が廃止された。政府は，これにより浮いた財源を待機児童解消へ向けた費用に充て，令和6年度までに約14万人分の保育の受け皿確保を目指している。

令和5年6月に閣議決定された骨太の方針における少子化対策の一環として，児童手当の拡充が検討されている。

第4節　保育施策

1 ──── 保育施策の背景

保育における乳幼児の福祉対策は，児童福祉法が施行されるまでは，主として民間社会福祉事業家により行われてきた。児童福祉法施行当時の昭和23年3月の記録によれば，保育所数は1476か所，保育児童数は13万5503人にすぎなかったが，令和5年4月1日現在では，保育所等の数は3万9589か所，定員は305万928人，利用児童数は271万7335人となっている（図5-6参照）。なお，保育所等には，子ども・子育て支援新制度における幼保連携型認定こども園等の特定教育・保育施設と特定地域型保育事業が含まれる。

この著しい伸長の背景には，戦後における児童福祉法，児童憲章および児童権利宣言等の精神による児童観の発展，わが国の著しい社会構造の変革ならびに急速な経済成長等がその要因となっているものとみられる。すなわち，人口の都市集中化と農山村等における過疎化および家族構成の変化（世帯人員の減少等）などと相関関係をもつ経済，社会の構造的変化とともに，今日におけるわが国の経済成長を支える1つの要因となった女性の労働力の質的量的な増大を背景として，夫婦共働き家庭が一般化してきており，保育需要の増加の要因となっている。さらに保護者の労働における勤務形態，すなわち勤務時間や時間帯，職種等の多様化や通勤距離の遠距離化などにより，保育需要が多様化してきている。

2 ──── 保育対策の現状

このような保育問題の背景を認識しつつ，保育対策の現状について述べる。

1　保育需要の多様化への対応

これまで，年々多様化する保育ニーズの広がりに対応するため，延長保育，夜間保育，病児保育，障害児保育等のさまざまなメニューの特別対策が実施されてきた。

図 5 - 6 ●保育所等定員数および利用児童数の推移

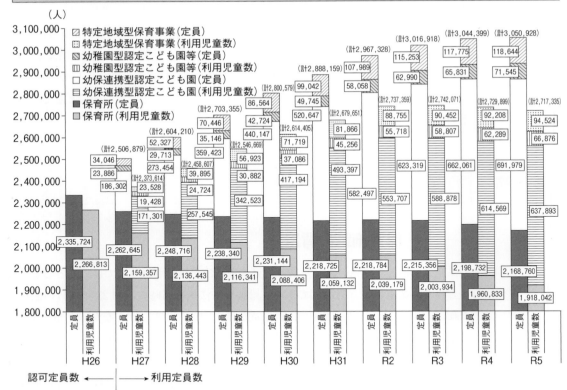

出典　こども家庭庁「保育所等関連状況取りまとめ（令和 5 年 4 月 1 日）」

　平成 27 年度からは，夜間保育および特定保育については，施設型給付により対応することとなり，家庭的保育および事業所内保育については，新たに市町村の認可事業（地域型保育事業）として地域型保育給付の対象となっている。また，延長保育，病児保育については，「地域子ども・子育て支援事業」に位置づけられ，これまでとは異なる形で，多様な保育サービスが展開されている（表 5 - 4 参照）。

2　待機児童の解消に向けた取組みの経緯

　都市部を中心として多く存在する保育所の「待機児童」を解消するために，平成 14 年度から「待機児童ゼロ作戦」の推進が図られた。さらに，平成 17 年度からは，「子ども・子育て応援プラン」に基づき，平成 21 年度までに保育所の受入児童数を 215 万人まで引き上げるなどの取組みが進められた。

　この結果，平成 22 年 4 月には，保育所の定員が 215 万 8045 人に達している。ただし，保育所の定員が増加した一方で，保育所待機児童数については 2 万 6275 人と，3 年連続で増加する結果となった。こうした状況を受け，内閣総理大臣指示により，内閣府特命担当大臣（少子化対策担当）を主査とする「待機児童ゼロ特命チーム」が設置され，同年 11 月には「国と自治体が一体的に取り組む待機児童解消『先取り』プロ

表5-4●地域型保育事業の数 （平成28年4月1日現在）

事業	件数 (※1)	（公私の内訳）		（設置主体別内訳）［対前年差］			
		公立	私立	社会福祉法人	株式会社 有限会社	個人	その他 (※3)
家庭的保育事業	958	117	841	31 [＋ 3]	13 [＋ 2]	756 [＋31]	41 [＋ 31]
小規模保育事業 （※2）	2,429	64	2,365	363 [＋143]	1,015 [＋456]	470 [0]	517 [＋171]
（A型）	(1,711)	(33)	(1,678)	(290 [＋129])	(753 [＋434])	(242 [＋23])	(393 [＋162])
（B型）	(595)	(21)	(574)	(57 [＋ 13])	(237 [＋ 22])	(176 [－25])	(104 [＋ 10])
（C型）	(123)	(10)	(113)	(16 [＋ 1])	(25 [0])	(52 [＋ 2])	(20 [－ 1])
居宅訪問型保育事業	9	0	9	1 [＋ 1]	6 [＋ 4]	0 [0]	2 [0]
事業所内保育事業	323	2	321	87 [＋ 48]	106 [＋ 56]	4 [＋ 2]	124 [＋ 68]
計	3,719	183	3,536	482 [＋195]	1,140 [＋518]	1,230 [＋33]	684 [＋270]

（※1）自治体が設置した件数及び認可した件数。
（※2）小規模保育事業は以下の3類型を設定。
　　・A型：保育所分園や小規模の保育所に近い類型
　　・B型：A型とC型の中間の類型
　　・C型：家庭的保育に近い類型
（※3）その他には，NPO法人，学校法人，一般社団・財団法人，医療法人などを含む。
出典　厚生労働省「地域型保育事業の件数について（平成28年4月1日現在）」

　ジェクト」がとりまとめられた。

　また，平成25年4月には，待機児童解消のための取組みを加速化させるため，平成25年度から平成29年度までの5年間で新たに40万人分の保育の受け皿整備を目指す「待機児童解消加速化プラン」が策定され，平成27年度からの子ども・子育て支援新制度の施行を待たずに，待機児童解消に意欲的に取り組む地方自治体に対して，全面的な支援が展開されてきた。

　こうした取組みの結果，保育所の定員は年々増加し，待機児童数は平成26年度まで4年連続で減少するという成果をみせたが，その後再び待機児童数が増加に転じると，今後，女性の就業がさらに進むことを想定し，平成27年11月の「一億総活躍社会の実現に向けて緊急に実施すべき対策」によって，平成29年度末までの整備目標が40万人から50万人に上積みされることとなった。

　さらに，平成28年3月には，子どもを預けられず困っている人々への早急な対策として，短期間で実効性のある施策を中心に「待機児童解消に向けて緊急的に対応すべき施策について」がとりまとめられ，国と地方自治体とが連携しながら待機児童解消に向けた取組みを積極的に進めている。

　また，保育の受け皿については，地域型保育や企業主導型保育など多様な主体による整備も進められており，平成28年4月には，子ども・子育て支援法の一部を改正する法律を改正し，政府が事業所内保育業務を目的とする施設等の設置者に対する助成及び援助を行う事業（仕事・子育て両立支援事業）が創設された。なお，平成30年4月1日からは，同法の改正により，一般事業主から徴収する拠出金の率の上限を引き上げるとともに，当該拠出金を子どものための教育・保育給付の費用の一部に充てる

図 5-7 ●新子育て安心プランの概要

○令和 3 年度から令和 6 年度末までの 4 年間で約14万人分の保育の受け皿を整備する。

・第 2 期市町村子ども・子育て支援事業計画の積み上げを踏まえ，保育の受け皿を整備。
・できるだけ早く待機児童の解消を目指すとともに，女性（25〜44歳）の就業率の上昇に対応。
　（参考）平成31年：77.7％，現行の子育て安心プランは80％に対応，令和 7 年の政府目標：82％（第 2 期まち・ひと・しごと創生総合戦略）

平成25年度	平成30年度	令和 3 年度		令和 6 年度末
＜プラン＞ 待機児童解消加速化プラン（目標： 5 年間で約50万人）	子育て安心プラン（目標： 3 年間で約32万人）	新子育て安心プラン（目標： 4 年間で約14万人）		

○新子育て安心プランにおける支援のポイント

①地域の特性に応じた支援

○保育ニーズが増加している地域への支援
　（例）
・新子育て安心プランに参加する自治体への整備費等の補助率の嵩上げ

○マッチングの促進が必要な地域への支援
　（例）
・保育コンシェルジュによる相談支援の拡充
（待機児童数が50人未満である市区町村でも新子育て安心プランに参画すれば利用可能とする）
・巡回バス等による送迎に対する支援の拡充
（送迎バスの台数や保育士の配置に応じたきめ細かな支援を行う）

○人口減少地域の保育の在り方の検討

②魅力向上を通じた保育士の確保

　（例）
・保育補助者の活躍促進（「勤務時間30時間以下」との補助要件を撤廃）
・短時間勤務の保育士の活躍促進
（待機児童が存在する市町村において各クラスで常勤保育士 1 名必須との規制をなくし，それに代えて 2 名の短時間保育士で可とする）
・保育士・保育所支援センターの機能強化
（現職保育士の就業継続に向けた相談を補助対象に追加）

③地域のあらゆる子育て資源の活用

　（例）
・幼稚園の空きスペースを活用した預かり保育（施設改修等の補助を新設）や小規模保育（待機児童が存在する市区町村において利用定員の上限（19人）を弾力化（ 3 人増し→ 6 人増しまで可とする））の推進
・ベビーシッターの利用料助成の非課税化【令和 3 年度税制改正で対応】
・企業主導型ベビーシッターの利用補助の拡充（ 1 日 1 枚→ 1 日 2 枚）
・育児休業等取得に積極的に取り組む中小企業への助成事業の創設
【令和 3 年の通常国会に子ども・子育て支援法の改正法案を提出予定】

出典　こども家庭庁 HP（新子育て安心プランの概要）を一部改変

こととする等の改正が施行されている。

3　新子育て安心プラン

　多様な待機児童解消に向けた取組みの結果，保育所の定員は年々増加し，令和 4 年 4 月に約304万人に達したが，その一方で待機児童数は，平成26年までに 4 年連続で減少し，その後再び増加に転じたが，近年減少しており令和 5 年 4 月 1 日現在で2680人と，前年比で264人減少している。

　待機児童問題の背景には，女性（25〜44歳）の就業率の増加に伴う保育申込者数（特に， 1・2 歳児の保育利用率）の増大があるとみられるが，政府は，平成29年 6 月に「子育て安心プラン」を策定し，平成30年度から令和 4 年度までの 5 年間で，女性就業率80％に対応できるよう約32万人分の受け皿の整備をめざすこととした。また，同年12月に閣議決定された「新しい政策パッケージ」により，これを前倒しし，令和 2 年度までに整備することとしている。

　令和 2 年12月には「新子育て安心プラン」がとりまとめられた。令和 3 年度から令和 6 年度の 4 年間で約14万人の保育の受け皿を整備するほか，①地域の特性に応じ

た支援，②魅力向上を通じた保育士の確保，③地域のあらゆる子育て資源の活用を柱とした各種整備を行うこととしている（図5-7参照）。

4 「保育士確保プラン」の推進

「待機児童解消加速化プラン」の確実な実施のため，平成27年1月，同年4月から施行される子ども・子育て支援新制度における地方公共団体の計画を踏まえ，国全体で必要となる保育士数を推計し，その推計に基づき必要である保育士が確保できるよう，国，都道府県，市町村等において人材育成，就業継続支援，再就職支援，働く職場の環境改善等の施策を強力に推進するため，「保育士確保プラン」が策定された。

平成29年度末までに46万3000人の保育士を確保することを国全体の目標とし，すでに加速化プランにより取り組んでいる各種施策の推進を図るほか，平成27年度からの新たな取組みとして，①保育士試験の年2回実施の推進，②保育士に対する処遇改善の実施，③指定保育士養成施設で実施する学生に対する保育所への就職促進支援，④保育士試験を受験する者に対する受験のための学習費用支援，⑤保育士・保育所支援センターにおける離職保育士に対する再就職支援の強化，⑥福祉系国家資格を有する者に対する保育士試験科目等の一部免除の検討の6項目が掲げられている。

なお，当初の保育士確保プランでは，新たに確保する保育士の目標を6.9万人としていたが，待機児童解消加速化プランの整備目標が40万人から50万人に引き上げられたことに伴い，2万人程度上積みし，約9万人の保育人材を確保することとしている。

第5節　子どもの貧困対策

近年，わが国の子どもの相対的貧困率は上昇傾向にあり，先進国のなかでも高い水準にある。特に大人1人で子どもを養育している家庭が困窮しており，2014（平成26）年のOECDの報告によると，子どもがいる現役世帯のうち大人が1人の世帯の相対的貧困率は，日本が50.8％でOECD加盟国中最も高かった（日本の数値は2009（平成21）年）。

こうした状況のなか，平成25年6月26日に「子どもの貧困対策の推進に関する法律」（子どもの貧困対策法）が公布された。子どもの将来がその生まれ育った環境によって左右されることのないよう，貧困の状況にある子どもが健やかに育成される環境を整備するとともに，教育の機会均等を図るため，子どもの貧困対策に関し，基本理念を定め，国等の責務を明らかにし，および子どもの貧困対策の基本となる事項を定めることにより，子どもの貧困対策を総合的に推進することを目的として制定された法律で，平成26年1月17日より施行され，令和元年6月には目的規定や基本理念の見直し等を内容とする改正法が成立している（図5-8参照）。

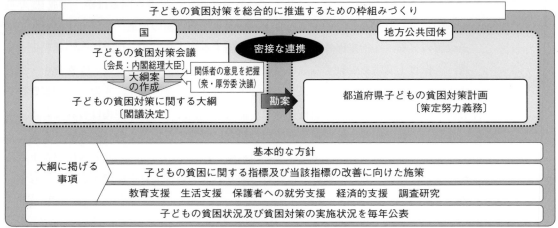

図5-8●子どもの貧困対策の推進に関する法律について

（平成25年法律第64号）

現状・背景

■子どもの貧困率
18歳未満の子どもで15.7%（2010年OECD加盟34カ国中25位）
（2009年厚労省データ）（OECD（2014）データ）※日本の数値は2009年

■ひとり親世帯での貧困率50.8%（2010年OECD加盟34カ国中33位）
（2009年厚労省データ）（OECD（2014）データ）※日本の数値は2009年

■生活保護世帯の子どもの高等学校等進学率89.9%（全体98.4%）

（2013年厚労省／文科省データ）

■世代を超えた「貧困の連鎖」

目的・基本理念

この法律は，貧困の状況にある子どもが健やかに育成される環境を整備するとともに，教育の機会均等を図るため，子どもの貧困対策を総合的に推進することを目的とする。

■子どもの貧困対策は，子どもの将来がその生まれ育った環境によって左右されることのない社会を実現することを旨として推進されなければならない。

■子どもの貧困対策は，国及び地方公共団体の関係機関相互の密接な連携の下に，総合的な取組として行わなければならない。

子どもの貧困対策を総合的に推進するための枠組みづくり

国

子どもの貧困対策会議
〔会長：内閣総理大臣〕

密接な連携

大綱案の作成　関係者の意見を把握（衆・厚労委 決議）

子どもの貧困対策に関する大綱
〔閣議決定〕

勘案

地方公共団体

都道府県子どもの貧困対策計画
〔策定努力義務〕

大綱に掲げる事項

基本的な方針

子どもの貧困に関する指標及び当該指標の改善に向けた施策

教育支援　生活支援　保護者への就労支援　経済的支援　調査研究

子どもの貧困状況及び貧困対策の実施状況を毎年公表

資料　内閣府

　平成26年4月には第1回「子どもの貧困対策会議」が開催され，「子どもの貧困対策に関する検討会」による関係者からの意見聴取等を経て，平成26年8月には「子供の貧困対策に関する大綱～全ての子供たちが夢と希望を持って成長していける社会の実現を目指して～」が閣議決定されている。

　大綱では，目的・理念のほか，基本的な方針や，子どもの貧困に関する指標，指標の改善に向けた当面の重点施策が示された。

　子どもの貧困に関する指標については，世帯の経済状況のみならず，教育や成育環境などの子どもたちを取り巻く状況を多面的に把握したうえで，貧困の連鎖の要因の解消を図る必要があるとの観点から，生活保護世帯に属する子どもの進学率や就職率，スクールワーカーの配置人員・配置率，ひとり親家庭の親の就業率，子どもの貧困率など，さまざまな観点から25の項目が掲げられた。

　25の指標については，その後の取組みにより多くの項目で改善がみられる（表5-5参照）。子どもの貧困に対する社会の認知が一部で進んできたことの現れともいえるが，その陰で，今なお支援を必要とする子どもやその家族が多く存在し，特にひと

表 5-5 ● 子供の貧困の状況

指標	前大綱策定時	現大綱策定時	直近値
生活保護世帯に属する子供の高等学校等進学率	90.8% （平成25年 4 月 1 日現在）	93.7% （平成30年 4 月 1 日現在）	93.7% （令和 3 年 4 月 1 日現在）
生活保護世帯に属する子供の高等学校等中退率	5.3% （平成25年 4 月 1 日現在）	4.1% （平成30年 4 月 1 日現在）	3.6% （令和 3 年 4 月 1 日現在）
生活保護世帯に属する子供の大学等進学率	32.9% （平成25年 4 月 1 日現在）	36.0% （平成30年 4 月 1 日現在）	39.9% （令和 3 年 4 月 1 日現在）
児童養護施設の子供の進学率 （中学校卒業後）	96.6% （平成26年 5 月 1 日現在）	95.8% （平成30年 5 月 1 日現在）	96.4% （令和 2 年 5 月 1 日現在）
児童養護施設の子供の進学率 （高等学校卒業後）	22.6% （平成26年 5 月 1 日現在）	30.8% （平成30年 5 月 1 日現在）	33.0% （令和 2 年 5 月 1 日現在）
ひとり親家庭の子供の就園率 （保育所・幼稚園等）	72.3% （平成23年度）	81.7% （平成28年11月 1 日現在）	79.8% （令和 3 年11月 1 日現在）
ひとり親家庭の子供の進学率 （中学校卒業後）	93.9% （平成23年度）	95.9% （平成28年11月 1 日現在）	94.7% （令和 3 年11月 1 日現在）
ひとり親家庭の子供の進学率 （高等学校卒業後）	41.6% （平成23年度）	58.5% （平成28年11月 1 日現在）	65.3% （令和 3 年11月 1 日現在）
全世帯の子供の高等学校中退率		1.4% （平成30年度）	1.2% （令和 3 年度）
全世帯の子供の高等学校中退者数		48,594人 （平成30年度）	38,928人 （令和 3 年度）
スクールソーシャルワーカーによる対応実績のある学校の割合（小学校）		50.9% （平成30年度）	63.2% （令和 3 年度）
スクールソーシャルワーカーによる対応実績のある学校の割合（中学校）		58.4% （平成30年度）	68.1% （令和 3 年度）
スクールカウンセラーの配置率（小学校）	37.6% （平成24年度）	67.6% （平成30年度）	89.9% （令和 3 年度）
スクールカウンセラーの配置率（中学校）	82.4% （平成24年度）	89.0% （平成30年度）	93.6% （令和 3 年度）
就学援助制度に関する周知状況 （入学時及び毎年度の進級時に学校で就学援助制度の書類を配布している市町村の割合）		65.6% （平成29年度）	82.3% （令和 4 年度）
新入学児童生徒用品費等の入学前支給の実施状況（小学校）		47.2% （平成30年度）	84.9% （令和 4 年度）
新入学児童生徒用品費等の入学前支給の実施状況（中学校）		56.8% （平成30年度）	86.2% （令和 4 年度）
高等教育の修学支援新制度の利用者数（令和 2 年 4 月～）　大学			23.0万人 （令和 3 年度）
短期大学			1.6万人 （令和 3 年度）
高等専門学校			0.3万人 （令和 3 年度）
専門学校			7.0万人 （令和 3 年度）
ひとり親家庭の親の就業率（母子世帯）		80.8% （平成27年）	83.0% （令和 2 年）
ひとり親家庭の親の就業率（父子世帯）		88.1% （平成27年）	87.8% （令和 2 年）
ひとり親家庭の親の正規の職員・従業員の割合（母子世帯）		44.4% （平成27年）	50.7% （令和 2 年）
ひとり親家庭の親の正規の職員・従業員の割合（父子世帯）		69.4% （平成27年）	71.4% （令和 2 年）
子供の貧困率	16.3% （平成24年）	13.9% （平成27年）	13.5% （平成30年）
ひとり親世帯の貧困率	54.6% （平成24年）	50.8% （平成27年）	48.1% （平成30年）

出典　内閣府「第18回子供の貧困対策に関する有識者会議」（令和 4 年 9 月26日），参考資料 7 - 2 を一部改変

図5-9●子供の貧困対策に関する大綱のポイント

子供の貧困対策に関する大綱のポイント（令和元年11月29日閣議決定）

子供の貧困対策に関する大綱
○「子どもの貧困対策の推進に関する法律」（平成25年成立，議員立法）に基づき策定
○今般の大綱改定は，
　　①前大綱（平成26年8月閣議決定）において，5年を目途に見直しを検討するとされていたこと，及び②議員立法
　　による法律改正（令和元年6月）を踏まえて実施。
○平成30年11月の子どもの貧困対策会議（会長：内閣総理大臣）において，令和元年度中に新たな大綱を策定するこ
　ととされた。

目 的	現在から将来にわたり，全ての子供たちが夢や希望を持てる社会を目指す 子育てや貧困を家庭のみの責任とせず，子供を第一に考えた支援を包括的・早期に実施
基本的 方針	①親の妊娠・出産期から子供の社会的自立までの切れ目のない支援 　→子供のライフステージに応じて早期の課題把握 ②支援が届かない又は届きにくい子供・家庭への配慮 　→声を上げられない子供や家庭の早期発見と支援の多様化 ③地方公共団体による取組の充実 　→計画策定や取組の充実，市町村等が保有する情報の活用促進
指 標	ひとり親の正規雇用割合，食料又は衣服が買えない経験等を追加（指標数　25→39）

指標の改善に向けた重点施策（主なもの）

1．教育の支援
○学力保障，高校中退予防，中退後支援の観点を含む教育支援体制の整備
　少人数指導や習熟度別指導，補習等のための教職員等の指導体制の充実，教育相談体制の充実，高校中退者への学習
　支援・指導提供等
○真に支援が必要な低所得者世帯の子供たちに対する大学等の授業料減免や給付型奨学金を実施

2．生活の安定に資するための支援
○妊娠・出産期からの切れ目ない支援，困難を抱えた女性への支援
　子育て世代包括支援センターの全国展開，若年妊婦等へのアウトリーチ，SNSを活用した相談支援，ひとり親支援
　に係る地方公共団体窓口のワンストップ化・民間団体の活用等
○生活困窮家庭の親の自立支援　生活困窮者に対する自立相談，就労準備，家計改善の一体的な支援の実施を推進

3．保護者に対する職業生活の安定と向上に資するための就労の支援
○ひとり親への就労支援　資格取得や学び直しの支援，ショートステイ（児童養護施設等で一時的に子供を預かる事
　業）等の両立支援

4．経済的支援
○児童扶養手当制度の着実な実施　支払回数を年3回から6回に見直し（令和元年11月支給分〜）
○養育費の確保の推進　養育費の取決め支援，民事執行法の改正による財産開示手続の実効性の向上

施策の推進体制等
○地方公共団体の計画策定等支援
○子供の未来応援国民運動の推進　子供の未来応援基金等の活用

資料　こども家庭庁HP（子供の貧困対策に関する大綱（概要））

り親家庭の貧困率は高い水準にあるとの課題が指摘されている。また，各地域で子ども
の貧困対策としてさまざまな取組みが広がるなかで地域による格差が拡大している
という課題も浮き彫りになってきた。

　こうした課題も踏まえ，前述の令和元年6月の改正法により子供の貧困対策に関す
る大綱に関する規定が改正され，令和元年11月，政府は新たな「子供の貧困対策に関

する大綱」を策定した。この大綱では，新たに「ひとり親の正規雇用割合，食料又は衣服が買えない経験」等を加えた39の指標を掲げ，①親の妊娠・出産期から子供の社会的自立までの切れ目のない支援（子供のライフステージに応じて早期の課題把握），②支援が届かない又は届きにくい子供・家庭への配慮（声を上げられない子供や家庭の早期発見と支援の多様化），③地方公共団体による取組みの充実（計画策定や取組みの充実，市町村等が保有する情報の活用促進）等を通じて，現在から将来にわたり，すべての子供たちが夢や希望をもてる社会を目指すこととしている（図5-9参照）。

第6節　児童の社会的養護

1 ── 社会的養護とは

社会的養護を必要とする児童（要保護児童）については，児童福祉法において「保護者のない児童又は保護者に監護させることが不適当であると認められる児童」と定義されている。具体的には，保護者が死亡あるいは行方不明，保護者が拘留中，保護者が病気療養中，経済的事情による養育困難，保護者が子どもを虐待している等の場合が該当する。

児童は家庭における保護者の愛情のもとで養育されることが望ましいが，児童のなかには，保護者がいない，あるいはいても保護者に養育させることが適当でないなどの理由により，家庭での養育が困難な場合がある。このような児童については，家庭に代わる環境を与え健全な育成を図り，その自立を支援することが重要である。その方法には乳児院，児童養護施設などへの入所措置，里親への委託によるものがある。

2 ── 近年の社会的養護をめぐる動き

1　近年の制度改正の動向

家庭環境上の理由により施設入所が必要となった児童の割合が増加傾向にあることを踏まえ，平成9年の児童福祉法改正では，保護を要する児童を施設に入所させて保護・養育するだけでなく，自立した社会人として生きていくことができるよう支援することを基本理念として，児童福祉施設の名称や機能の見直しが行われた。また，施設における体罰等の権利侵害事件が跡を絶たないことから，施設長の懲戒に係る権限の濫用を禁止する規定が新たに設けられた。

平成16年には，施設で生活する子どもたちの安定した生活環境等の確保を図るため，乳児院および児童養護施設の入所児童の年齢要件が見直されるとともに，施設退所者への相談その他の援助（アフターケア）が施設業務として法的に位置づけられた。また，里親の定義規定が設けられるとともに，里親の監護権，教育権，懲戒権が明確化された。

平成20年には，児童福祉法等が改正されたが，社会的養護に関しては，困難な状況にある子どもや家庭に対する支援の強化が図られた。具体的には，①乳児家庭全戸訪問事業や，養育支援訪問事業，地域子育て支援拠点事業等の子育て支援サービスの法定化，②子どもを守る地域ネットワーク（要保護児童対策地域協議会）の機能強化，③養育里親の制度化やその要件となる研修の設定など里親制度の見直し，④虐待を受けた子どもを養育者の住居において養育する小規模住居型児童養育事業（ファミリーホーム事業）の創設，⑤施設内虐待を発見した者の通告義務規定と都道府県が講ずる措置の明確化，⑥児童自立生活援助事業の利用方法等の見直しが行われた。

　平成22年から23年にかけて，社会的養護の在り方の見直しについて，「社会保障審議会児童部会社会的養護専門委員会」および「児童養護施設等の社会的養護の課題に関する検討委員会」などで検討が進められていたが，当面早急な改正が可能な事項として，平成23年6月に児童福祉施設最低基準等の改正が行われた。

　職員配置基準関係では，家庭支援専門相談員や個別対応職員など加算職員の配置義務化が行われるとともに，乳児院における看護師等の配置数など，これまで明記されていなかったものが明記された。設備基準関係では，居室面積の下限が引き下げられるとともに居室定員の上限が引き下げられ，相談室の設置が義務化されている。

　なお，児童福祉施設最低基準は，その後，平成24年4月には，地方分権第1次一括法の施行に伴い，児童福祉施設・サービスの人員・設備・運営基準を都道府県等の条例に委任するなどの改正が行われるに際し，その名称が「児童福祉施設の設備及び運営に関する基準」へと改められている。

　これまで児童福祉施設最低基準に規定されていた各基準は，「従うべき基準」と「参酌すべき基準」に区分され，都道府県等が条例で定める基準を「最低基準」と称することとされた。

2　「社会的養護の課題と将来像」

　社会的養護を必要とする子どもの数は増加しており，虐待など子どもの抱える背景は多様化・複雑化している。児童養護施設等の社会的養護の子どもが健やかに育ち，一般家庭の子どもと平等に社会のスタートラインに立つことができるよう，社会的養護を充実することが必要とされている。

　平成23年1月，厚生労働省に「児童養護施設等の社会的養護の課題に関する検討委員会」が設置された。同年7月には，同検討委員会のとりまとめとして「社会的養護の課題と将来像」が公表され，そこでは基本的考え方とともに，社会的養護の施設等（児童養護施設，乳児院，情緒障害児短期治療施設，児童自立支援施設，母子生活支援施設，里親および里親支援機関，ファミリーホーム，自立援助ホーム，児童家庭支援センター），社会的養護の共通課題（施設の運営の質の向上，施設職員の専門性の向上，親子関係の再構築支援の充実等），施設の人員配置，社会的養護の整備量といった課題と将来像がとりまとめられている。

3　子どもの貧困対策の推進に関する法律

　社会的養護を必要としている子どもの増加の背景の1つには子どもの貧困化が挙げられる。子どもの将来がその生まれ育った環境によって左右されることのないよう，貧困の状況にある子どもが健やかに育成される環境を整備するとともに，教育の機会均等のため，子どもの貧困対策を総合的に図ることが必要である。このような目標に向けて，平成25年6月26日に「子どもの貧困対策の推進に関する法律」（子どもの貧困対策法）が公布され，令和元年6月には目的規定の改正や基本理念の見直しを内容とする一部改正法が成立している（本章第5節参照）。

4　平成28年の児童福祉法の改正

　平成28年6月に公布された児童福祉法の改正により，国・地方公共団体の責務として，家庭と同様の環境における児童の養育を推進すること等が明記された。また，都道府県（児童相談所）の業務として，里親の開拓から児童の自立支援までの一貫した里親支援を位置づけ，家庭養護及び家庭的養護のさらなる推進を図っている。

3 ─── 社会的養護にかかわる施設等

1　里親制度

　里親とは，保護者のいない児童や保護者に監護させることが不適当であると認められる児童を養育することを希望する者であって，都道府県知事が適当と認める者をいう。児童相談所は，里親での養育を必要と認めた児童を里親に委託する措置をとることができる。

　里親制度は，家庭での養育に欠ける子どもに対して，あたたかい愛情と正しい理解をもった家庭環境を保障することによって，その健全な育成を図ることを目的とする制度であり，児童福祉施設と並んで重要な役割を果たしている。

　平成14年10月に，里親制度は大きく改正され，従来の里親（養育里親）に加え，新たに専門里親，短期里親，親族里親が創設された。また，平成16年の児童福祉法の改正により，児童福祉施設長と同様に里親にも，受託中の児童の監護，教育，懲戒に関して，当該児童の福祉のために必要な措置をとることができるとされた。

　さらに，平成20年の児童福祉法の改正により，従来の里親について，養子縁組によって養親となることを希望する里親（養子縁組里親）と養育里親とを区別し，さらに養育里親については，養育里親と専門里親とに区分し，従来の短期里親は養育里親に含まれることとされた（表5−6参照）。また，専門里親に加えて養育里親にも研修受講を義務づけるとともに，都道府県に里親登録名簿の作成を義務づけ，委託後の相談，情報提供，助言なども行うよう定められた。

　平成23年3月には里親委託優先の原則を明示した「里親委託ガイドライン」が策定され，平成24年には児童養護施設および乳児院に里親支援専門相談員が配置され，里

表 5-6 ●里親の種類

種類	養育里親	専門里親	養子縁組を希望する里親	親族里親
対象児童	要保護児童（保護者のない児童または保護者に監護させることが不適切であると認められる児童）	次に掲げる要保護児童のうち，都道府県知事がその養育に関し特に支援が必要と認めたもの①児童虐待等の行為により心身に有害な影響を受けた児童②非行のあるまたは非行に結び付くおそれのある行動をする児童③身体障害，知的障害または精神障害がある児童	要保護児童（保護者のない児童または保護者に監護させることが不適切であると認められる児童）	次の要件に該当する要保護児童①当該親族里親に扶養義務のある児童②児童の両親その他当該児童を現に監護する者が死亡，行方不明，拘禁，入院等の状態となったことにより，これらの者による養育が期待できないこと

出典　厚生労働省「社会的養護の現状について（平成29年7月）」を一部改変

親支援体制が整えられている。また，平成27年からは，里親支援機関事業において未委託里親に対するトレーニングが開始されるなど，里親委託が推進されている。

平成28年の児童福祉法改正では，養子縁組に関する相談・支援が都道府県（児童相談所）の業務として位置づけられるとともに，養子縁組里親に対して研修を実施し，欠格要件を設けることで一定水準の確保を図る改正が行われた。また，育児・介護休業法の改正により，特別養子縁組の監護期間にある里親等についても育児休業の対象となった。

令和4年6月に公布された改正児童福祉法において，里親支援センターが児童福祉施設として位置づけられた。里親支援事業を行うほか，里親，里親に養育される児童，里親になろうとしている者からの相談，援助を行う施設で，同規定は令和6年4月1日より施行される。

令和4年3月末現在では，養育里親数1万2934世帯，専門里親数728世帯，養子縁組里親数6291世帯，親族里親数631世帯となっている。

2　乳児院

乳児院は，保護を要する乳児（1歳未満）を入院させて養育することを目的とする施設である。

平成16年の児童福祉法の改正により，幼児に疾病や障害があり，乳児院において処遇することが適当であると判断された場合など保健上その他の理由により特に必要のある場合には，幼児を対象とすることとなった。

令和4年3月末現在では，施設数145か所，定員3827人となっている。

3　児童養護施設

児童養護施設は，保護者のない児童（安定した生活環境の確保その他の理由により特に必要のある場合には乳児を含む。），虐待されている児童，その他の環境上の養護を要する児童を入所させて，これを養護し，併せて退所した者に対する相談その他の

自立のための援助を行うことを目的とする施設である。

平成9年の児童福祉法の改正により，従来の養護とともに自立支援を行うことが明確化されるとともに，名称が養護施設から児童養護施設に改められ，虚弱児施設が児童養護施設に統合された。また，平成16年の児童福祉法の改正により，入所児童に関する年齢要件が見直されるとともに，施設の業務として退所した者について相談その他の援助を行うことが明確化された。

さらに，令和4年6月の児童福祉法の改正により，原則18歳（最長22歳）とされていた年齢制限が撤廃され，施設では，自立可能と判断できる時期まで支援を行うことができることとなった。同規定は，令和6年4月より施行される。

令和4年3月末現在では，施設数610か所，定員3万140人となっている。

4 児童心理治療施設

児童心理治療施設は，軽度の情緒障害を有する児童を，短期間入所させ，または保護者のもとから通わせて，その情緒障害を治し，あわせて退所した者について相談その他の援助を行うことを目的とする施設である。児童の自立のための援助を行おうとする施設であり，生活施設というよりも治療施設の色彩が強い。

令和4年3月末現在では，施設数53か所，定員2016人となっている。

なお，平成28年の児童福祉法改正により，平成29年4月に名称が情緒障害児短期治療施設から児童心理治療施設に改められ，家庭環境，学校における交友関係その他の環境上の理由による社会生活への適応困難児童を対象として，社会生活に適応するために必要な心理に関する治療および生活指導を主として行うことが明確化された。

5 児童自立支援施設

児童自立支援施設は，不良行為をする，あるいはするおそれのある児童や家庭環境その他の理由により生活指導等を要する児童を入所させ，または保護者のもとから通わせて，個々の児童の状況に応じて必要な指導を行い，その自立を支援し，あわせて退所した者について相談その他の援助を行うことを目的とする施設である。

令和3年10月現在では，施設数58か所，定員3340人となっている。

6 児童家庭支援センター

児童家庭支援センターは，平成9年の児童福祉法の改正の際に創設され，①児童に関する家庭その他からの相談のうち，専門的な知識および技術を必要とするものに応じ，必要な助言を行うとともに，市町村の求めに応じ，技術的助言その他必要な援助を行うこと，②児童相談所長や都道府県の委託による，児童および保護者に対する指導，③児童やその家庭に対する支援を迅速かつ的確に行うための，関係団体との連絡調整などを行う施設とされている。

令和3年10月現在では，施設数154か所となっている。

7 児童自立生活援助事業（自立援助ホーム）

　児童自立生活援助事業は，児童養護施設や児童自立支援施設等の退所児童の社会的自立を促進することを目的とし，自立援助ホームという施設において実施される。平成9年の児童福祉法の改正の際に，名称が自立相談援助事業から児童自立生活援助事業と変更されるとともに，第2種社会福祉事業として位置づけられた。

　自立援助ホームでは，義務教育終了後，児童自立支援施設などを退所したが，いまだ社会的自立が十分できていない児童を対象として，職場の開拓や相談など児童の社会的自立に向けた支援を行う。平成28年の児童福祉法改正により，平成29年4月以降は大学等に就学している場合には，22歳に到達する日の属する年度の末日まで支援が受けられることとなっているが，令和4年6月の児童福祉法改正により，満20歳以上の措置解除者等で高等学校の生徒，大学生その他のやむを得ない事情により自立生活援助の実施が必要と都道府県知事が認めた者は継続して支援を受けられることとなった。同規定は令和6年4月1日より施行される。

　令和3年10月現在では，施設数229か所，定員数1575人となっている。

4 ─── 児童相談体制の充実

　平成17年4月より，児童家庭相談を市町村業務として位置づけ，地域に密着した相談・支援体制を強化するとともに，都道府県（児童相談所）の役割を，専門的な知識および技術を必要とする事例への対応や，市町村の支援に重点化するなど，地域における児童家庭相談体制の重層化が図られた。

　児童相談所は，市町村と適切な役割分担・連携を図りつつ，子どもに関する家庭そ

表5-7●児童相談所における相談内容別受付件数の年度別推移

	総　数	養護相談	非行相談	障害相談	育成相談	その他の相談
平成2年度	275,378	24,919	20,800	148,565	62,512	18,582
7	312,987	29,924	15,629	163,523	74,487	29,424
12	362,655	53,867	17,211	189,843	68,324	33,410
17	349,911	75,668	17,571	162,982	61,304	32,386
22	373,528	101,323	17,345	181,108	50,993	22,759
24	384,261	116,725	16,640	175,285	52,182	23,429
25	391,997	127,252	17,020	172,945	51,520	23,260
26	420,128	145,370	16,740	183,506	50,839	23,673
27	439,200	162,119	15,737	185,283	49,978	26,083
28	457,472	184,314	14,398	185,186	45,830	27,744
29	466,880	195,786	14,110	185,032	43,446	28,506
30	504,856	228,719	13,333	188,702	43,594	30,508
令和元	544,698	267,955	12,410	189,714	42,441	32,178
2	527,272	280,985	10,615	162,351	38,908	34,413
3	571,961	283,001	10,690	203,619	41,534	33,117

注　平成22年度は，東日本大震災の影響により，福島県を除いて集計した数値である。
資料　厚生労働省「福祉行政報告例」

の他からの相談（表5−7参照）に応じ，子どもが有する問題または子どもの真のニーズ，子どもの置かれた環境の状況等を的確にとらえ，個々の子どもや家庭等に最も効果的な援助を行い，もって子どもの福祉を図るとともにその権利を擁護することを主たる目的として都道府県・指定都市に義務設置される行政機関である。平成18年4月からは，児童相談所を設置する市として政令で定める市についても児童相談所の設置が認められ（児童相談所設置市という），令和5年4月現在，全国で232か所の設置となっている。

　なお，平成28年の児童福祉法改正により，平成29年4月からは東京都の特別区においても設置が可能となった。

5 ─── 令和4年の児童福祉法の改正

　令和4年6月には，子育て世帯に対する包括的な支援体制の強化を目的とした「児童福祉法等の一部を改正する法律」が公布された（図5-10参照）。一時保護所や児童相談所での支援の質の向上を図るため，親子再統合支援事業，妊産婦等生活援助事業などの制度が始まる。

　また市町村においては，新たに，子育て世帯訪問支援事業（訪問による生活支援），児童育成支援拠点事業（学校や家以外での子どもの居場所支援），親子関係形成支援事業（親子関係の構築に向けた支援）が創設されるほか，子育て短期支援事業や一時預かり事業では，保護者の利用を促進するなど事業の拡充が図られる。

　さらに，社会的養育経験者の自立支援として，児童自立生活援助事業の対象者の年齢要件等の見直しを行い，生活・就労・自立に関する相談等の機会や措置解除者等の間の相互相談等の場を提供する事業を制度に位置づけることとなっている。

　同法は，一部を除き令和6年4月1日より施行される。

図 5 -10◉児童福祉法等の一部を改正する法律（令和 4 年法律第66号）の概要

　児童虐待の相談対応件数の増加など，子育てに困難を抱える世帯がこれまで以上に顕在化してきている状況等を踏まえ，子育て世帯に対する包括的な支援のための体制強化等を行う。

改正の概要

１．子育て世帯に対する包括的な支援のための体制強化及び事業の拡充【児童福祉法，母子保健法】
　①市区町村は，全ての妊産婦・子育て世帯・子どもの包括的な相談支援等を行うこども家庭センター（※）の設置や，身近な子育て支援の場（保育所等）における相談機関の整備に努める。こども家庭センターは，支援を要する子どもや妊産婦等への支援計画（サポートプラン）を作成する。
　※子ども家庭総合支援拠点と子育て世代包括支援センターを見直し。
　②訪問による家事支援，児童の居場所づくりの支援，親子関係の形成の支援等を行う事業をそれぞれ新設する。これらを含む家庭支援の事業について市区町村が必要に応じ利用勧奨・措置を実施する。
　③児童発達支援センターが地域における障害児支援の中核的役割を担うことの明確化や，障害種別にかかわらず障害児を支援できるよう児童発達支援の類型（福祉型，医療型）の一元化を行う。

２．一時保護所及び児童相談所による児童への処遇や支援，困難を抱える妊産婦等への支援の質の向上【児童福祉法】
　①一時保護所の設備・運営基準を策定して一時保護所の環境改善を図る。児童相談所による支援の強化として，民間との協働による親子再統合の事業の実施や，里親支援センターの児童福祉施設としての位置づけ等を行う。
　②困難を抱える妊産婦等に一時的な住居や食事提供，その後の養育等に係る情報提供等を行う事業を創設する。

３．社会的養育経験者・障害児入所施設の入所児童等に対する自立支援の強化【児童福祉法】
　①児童自立生活援助の年齢による一律の利用制限を弾力化する。社会的養育経験者等を通所や訪問等により支援する拠点を設置する事業を創設する。
　②障害児入所施設の入所児童等が地域生活等へ移行する際の調整の責任主体（都道府県・政令市）を明確化するとともに，22歳までの入所継続を可能とする。

４．児童の意見聴取等の仕組みの整備【児童福祉法】
　　児童相談所等は入所措置や一時保護等の際に児童の最善の利益を考慮しつつ，児童の意見・意向を勘案して措置を行うため，児童の意見聴取等の措置を講ずることとする。都道府県は児童の意見・意向表明や権利擁護に向けた必要な環境整備を行う。

５．一時保護開始時の判断に関する司法審査の導入【児童福祉法】
　　児童相談所が一時保護を開始する際に，親権者等が同意した場合等を除き，事前又は保護開始から 7 日以内に裁判官に一時保護状を請求する等の手続を設ける。

６．子ども家庭福祉の実務者の専門性の向上【児童福祉法】
　　児童虐待を受けた児童の保護等の専門的な対応を要する事項について十分な知識・技術を有する者を新たに児童福祉司の任用要件に追加する。
　※当該規定に基づいて，子ども家庭福祉の実務経験者向けの認定資格を導入する。
　※認定資格の取得状況等を勘案するとともに，業務内容や必要な専門知識・技術，教育課程の明確化，養成体制や資格取得者の雇用機会の確保，といった環境を整備しつつ，その能力を発揮して働くことができる組織及び資格の在り方について，国家資格を含め，施行後 2 年を目途として検討し，その結果に基づいて必要な措置を講ずる。

７．児童をわいせつ行為から守る環境整備（性犯罪歴等の証明を求める仕組み（日本版DBS）の導入に先駆けた取組強化）等【児童福祉法】
　　児童にわいせつ行為を行った保育士の資格管理の厳格化を行うとともに，ベビーシッター等に対する事業停止命令等の情報の公表や共有を可能とするほか，児童福祉施設等の運営について，国が定める基準に従い，条例で基準を定めるべき事項に児童の安全の確保を加えるなど所要の改正を行う。

施行期日

　令和 6 年 4 月 1 日（ただし，5 は公布後 3 年以内で政令で定める日，7 の一部は公布後3月を経過した日，令和 5 年 4 月 1 日又は公布後 2 年以内で政令で定める日）

出典　こども家庭庁 HP

第7節　児童虐待対策

1 ── 児童虐待防止への取組み

1　児童虐待の現状

　児童虐待への対応については，平成12年11月20日，「児童虐待の防止等に関する法律」（児童虐待防止法）が施行され，その後も度重なる法改正等により，制度的な対応について充実が図られてきたところである。しかしながら，子どもの生命が奪われるなど，重大な児童虐待事件が後を絶たず，全国の児童相談所における児童虐待に関する相談対応件数は依然として増加しており，令和3年度には，20万7660件（図5-11参照）となるなど，社会全体で早急に取り組むべき重要な課題となっている。

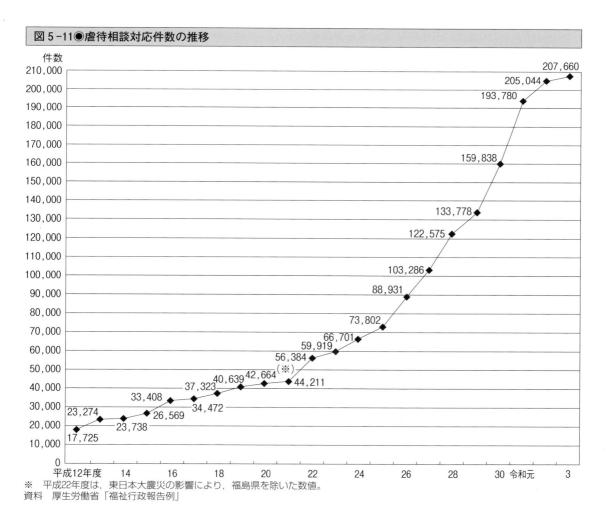

図5-11●虐待相談対応件数の推移

※　平成22年度は，東日本大震災の影響により，福島県を除いた数値。
資料　厚生労働省「福祉行政報告例」

児童虐待とは，保護者（親権を行う者，未成年後見人その他の者で，児童を現に監護するもの）が，その監護する児童について行う次に掲げる行為をいう。

① 児童の身体に外傷が生じ，または生じるおそれのある暴行を加えること（身体的虐待）

② 児童にわいせつな行為をすること，または児童をしてわいせつな行為をさせること（性的虐待）

③ 児童の心身の正常な発達を妨げるような著しい減食，または長時間の放置等，保護者としての監護を著しく怠ること（ネグレクト）

④ 児童に対する著しい暴言，または児童が同居する家庭における配偶者に対する暴力等，児童に著しい心理的外傷を与える言動を行うこと（心理的虐待）

令和3年度における，児童虐待の相談種別対応件数をみると，「心理的虐待」が12万4724件と最も多く，次いで「身体的虐待」が4万9241件，「保護の怠慢・拒否（ネグレクト）」が3万1448件となっている（図5-12参照）。

また，主な虐待者別構成割合をみると，「実母」が47.5%と最も多く，「実父」41.5%，「実父以外の父親」が5.4%となっている（図5-13参照）。

被虐待者の年齢別にみると，「7〜12歳」が7万935件（34.2%）と最も多く，次いで「3〜6歳」が5万2615件（25.3%），「0〜2歳」が3万8752件（18.7%）となっている（表5-8参照）。

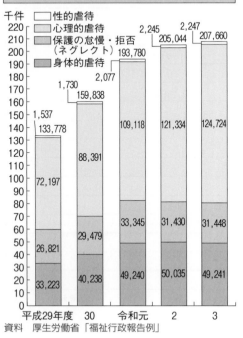

図5-12●児童虐待の相談種別対応件数

資料　厚生労働省「福祉行政報告例」

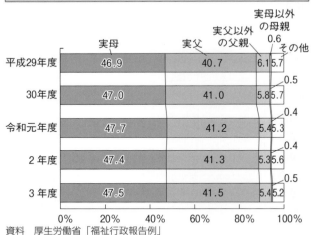

図5-13●児童虐待相談の主な虐待者別構成割合

資料　厚生労働省「福祉行政報告例」

表 5 - 8 ●被虐待者の年齢別対応件数の年次推移

（単位：件）

	平成29年度	構成割合(%)	30年度	構成割合(%)	令和元年度	構成割合(%)	2年度	構成割合(%)	3年度	構成割合(%)	対前年度 増減数	増減率(%)
総数	133,778	100.0	159,838	100.0	193,780	100.0	205,044	100.0	207,660	100.0	2,616	1.3
0～2歳	27,046	20.2	32,302	20.2	37,826	19.5	39,658	19.3	38,752	18.7	▲906	▲2.3
3～6歳	34,050	25.5	41,090	25.7	49,660	25.6	52,601	25.7	52,615	25.3	14	0.1
7～12歳	44,567	33.3	53,797	33.7	65,959	34.0	70,111	34.2	70,935	34.2	824	1.2
13～15歳	18,677	14.0	21,847	13.7	26,709	13.8	28,071	13.7	30,157	14.5	2,086	7.4
16～18歳	9,438	7.1	10,802	6.8	13,626	7.0	14,603	7.1	15,261	7.3	658	4.5

資料　厚生労働省「福祉行政報告例」

2　児童虐待防止対策の取組み状況

　児童虐待は，子どもの心身の発達および人格の形成に重大な影響を与えるため，虐待の発生予防から早期発見・早期対応，さらには虐待を受けた子どもの保護・自立支援に至るまでの切れ目のない総合的な支援体制を整備，充実していくことが必要である。

　このため，

①　発生予防に関しては，生後4か月までの乳児のいるすべての家庭を訪問する「乳児家庭全戸訪問事業（こんにちは赤ちゃん事業)」や，養育支援が必要な家庭に対して，訪問による育児に関する指導・助言等を行う「養育支援訪問事業」の推進，子育て中の親が相談・交流できる「地域子育て支援拠点」の整備，妊娠期から子育て期までの支援を切れ目なく提供する子育て世代包括支援センター（法令上の名称は「母子健康包括支援センター」）の整備推進

②　早期発見・早期対応に関しては，市町村における要保護児童対策地域協議会（子どもを守る地域ネットワーク）の設置促進および機能強化，子どもとその家庭や妊産婦等を対象に，実情の把握，子ども等に関する相談全般から通所・在宅支援を中心としたより専門的な相談対応や必要な調査，訪問等による継続的なソーシャルワーク業務までを行う機能を担う拠点（市区町村子ども家庭総合支援拠点）の設置推進，児童相談所がいつでも相談に応じられる24時間・365日体制の整備，児童福祉司の配置基準の見直しなど児童相談所の体制強化，虐待をした親自身への再発防止対策として，家族再統合や家族の養育機能の再生・強化に向けた取組みを行う親支援の推進

③　保護・自立支援に関しては，家庭的環境での養護を促進するため里親制度の拡充，児童養護施設等の小規模ケアの推進，年長児の自立支援策の拡充，施設内虐待の防止等施設入所児童の権利擁護の推進

などの取組みを進めている。

　令和4年6月の改正児童福祉法により，子ども家庭総合支援拠点（児童福祉）と子

図5-14●こども家庭センターの概要

こども家庭センターの設置とサポートプランの作成（1．①関係）

○市区町村において，子ども家庭総合支援拠点（児童福祉）と子育て世代包括支援センター（母子保健）の設立の意義や機能は維持した上で組織を見直し，全ての妊産婦，子育て世帯，子どもへ一体的に相談支援を行う機能を有する機関（こども家庭センター）の設置に努めることとする。
※子ども家庭総合支援拠点：635自治体，716箇所，子育て世代包括支援センター：1,603自治体，2,451箇所（令和3年4月時点）
○この相談機関では，妊娠届から妊産婦支援，子育てや子どもに関する相談を受けて支援をつなぐためのマネジメント（サポートプランの作成）等を担う。
※児童及び妊産婦の福祉に関する把握・情報提供・相談等，支援を要する子ども・妊産婦等へのサポートプランの作成，母子保健の相談等を市区町村の行わなければならない業務として位置づけ

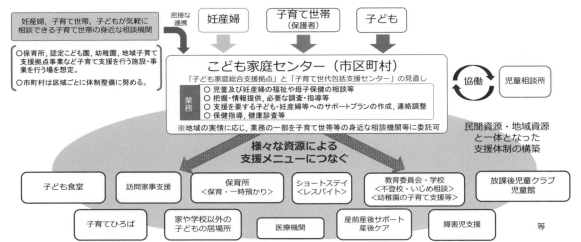

出典　厚生労働省子ども家庭局「児童福祉法等の一部を改正する法律（令和4年法律第66号）の概要」（第11回社会保障審議会児童部会放課後児童対策に関する専門委員会（令和4年6月30日）参考資料9），2頁

育て世代包括支援センター（母子保健）を一本化した「こども家庭センター」の設置が市町村の努力義務となる。すべての妊産婦，子育て世帯，子どもへ一体的に相談支援を行う機能を有する機関として，サポートプランの作成等を担う（図5-14参照）。令和6年4月1日より施行される。

　また，児童虐待問題に対する社会全体にわたる深い関心と理解を求める観点から，児童虐待防止法が施行された11月を「児童虐待防止推進月間」と定め，期間中に児童虐待防止のための広報・啓発活動等さまざまな取組みを集中的に実施する活動も行われている。

　さらに，再発防止の観点から，社会保障審議会児童部会の下に「児童虐待等要保護事例の検証に関する専門委員会」を設置し，死亡事例等の検証，問題点の抽出，それに対する対応策の提言を行う取組みも進められ，平成16年10月の設置以降，令和4年9月までに18次にわたる報告がとりまとめられている。

3　児童虐待防止対策の抜本的強化

　平成12年の児童虐待防止法の施行以降，平成23年の親権の停止制度の創設等に係る民法・児童福祉法の改正を含め，度重なる法改正等を通じ，虐待対応体制は逐次強化が図られてきたが，平成30年度に児童相談所への児童虐待相談対応件数が16万件に迫るなど，児童虐待の問題は深刻さを増すばかりである。

　政府は，このような事態に対応するため，平成30年7月，「児童虐待防止対策の強化に向けた緊急総合対策」（児童虐待防止対策に関する関係閣僚会議）を決定し，続く同年12月には，「児童虐待防止対策体制総合強化プラン」（児童虐待防止対策に関する関係府省庁連絡会議）を策定し，児童虐待防止対策に関するさらなる取組みを進めることとした。

　しかしながら，平成31年1月に関係機関がかかわりながら児童虐待による死亡事件が発生したことを受け，同年3月，さらなる児童虐待防止の抜本的な強化を図るため，「児童虐待防止対策の抜本的強化について」を決定するとともに，「児童虐待防止対策の強化を図るための児童福祉法等の改正法案」を通常国会に提出するに至った。同法案は，令和元年6月に可決・成立し，令和2年4月から段階的に，児童の権利擁護，児童相談所の体制強化および関係機関間の連携強化等の所要の措置が講じられている。児童の権利擁護として，親権者による体罰の禁止が明文化され，有識者等による全4回の検討会を経て，令和2年2月「体罰によらない子育てのために～みんなで育児を支える社会に～」がとりまとめられた。

2 ━━━ 被虐待児童の保護

1　子ども虐待の発見と通告

　児童福祉法の規定により，保護者に監護させることが不適当であると認められる児童（要保護児童）を発見した者は，これを市町村，都道府県の設置する福祉事務所もしくは児童相談所に通告しなければならない。また，要支援児童等と思われる者を把握した医療，福祉または教育に関する機関等は，当該者の情報をその現在地の市町村に提供するよう努めなければならない。なお，立入調査や一時保護といった虐待事例に対応するための重要な法的権限は児童相談所長に付与されている。そのため，多くの事例は市町村や福祉事務所を経由して児童相談所に送致されている（図5-15参照）。また，平成29年4月からは，虐待事案が適切な機関において対応されるよう，児童相談所から市町村への事案送致等もできることとなっている。

2　相談・通告の受理

　通告を受理した児童相談所は，臨時の受理会議を開催する等，担当者や当面の対応方針等について機関としての決定を行う。平成19年の児童相談所運営指針等の改正で，虐待に関する情報は，すべて虐待通告として受理し，記録票に留めたうえでの緊

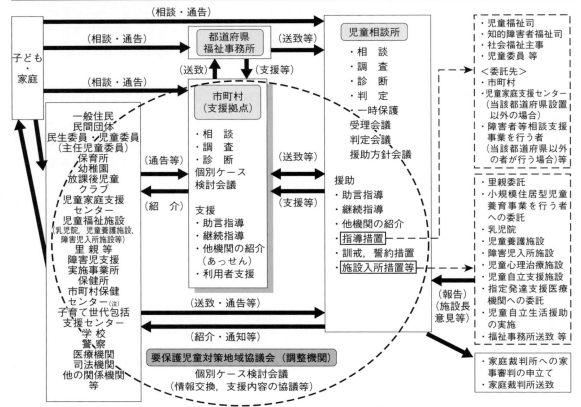

図5-15●市町村・児童相談所における子ども家庭支援活動体制

注　市町村保健センターについては，市町村の子ども家庭相談の窓口として，一般住民等からの通告等を受け，支援業務を実施する場合も想定される。

急受理会議の開催の徹底が定められ，虐待通告の受付の基本が徹底化された。

3　調査

　通告等を受理したときには，関係者等からの情報収集を行い，必要に応じて近隣住民，学校の教職員，児童福祉施設等の職員の協力を得ながら，面会等の方法によって速やかに子どもの安全を確認し，緊急保護の要否判断等を行う。児童虐待のおそれがあって，保護者が調査介入に拒否的な場合は立入調査を行うことができる。

　平成19年の児童虐待防止法の改正により，児童の安全確認・安全確保の強化の観点から，解錠等を伴う立入調査が可能となった。また，児童相談所の迅速かつ的確な虐待対応を図るため，通告受理から48時間以内に児童の安全確認を行うことが望ましいという時間ルールが児童相談所運営指針に明文化された。

　平成28年の児童虐待防止法改正では，臨検・捜索手続が簡素化され，必要時に迅速に実施できるようになったほか，児童相談所長等からの求めに応じ，医療機関や学校等が被虐待児童等に関する資料を提供できることとなった。

4　一時保護

　児童の安全を迅速に確保し適切な保護を図るため，または児童の心身の状況，その置かれている環境その他の状況を把握するため，児童相談所長は必要に応じ児童の一時保護を行う。また，子どもの安全確認や立入調査等に際して，必要があると認めるとき，児童相談所長は警察署長に援助を求めることができる。

　一時保護には，児童相談所に付設の一時保護所を利用する場合と，児童福祉施設や医療機関，里親家庭といった他の適当な機関や個人に委託する場合とがある。

　一時保護の期間は原則2か月を超えてはいけないが，必要と認められた場合は，引き続き一時保護を行うことができる。ただし，平成29年の児童福祉法の改正により，親権者等の意に反して2か月を超えて引き続き一時保護を行う場合には，児童相談所長または都道府県知事は家庭裁判所の承認を得なければならないこととなった。また，児童虐待防止法も同時に改正され，親権者等の意に反して施設入所等の措置がとられている場合に加え，児童虐待を受けた児童について，一時保護や保護者の同意の下で施設入所等の措置がとられている場合にも，児童相談所長または都道府県知事は接近禁止命令を行うことができることとされた。どちらも平成30年4月2日から施行されている。

　令和4年6月の改正児童福祉法により，一時保護の適正性の確保や手続の透明性の確保のため，一時保護開始時の判断に関する司法審査が導入される。児童虐待のおそれがあるときなど，一時保護の要件が法令上明確化され，その要件に該当するときは，裁判官が一時保護状を発付する。同規定は公布後3年以内に政令で定める日から施行される。

　なお，平成28年の児童福祉法等の改正により，18歳以上20歳未満の者のうち，施設入所等の措置等がとられている者については，必要な支援が継続できることとなった。

5　判定

　一時保護の措置が必要な児童は児童相談所に送致され，調査ならびに医学的，心理学的，教育学的，社会学的および精神保健上の判定が行われる。

6　援助

(1)　在宅指導

　虐待の内容や程度等から判断して，親子を分離せずに家庭訪問や通所によって児童福祉司等が親子関係の調整や家族指導，子どもの心理指導等を行う。身近な場所で児童や保護者に寄り添って継続的に支援することが重要であるため，市町村等に委託して指導させることもできる。

(2)　施設入所措置，里親委託等

　在宅での指導が困難と判断されたケースでは，子どもをいったん家庭から分離し

て，子どもの安全と成長を保障する必要がある。そのため，子どもを乳児院や児童養護施設等の児童福祉施設に入所させたり，里親に委託する等の措置がとられる。

親子分離の措置に対して親権者などが反対している場合，児童相談所は家庭裁判所に対して措置の承認申立てを行い，その承認のもとに親子分離を図ることになる。措置の期間は2年を超えてはならないが，期間を更新できる場合もある。さらに，児童福祉法に基づく措置の承認により施設入所措置がとられた場合，子どもの保護の観点から，児童相談所長および児童福祉施設長は，子どもを虐待した保護者について子どもとの面会や通信を制限することができる。

平成19年の児童虐待防止法の改正では，一時保護および保護者の同意による施設入所の間も，児童相談所長等は保護者に対して面会・通信を制限することが可能になった。加えて，裁判所の承認を得て強制的に施設入所等となった場合，児童へのつきまといや居場所付近での徘徊を禁止し，その違反に対して罰則が設けられた。また，児童虐待を行った保護者に対する指導に係る都道府県知事の勧告に従わなかった場合には，一時保護や施設入所措置等の必要な措置を講ずることが規定されるとともに，施設入所等の措置を解除する際には，保護者への指導の効果等を勘案するものとされた。

平成28年の児童福祉法等の改正では，措置解除後において児童相談所が地域の関係機関と連携し，定期的な子どもの安全確認，保護者への相談・支援等を実施することとされた。

平成29年の児童福祉法の改正では，家庭裁判所は，里親委託・施設入所等の措置に関する承認の申立てがあった場合は，都道府県等に対し，期限を定めて，保護者に対する指導措置をとるよう勧告することができることとし，都道府県等は，当該指導措置の結果を家庭裁判所に報告することとされた。平成30年4月2日から施行されている。

(3) 親権喪失の審判等の請求

平成23年の児童福祉法改正によって，虐待を行うなど親権者による親権の行使が著しく困難または不適当である場合，家庭裁判所は児童，その親族，未成年後見人，児童相談所長等の請求により，その親権喪失，親権停止もしくは管理権喪失の審判の請求や，これらの審判の取消しの請求を行うことができることとなった。

なお，平成28年の児童虐待防止法改正では，しつけを名目とした児童虐待が後を絶たないことから，親権者は監護・教育に必要な範囲を超えて児童を懲戒してはならない旨が法に明記されることとなった。

1 ── ひとり親家庭の現状

　母子世帯となった要因をみると，戦後間もない昭和27年当時は，死別母子世帯が85.1%（うち，戦争に起因する死別が約38%）と大部分を占め，離婚による母子世帯は7.6%にすぎなかった。ところが，令和3年には死別母子世帯が5.3%，離婚母子世帯が79.5%と逆転し，離婚によるものが大部分を占めている（表5-9参照）。

　こうした変化は，わが国の離婚率が戦後最高を記録しつつあるなかで有子離婚件数も急増していることや，以前は父親が離婚後の親権者になる場合のほうが多かったのが，今や多くの場合，母親が親権者になっていることなどによるものと考えられる。

　母子世帯の年収は，令和3年度において平均373万円となっており，依然として経済的な困難を有している家庭も多い。母子家庭の母親の就業状況をみると，令和3年度で86.3%で，雇用形態は「正規の職員・従業員」が48.8%と最も多く，次いで「パート・アルバイト等」が38.8%となっている（表5-10参照）。

　これまで，父子家庭については，母子家庭に比べて平均年収が高かったことやその世帯数が少なかったこともあり，母子家庭のような支援は提供されてこなかったが，母子家庭同様に子育てと就業との両立が困難であることなどを踏まえて，近年，父子家庭への支援も行われるようになっている。

　こうしたなかで，母子家庭のみならず父子家庭も含めたひとり親家庭の自立を図るためには，条件のよい就業先が確保できるような支援，仕事と家庭を両立しながら経済的に自立できるような支援，子どもの健やかな成長につながる支援などが必要とされる。

表5-9●母子世帯になった理由別母子世帯数および構成割合の推移

	年　次	総　数	死　別	生　別			
				総　数	離　婚	未婚の母	その他
構成割合（％）	昭和27年	100.0	85.1	14.9	7.6	1.6	5.8
	31	100.0	77.9	22.1	14.6	1.9	5.6
	36	100.0	77.1	22.9	16.8	1.9	4.2
	42	100.0	68.1	31.9	23.7	1.8	6.4
	48	100.0	61.9	38.2	26.4	2.4	9.4
	53	100.0	49.9	50.1	37.9	4.8	7.4
	58	100.0	36.1	63.9	49.1	5.3	9.5
	63	100.0	29.7	70.3	62.3	3.6	4.4
	平成5	100.0	24.6	73.2	64.3	4.7	4.2
	10	100.0	18.7	79.9	68.4	7.3	4.2
	15	100.0	12.0	87.8	79.9	5.8	2.1
	18	100.0	9.7	89.6	79.7	6.7	3.2
	23	100.0	7.5	92.5	80.8	7.8	3.9
	28	100.0	8.0	91.1	79.5	8.7	2.9
	令和3	100.0	5.3	93.5	79.5	10.8	3.2

注　総数は，不詳を含んだ値である。
資料　厚生労働省雇用均等・児童家庭局「全国ひとり親世帯等調査」（平成23年以前は「全国母子世帯等調査」）

表5-10●ひとり親家庭の主要統計データ

		母子世帯	父子世帯
1	世帯数（推計値）	119.5万世帯	14.9万世帯
2	ひとり親世帯になった理由	離婚79.5% 死別 5.3%	離婚69.7% 死別21.3%
3	就業状況	86.3%	88.1%
	就業者のうち正規の職員・従業員	48.8%	69.9%
	うち自営業	5.0%	14.8%
	うちパート・アルバイト等	38.8%	4.9%
4	平均年間収入（母又は父自身の収入）	272万円	518万円
5	平均年間就労収入（母又は父自身の就労収入）	236万円	496万円
6	平均年間収入（同居親族を含む世帯全員の収入）	373万円	606万円

※「平均年間収入」及び「平均年間就労収入」は，令和2年の1年間の収入。
出典　厚生労働省「令和3年度全国ひとり親世帯等調査結果の概要」

2 ―― ひとり親福祉施策の経緯

1 母子福祉施策の変遷

　昭和28年に，資金の貸付制度，母子相談員制度および売店等の設置等の許可の3つの事項を内容とする「母子福祉資金の貸付等に関する法律」が制定されたが，これは戦争犠牲者の家庭に対する援護立法の必要性から制定されたものであった。その後，昭和34年に国民年金法が創設され，その制度のなかに母子年金，母子福祉年金が設けられ，また昭和36年には児童扶養手当制度が創設されることとなった。一方，母子福祉の施策は，関連する領域が多岐にわたっており，その後の母子世帯の実態に即応した施策を総合的に体系化し，積極的に推進していくために，昭和39年7月「母子福祉法」が公布（即日施行）された（昭和56年6月の改正法（昭和57年4月施行）によって「母子及び寡婦福祉法」と改められた後，平成26年4月の改正法（平成26年10月施行）により，現在の「母子及び父子並びに寡婦福祉法」に改められている）。

　平成5年5月の法改正においては，寡婦福祉資金貸付金にかかる特別会計に多額の繰越金が滞留する状況が継続していることを考慮して，これを母子福祉資金貸付金として活用するため，特別会計と母子福祉資金貸付金にかかる特別会計を統合し，資金の有効な活用を図るとともに，母子家庭および寡婦に対する専門的な助言，指導等を行う事業が社会福祉事業として位置づけられた。

2 母子福祉施策の拡充

　平成14年3月に「母子家庭等自立支援対策大綱」が策定され，①子育て・生活支援策，②就業支援策，③養育費の確保策，④経済的支援策を総合的に展開することとしている。

さらに，平成14年11月には，近年における離婚の急増等母子家庭等をめぐる諸状況の変化に鑑み，母子家庭等の自立を促進するため，総合的な母子家庭等対策を推進する一環として，子育て支援の充実，就業支援の強化，扶養義務の履行の確保，児童扶養手当制度の見直し等の措置を講ずることとし，母子及び寡婦福祉法，児童扶養手当法，児童福祉法および社会福祉法の改正が行われ，平成15年4月より施行された。

3　母子家庭の母の就業の支援に関する特別措置法の成立

　母子家庭の母の就業支援に対しては，その実効性を確保する幅広い取組みが必要であるとの問題意識から，平成14年12月に党を越えた幅広い有志議員により発足した「母子家庭の母の就業を支援する勉強会」において検討を重ねた結果，母子家庭の母の就業を促進することが従前に増して強く求められているとの問題意識のもとで，法律案をとりまとめることとなり，その後，各党の手続きを経て，平成15年7月17日に議員立法により「母子家庭の母の就業の支援に関する特別措置法」が平成20年3月31日までの時限立法として成立した（施行は8月11日）。

　本法律は，母子家庭の母の就業支援について特別の立法措置を講じるものである。主な内容としては，「母子及び寡婦福祉法」に基づく国の基本方針および都道府県等の自立促進計画において就業支援に特別の配慮を行うこと，政府は就業支援策の実施状況を国会に報告すること，母子福祉資金貸付金について就業が促進されるよう特別の配慮を行うこと，国は民間事業者に対し，母子家庭の母の就業の促進を図るために必要な協力を求めること，国は母子家庭の母の就業を促進するため，母子福祉団体等の受注の機会の増大が図られるよう配慮するとともに，地方公共団体も国の施策に準じて必要な施策を講じるよう努めることとした。

4　母子家庭の母及び父子家庭の父の就業の支援に関する特別措置法の成立

　母子家庭や父子家庭のような「ひとり親家庭」においては，子育てと就業との両立が困難であり，就業に必要な知識等を習得する機会を必ずしも十分に有していない場合が多い。そのような状況に対処するため法的な整備が図られ，平成25年3月に「母子家庭の母及び父子家庭の父の就業の支援に関する特別措置法」が施行された。この法律では，ひとり親家庭の母もしくは父の安定した就業を確保するための支援に特別の配慮が図られるようになり，またひとり親家庭の母もしくは父を優先的に雇用するよう民間事業者に協力要請する措置も盛り込まれた。

5　母子及び寡婦福祉法の一部改正

　平成26年4月には「母子及び寡婦福祉法」が改正され，同年10月から施行されている。その改正概要は以下のとおりである。

　母子家庭等が地域の実情に応じた最も適切な支援を総合的に受けられるよう，①都道府県・市等による支援措置の計画的・積極的実施，周知，支援者の連携・調整，②

母子・父子自立支援員等の人材確保・資質向上，③関係機関による相互協力について規定され，母子家庭等に対する支援の拡充が図られている。

また，高等職業訓練促進給付金等が法定化され，非課税化されるなど就業支援等の強化が図られ，就業支援事業，生活向上事業に支援施策に関する情報提供の業務が規定され，施策の周知の強化も図られている。

さらに，法律名が「母子及び父子並びに寡婦福祉法」に改称され，母子福祉資金貸付等の支援施策の対象が父子家庭にも拡大されているほか，母子自立支援員，母子福祉団体等や基本方針，自立促進計画の規定に父子家庭も対象として追加されるなど，父子家庭への支援の拡大が図られている。

6　すくすくサポート・プロジェクトの策定

平成 27 年 12 月に開催された「子どもの貧困対策会議」において，「すくすくサポート・プロジェクト」が策定された。本プロジェクトでは，①支援につながる，②生活を応援，③学びを応援，④仕事を応援，⑤住まいを応援，⑥社会全体で応援という 6 つの柱に沿って，就業による自立に向けた就業支援を基本としつつ，子育て・生活支援，学習支援などの総合的な支援を充実することとしている。

3 ——— ひとり親福祉施策の概要

母子及び父子並びに寡婦福祉法による対策としては，ひとり親家庭の経済的自立助成等のための母子父子寡婦福祉資金等の貸付け，母子・父子自立支援員による相談，母子福祉センターにおける生業指導，就業相談，自立支援給付金の支給や公共施設内における売店等の優先設置，公営住宅の確保などの施策が行われている。

また，児童福祉法に基づき，要保護母子家庭の母子生活支援施設への入所を行っているほか，遺族基礎年金（昭和 60 年 5 月の国民年金法の一部改正により，従前の母子年金および母子福祉年金等は，遺族基礎年金とされた），または児童扶養手当の支給などの関連する諸対策により総合的に推進し，ひとり親家庭の福祉の増進を図っている。

これらの具体的な内容については，次のとおりである。

1　福祉事務所と母子・父子自立支援員

福祉事務所においては，ひとり親家庭の福祉に関する実情の把握，相談，調査および指導などの業務を行うこととなっているほか，母子・父子自立支援員が，ひとり親家庭の自立に必要な相談，指導にあたることとなっている。具体的な職務内容は，母子・父子世帯の面接，調査，訪問，指導等となっている。取り扱う相談の種類は，就業に関する相談を含むひとり親家庭の生活全般にわたる相談であって，主として福祉事務所において勤務し，当該福祉事務所の管轄区域を職務の担当区域としている。

母子・父子自立支援員は，令和 3 年 3 月 31 日現在全国に 1788 名が配置されている。

また，民生委員・児童委員は，福祉の対象となるひとり親家庭の発見，福祉事務所などの関係機関への通告などにより，ひとり親家庭の福祉に協力している。

2　母子父子寡婦福祉資金の貸付け

　母子父子寡婦福祉資金の貸付制度は，都道府県，指定都市および中核市を実施主体として，20歳未満の児童を扶養している配偶者のない女子・男子またはその扶養している児童に対して貸し付けられる。その貸付財源に充てるための資金は，各都道府県・指定都市・中核市に特別会計が設けられており，そこからひとり親家庭へ各種資金が貸し付けられている（表5-11参照）。この特別会計は都道府県の一般会計からの繰入金と，その額の2倍に相当する，国が都道府県に無利子で貸し付ける貸付金を原資とし，これに貸付金の償還金を加えたものである。

　制度発足当時，資金は7種類であったが，現在は，貸付期間が令和2年1月31日までであった臨時児童扶養等資金を除き12種類となっており，今日まで資金の新設，貸付限度額の引上げ等の内容改善が毎年行われてきている。

　さらに，平成26年10月からは，母子家庭だけでなく父子家庭も対象とされている。

　なお，令和3年度の貸付件数は1万8898件で，その約9割は児童の修学資金関係となっている。

3　ひとり親家庭の相談事業

　ひとり親家庭に対する相談機関としての母子・父子自立支援員については，「**1　福祉事務所と母子・父子自立支援員**」に述べたが，その相談，指導の内容は，ひとり親家庭の全般にわたり，主なものは，親の就職，子どもの教育，母子・父子福祉資金等の貸付けなどである。

4　売店設置などの許可

　母子・父子世帯の職場開拓を推進するために，国や地方の公共施設の管理者に対して母子家庭や母子・父子福祉団体から売店などの設置申請があった場合には，その施設内において，売店，理容所または美容所等を設置することを優先的に許すように努めること，さらに財務大臣は，製造たばこ小売人の許可申請があった場合には，優先的に許可するよう規定している。

5　居住の安定確保および雇用促進

① 　ひとり親家庭の自立には，重要な施策である母子・父子世帯向け公営住宅の建設の促進を図ることとしている。

② 　就職を希望するひとり親家庭の親および児童の雇用の促進を図るため，母子・父子自立支援員その他ひとり親家庭の福祉に関する機関，児童家庭支援センター，母子生活支援施設，母子・父子福祉団体および公共職業安定所は，相互に協力しなけ

表5-11●母子父子寡婦福祉資金貸付金の概要

資金種類	貸付対象等	貸付限度額	貸付期間	据置期間	償還期限	利率
事業開始資金	母子家庭の母 父子家庭の父 母子・父子福祉団体 寡婦 事業（例えば洋裁、軽飲食、文具販売、菓子小売業等、母子・父子福祉団体については政令で定める事業）を開始するのに必要な設備、什器、機械等の購入資金	個人 3,260,000円 団体 4,890,000円		1年	7年以内	（保証人有）無利子（保証人無）年1.0%
事業継続資金	母子家庭の母 父子家庭の父 母子・父子福祉団体 寡婦 現在営んでいる事業（母子・父子福祉団体については政令で定める事業）を継続するために必要な商品、材料等を購入する運転資金	個人 1,630,000円 団体 1,630,000円		6か月	7年以内	（保証人有）無利子（保証人無）年1.0%
修学資金	母子家庭の母が扶養する児童 父子家庭の父が扶養する児童 父母のない児童 寡婦が扶養する子 高等学校、高等専門学校、短期大学、大学、大学院又は専修学校に就学させるための授業料、書籍代、交通費等（大学等へ就学している子が、自宅外通学にかかる経費、保健衛生費を含む。）に必要な資金	※私立の自宅外通学の場合の限度額を例示（大学院は国公立・私立、自宅・自宅外の区別なし） 高校、専修学校（高等課程）　月額 52,500円 高等専門学校 　月額［1～3年］　52,500円 　　　［4～5年］　115,000円 専修学校（専門課程）　月額126,500円 短期大学　月額131,000円 大学　月額146,000円 大学院（修士課程）　月額132,000円 大学院（博士課程）　月額183,000円 専修学校（一般課程）　月額 52,500円 (注1) 高校、高等専門学校又は専修学校に就学する児童又は専修学校に就学する児童が18歳に達した日以後の最初の3月31日が終了したことにより児童扶養手当等の給付を受けることができる場合、上記の額に児童扶養手当等の額を加算した額。 (注2) 大学等修学支援法第3条に規定する大学等における修学の支援を受けることができる場合について、所定の限度額について、支援を受けることができる額を控除した額とする。 (注3) 大学等修学支援法第3条に規定する大学等における修学の支援について当該額を受けた日から6か月以内の償還義務あり）	就学期間中	当該学校卒業後6か月	20年以内 専修学校（一般課程）5年以内	無利子 ※親に貸し付ける場合、児童を連帯借受人とする（連帯保証人は不要） ※児童に貸し付ける場合、親等を連帯保証人とする。
技能習得資金	母子家庭の母 父子家庭の父 寡婦 自ら事業を開始しまたは会社等に就職するために必要な知識技能を習得するために必要な資金（例：訪問介護員（ホームヘルパー）、ワープロ、パソコン、栄養士等）	【一般】月額 68,000円 【特別】一括 816,000円（12月相当） 運転免許 460,000円	知識技能を習得する期間中5年を超えない範囲内	知識技能習得後1年	20年以内	（保証人有）無利子（保証人無）年1.0%
修業資金	母子家庭の母が養育する児童 父子家庭の父が養育する児童 父母のない児童 寡婦が扶養する子 事業を開始しまたは就職するために必要な知識技能を習得するために必要な資金	月額 68,000円 特別 460,000円 （注）修業施設で知識、技能を習得中の児童が、技能習得中の児童が18歳に達した日以後の最初の3月31日が終了したことにより児童扶養手当等の給付を受けることができなくなった場合、上記の額に児童扶養手当等の額を加算した額	知識技能を習得する期間中5年を超えない範囲内	知識技能習得後1年	20年以内	※修学資金と同様

資金	貸付対象者	用途	限度額	据置期間	償還期限	利率
就職支度資金	母子家庭の母または児童、父子家庭の父または児童、父母のない児童、寡婦	就職するために直接必要な被服、履物等および通勤用自動車等を購入する資金	【一般】105,000円 【特別】340,000円（通勤のための自動車購入の場合）	1年	6年以内	※親に係る場合 付けの場合（保証人有）無利子（保証人無）年1.0% ※児童に係る場合 付けの場合 学資金と同じ
医療介護資金	母子家庭の母または児童（介護の場合は児童を除く）、父子家庭の父または児童（介護の場合は児童を除く）、寡婦	医療または介護（当該医療または介護を受ける期間が1年以内の場合に限る）を受ける資金	【医療】340,000円 【特別】480,000円 【介護】500,000円	医療または介護終了後6か月	5年以内	（保証人有）無利子（保証人無）年1.0%
生活資金	母子家庭の母、父子家庭の父、寡婦	知識技能を習得している間、医療若しくは介護を受けている間、母子家庭、母子家庭又は寡婦になって間もない（7年未満）者の生活を安定・継続する間または失業中の者の生活を安定・継続するのに必要な生活費 児童扶養手当受給相当まで収入が減少した者の生活を安定・継続する（児童扶養手当を受給している者は除く）	【一般】 月額108,000円 【技能】 月額141,000円 母子家庭の母又は父子家庭の父が生計中心者でない場合並びに扶養している父母のない児童及び現に扶養する子のない寡婦に係る貸付は、月額72,000円 （注1）生活安定期間の貸付は、配偶者のない女子又は男子となった事由により生じた日から7年を経過するまでの間に限る。 （注2）生活安定期間の取得の場合は男子とする。 （注3）3月相当額を一括貸付を行うことができる。 児童扶養手当当額相当の支給額 令和5年度は月額44,140円	知識技能習得後・医療若しくは介護終了後または生活安定期間若しくは失業中の貸付期間満了後6か月 貸付期間満了後6か月	（技能習得）20年以内 （医療又は介護）5年以内 （生活安定貸付）8年以内 （失業）5年以内 10年以内	（保証人有）無利子（保証人無）年1.0%
住宅資金	母子家庭の母、父子家庭の父、寡婦	住宅を建設し、購入し、補修し、保全し、改築し、または増築するのに必要な資金	1,500,000円 【特別】2,000,000円	6か月	6年以内 【特別】7年以内	（保証人有）無利子（保証人無）年1.0%
転宅資金	母子家庭の母、父子家庭の父、寡婦	住宅を移転するため住宅の貸借に際し必要な資金	260,000円	6か月	3年以内	（保証人有）無利子（保証人無）年1.0%
修学支度資金	母子家庭の母または父子家庭の父が扶養する児童、父母のない児童、寡婦が扶養する子	就学、修業するために必要な被服等の購入に必要な資金および受験料	※高校以上は自宅外通学の場合の限度額を例示 小学校 64,300円 中学校 81,000円 国公立高校等 160,000円 修業施設 282,000円 私立高校等 420,000円 国公立大学・短大・大学院等 420,000円 私立大学・短大・大学院等 590,000円	当該学校（小学校の場合は中学校）卒業後6か月	（就学）20年以内 （修業）5年以内	※修学資金と同様
結婚資金	母子家庭の母または父子家庭の父が扶養する児童、寡婦が扶養する20歳以上の子	母子家庭の母または父子家庭の父が扶養する児童、寡婦が扶養する20歳以上の子の婚姻に必要な資金	310,000円	6か月	5年以内	（保証人有）無利子（保証人無）年1.0%

出典）こども家庭庁支援局家庭福祉課「ひとり親家庭等への支援について」（令和5年4月）、93～96頁、2023

ればならないこととされている。

③　雇用対策としては，マザーズハローワークなどの公共職業相談所による支援が行われているほか，平成15年度からは各自治体で「母子家庭等就業・自立支援センター事業」が行われており，就業相談から就業支援講習会，就業情報の提供までの一貫した就業支援サービスや養育費相談などの生活支援サービスが提供されている。また平成15年度には「自立支援教育訓練給付金」や「高等職業訓練促進給付金」が創設されており，就職に向けた訓練への補助が行われている。

平成17年度には「母子自立支援プログラム策定等事業」（現・母子・父子自立支援プログラム策定等事業）が創設され，個々の児童扶養手当受給者の状況やニーズに応じた自立支援計画の策定によるきめ細やかな自立・就労支援が行われている。

さらに，母子家庭の母等を雇用する事業主に対して，特定求職者開発助成金，トライアル雇用奨励金，キャリアアップ助成金，両立支援等助成金などが支給されることとなっている。

6　児童扶養手当

※「**5 ― 児童扶養手当**」を参照。

7　母子・父子福祉関係施設

母子・父子福祉関係施設としては，母子及び父子並びに寡婦福祉法に基づき母子・父子福祉センターおよび母子・父子休養ホーム，児童福祉法に基づき母子生活支援施設が設置されている。

母子・父子福祉センターは，都道府県および市町村の母子福祉対策を推進する中心機関として，無料または低額な料金で，母子家庭等の生活全般にわたる各種の相談に応じ，生活指導および生業の指導を行う等母子家庭等の福祉のための便宜を総合的に供与する施設であり，令和3年10月1日現在55か所が設置されている。

母子・父子休養ホームは，保養の機会に恵まれない母子家庭等に対し，無料または低額な料金でレクリエーションその他休養のための便宜を供与する施設であり，令和3年10月1日現在2か所が設置されている。

母子生活支援施設は，入所の申込みのあった母子を入所させて保護するとともに，自立の促進のためにその生活を支援する施設であり，令和4年3月31日現在215か所が設置されており，3135世帯が入所している。母子生活支援施設については，母子家庭となった原因の変化，夫による暴力や児童への虐待等により保護を必要とする母子の増加等需要面の変化が著しく，これらの動向に対処して新たな役割を果たしていくことが期待されている。

4 ── 寡婦福祉の増進

　配偶者のいない女子でその扶養する子が20歳に達した場合および配偶者と離死別した女子で扶養する子がない場合は,「寡婦」として法の対象外となっていた。しかし,子が成人したからといって,それがただちにその家庭の経済的,社会的な自立を意味するものではない。むしろ近年の核家族化の進行等のなかで,寡婦家庭の自立は一層困難となっている。また,交通事故や災害などにより,誰でもが突然寡婦となる可能性がある。

　このように社会的,経済的に不安な状態に追いこまれる可能性のある寡婦について早急に福祉の措置を講ずる必要性が要請されてきた。このような背景のもとに昭和44年度に寡婦福祉貸付金制度が創設された。この制度は昭和56年度までは予算措置として行われてきたが,昭和57年度からは法に基づく貸付金となった。

　この制度の内容は,母子・父子福祉資金と同様の12種類の資金である。ただし,扶養する子のない寡婦については,所得制限（所得金額で年間203万6000円）がある。

　このほか平成15年度からは,母子福祉資金と同様,貸付限度額の引上げを図った。

　なお,児童が20歳に達したことにより母子家庭でなくなった世帯等についても,その置かれた社会的,経済的環境は必ずしも恵まれているとはいえないところから,それらの寡婦等に対しても母子家庭の母に準じた各種の施策を講じることによってその福祉の一層の向上を図るため,第94回国会において,議員立法により,「母子福祉法の一部を改正する法律」が提案・可決成立し,昭和56年6月11日（法律第79号）公布され昭和57年4月1日より施行された。

　改正の内容は,法律名を「母子及び寡婦福祉法」に改め,寡婦を「配偶者のない女子であって,かつて配偶者のない女子として（中略）児童を扶養していたことのあるもの」と定義し,目的,基本理念,自立への努力等を寡婦についても規定し,母子家庭に準じて福祉の措置を講ずるというものである。

　この福祉の措置としては,母子自立支援員および福祉事務所の相談業務等,公共的施設内における売店等の優先許可,製造たばこ小売人の優先許可,国または地方公共団体の雇用の促進に必要な措置を講ずる努力,寡婦の雇用に関する公共職業安定所等の協力,母子福祉施設の利用等である。

5 ── 児童扶養手当

　児童扶養手当制度は,父母の離婚などによって父または母と生計を同じくしていない児童が育成される家庭の生活の安定と自立の促進に寄与するため,当該児童について手当を支給し,もって児童の福祉の向上を図ることを目的とする制度である（表5-12参照）。

(1)　支給対象児童

表5-12●児童扶養手当制度の概要

1. 目的 　離婚によるひとり親世帯等，父または母と生計を同じくしていない児童が育成される家庭の生活の安定と自立の促進に寄与するため，当該児童について手当を支給し，児童の福祉の増進を図る。（平成22年8月より父子家庭も対象）
2. 支給対象者 　18歳に達する日以後の最初の3月31日までの間にある児童（障害児の場合は20歳未満）を監護する母，監護し，かつ生計を同じくする父または養育する者（祖父母等）。
3. 支給要件 　父母が婚姻を解消した児童，父または母が死亡した児童，父または母が一定程度の障害の状態にある児童，父または母の生死が明らかでない児童などを監護等していること。

4. 手当月額（令和5年4月～）		
・児童1人の場合	全部支給：44,140円	一部支給：44,130円～10,410円
・児童2人以上の加算額　[2人目]	全部支給：10,420円	一部支給：10,410円～ 5,210円
[3人目以降1人につき]	全部支給： 6,520円	一部支給： 6,240円～ 3,130円

5. 所得制限限度額（収入ベース）※前年の所得に基づき算定。 ・全部支給（2人世帯）160万円 ・一部支給（2人世帯）365万円	**6. 支払期月** ・1月，3月，5月，7月，9月，11月

7. 受給状況 ・令和4年3月末現在の受給者数　854,540人（母：808,658人，父：42,153人，養育者：3,729人）
8. 予算額（国庫負担(1/3)分）[令和5年度予算案] 1,486.2億円（令和4年度予算額1,617.7億円）
9. 手当の支給主体 ・支給主体：都道府県，市，福祉事務所設置町村
10. 改正経緯 ①多子加算額の倍増（平成28年8月分手当から実施） ②全部支給の所得制限限度額の引き上げ（平成30年8月分手当から実施） ③支払回数を年3回から年6回に見直し（令和元年11月分手当から実施） ④ひとり親の障害年金受給者についての併給調整の方法の見直し（令和3年3月分手当から実施）

出典　こども家庭庁HPを一部改変

　　　手当の支給の対象となる児童は18歳に達する日以後の最初の3月31日までの間にある者（一定の障害の状態にある児童については20歳未満）で次に掲げる児童である。

① 父母が婚姻を解消した児童

② 父（母）が死亡した児童

③ 父（母）が一定の障害の状態にある児童

④ 父（母）の生死が明らかでない児童

⑤ 父（母）が引き続き1年以上遺棄している児童

⑥ 父（母）が裁判所からのDV（家庭内暴力）保護命令を受けた児童

⑦ 父（母）が法令により引き続き1年以上拘禁されている児童

⑧ 母が婚姻によらないで懐胎した児童

⑨ 母が懐胎した当時の事情が不明の児童

（2）受給者

　　　手当の支給を受けるのは，支給対象児童を監護している母または父，母（父）が

ないかもしくは母（父）が監護していない場合には養育者（児童と同居して監護して生計を維持する者）である。

(3) その他の支給要件

　手当を受けようとする母（父），養育者や対象児童が次のような場合に該当するときは，手当は支給されない。

① 日本国内に住所を有しないとき

② 児童福祉法による里親に委託されているとき

③ 所得が一定限度額以上あるとき

(4) 手当額，支払期月など

　児童の数や所得額に応じて異なる。平成20年4月から実施されている児童扶養手当の受給開始から5年を経過した場合等の一部支給停止措置の取扱いについては，受給者やその子ども等の障害・疾病等による就業が困難な事情がないにもかかわらず，就業意欲がみられない者についてのみ支給額の2分の1を支給停止し，それ以外の場合は一部支給停止を行わないこととされている。また，平成22年8月から父子家庭の父にも支給されるよう改正された。

　手当は，受給資格者が市区町村を通じて認定請求書を提出し，都道府県，市および福祉事務所設置町村に認定されると支払われる。

　支払いは，これまで毎年4月，8月，12月の11日（その日が日曜日，土曜日，休日に当たる場合は，その日の直前のこれらでない日）の3回に分け，それぞれの前月分までの手当が支払われていたが，令和元年11月分からは，毎年1月，3月，5月，7月，9月，11月の11日の年6回の支払いに変更された。

　手当の額は，支給対象児童が1人の場合，年間の所得が160万円未満の家庭は，4万4140円（全部支給），160万円以上365万円未満の家庭は，4万4130円～1万410円の範囲（一部支給）で設定されている。支給対象児童が2人の場合は5000円，3人以上の場合は1人当たり3000円を加算することとされていたが，平成28年8月からは加算額が最大で倍増されるよう改正され，さらに，平成29年4月からは加算額にも物価スライド制が導入された。また，平成30年8月からは，全部支給となる場合の所得制限限度額が引き上げられ，支給対象児童が1人の場合は130万円から160万円に変更された。

(5) 手当の受給者数

　令和4年3月末で，85万4540人が手当を受けている。

6 ——— その他の母子・父子・寡婦福祉施策

① 所得保障に関するものとして，児童扶養手当のほか，国民年金法に基づき，死別の場合，遺族基礎年金が支給される。

② 生活保護制度の母子加算は，平成17年度から段階的に縮小され，平成20年度末

でいったん全廃となったが，政権交代により，平成21年12月から復活している。

③　課税の特例としては，所得税法および地方税法によって，寡婦控除等や非課税措置が認められている。

第9節　ヤングケアラー支援

「ヤングケアラー」に法令上の定義はないが，一般に，本来大人が担うと想定されている家事や家族の世話などを日常的に行っている子どもをいう。家庭内のデリケートな問題であること，本人や家族に自覚がないことなどから表面化しにくい構造となっており，近年，その支援体制強化の検討が進められている。

令和3年3月には「ヤングケアラーの支援に向けた福祉・介護・医療・教育の連携プロジェクトチーム」が発足し，ヤングケアラーの早期発見，相談支援等の支援策の推進，社会的認知度の向上などが課題として浮かびあがった。その対応として，ヤングケアラー支援体制強化事業の創設が挙げられ，地方自治体におけるヤングケアラーの支援体制を構築するため，モデル事業として，地方自治体に関係機関と民間支援団体等とのパイプ役となる「ヤングケアラー・コーディネーター」を配置するなどの方針が挙げられた。

1 ── ヤングケアラーの実態

令和2年度・令和3年度における厚生労働省の調査では，世話をしている家族が「いる」と回答したのは，小学6年生で6.5%，中学2年生で5.7%，高校2年生で4.1%，大学3年生で6.2%という結果だった。小学生・中学生・高校生のうち，世話を必要としている家族の内訳は，「きょうだい」が最も高く，大学生では「母親」が最も高い。ヤングケアラーがしていることとして多いことは，食事の準備や掃除・洗濯といった家事，見守り，きょうだいの世話，感情面でのサポートなどが挙げられた。

家族や周囲の大人に子どもが「ヤングケアラー」という認識がないことや子ども自身がやりがいを感じ，「ヤングケアラー」と認識していないため，支援を求めていないといった状況にあるため，表面化しにくい現状にある。こうした構造を踏まえ，福祉，介護，医療，教育などの分野が連携し，アウトリーチにより，ヤングケアラーを早期発見することが求められる。

2 ── ヤングケアラー支援体制強化事業

ヤングケアラーを早期に発見し，適切な支援につなげるため，厚生労働省子ども家庭局より「ヤングケアラー支援体制強化事業実施要綱」が発出され，令和4年4月1

日から適用されている。令和5年4月以降の施行事務は，こども家庭庁支援局が所管している。

(1) 実施主体

都道府県および市町村。なお，事業の全部または一部を適正に実施できると認めた社会福祉法人等その他の法人に委託，補助することができる。

(2) 事業内容

① 実態調査・研修推進事業

都道府県等において，学校等を通じて実態を把握するための調査を行うこと，および関係機関・団体等の職員に対して，理解を深めるための研修等を実施

② ヤングケアラー支援体制構築モデル事業

都道府県等において，関係機関と支援者団体等とのつなぎ役となるヤングケアラー・コーディネーターの配置，当人同士が気軽に悩みや経験を共有し合うオンラインサロンの設置運営等といった取組みをモデルとして実施

第10節　母子保健施策

わが国の母子保健は，母性の尊重と保護，乳幼児の健康の保持増進および児童の健全な育成を基本理念として，昭和23年の児童福祉法の施行以来，年々その内容が充実されてきた。特に，昭和40年の母子保健法制定以降は，母子を通じた一貫した体系のもとに母性の保護と乳幼児の保健衛生の向上が図られてきた。その結果，母子保健の指標である妊産婦死亡率，乳児死亡率等は著しく低下しており，特に乳児死亡率は世界でも最低率国の1つになっている（表5-13参照）。

しかしながら，近年，少子化や核家族化の進行，女性の社会進出の増大等母子を取り巻く社会環境が大きく変化し，さらに，母性意識の希薄化，価値観の変化等社会道徳や意識の面においても大きな変化がみられることから，次代を担う児童の健全な育成およびその基盤となる母性の保護等の施策の充実強化が重要な課題となってきている。

このような状況のもと，平成6年6月，母子保健事業について，多様化する行政ニーズに対応し，住民に身近な市町村において妊娠，出産から育児まで一貫したサービスの提供を図るため，事業の実施主体を市町村に一元化するなどの母子保健法の一部改正を行い，平成9年4月より施行されているところである。

また，21世紀の母子保健の取組みの方向性を提示するものであると同時に，それぞれの課題に目標値を設定し，関係機関・団体等が一体となって推進する国民運動計画である「健やか親子21」が，平成12年11月に専門家による検討を経て報告書としてとりまとめられた。平成21年度には，「『健やか親子21』の評価等に関する検討会」において第2回中間評価が行われ，過去4年間の成果を踏まえつつ，今後重点的に取り組む方向性等が示された。

表5-13●母子保健関係指標の推移

	出生率 （人口千対）	乳児死亡率 （出生千対）	新生児死亡率 （出生千対）	周産期死亡率 （出産1)千対）	妊産婦死亡率 （出産2)10万対）	死産率 （出産2)千対）
昭和50年	17.1	10.0	6.8	…	27.3	50.8
60	11.9	5.5	3.4	15.4	15.1	46.0
平成12	9.5	3.2	1.8	5.8	6.3	31.2
17	8.4	2.8	1.4	4.8	5.7	29.1
22	8.5	2.3	1.1	4.2	4.1	24.2
24	8.2	2.2	1.0	4.0	4.0	23.4
25	8.2	2.1	1.0	3.7	3.4	22.9
26	8.0	2.1	0.9	3.7	2.7	22.9
27	8.0	1.9	0.9	3.7	3.8	22.0
28	7.8	2.0	0.9	3.6	3.4	21.0
29	7.6	1.9	0.9	3.5	3.4	21.1
30	7.4	1.9	0.9	3.3	3.3	20.9
令和元	7.0	1.9	0.9	3.4	3.3	22.0
2	6.8	1.8	0.8	3.2	2.7	20.1
3	6.6	1.7	0.8	3.4	2.5	19.7
4	6.3³⁾	1.8	0.8	3.3	…	19.3

注 1) 出生数に妊娠満22週以後の死産数を加えたもの
　　2) 出生数に死産数を加えたもの
　　3) 令和4年の出生率は概数
資料　厚生労働省政策統括官付人口動態・保健社会統計室「人口動態統計」

　なお，平成13年度から平成26年度まで取り組まれた第1次計画を踏まえて，平成27年4月からは「健やか親子21（第2次)」が10年計画で開始されている。

　「健やか親子21（第2次)」では，「すべての子どもが健やかに育つ社会」の実現を目指す姿としており，従来掲げてきた課題を見直し，現在の母子保健を取り巻く状況を踏まえた3つの基盤課題，また，特に重点的に取り組む必要のある2つの重点課題を示している。

基盤課題

　A：切れ目ない妊産婦・乳幼児への保健対策

　B：学童期・思春期から成人期に向けた保健対策

　C：子どもの健やかな成長を見守り育む地域づくり

重点課題

　1：育てにくさを感じる親に寄り添う支援

　2：妊娠期からの児童虐待防止対策

　平成27年度からは，さまざまな機関が個々に行っている支援について，妊娠期から子育て期にわたるまでの切れ目のない支援を実施するため，ワンストップ拠点としての「子育て世代包括支援センター」を立ち上げ，コーディネーターがすべての妊産婦等の状況を継続的に把握し，情報の一元化を図る施策が開始されている。

　令和4年6月の改正児童福祉法において，子育て世代包括支援センターと子ども家庭総合支援拠点を統合したこども家庭センターの創設が規定された。妊産婦支援，母子保健の相談から子育て世帯，子どもが気軽に相談できる施設として設置される。

1 ——— 妊娠の届出と母子健康手帳の交付

　妊娠した者は，母子保健法の規定により，速やかに市町村長（保健所を設置する市は保健所長）に届け出ることとされており，この妊娠届出をした者に対して市町村から母子健康手帳が交付される。

　妊娠の届出は，必要な保健指導や健康診査を対象者にもれなく行き渡らせるためのものであり，すべての母子保健施策の基本となるものである。

　また，妊娠初期の健康管理は，安全な妊娠・出産のため非常に重要であるので，妊娠届出が早期に行われるようその趣旨の徹底が必要である。母子健康手帳は，妊娠中の健康状態，出産時の状況，乳幼児の発育等について記録になるとともに母と子の一

図 5-16 ● 母子保健対策の体系

（2022（令和 4）年 4 月現在）

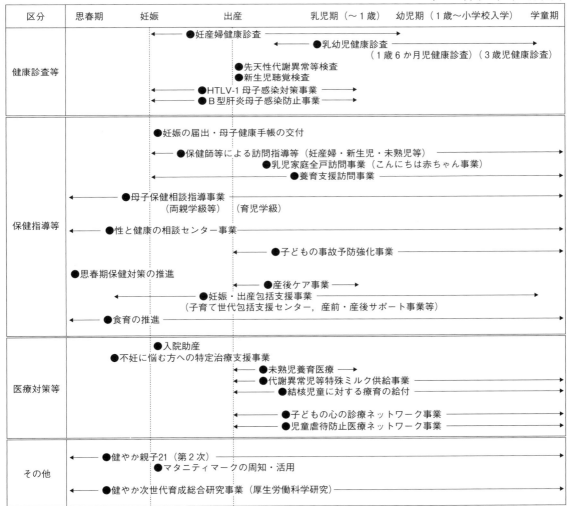

出典　厚生労働省編『厚生労働白書 令和 5 年版』（資料編），192頁，2023.

図 5-17●母子保健事業の推進体制

	市町村（市町村保健センター）	都道府県等（保健所）
	○基本的母子保健サービス	○専門的母子保健サービス
健康診査等	・妊産婦，乳幼児（1歳6か月児，3歳児）の健康診査	・先天性代謝異常等検査
保健指導等	・母子健康手帳の交付 ・両親学級，産後ケア等の妊産婦への支援	・不妊専門相談，女性の健康教育等
訪問指導	・妊産婦，新生児訪問指導，未熟児訪問指導	
療養援護等	・未熟児養育医療	

技術的援助

出典　厚生労働省編『厚生労働白書 令和5年版』（資料編），193頁，2023.

貫した保健指導を行うための基礎資料および育児の記録となるものである。

　令和5年4月から交付される手帳には，「父親や周囲の方の記録」など省令様式の追加や変更が行われている。さらにデジタル化を推進する観点から，オンラインで閲覧できる母子保健情報の拡充が図られている。

2 ─── 市町村の母子保健活動

　母子保健事業は，妊娠，出産，育児について一貫した適切な指導と援助が行われることが必要であり，母子保健対策を効果的に進めていくためには，保健所と市町村がそれぞれの役割にふさわしい母子保健事業を実施し，その有機的な連携を図っていくことが必要である。特に，日常生活に密着したサービスについては，市町村の役割が大きい。

3 ─── 妊産婦，乳幼児の保健管理対策

1　妊産婦，乳幼児健康診査

　妊産婦および乳幼児の健康診査は，妊産婦死亡や死産，乳児死亡の減少を図るとともに，心身障害の発生の可能性の高い未熟児等の出生を予防するうえできわめて重要なものである。妊産婦，乳幼児健康診査は，市町村において，一般健康診査および精密健康診査を実施している。さらに平成8年度から，出産予定日において35歳以上である妊婦を対象として，超音波検査が導入された。

　妊産婦に係る健康診査については，平成10年度より一般財源化され，乳幼児に係る健康診査についても，平成12年度より一般財源化されており，市町村が地域の実情に応じて実施している。

なお，平成25年度からは妊産婦の健康管理の充実と経済的負担の軽減を図るため，健康診査を必要な回数（14回程度）受けられるよう，全面的な地方財政措置を講ずることにより，恒常的な仕組みに移行した。

2 妊産婦・乳幼児の保健指導，訪問指導

妊娠，出産または育児に関し，必要な保健指導および妊産婦，新生児，未熟児に対し，必要に応じ保健師等による家庭訪問指導を行っている。

訪問指導に要する経費は，平成10年度より一般財源化されたところであり，都道府県および市町村が地域の実情に応じて実施している。

3 B型肝炎母子感染防止事業

B型肝炎撲滅対策の一環として，母子間の感染を阻止し，ウイルスの保有者（キャリア）の新発生を抑制するため，医療機関において妊婦の検査とともに必要な保健指導を無料で行っている。

本事業は，平成10年度より一般財源化され，市町村が地域の実情に応じて実施している。

4 新生児マス・スクリーニング検査

フェニールケトン尿症等の先天性代謝異常および先天性甲状腺機能低下症（クレチン症）は，早期に発見し早期に治療を行うことにより心身障害を予防することが可能である。このため，生後5〜7日の新生児を対象に血液によるマス・スクリーニング検査を行っている。

5 1歳6か月児健康診査

運動・視聴覚機能等の障害，精神発達の遅滞等については，早期に発見し，適切な措置を講ずることにより，心身障害の進行を未然に防止することができる。

このため，昭和52年度から，身体発育や精神発達の面で歩行や言語等の発達の標識が比較的容易に得られるようになる1歳6か月の時点での健康診査が母子保健法第12条に基づき市町村において実施されている。

昭和62年度からは，この1歳6か月児健康診査のより一層の充実を図るため，精密健康診査を追加し，実施している。

なお，平成9年度においては，市町村の事務として法定化したところである。

また，本事業は，平成17年度より一般財源化されている。

6 3歳児健康診査

母子保健法第12条に義務づけられている3歳児健康診査は，市町村において，満3歳を超え満4歳に達しない幼児に対し実施されており，身体の発達状況や異常の有無，

精神発達の状況や言語障害の有無等の検査が行われている。精神発達面で異常が発見された場合は，児童相談所で精密健康診査を受けることとなっている。

平成2年度より，健診内容のより一層の充実を図るため，視聴覚検査を追加し，実施してきたところである。

なお，本事業は，平成17年度より一般財源化されている。

7 生涯を通じた女性の健康支援事業

女性の生涯を通じた健康管理のための健康教育を行うとともに，女性特有の諸問題に対応するための相談支援体制の整備を図っている。また，不妊で悩む夫婦に対し，不妊専門相談センターにおける相談対応，情報提供を実施している。

8 妊娠・出産包括支援事業

核家族化，地域のつながりの希薄化等により，妊娠・出産・子育てに関する妊産婦等の不安や負担が増えてきていることを踏まえ，各地域の特性に応じ，妊娠期から子育て期にわたるまでの切れ目ない支援を行うための事業を実施している。

市町村が事業実施体制整備のために行う「妊娠・出産包括支援推進事業」のほか，家庭や地域での妊産婦等の孤立感の解消を図るための「産前・産後サポート事業」，退院直後の母子に心身のケアや育児のサポート等のきめ細かい支援を行う「産後ケア事業」，これらの事業に必要な体制整備のために実施場所の修繕等を行う「妊娠・出産包括支援緊急整備事業」が行われている。

なお，家族等から十分な育児等の支援が得られず心身の不調や育児不安を抱える出産後1年以内の母親とその子を対象として，令和3年4月より「産後ケア事業」が法定化され，市町村は妊産婦および乳児に対する支援の一体的な実施その他の措置を講ずるよう努めなければならないとされた。令和元年12月1日に施行された「成育過程にある者及びその保護者並びに妊産婦に対し必要な成育医療等を切れ目なく提供するための施策の総合的な推進に関する法律」（平成30年法律第104号）を踏まえつつ，産後ケア事業と子育て世代包括支援センターを中心とする関係機関の連携により，妊産婦から子育て期に至るまでの切れ目のない支援体制の構築が図られている。

9 不妊に悩む方への特定治療支援事業

医療保険の適用がない高度な不妊治療（体外受精，顕微授精）を選択せざるを得ない場合の経済的負担の軽減を図るため，配偶者間の不妊治療に要する費用の一部を助成している。

令和3年1月から，出産を希望する世帯を広く支援するため，助成措置が大幅に拡充されている。対象は治療期間の初日における妻の年齢が43歳未満である夫婦であり，1回の治療につき30万円まで支給される。また，世帯の所得制限は撤廃され，助成回数は1子ごとに6回（助成開始年齢が40歳以上の場合は3回）までとなった。さ

らに精子回収を目的とした手術療法を実施した場合は，30万円までが助成される。

令和4年4月からは，体外受精などの基本治療にはすべて医療保険が適用されている。

4 ── 未熟児対策

未熟児対策としては，妊産婦健康診査の徹底を図るほか，未熟児の出生を速やかに把握し，早期に適切な措置を行うため，体重が2500g未満の低体重児を出生したときは，保護者に届出の義務が課せられ，養育上必要と認められる場合は，医師，保健師，助産師等による訪問指導が行われている（表5-14参照）。

また，出生時の体重が2000g以下であったり，身体の発育が未熟なため，入院して養育を必要とする場合には，その養育に必要な医療の給付が行われている。

5 ── 小児慢性特定疾病医療費

小児がん等の小児慢性疾患はその治療に相当な期間を要し，これを放置することはその児童の健全な育成を阻害するとともに，患者家庭における医療費の負担も高額となる。これまでは，小児慢性疾患のうち先天性代謝異常や血友病，小児がんなど特定の疾患について，治療研究事業を行い，もってその研究を推進し医療の確立と普及を図り，あわせて患者家庭の医療費の負担軽減を図ることを目的として小児慢性特定疾患治療研究事業が行われてきた。

平成26年5月には「難病の患者に対する医療等に関する法律」とともに「児童福祉法の一部を改正する法律」が公布され，小児慢性特定疾病の患者に対する医療費助成が法定給付化されたことにより，平成27年1月より新たな助成制度が開始されている。「指定医」「指定医療機関」の制度が導入されており，医療費助成を受けるには，指定医による診断書が必要となり，指定医療機関で受診しなければならない。

給付の対象となる疾患は，令和元年7月5日現在，①悪性新生物，②慢性腎疾患，③慢性呼吸器疾患，④慢性心疾患，⑤内分泌疾患，⑥膠原病，⑦糖尿病，⑧先天性代

表5-14●未熟児養育医療給付件数等の年次状況

訪問指導		養育医療給付決定件数
被指導実人員	被指導延人員	
40,506	48,805	29,925

資料　厚生労働省政策統括官付行政報告統計室「地域保健・健康増進事業報告」（2021（令和3）年度）
　　　養育医療給付決定件数は，厚生労働省政策統括官付行政報告統計室「令和元年度福祉行政報告例」
出典　厚生労働省編『厚生労働白書 令和5年版』（資料編），193頁，2023.

謝異常，⑨血液疾患，⑩免疫疾患，⑪神経・筋疾患，⑫慢性消化器疾患，⑬染色体または遺伝子に変化を伴う症候群，⑭皮膚疾患，⑮骨系統疾患，⑯脈管系疾患の 16 疾患群である。

また，都道府県等は，小児慢性特定疾病児童等とその家族について，適切な療養の確保，必要な情報の提供等を行い，児童等の健康の保持・自立の促進を図る「小児慢性特定疾病児童等自立支援事業」を実施することとされた。

この事業では，療育相談指導，巡回相談指導，ピアカウンセリング，自立に向けた育成相談などの相談支援を行うほか，小児慢性特定疾病児童等自立支援員による各種支援策の利用計画の作成・フォローアップや関係機関との連絡調整等が行われる。

6 ——— 療育の給付

結核にかかっている児童であって，その治療に長期間を要する者に対し，特殊教育の受けられる病院に入院させて医療の給付を行い，あわせて学習および療養生活に必要な物品の支給を行っている。給付は，厚生労働大臣または都道府県知事の指定した「指定療育機関」に委託して行われている。

7 ——— 母子健康包括支援センターの設置

母子保健に関する各種の相談に応じ，妊産婦・幼児の保健指導，栄養指導等を行い，またこれらの事業にあわせて助産を行うなど，総合的な保健施設として市町村に設置されている。平成 29 年度からは，母子保健に関し，支援に必要な実情の把握および関係機関との連絡調整を行うこと等が業務に追加され，名称が母子健康センターから母子健康包括支援センター（通知上の名称は「子育て世代包括支援センター」）に改称された。

8 ——— マタニティマークを通した妊産婦にやさしい環境づくりの推進

21 世紀の母子保健分野の国民運動計画である「健やか親子 21」では，その課題の 1 つに「妊娠・出産に関する安全性と快適さの確保と不妊への支援」を挙げている。この課題の解決に向けて，「健やか親子 21」推進検討会において，マタニティマークを募集し，マークを妊産婦に役立ててもらうとともに，妊産婦に対する気遣いなど，やさしい環境づくりに関して広く国民の関心を喚起することとした。

マタニティマークとは，妊産婦が交通機関等を利用する際に身につけることで，周囲が妊産婦への配慮を示しやすくするものである。

これまでも，妊産婦の優先的な席の確保については，各種交通機関が優先席のマークなどにおなかの大きな妊婦のマークを使用し，妊産婦への心遣いを呼びかけていた。しかし，妊娠初期には外見からは妊娠していることがわかりづらいため，このマークを積極的に活用してもらうことで，妊産婦に対する気遣いなど，妊産婦にやさしい環境づくりに対する関心を呼びかけることになった。

マタニティマークは厚生労働省のホームページからダウンロードし，自由に使用することができる。さらに，交通機関，職場，飲食店，その他の交通機関等が，その取組みや呼びかけ文を付してポスターなどとして提示し，妊産婦にやさしい環境づくりを推進する際にも利用することができる。

なお，「健やか親子21（第2次）」においても，基盤課題として「切れ目のない妊産婦・乳幼児への保健対策」が挙げられている。

第11節　困難な問題を抱える女性への支援

これまで婦人保護事業は，昭和31年に制定された売春防止法に基づき，性行または環境に照らして売春を行うおそれのある女子（要保護女子）について保護更生を図ることを目的として整備されて以降，抜本的な見直しはされていなかった。一方で，女性をめぐる課題は複雑化，多様化，複合化し，平成13年の配偶者からの暴力の防止及び被害者の保護等に関する法律（DV防止法）の成立，平成25年のストーカー規制法の改正により，性暴力・性犯罪被害や人身取引被害，家庭関係破綻や生活困窮などの問題を抱えている女性たちについても，婦人保護事業の対象として運用されるようになった。

このような状況を踏まえ，令和4年5月，「困難な問題を抱える女性への支援に関する法律」（以下「困難女性支援法」という）が成立した（図5-18参照）。「困難な問題を抱える女性」とは，性的な被害，家庭の状況，地域社会との関係性その他のさまざまな事情により日常生活または社会生活を円滑に営むうえで困難な問題を抱える女性をいい，同法は，人権が尊重され，女性が安心して，かつ，自立して暮らせる社会の実現を目指したものである。同法の成立に伴い，婦人保護事業を規定していた売春防止法の「第4章　保護更生」を廃止する改正が行われ，新たな枠組みが構築されることとなる。同法は令和6年4月1日より施行されるため，検討が進められている。

1 ── 婦人保護事業

1　実施機関

事業の実施にあたっては，各都道府県本庁，婦人相談所，婦人相談員および婦人保護施設が中心となり，福祉事務所をはじめ，必要に応じて民間団体等を含む関係機関

図 5-18●困難な問題を抱える女性への支援に関する法律（令和 4 年法律第52号）の概要

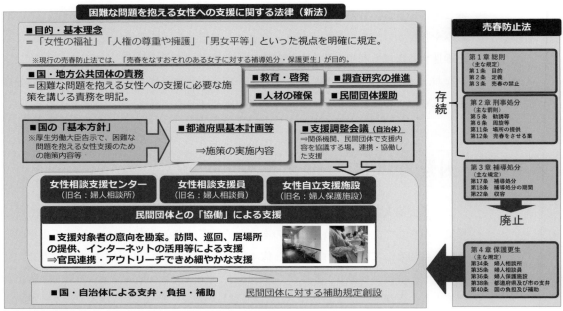

出典　厚生労働省子ども家庭局「全国婦人保護事業担当者会議」（令和 4 年 6 月29日）資料，6 頁

などが協力機関としての役割を果たすこととなっている。

　婦人相談所は，令和 4 年 4 月 1 日現在で各都道府県に 1 か所（徳島県は 3 か所，東京都は多摩支所，島根県は西部分室がある）設置されており，要保護女子等に関する各般の問題についての相談やその家庭について必要な調査，医学的，心理学的および職能的判定およびその結果に基づく必要な指導および一時保護等を行うことを主たる業務とし，DV 防止法により配偶者暴力相談支援センターの中心的な担い手として重要な役割を果たすこととなった。

　また，婦人相談所には一時保護を行う施設が併設され，緊急保護，行動観察，短期間の入所を伴う指導を行っている。

　令和 4 年 5 月に成立した困難女性支援法において，婦人相談所は「女性相談支援センター」に，婦人保護施設は「女性自立支援施設」に，また婦人相談員においても「女性相談支援員」へと改称される（令和 6 年 4 月 1 日より施行）。

2　実施状況

　近年の相談取扱件数の推移をみると，婦人相談所全体の受付件数では，DV 防止法

が施行された平成13年度をピークに一旦減少したが，再び増加し，その後横ばいの状況が続いている。また，婦人相談員の受付件数は，令和3年度において27万1914件を数え，同法施行前の平成12年の10万8729件から20年弱で約2.5倍に増加している（表5-15参照）。

なお，婦人相談所および婦人相談員における夫等からの暴力の相談件数の相談全体に占める割合は，令和3年度においては，「夫等からの暴力」を内容とする相談は来所相談全体の45.5%，「夫等」「子・親・親族」「交際相手等」の3つを合わせた暴力被害は全体の56.1%を占めている（厚生労働省子ども家庭局家庭福祉課調べ）。

次に，婦人保護施設の現況をみると入所状況は表5-17のとおり一時増加したものの，近年減少の傾向がみられる。

2 ——— 配偶者からの暴力の防止等

1 DV防止法

DV防止法は，配偶者からの暴力の防止と被害を受けている者の保護を目的とする。なお，法で対象とする配偶者（男性・女性を問わない）については，平成25年7月の法改正（平成26年1月3日施行）により，婚姻関係にない者（事実婚や元配偶者）にも適用が拡大されている。このため，離婚前に暴力を受け，離婚後も引き続き暴力を受ける場合や，生活の本拠を共にする交際相手，生活の本拠を共にしていた元交際相手からの暴力も同法の保護の対象となっている。

また，身体的暴力のみならず，精神的・性的暴力も保護等の対象とされ，配偶者からの暴力について，通報，相談，保護，自立支援等の幅広い対応が規定されている。

表5-15●婦人相談所および婦人相談員取扱件数

	婦 人 相 談 所			婦 人 相 談 員		
	受付件数	処理済実人員	処理件数	受付件数	処理済実人員	処理件数
	件	人	件	件	人	件
昭和50年度	14,079	14,083	14,138	53,499	53,618	60,577
55	15,123	15,138	15,139	51,083	51,066	56,648
62	20,622	20,633	20,633	49,329	49,461	49,461
平成2	22,488	22,481	22,481	60,014	60,010	60,010
7	23,589	23,578	23,578	73,035	73,064	73,064
12	50,789	50,505	50,505	108,729	107,333	107,333
17	39,637	39,628	39,628	209,745	210,071	210,071
22	46,940	46,988	46,988	226,268	226,206	226,206
24	47,104	47,082	47,082	255,093	255,466	255,466
25	46,607	46,742	46,742	256,725	256,220	256,220
26	44,128	44,115	44,115	256,526	256,494	256,494
27	46,169	46,134	46,134	267,488	267,408	267,408
28	46,008	46,010	46,010	263,624	263,427	263,427
29	48,237	48,206	48,206	256,116	256,438	256,434
30	49,402	49,350	49,288	268,862	268,351	266,919
令和元	42,685	42,637	42,568	268,871	268,749	268,024
2	39,392	39,405	39,288	287,491	287,531	286,681
3	38,388	38,401	38,296	271,914	272,117	271,348

資料　厚生労働省「福祉行政報告例」

表5-16◉令和3年度の婦人相談所・婦人相談員経路別受付状況

	件数	割合
総数	310,302	100.0
本人自身	242,260	78.1
警察関係	6,455	2.1
法務関係	785	0.3
教育関係	1,434	0.5
労働関係	109	0.1
他の婦人相談所	1,633	0.5
他の婦人相談員	4,272	1.4
福祉事務所	11,223	3.6
他の相談機関	15,256	4.9
社会福祉施設等	4,190	1.4
医療機関	2,357	0.8
縁故者・知人	6,125	2.0
その他	14,203	4.6

資料　厚生労働省「福祉行政報告例」

表5-17◉婦人保護施設入所状況

	入所実人員	入所延べ人員	年度末現在員
昭和50年度	993人	394,632人	1,031人
55	688	351,017	985
60	693	287,586	793
平成2	556	286,469	751
7	717	291,496	732
12	1,044	261,102	708
17	1,196	235,663	628
22	998	188,889	467
24	909	156,546	414
25	929	148,534	411
26	846	145,949	367
27	741	134,332	334
28	631	122,404	279
29	624	113,748	301
30	579	117,455	354
令和元	558	103,168	298
2	444	95,703	244
3	427	93,897	248

資料　厚生労働省「福祉行政報告例」

2　相談等の措置

(1)　相談

　　配偶者暴力相談支援センター（都道府県が設置する婦人相談所その他の適切な施設がその機能を担うほか，市町村が任意で設置している）において，次の業務を行っている。

①　相談または相談機関の紹介

②　カウンセリング

③　被害者および同伴者の緊急時における安全の確保および一時保護

④　被害者の自立生活促進のための情報提供その他の援助

⑤　保護命令制度の利用についての情報提供その他の援助

⑥　被害者を居住させ保護する施設の利用についての情報提供その他の援助

(2) 通報

　DV防止法では，配偶者から暴力を受けている人を発見した者に対して通報の努力義務を課している。通報先として，配偶者暴力相談支援センターと警察を規定しており，通報を受けた配偶者暴力相談支援センターでは，被害者に対し，相談・助言等を行うほか，必要な保護の勧奨を行う流れとなっている。また，警察においては，警察官職務執行法等の法令の定めるところにより，暴力の制止，被害者の保護等の必要な措置をとるほか，自衛・対応策について情報提供などの必要な援助も行っている。

(3) 保護命令

　DV防止法では，身体に対する暴力または生命等に対する脅迫を受けている場合に，被害者からの申立てにより，裁判所が保護命令を発令する手続きが定められている。

　配偶者からのさらなる暴力により，被害者の生命または身体に重大な危害を受けるおそれが大きいと認められるときには，裁判所が配偶者に対して，接近の禁止，電話・メール等の禁止，同居する子または親族・支援者等への接近の禁止や住居からの退去等を命じ，被害者の保護を図ることとしている。

(4) 一時保護

　婦人相談所で，配偶者からの暴力を受けた被害者の一時保護を行うほか，母子生活支援施設，民間シェルター等に保護を委託する保護委託の制度も設けられている。

(5) 自立支援

　配偶者暴力相談支援センターにおいて，就業の促進（職業紹介，職業訓練等に関する情報提供），住宅の確保（公営住宅等に関する情報提供），援護（生活保護，児童扶養手当の受給等に関する情報提供）など，被害者の自立に資するさまざまな情報提供を行っている。

1 ─── 障害児福祉の現状とこれまで

児童福祉法によると，障害児の定義には，身体に障害のある児童，知的障害のある児童，精神に障害のある児童（発達障害児を含む。）または治療方法が確立していない疾病その他の特殊の疾病がある児童が含まれる。

平成28年生活のしづらさなどに関する調査によれば，身体障害者手帳を所持している18歳未満の身体障害児数は全国に6万7000人いる（表5-18参照）。また，療育手帳を所持している18歳未満の知的障害児数は21万4000人いる（第6章第4節参照）。

これまで，厚生労働省社会・援護局障害保健福祉部にて障害児支援に関する事務を所管していたが，令和5年4月1日よりこども家庭庁支援局に移管された。障害児の地域社会への参加・包容（インクルージョン）を推進する観点等を踏まえ，文部科学省や厚生労働省と連携し，医療的ケアが必要なこどもやさまざまな発達に課題のあるこども等について，医療，福祉，教育が連携して対応する環境整備に取り組んでいる。

1 障害の予防および早期発見・早期療育

児童の身体障害は成人の場合と異なり，医学的治療，機能訓練などにより機能が回復する可能性が高い。例えば先天性股関節脱臼，斜頸などは乳児期に治療すれば治療期間も短く，容易に回復する。また，脳性まひなども，早期に治療訓練を行うことによりその重度化を防ぐことができる。したがって，早期発見，早期療育が最も大切である。このため，先天性代謝異常検査および新生児聴覚スクリーニング，1歳6か月児健康診査，3歳児健康診査等の乳幼児健康診査を実施するとともに，比較的短期間の治療により障害の除去あるいは軽減が期待される障害児に対し自立支援医療を行っている（表5-19参照）。

2 施設福祉サービス（知的障害児については，第6章第4節参照）

障害児施設については，これまで肢体不自由児施設，盲児施設，ろうあ児施設等の入所サービスと肢体不自由児通園施設，難聴幼児通園施設等の通所サービスに分かれていたが，平成22年の児童福祉法の改正によりサービス体系が見直され，平成24年4月からは入所による支援を行うものは障害児入所支援，通所による支援を行うものは障害児通所支援へと移行した（図5-19参照）。また，児童発達支援センター（障害児通所支援）と障害児入所施設（障害児入所支援）が児童福祉施設に位置づけられ，令和3年10月1日現在では，児童発達支援センターは771か所（定員2万3806人），障害児入所施設は471か所（定員2万9960人）となっている。

表 5-18●身体障害児数（0～17歳）

合計	視覚障害	聴覚・言語障害	肢体不自由	内部障害	障害種別不詳	（再掲）重複障害
67,000	5,000	5,000	36,000	15,000	6,000	23,000

資料　厚生労働省「平成28年生活のしづらさなどに関する調査（全国在宅障害児・者等実態調査）」

表 5-19●自立支援医療（育成医療）給付状況

（令和3年度）

	給付決定件数
総　　　　　　　数	23,536
視　　覚　　障　　害	1,708
聴覚・平衡機能障害	1,052
音声・言語・そしゃく機能障害	9,700
肢　体　不　自　由	5,077
内　　臓　　障　　害	5,962
免　疫　機　能　障　害	27
訪　　問　　看　　護	10

資料　厚生労働省「福祉行政報告例」

図 5-19●障害児施設・事業の一元化（平成24年度）

○障害児支援の強化を図るため，従来の障害種別で分かれていた施設体系について，通所・入所の利用形態の別により一元化。

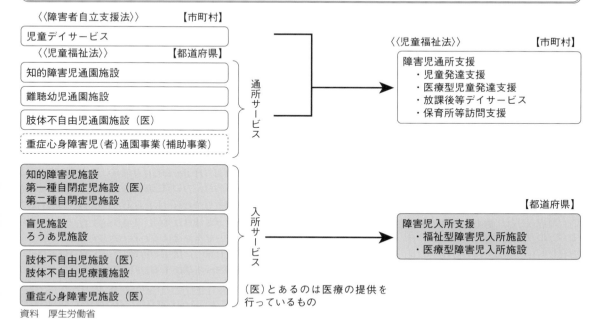

資料　厚生労働省

進行性筋萎縮症の児童については，昭和40年から国立療養所（現在は独立行政法人国立病院機構）に専門病床が設けられ療育が行われている。国立病院機構の病院は，令和4年10月現在140か所（5万2699床）となっている。

3　在宅サービス

在宅の障害児に対しては，児童相談所を中心として相談指導を行うとともに，日常生活における支障を軽減するための補装具費の支給を行っているほか，ホームヘルプサービスやショートステイによる日常生活の介護等，入浴補助用具や便器などの日常生活用具の給付などにより日常生活の便宜を図っている。

なお，平成22年12月の障害者自立支援法（現・障害者総合支援法）等の改正により，平成24年4月から，「放課後等デイサービス」「保育所等訪問支援」の新たなサービスの創設，通所サービスの実施主体を市町村に変更する等の見直しが行われた。

また，平成28年6月には児童福祉法が改正され，人工呼吸器を装着している障害児その他の日常生活を営むために医療を要する状態にある障害児（医療的ケア児）が，その心身の状況に応じた適切な保健，医療，福祉その他の各関連分野の支援を受けられるよう，保健，医療，福祉その他の各関連分野の支援を行う機関との連絡調整を行うための体制の整備や，必要な措置に関する規定が置かれたほか，平成30年4月には，居宅訪問型児童発達支援の創設および保育所等訪問支援の対象の拡大が行われた（表5-20参照）。

表5-20●障害児に対する主なサービス		
サービスの名称		サービスの内容
障害児通所支援	児童発達支援	障害児に対して，児童発達支援センター等の施設への通いにより，日常生活における基本的な動作の指導，知識技能の付与，集団生活への適応訓練その他必要な支援を行う。
	医療型児童発達支援	上肢，下肢または体幹の機能の障害のある児童に対して，医療型発達支援センター等への通いにより，児童発達支援および治療を行う。
	放課後等デイサービス	就学している障害児に対して，授業の終了後または休業日に児童発達支援センター等の施設への通いにより，生活能力の向上のために必要な訓練，社会との交流の促進その他必要な支援を行う。
	居宅訪問型児童発達支援	重度の障害の状態その他これに準ずる状態にあり，児童発達支援，医療型児童発達支援または放課後等デイサービスを受けるために外出することが著しく困難であると認められた障害児に対し，居宅を訪問し，日常生活における基本的な動作の指導，知識技能の付与，集団生活への適応訓練その他必要な支援を行う。
	保育所等訪問支援	保育所，乳児院その他の児童が集団生活を営む施設等に通う障害児に対して，その施設を訪問し，その施設における障害児以外の児童との集団生活への適応のための専門的な支援その他必要な支援を行う。
障害児入所支援	福祉型障害児入所施設	保護，日常生活の指導および独立自活に必要な知識の付与を行う。
	医療型障害児入所施設	保護，日常生活の指導および独立自活に必要な知識の付与および治療を行う。

表 5 -21●特別児童扶養手当等の制度の概要

（令和 5 年度）

	特別障害者手当	障害児福祉手当	福祉手当（経過措置分）	特別児童扶養手当
目　　　的	特別障害者に対して，福祉的措置の一環として，重度の障害のため必要となる精神的，物質的な特別の負担の軽減の一助として手当を支給することにより特別障害者の福祉の向上を図る。	重度障害児に対して，その障害のため必要となる精神的，物質的な特別の負担の軽減の一助として手当を支給することにより重度障害児の福祉の向上を図る。	重度障害者に対して，その障害のため必要となる精神的，物質的な特別の負担の軽減の一助として手当を支給することにより重度障害者の福祉の向上を図る。	精神または身体に障害を有する児童について手当を支給することにより，これらの児童の福祉の増進を図る。
支　　給対 象 者	精神または身体に重度の障害を有するため日常生活において常時特別の介護を必要とする状態にある在宅の20歳以上の者	精神または身体に重度の障害を有するため日常生活において常時特別の介護を必要とする状態にある在宅の20歳未満の者	20歳以上の従来の福祉手当の受給資格者のうち，特別障害者手当の支給要件に該当せず，かつ障害基礎年金も支給されない者（注）	20歳未満で精神または身体に中程度以上の障害を有する児童を家庭で監護，養育している父母またはその他の者
手 当 額（月額）	27,980円	15,220円	同左	1 級　53,700円 2 級　35,760円
所得制限（年収） （令和 3 年 8 月以降適用）	受給資格者（2 人世帯）収入額　5,656,000円 扶養義務者（6 人世帯）収入額　9,438,000円	同　　　　左	同　　　　左	受給資格者（4 人世帯）収入額　7,707,000円 扶養義務者（6 人世帯）収入額　9,438,000円

注　従来の障害福祉年金受給者であって，児童扶養手当及び福祉手当を受給していた母（障害者）と子ども 1 人，父（障害者）と子ども 1 人，母（障害者）と父（障害者）と子ども 1 人の世帯の場合，障害基礎年金制度の創設に伴い，受給額が減額されることから，給付水準を維持するため特例的に福祉手当（経過措置分）が支給されている。

令和 4 年 6 月の改正児童福祉法により，「福祉型」と「医療型」に分かれている児童発達支援センターの類型を一元化する規定が盛り込まれ，障害種別にかかわらず障害児を支援できるよう整備される（令和 6 年 4 月 1 日より施行）。

2 ── 特別児童扶養手当等支給制度

特別児童扶養手当は，家庭にあって介護されている 20 歳未満の障害児の父母その他養育者に国の責任において特別の手当を支給することにより，その福祉の増進を図ることを目的として昭和 39 年 9 月に創設された。

在宅の重度障害者に対する福祉制度の一環として，昭和 50 年 10 月から福祉手当が実施されてきたが，昭和 60 年 5 月 1 日に公布された「国民年金等の一部を改正する法律」により，従来の福祉手当は廃止され，昭和 61 年 4 月から特別障害者手当等が創設された。その概要は表 5 -21 のとおりである。

3 ─── 医療的ケア児等とその家族に対する支援施策

平成28年の改正児童福祉法において，各自治体に対し，医療的ケア児等への支援に関する努力義務が規定された。平成31年度からは，医療的ケア児等総合支援事業が実施されており，医療的ケア児等コーディネーターの配置など医療的ケア児等とその家族を総合的に支援する体制整備が進められていた。

令和3年6月には，医療的ケア児及びその家族に対する支援に関する法律が公布，令和3年9月より施行されており，法律上で明文化された。同法で，医療的ケア児とは，日常生活および社会生活を営むために恒常的に医療的ケア（人工呼吸器による呼吸管理，喀痰吸引その他の医療行為）を受けることが不可欠である児童（18歳以上の高校生等を含む。）と定義され，医療技術の進歩に伴い増加傾向にある医療的ケア児の健やかな成長，家族が安心して育てることができる社会の実現に寄与することを目的としている。

1 支援施策

各自治体は，保育所，認定こども園，家庭的保育事業，放課後児童健全育成事業，学校で保護者の付き添いがなくても適切な医療的ケアその他の支援を受けられるよう，保健師，助産師，看護師，准看護師もしくは喀痰吸引等を行うことができる保育士などの配置を行う。

また，医療的ケア児およびその家族その他の関係者からの相談に対し，個々の医療的ケア児の特性に配慮しつつ総合的に応じることができるよう，医療，保健，福祉，教育，労働等に関する業務を行う関係機関と連携のうえ，必要な相談体制の整備を行う。

さらに，支援の重要性等について理解を深めてもらうための広報活動，支援を行う人材確保，調査研究等を行う。

2 医療的ケア児支援センター

都道府県は，医療的ケア児およびその家族の相談に応じ，情報の提供もしくは助言その他の支援を行うほか，医療，保健，福祉，教育，労働等に関する業務を行う関係機関等への情報の提供および研修を行う医療的ケア児支援センター（以下「支援センター」という。）の設置を行う。支援センターには，医療的ケア児等の支援を総合調整する医療的ケア児等コーディネーターが常勤で1人以上配置される。

第 6 章

障害者福祉

障害者施策の変遷

1 ── 戦後の障害者福祉

　戦後の連合国軍総司令部（GHQ）の占領政策のもとで，わが国の福祉施策は大きく変わった。無差別平等，公的責任原則，救済費非制限といういわゆる「GHQ 三原則」に基づき，大戦直後の社会の混乱と窮乏に対応するために，昭和 21 年に旧生活保護法が制定された。また，同年，日本国憲法が成立し，基本的人権に関して，生存権，教育を受ける権利，勤労の権利等の保障が規定され，この日本国憲法のもとに社会福祉関係の法律の制定が進められることとなった。

　昭和 22 年には，すべての児童を対象とした児童福祉法が制定され，身体障害児については，医療・教育両面からのケアを有機的に結合させた「療育」という観念に基づいた施策が体系的に進められることとなった。また，知的障害児に関する援護事業については，単に児童を保護するだけでなく，独立自活に必要な知識技能を与えることを目的とした知的障害児施設が整備されることとなった。

　昭和 24 年には，身体障害者福祉法が制定された。この法律は，日本で初めての身体障害者を対象として特別に制定された法令であり，保護でなく「更生」を目的とし，障害のため十分に職業的能力を発揮できない場合に，必要な補装具等を交付し，指導訓練を行うことで，職業復帰を目標とした。

　昭和 25 年には，精神障害者に対し適切な医療・保護の機会を提供するため，精神衛生法が制定された。また，同年には生活保護法（新法）が成立した。

　昭和 26 年には，社会福祉事業の全分野に共通する基本的事項を定めた社会福祉事業法が制定され，同年 10 月から，児童福祉法，身体障害者福祉法，生活保護法の福祉三法に関する第一線機関として福祉事務所が設置された。また，これに伴い身体障害者福祉法の一部が同年改正され，法の目的が職業復帰のみにあるのではないこととなった。また，18 歳未満の身体障害児に対して身体障害者手帳の交付が行われるようになった。

　昭和 34 年には，国民皆年金を目指した国民年金法が制定され，障害福祉年金の支給が開始された。昭和 35 年には，成人となった知的障害者に対する福祉対策の必要性から，精神薄弱者福祉法が制定された。さらに昭和 38 年には老人福祉法，昭和 39 年には母子福祉法が相次いで成立し，これにより福祉六法の体制が整備された。また，国際的な行事として，昭和 39 年の東京オリンピックのすぐ後に，身体障害者のための「東京パラリンピック」が開催された。

　昭和 40 年には，精神障害の発生予防から治療，社会復帰までの一貫した施策を実施するために，精神衛生法が改正された。また，従来児童福祉法の施策として行われてきた母子保健対策が母子保健法として編成された。さらに，この年からは，国民体育

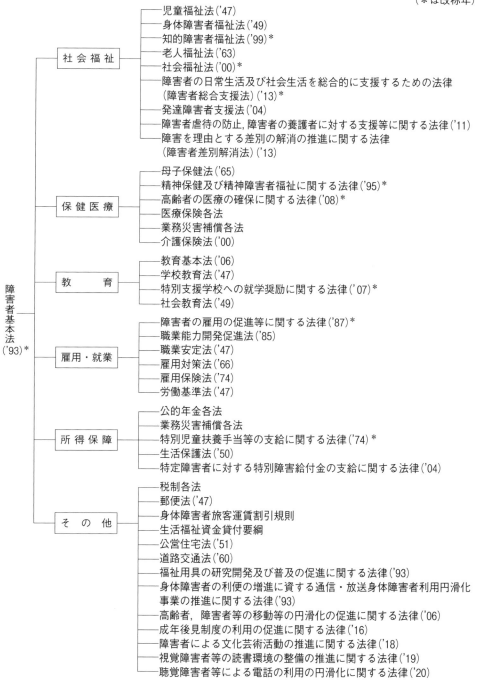

図6-1●障害者施策に関する主な法律の体系

（＊は改称年）

障害者基本法（'93）＊

社会福祉
- 児童福祉法（'47）
- 身体障害者福祉法（'49）
- 知的障害者福祉法（'99）＊
- 老人福祉法（'63）
- 社会福祉法（'00）＊
- 障害者の日常生活及び社会生活を総合的に支援するための法律（障害者総合支援法）（'13）＊
- 発達障害者支援（'04）
- 障害者虐待の防止，障害者の養護者に対する支援等に関する法律（'11）
- 障害を理由とする差別の解消の推進に関する法律（障害者差別解消法）（'13）

保健医療
- 母子保健法（'65）
- 精神保健及び精神障害者福祉に関する法律（'95）＊
- 高齢者の医療の確保に関する法律（'08）＊
- 医療保険各法
- 業務災害補償各法
- 介護保険法（'00）

教育
- 教育基本法（'06）
- 学校教育法（'47）
- 特別支援学校への就学奨励に関する法律（'07）＊
- 社会教育法（'49）

雇用・就業
- 障害者の雇用の促進等に関する法律（'87）＊
- 職業能力開発促進法（'85）
- 職業安定法（'47）
- 雇用対策法（'66）
- 雇用保険法（'74）
- 労働基準法（'47）

所得保障
- 公的年金各法
- 業務災害補償各法
- 特別児童扶養手当等の支給に関する法律（'74）＊
- 生活保護法（'50）
- 特定障害者に対する特別障害給付金の支給に関する法律（'04）

その他
- 税制各法
- 郵便法（'47）
- 身体障害者旅客運賃割引規則
- 生活福祉資金貸付要綱
- 公営住宅法（'51）
- 道路交通法（'60）
- 福祉用具の研究開発及び普及の促進に関する法律（'93）
- 身体障害者の利便の増進に資する通信・放送身体障害者利用円滑化事業の推進に関する法律（'93）
- 高齢者，障害者等の移動等の円滑化の促進に関する法律（'06）
- 成年後見制度の利用の促進に関する法律（'16）
- 障害者による文化芸術活動の推進に関する法律（'18）
- 視覚障害者等の読書環境の整備の推進に関する法律（'19）
- 聴覚障害者等による電話の利用の円滑化に関する法律（'20）

大会のあと，引き続き全国身体障害者スポーツ大会が開催されることになった。

　昭和45年には，心身障害者対策基本法が制定された。これは，障害者対策は福祉分野だけにとどまるものではなく，障害者の生活を支えるためのさまざまなニーズに対

図 6 - 2 ●障害者施策の動向

| | 昭和45 | 46 | 47 | 48 | 49 | 50 | 51 | 52 | 53 | 54 | 55 | 56 | 57 | 58 | 59 | 60 | 61 | 62 | 63 | 平成元 | 2 | 3 | 4 | 5 | 6 | 7 | 8 | 9 |

推進体制

障害者対策推進本部────────────────→ 障 害 者
(平成 8 年に名称変更，平成12年に再編) (平成12
(昭和57年～)

主な事項

心身障害者対策基本法
成立（議員立法）
(昭和45年)

障害者基本法成立
（心身障害者対策基
(平成 5 年）

←──────────────────→←
障害者対策に関する長期計画　　　　　障害者対策に関
(昭和57年度～平成 4 年度)　　　　　(平成 5 年度～

　　　　　　←────────→　←
　　　　「障害者対策に関する長期計画」　障 害 者
　　　　後期重点施策　　　　　　　　　～ノ一
　　　　(昭和62年度～平成 4 年度)　　　7 か 年
　　　　　　　　　　　　　　　　　　　(平成 8

国連等

「国際障害者年」
(1981年)
(昭和56年)

　　　　　　　　　　　　　　　　　　　　　←────────→←
　　　　　　　　　国連・障害者の十年　　　ESCAPアジア太平洋
　　　　　　　　　(1983年～1992年)　　　障害者の十年
　　　　　　　　　(昭和58年～平成 4 年)　(1993年～2002年)
　　　　　　　　　　　　　　　　　　　　　(平成 5 年～14年)

障害者の権利　　　障害者に関する
に関する宣言　　　世界行動計画
(1975年)　　　　 (1982年)
(昭和50年)　　　 (昭和57年)

出典　内閣府資料を一部改変

10　11　12　13　14　15　16　17　18　19　20　21　22　23　24　25　26　27　28　29　30　令和元　2　3　4　5　〜

施策推進本部————————————————▶　障がい者制度改革推進本部
年〜21年）　　　　　　　　　　　　　　　（平成21年12月〜）

障がい者制度改革推進会議
（平成22年1月〜24年7月）

中央障害者施策————————▶　障害者政策委員会——————————————▶
推進協議会　　　　　　　　　　　（平成24年〜）
（平成17年〜）

本法の全面改正）　　障害者基本法の改正　　障害者基本法の改正　　　　　　　障害者差別解消
　　　　　　　　　　（平成16年）　　　　　（平成23年）　　　　　　　　　　法の改正
　　　　　　　　　　　　　　　　　　　　　障害者虐待防止法の成立　　　　　（令和3年）
　　　　　　　　　　　　　　　　　　　　　（平成23年）

　　　　　　　　障害者自立支援法の成立　　障害を理由とする差別の
　　　　　　　　（平成17年）　　　　　　　解消の推進に関する法律
　　　　　　　　　　　　　　　　　　　　　（平成25年6月）
　　　　　　　　　　　　　　　　　　　　　　　（※平成28年4月施行）

　　　　　　　　　　　　　　　　　　障害者総合支援法の成立
　　　　　　　　　　　　　　　　　　（平成24年）

◀—————▶◀————————————————▶　◀————————————▶◀——————————▶◀——————————▶
する新長期計画　障害者基本計画（第2次）　障害者基本計画　　障害者基本計画　　障害者基本計画
14年度）　　　　（平成15年度〜24年度）　（第3次）（平成25　（第4次）（平成30　（第5次）（令和5
　　　　　　　　　　　　　　　　　　　　年度〜29年度）　　年度〜令和4年　年度〜9年度）
　　　　　　　　　　　　　　　　　　　　　　　　　　　　度）

◀—————▶◀———————————————▶◀————————————▶
プラン　　　　　重点施策実施　　　　　重点実施施策
マライゼーション　5か年計画　　　　　5か年計画
戦略〜　　　　　（平成15年度　　　　（平成20年度
年度〜14年度）　〜19年度）　　　　　〜24年度）
　　　　　　　　　　　　　　　　　　（後期5か年
　　　　　　　　　　　　　　　　　　計画）

◀———————————————————————▶◀————————————————————▶
　　　　ESCAP第2次アジア太平洋　　　　　ESCAP第3次アジア太平洋
　　　　障害者の十年　　　　　　　　　　　障害者の十年
　　　　（2003年〜2012年）　　　　　　　（2013年〜2022年）
　　　　（平成15年〜24年）　　　　　　　（平成25年〜令和4年）

　　　　■障害者権利条約
　　　　・国連総会での採択（平成18（2006）年12月）
　　　　　・日本の署名（平成19（2007）年9月）
　　　　　・条約の発効（平成20（2008）年5月）
　　　　　　・日本の批准（平成26（2014）年1月）

応する必要性が認識されたため，各関係省庁が所管する障害者施策を推進するための基本法として，各党派一致の議員立法により制定されたものである。昭和50年には，「特別児童扶養手当等の支給に関する法律」の一部改正により，福祉手当の支給制度が創設された。

　なお，主な障害者施策の動向は，図6-2のとおりである。

2 ─── 国際障害者年以降の障害者福祉

　戦後の障害者福祉の発展は，制度の整備，施設の充実などが中心であった。しかし，国際障害者年以降は，ノーマライゼーションに基づく，当事者主体，地域福祉の考え方が登場する。

　国連では，1971（昭和46）年に「知的障害者の権利宣言」，1975（昭和50）年に「障害者の権利宣言」を決議し，さらに，1976（昭和51）年には，1981（昭和56）年を「国際障害者年」とすることを総会決議として採択した。これは，障害者の権利宣言を単なる理念として掲げるだけでなく，社会において実現する，という意図のもとに行われたものである。

　1981（昭和56）年の「国際障害者年」には，「完全参加と平等」のテーマのもとに，世界各国においてさまざまな活動が実施された。わが国においても，国の機関として，内閣総理大臣を本部長とする「国際障害者年推進本部」が総理府に設置された。また，国内における主要民間団体（NGO）が結集し，「国際障害者年日本推進協議会」を設立し，国際障害者年推進本部と連携を取りながらさまざまな取組みを行い，障害者福祉とリハビリテーションの向上および「完全参加と平等」の理念の啓発に努めた。

　1982（昭和57）年には，国連が「障害者に関する世界行動計画」を採択するとともに，1983（昭和58）年から1992（平成4）年までを「国連・障害者の十年」と宣言し，同計画をガイドラインとして各国において行動計画を策定し，障害者の福祉を増進するよう提唱した。日本では，昭和57年3月に国際障害者年推進本部が「障害者対策に関する長期計画」を策定した。また，国際障害者年への取組みをする国の機関として設置された「国際障害者年推進本部」が同年3月に改組され，新たに内閣総理大臣を本部長とする「障害者対策推進本部」として設置された。同本部は，障害者の「完全参加と平等」を実現するための社会づくりを目指して，障害者施策の推進にあたることとされた。

　昭和59年には，国際障害者年を契機として身体障害者福祉法が改正され，身体障害者福祉の理念を「更生の努力」から「自立への努力」に変更した。昭和61年には，国民年金法，厚生年金保険法の改正が行われ，障害者の生活基盤となる所得保障制度として「障害基礎年金」が創設された。これにあわせて，従来の福祉手当に代わって，日常生活において常時特別の介護を必要とする状態にある最重度の障害者については，その負担の軽減を図る一助として「特別障害者手当」が創設された。

昭和62年の「国連・障害者の十年」中間年には、「『障害者対策に関する長期計画』後期重点施策」が策定された。また、身体障害者雇用促進法が「障害者の雇用の促進等に関する法律」に改正され、同法の対象者をすべての障害者に拡大し、障害者雇用の安定のための施策の充実強化が図られた。昭和63年には、精神障害者の人権に配慮した適正な医療および保護の確保と精神障害者の社会復帰の促進を図る観点から、精神衛生法が「精神保健法」へと改正された。

　平成2年には、いわゆる福祉関係8法が改正された。この際、身体障害者福祉法については、法の目的に「身体障害者の自立と社会経済活動への参加を促進する」理念が加えられ、在宅福祉サービスの位置づけの明確化や身体障害者更生援護施設への入所措置事務等の町村への移譲などについて改正された。

　1991（平成3）年12月には、国連総会において、精神障害者に対し人権に配慮された医療を提供するとともに、その社会参加・社会復帰の促進を図ること等が盛り込まれた「精神疾患を有する者の保護及びメンタルヘルスケアの改善のための諸原則」（国連原則）が採択された。

　平成5年3月には、「国連・障害者の十年」を経て、今後の新たな取組みを定めた「障害者対策に関する新長期計画」が障害者対策推進本部において決定された。新長期計画は基本的な考え方として、「リハビリテーション」と「ノーマライゼーション」という2つの理念のもとに「完全参加と平等」を目指す、という考え方を引き継ぎ、これまでの成果を発展させ、新たな時代のニーズにも対応するとしている。また、同年12月には、心身障害者対策基本法が改正されて「障害者基本法」となった。これは、「国際障害者年」および「国連・障害者の十年」の成果を踏まえて、障害者施策の現状に適合したものにする必要があったことや、1990（平成2）年にアメリカで制定された「ADA（障害をもつアメリカ人法）」の成立など、障害者を取り巻く社会経済情勢の変化に対応したものに改正すべきである、という機運が高まってきたためであり、議員立法として提案されたものである。

　平成6年12月には、初めて総理府が『障害者白書』を発表した。障害者白書は、平成5年12月に改正された障害者基本法に規定された「障害者のために講じた施策の概況に関する報告書」として国会に提出されるものであり、以後毎年発行されている。

　平成7年5月には、精神保健法が改正され、「精神保健及び精神障害者福祉に関する法律」（精神保健福祉法）となった。これは、障害者基本法において精神障害者がその対象として明確に位置づけられたこと、また、平成6年に地域保健対策を総合的に推進するために保健所法が「地域保健法」として改正されたことから、精神障害者についても地域保健施策の一層の充実を図るという観点等から改正されたものである。また、平成7年12月18日の障害者対策推進本部の会議において、平成8年度を初年度とし、平成14年度までの7か年を計画期間とする「障害者プラン～ノーマライゼーション7か年戦略～」が決定され、「障害者対策に関する新長期計画」をさらに具体的に推進していくための重点施策実施計画として位置づけられた。

平成 8 年 1 月，障害者対策推進本部は「障害者施策推進本部」に改称された。なお，障害者施策推進本部は平成 21 年 12 月に廃止され，新たに障がい者制度改革推進本部が設置された。

また，精神薄弱者福祉法，障害者基本法等 32 本の法律において用いられていた「精神薄弱」という用語は，「精神薄弱の用語の整理のための関係法律の一部を改正する法律」（平成 10 年 9 月 28 日法律第 110 号）により，平成 11 年 4 月 1 日より「知的障害」という用語に改められた。

精神障害者の人権に配意しつつその適正な医療および保護を確保し，精神障害者の社会復帰の一層の促進を図るため，緊急に入院が必要な者の移送制度の創設，ホームヘルプやショートステイの法定化などを内容とする「精神保健及び精神障害者福祉に関する法律等の一部を改正する法律」が平成 11 年 6 月に公布された。

平成 11 年 1 月に身体障害者福祉審議会，中央児童福祉審議会および公衆衛生審議会精神保健福祉部会の合同企画分科会においてとりまとめられた「今後の障害保健福祉施策のあり方について」の意見具申を踏まえ，平成 12 年 6 月に「社会福祉の増進のための社会福祉事業法等の一部を改正する等の法律」が公布され，身体障害者福祉法，知的障害者福祉法，児童福祉法等の改正が行われた。この改正は，障害者のノーマライゼーションや自己決定の理念の実現を図り，障害者の地域生活を支援するため，①障害者福祉サービスの利用方法を従来の「措置」から契約による「利用制度」へ変更すること，②知的障害者および障害児福祉に関する事務を市町村へ移譲すること，③身体障害者生活訓練等事業，知的障害者デイサービス事業など障害者の地域生活を支援するための事業を法定化すること等を主な内容とするものであり，このうち，①に係る分については，平成 15 年度から障害者の自己決定を尊重し，利用者本位のサービス提供を基本として，障害者自らがサービスを選択して事業者と対等の関係に基づく契約によりサービスを利用する「支援費制度」として実施された。

また，平成 13 年 6 月には，「障害者に係る欠格条項の見直しについて」（平成 11 年 8 月障害者施策推進本部決定）を踏まえ，医師法，歯科医師法，薬剤師法，保健婦助産婦看護婦法（現・保健師助産師看護師法），労働安全衛生法等の 27 の法律と 31 の制度が改正された。

平成 14 年 5 月に「身体障害者補助犬法」が制定され，良質な身体障害者補助犬（盲導犬，介助犬，聴導犬）の育成および身体障害者補助犬を使用する身体障害者の施設等の利用の円滑化を目的として，一部を除き平成 14 年 10 月 1 日から施行された。同年 12 月には，「障害者対策に関する新長期計画」および「障害者プラン」を引き継ぐものとして，新しい「障害者基本計画」が閣議決定されるとともに，障害者施策推進本部において，障害者基本計画の具体的目標を定める「重点施策実施 5 か年計画」（いわゆる「新障害者プラン」）が決定された。

3 ―― 障害者自立支援法の成立と障がい者制度改革

　平成 16 年 10 月に障害保健福祉施策の改革をめざす「改革のグランドデザイン (案)」が公表され，このグランドデザイン (案) を具体化するために平成 17 年 10 月末，障害者自立支援法が成立し，平成 18 年 4 月に一部施行され，同年 10 月全面施行された。障害者自立支援法により，初めて障害の種類 (身体障害，知的障害，精神障害) にかかわらず施策が一元化され，これまでのサービス体系が再編された。

　また，2006 (平成 18) 年 12 月には，国連において「障害者の権利に関する条約」が採択され，すべての人に保護される人権が障害者にも等しく保護され，移動や情報入手，教育・雇用の権利などが盛り込まれた。同条約は，2008 (平成 20) 年 5 月に発効している。

　障害者権利条約の締結に必要な制度改革を行うため，平成 21 年 12 月，閣議決定により，「障がい者制度改革推進本部」が内閣に設置された。同本部のもと，平成 22 年 1 月から，障害者等を中心に構成された「障がい者制度改革推進会議」において，障害者に係る制度の改革についての議論が行われている。さらに，この推進会議のもとに，同年 4 月に総合福祉部会が，同年 11 月に差別禁止部会がそれぞれ設置された。

　平成 22 年 6 月，障がい者制度改革推進会議での議論を踏まえて閣議決定された「障害者制度改革の推進のための基本的な方向について」において，障害者基本法の改正と改革の推進や「障害者総合福祉法」(仮称)，「障害者差別禁止法」(仮称) の制定を改革の基本的方向として位置づけている。平成 23 年 8 月には，障がい者制度改革推進会議総合福祉部会から，「障害者総合福祉法の骨格に関する総合福祉部会の提言」が発表されている。

　なお，平成 22 年 12 月，制度の見直しまでの間において障害者等の地域生活の支援の充実を図るために，議員立法による「障がい者制度改革推進本部等における検討を踏まえて障害保健福祉施策を見直すまでの間において障害者等の地域生活を支援するための関係法律の整備に関する法律」が成立し，障害者自立支援法等が改正された。

4 ―― 障害者権利条約の批准に向けた国内法の整備

　2006 (平成 18) 年 12 月，国連総会において「障害者の権利に関する条約」(「障害者権利条約」) が採択され，2008 (平成 20) 年 5 月に発効した。同条約では，障害者の人権や基本的自由の共有を確保し，障害者の固有の尊厳の尊重を促進するため，障害者の権利の実現のための措置等を規定し，合理的配慮の否定を含めた障害に基づくあらゆる形態の差別の禁止について適切な措置を求めており，批准に向けて，さまざまな国内法の整備が求められるところとなった (表 6 - 1 参照)。

　すでに，平成 16 年の障害者基本法の改正において，日常生活および社会生活全般に係る障害者に対する差別の禁止が基本理念として明示されていたが，平成 23 年の改正

表6-1 ●障害者差別解消法関係の経緯

2006（平成18）年12月	第61回国連総会において条約を採択
2007（平成19）年9月	日本による条約への署名
2008（平成20）年5月	条約が発効
2011（平成23）年8月	障害者基本法の改正
2013（平成25）年6月	障害者差別解消法の成立
9月	第3次障害者基本計画の策定
2014（平成26）年1月	条約の批准書を寄託
2月	条約が我が国について発効
2015（平成27）年2月	障害者差別解消推進基本方針の策定
2016（平成28）年4月	障害者差別解消法の施行
6月	第1回政府報告提出
2018（平成30）年3月	第4次障害者基本計画の策定
2019（平成31）年2月	障害者差別解消法の見直しの検討開始
2020（令和2）年6月	障害者政策委員会において障害者差別解消法見直しに関する意見書とりまとめ
2021（令和3）年5月	障害者差別解消法改正法の成立
2023（令和5）年3月	障害を理由とする差別の解消の推進に関する基本方針の改定
2024（令和6）年4月	改正障害者差別解消法の施行・改定基本方針の適用

資料　内閣府

では，さらに障害者権利条約の差別の禁止に係る規定の趣旨を取り込む形で，「社会的障壁」の定義が規定されるとともに，「合理的配慮」に係る規定が盛り込まれた。また，平成23年6月には「障害者虐待の防止，障害者の養護者に対する支援等に関する法律」（障害者虐待防止法）が，平成24年6月には「国等による障害者就労施設等からの物品等の調達の推進等に関する法律」（障害者優先調達推進法）が議員立法により成立するなど，多岐にわたる法整備が進められてきた。

　これに加え，平成25年6月には，障害者基本法の差別の禁止の基本原則を具現化するため，「障害を理由とする差別の解消の推進に関する法律」（障害者差別解消法）が成立，また，雇用分野における特有の課題に対応するため，「障害者の雇用の促進等に関する法律」（障害者雇用促進法）を改正し，差別の禁止および合理的配慮の提供義務に関する規定を別途盛り込むこととした。

　また，障害者基本法により，政府には障害者施策に関する基本的な計画（障害者基本計画）の策定義務が課されているが，平成30年3月には，平成29年度で終期を迎えた第3次障害者基本計画に代わる「第4次障害者基本計画」（平成30年度～令和4年度）が策定された。新たな基本計画の理念は，共生社会の実現に向け，障害者が，自らの決定に基づき社会のあらゆる活動に参加し，その能力を最大限発揮して自己実現できるよう支援することであり，その基本的方向は，①2020年東京パラリンピックも契機として，社会のバリア（社会的障壁）除去をより強力に推進，②障害者権利条約の理念を尊重し，整合性を確保，③障害者差別の解消に向けた取組みを着実に推進，④着実かつ効果的な実施のための成果目標を充実することである。

なお，各都道府県には，障害者基本計画に即して，当該都道府県における障害者のための施策に関する基本的な計画（都道府県障害者計画）の策定義務が，各市町村には，障害者基本計画および都道府県障害者計画に即して，当該市町村における障害者のための施策に関する基本的な計画（市町村障害者計画）の策定義務が課されており，国と地方公共団体による連携のもと，障害者の自立および社会参加の支援に関する施策の総合的かつ計画的な実施が図られている。

5 ─── 障害者の日常生活及び社会生活を総合的に支援するための法律（障害者総合支援法）

　平成24年6月には，平成23年8月に公布された改正障害者基本法の趣旨を踏まえ，すべての国民が，障害の有無によって分け隔てられることなく，相互に人格と個性を尊重し合いながら共生する社会を実現するための支援に係る基本理念を定めるほか，障害者および障害児の定義の見直し，地域生活支援事業の拡充，障害福祉計画の記載事項として関係機関との連携に関する事項の追加等の措置を講ずること等を内容とする「地域社会における共生の実現に向けて新たな障害保健福祉施策を講ずるための関係法律の整備に関する法律」が成立した。平成25年4月1日からは，「障害者自立支援法」が「障害者の日常生活及び社会生活を総合的に支援するための法律」（障害者総合支援法）とされ，障害者の定義に難病等が追加された。平成26年4月1日からは，重度訪問介護の対象者の拡大，ケアホームのグループホームへの一元化などが実施されている（本章第2節参照）。また，併せて児童福祉法，身体障害者福祉法および知的障害者福祉法なども改正された。

　なお，障害者総合支援法の附則において，施行後3年を目途として検討を加え，その結果に基づいて所要の措置を講ずることとされており，平成27年4月から審議会を行い，地域生活の支援や障害児支援への対応強化，障害福祉サービスの質の確保・向上に向けた環境整備などを盛り込んだ改正法が平成28年6月3日に公布された。

　さらに，改正法の施行後3年の見直しにより，令和3年3月から社会保障審議会障害者部会を計13回行い，令和4年6月に報告書をとりまとめた。これを受けて，令和4年12月16日に「障害者の日常生活及び社会生活を総合的に支援するための法律等の一部を改正する法律」が公布されている（図6-3参照）。

6 ─── 精神保健及び精神障害者福祉に関する法律（精神保健福祉法）の改正

　精神疾患患者は，いわゆる5大疾患のなかでも，がん，脳卒中，急性心筋梗塞，糖尿病よりも多い状況となっている。また，うつ病や気分障害などの患者数も増加しており，精神科医療に対する需要は多様化している。病院での医療に携わる人材が不足

図6-3 ●障害者の日常生活及び社会生活を総合的に支援するための法律等の一部を改正する法律（令和4年法律第104号）の概要

改正の趣旨

（令和4年12月10日成立・同月16日公布）

　障害者等の地域生活や就労の支援の強化等により，障害者等の希望する生活を実現するため，①障害者等の地域生活の支援体制の充実，②障害者の多様な就労ニーズに対する支援及び障害者雇用の質の向上の推進，③精神障害者の希望やニーズに応じた支援体制の整備，④難病患者及び小児慢性特定疾病児童等に対する適切な医療の充実及び療養生活支援の強化，⑤障害福祉サービス等，指定難病及び小児慢性特定疾病についてのデータベースに関する規定の整備等の措置を講ずる。

改正の概要

1．障害者等の地域生活の支援体制の充実【障害者総合支援法，精神保健福祉法】
　①　共同生活援助（グループホーム）の支援内容として，一人暮らし等を希望する者に対する支援や退居後の相談等が含まれることを，法律上明確化する。
　②　障害者が安心して地域生活を送れるよう，地域の相談支援の中核的役割を担う基幹相談支援センター及び緊急時の対応や施設等からの地域移行の推進を担う地域生活支援拠点等の整備を市町村の努力義務とする。
　③　都道府県及び市町村が実施する精神保健に関する相談支援について，精神障害者のほか精神保健に課題を抱える者も対象にできるようにするとともに，これらの者の心身の状態に応じた適切な支援の包括的な確保を旨とすることを明確化する。

2．障害者の多様な就労ニーズに対する支援及び障害者雇用の質の向上の推進【障害者総合支援法，障害者雇用促進法】
　①　就労アセスメント（就労系サービスの利用意向がある障害者との協同による，就労ニーズの把握や能力・適性の評価及び就労開始後の配慮事項等の整理）の手法を活用した「就労選択支援」を創設するとともに，ハローワークはこの支援を受けた者に対して，そのアセスメント結果を参考に職業指導等を実施する。
　②　雇用義務の対象外である週所定労働時間10時間以上20時間未満の重度身体障害者，重度知的障害者及び精神障害者に対し，雇用機会の拡大のため，実雇用率において算定できるようにする。
　③　障害者の雇用者数で評価する障害者雇用調整金等における支給方法を見直し，企業が実施する職場定着等の取組に対する助成措置を強化する。

3．精神障害者の希望やニーズに応じた支援体制の整備【精神保健福祉法】
　①　家族等が同意・不同意の意思表示を行わない場合にも，市町村長の同意により医療保護入院を行うことを可能とする等，適切に医療を提供できるようにするほか，医療保護入院の入院期間を定め，入院中の医療保護入院者について，一定期間ごとに入院の要件の確認を行う。
　②　市町村長同意による医療保護入院者を中心に，本人の希望のもと，入院者の体験や気持ちを丁寧に聴くとともに，必要な情報提供を行う「入院者訪問支援事業」を創設する。また，医療保護入院者等に対して行う告知の内容に，入院措置を採る理由を追加する。
　③　虐待防止のための取組を推進するため，精神科病院において，従事者等への研修，普及啓発等を行うこととする。また，従事者による虐待を発見した場合に都道府県等に通報する仕組みを整備する。

4．難病患者及び小児慢性特定疾病児童等に対する適切な医療の充実及び療養生活支援の強化【難病法，児童福祉法】
　①　難病患者及び小児慢性特定疾病児童等に対する医療費助成について，助成開始の時期を申請日から重症化したと診断された日に前倒しする。
　②　各種療養生活支援の円滑な利用及びデータ登録の促進を図るため，「登録者証」の発行を行うほか，難病相談支援センターと福祉・就労に関する支援を行う者の連携を推進するなど，難病患者の療養生活支援や小児慢性特定疾病児童等自立支援事業を強化する。

5．障害福祉サービス等，指定難病及び小児慢性特定疾病についてのデータベース（DB）に関する規定の整備【障害者総合支援法，児童福祉法，難病法】
　障害DB，難病DB及び小慢DBについて，障害福祉サービス等や難病患者等の療養生活の質の向上に資するため，第三者提供の仕組み等の規定を整備する。

6．その他【障害者総合支援法，児童福祉法】
　①　市町村障害福祉計画に整合した障害福祉サービス事業者の指定を行うため，都道府県知事が行う事業者指定の際に市町村長が意見を申し出る仕組みを創設する。
　②　地方分権提案への対応として居住地特例対象施設に介護保険施設を追加する。　　　　　　　　　　　　等

　このほか，障害者総合支援法の平成30年改正の際に手当する必要があった同法附則第18条第2項の規定等について所要の規定の整備を行う。

施行期日

令和6年4月1日（ただし，2①及び5の一部は公布後3年以内の政令で定める日，3②の一部，5の一部及び6②は令和5年4月1日，4①及び②の一部は令和5年10月1日）

出典　厚生労働省「第134回社会保障審議会障害者部会」（令和5年1月23日）資料3，1頁を一部改変

するなどの問題も生じてきている。このような現状に対する解決策としては，治療の必要がなく長期入院を続ける「社会的入院」の解消，精神障害者に対する強制入院や保護者制度の見直し，医師や看護師等の人員体制の充実がポイントとなる。

このような観点から，平成16年9月に厚生労働省の精神保健福祉対策本部において「精神保健医療福祉の改革ビジョン」がとりまとめられ，「入院医療中心から地域生活中心へ」という基本理念が示された。その後，さまざまな議論が展開され，平成25年6月19日，精神科医療の提供の確保に関する指針の策定，保護者制度の廃止，医療保護入院の見直しを盛り込んだ「精神保健及び精神障害者福祉に関する法律」の改正法が公布され，平成26年4月1日に施行されている。

平成28年には，平成26年の改正法の施行後3年を目途とした見直しに加え，相模原市の障害者支援施設での殺傷事件や医科大学での精神保健指定医の指定取消し処分などを踏まえ，厚生労働者は「これからの精神保健医療福祉のあり方に関する検討会」を設置した。検討会では，新たな医療計画等の策定に向けて議論するとともに，措置入院制度に係る医療等の充実や精神保健指定医のあり方について検討し，平成29年2月に報告書をとりまとめた。

令和3年10月には「地域で安心して暮らせる精神保健医療福祉体制の実現に向けた検討会」が設置され，精神障害にも対応した地域包括ケアシステムの構築や地域精神保健医療福祉体制の整備，入院患者の意思決定支援・権利擁護を中心に検討が進められた。同検討会と社会保障審議会障害者部会の内容を踏まえ，令和4年12月の障害者総合支援法の改正とともに，精神保健福祉法の改正が行われた。医療保護入院の見直しや医療機関における虐待防止の推進など，一部を除き令和6年4月1日より施行される。

7 ─── 障害者権利条約の締結

わが国は，障害者権利条約に2007（平成19）年9月に署名し，同条約の批准に向け，障害者基本法の改正をはじめとするさまざまな法整備を行ってきた。2013（平成25）年6月の障害者差別解消法の成立をもって，一定の国内法整備の充実がなされたことから，同年10月，国会において条約締結に向けての議論が始まり，12月には締結が承認された。これを受けて2014（平成26）年1月に批准書を国連に寄託し，締結国となった。同条約は，2014（平成26）年2月より，わが国において効力が発生している。

障害者総合支援法の体系

障害者総合支援法は，総則，自立支援給付，地域生活支援事業，事業及び施設，障害福祉計画，費用，国民健康保険団体連合会の障害者総合支援法関係業務，審査請求，雑則，罰則の 10 章ならびに附則から構成されている。

1 ──── 目的

障害者総合支援法は，障害者基本法の基本的な理念にのっとり，身体障害者福祉法，知的障害者福祉法，精神保健及び精神障害者福祉に関する法律，児童福祉法その他障害者及び障害児の福祉に関する法律と相まって，障害者および障害児が基本的人権を享有する個人としての尊厳にふさわしい日常生活または社会生活を営むことができるよう，必要な障害福祉サービスに係る給付，地域生活支援事業その他の支援を総合的に行い，もって障害者および障害児の福祉の増進を図るとともに，障害の有無にかかわらず国民が相互に人格と個性を尊重し安心して暮らすことのできる地域社会の実現に寄与することを目的としている。

2 ──── 対象

本法において「障害者」とは，身体障害者福祉法に規定する身体障害者，知的障害者福祉法にいう知的障害者のうち 18 歳以上である者及び精神保健及び精神障害者福祉に関する法律に規定する精神障害者（発達障害者支援法にいう発達障害者を含む。）のうち 18 歳以上である者並びに<u>治療方法が確立していない疾病その他の特殊の疾病であって政令で定めるものによる障害の程度が，継続的に日常生活又は社会生活に相当な制限を受ける程度である者であって 18 歳以上であるもの</u>とし，「障害児」とは児童福祉法に規定する障害児としている。なお，平成 25 年 4 月からは下線部のいわゆる難病患者等も対象となっている。

3 ──── 市町村等の責務（市町村を基本とする仕組みへの統一）

これまで障害福祉サービスの実施主体は，都道府県と市町村に分立していたが，住民に最も身近な市町村を基本とする仕組みに一元化し，国と都道府県はそれをサポートすることとしている。

4 ─── 障害福祉サービスの体系

障害の状態やニーズに応じた適切な支援が効果的かつ効率的に行われるよう，障害福祉サービスの体系を「施設」という箱ものの単位ではなく，介護的なサービスや就労支援等の訓練系のサービスといった「機能」の単位に再編している。サービスは，個々の障害のある人々の障害支援区分や勘案すべき事項（社会活動や介護者，居住等の状況）を踏まえ，個別に支給決定が行われる障害福祉サービスと，市町村の創意工夫により，利用者の状況に応じて柔軟に実施する地域生活支援事業に大別される（図6-4参照）。

1　介護給付費・訓練等給付費

障害福祉サービスは，介護の支援を受ける場合の介護給付費と訓練等の支援を受ける場合の訓練等給付費に分けられる。介護給付費には，居宅介護，重度訪問介護，同

図6-4●障害福祉サービスの体系

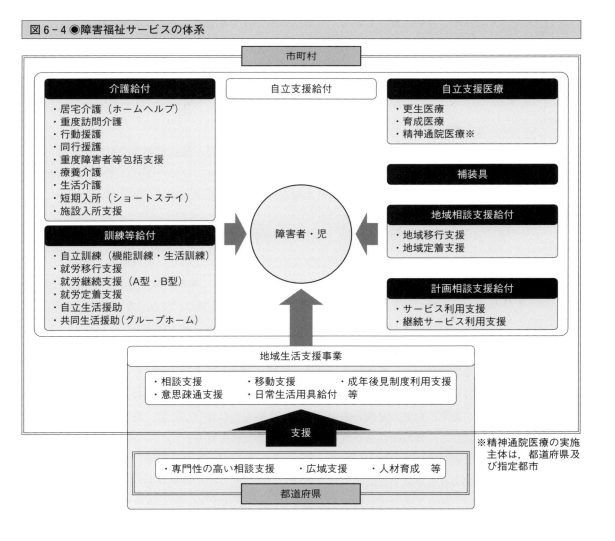

行援護，行動援護，療養介護（医療に係るものを除く。），生活介護，短期入所，重度障害者等包括支援，施設入所支援があり，訓練等給付費には，自立訓練，就労移行支援，就労継続支援，就労定着支援，自立生活援助，共同生活援助がある。これらは国と地方公共団体が義務的に費用を負担する自立支援給付で，障害の種別にかかわらず全国一律の共通した枠組みによりサービスが提供される。

さらに，自立支援医療，補装具，相談支援（地域相談支援，計画相談支援）がサービス体系に含まれる。

2 自立支援医療

自立支援医療は，医療費の自己負担額を軽減する公費負担医療制度で，これまでの身体障害者福祉法に基づく更生医療，児童福祉法に基づく育成医療，精神保健福祉法に基づく精神通院医療が統合・再編されている。

更生医療の対象は，身体障害者福祉法に基づき身体障害者手帳の交付を受けた者で，その障害を除去・軽減する手術等の治療により確実に効果が期待できる者（18歳以上）である。育成医療の対象は，身体に障害を有する児童で，その障害を除去・軽減する手術等の治療により確実に効果が期待できる者（18歳未満）である。精神通院医療の対象者は，統合失調症，精神作用物質による急性中毒などの精神疾患を有する者で，通院による精神医療を継続的に要する者である。

3 補装具費

補装具費は，補装具を必要とする障害者，障害児，難病患者等に支給される（本章第3節参照）。なお，平成30年4月の法改正により，身体の成長に伴い，短期間で補装具等の交換が必要と認められる場合等には，借受けも可能となった。

4 相談支援

障害者総合支援法では，相談支援の強化が図られており，地域相談支援給付，計画相談支援給付が設けられている。「相談支援」とは，基本相談支援，地域相談支援，計画相談支援のことをいい，「地域相談支援」とは，地域移行支援，地域定着支援をいい，「計画相談支援」とは，サービス利用支援と継続サービス利用支援をいう。

地域移行支援では，入所施設や精神科病院等からの退所・退院にあたって支援を要する者に対し，入所施設や精神科病院等における地域移行の取組みと連携しつつ，地域移行に向けた支援を行う。また，地域定着支援では，入所施設や精神科病院から退所・退院した者，家族との同居から一人暮らしに移行した者，地域生活が不安定な者等に対し，地域生活を継続していくための支援を行う。

計画相談支援（障害児相談支援）では，サービス等利用計画についての相談や作成などの支援が必要と認められる場合に，障害者（児）の自立した生活を支え，障害者（児）の抱える課題の解決や適切なサービス利用に向けて，ケアマネジメントにより

きめ細かく支援する。

5 地域生活支援事業

　自立支援給付が，全国一律の共通した枠組みである一方，地域生活支援事業は，市町村が創意工夫によって利用者の状況に応じて柔軟に実施するものであり，障害者等が障害福祉サービスその他のサービスを利用しつつ，自立した日常生活または社会生活ができるよう，相談支援，成年後見制度利用支援，移動支援，意思疎通支援，日常生活用具の給付等の事業を行うこととしている。また都道府県は，特に専門性の高い相談支援事業その他の広域的な対応が必要な事業等を行うこととしている。

5 ─── 介護給付費等の支給決定（支給決定の透明化，明確化）

　障害者等が支援の必要度に応じて障害福祉サービスを公平に利用できるよう，支給決定の透明化，明確化を図る観点から，市町村に障害保健福祉の学識経験者からなる介護給付費等の支給に関する審査会（市町村審査会）を置くこととし，障害の多様な特性その他の心身の状態に応じて必要とされる標準的な支援の度合を総合的に示す「障害支援区分」（旧・障害程度区分）を設けている。

　サービスの支給決定を受けようとする障害者または障害児の保護者の申請を受けた市町村は，障害支援区分の認定および支給要否決定を行うため，まず当該申請に係る障害者等または障害児の保護者について，心身の状況，置かれている環境等について調査を行う。その調査をもとに，障害支援区分の一次判定が行われ，さらに市町村審査会が行う障害支援区分に関する審査および判定の結果に基づき，障害支援区分の認定を行うこととなる。そして，障害支援区分，介護者の状況，障害福祉サービスの利用に関する意向その他の事項を勘案して支給要否決定を行うこととし，支給要否決定を行うにあたって必要があると認めるときは，市町村審査会等の意見を聴くことができることとしている。また，都道府県は市町村の求めに応じ，技術的事項についての協力その他市町村に対する必要な援助を行うこととし，市町村の委託を受けて審査判定業務を行う都道府県に，介護給付費等の支給に関する審査会（都道府県審査会）を置くこととしている（図6-5参照）。

6 ─── 介護給付費または訓練等給付費の支給等

　市町村は，支給決定を受けた障害者または障害児の保護者（支給決定障害者等）が指定障害福祉サービス事業者等から指定障害福祉サービス等を受けたときは，介護給付費または訓練等給付費の支給を行う。

　障害者自立支援法（現・障害者総合支援法）の施行当初においては，いわゆる定率負担とされ，所得に応じた月額負担上限の仕組みとなっていたが，平成24年4月1日

図6-5●支給決定プロセスについて

㊟　市町村は，必要と認められる場合として省令で定める場合には，指定を受けた特定相談支援事業者が作成するサービス等利用計画案の提出を求め，これを勘案して支給決定を行う。
　　＊上記の計画案に代えて，指定特定相談支援事業者以外の者が作成する計画案（セルフプラン）を提出可。
　　＊サービス等利用計画作成対象者を拡大する。
㊟　支給決定時のサービス等利用計画の作成，及び支給決定後のサービス等利用計画の見直し（モニタリング）について，計画相談支援給付費を支給する。
㊟　障害児についても，新たに児童福祉法に基づき，市町村が指定する指定障害児相談支援事業者が，通所サービスの利用に係る障害児支援利用計画（障害者のサービス等利用計画に相当）を作成する。
　　＊障害児の居宅介護等の居宅サービスについては，「指定特定相談支援事業者」がサービス等利用計画を作成。（障害児に係る計画は，同一事業者が一体的（通所・居宅）に作成）

㊟とあるものは法律に規定されている事項。

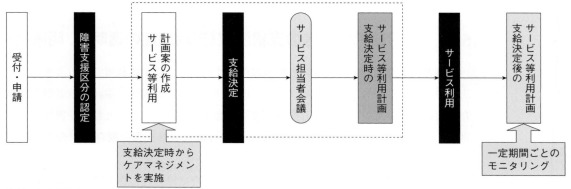

資料　厚生労働省

より，利用者負担の仕組みは支給決定障害者等の家計の負担能力に応じたものとされた。

7 ─── 費用

　障害福祉サービスに係る給付費は，支援費制度が施行されて以降，急速に増大しており，今後も新たにサービスを利用する障害者等が増えることが見込まれるなかで，必要なサービスを確保しながら，制度を安定的に運営することができるよう，在宅サービスに関する国および都道府県の負担を義務的なものとしている。

8 ─── 障害福祉計画

　厚生労働大臣は，障害福祉サービスおよび相談支援ならびに市町村および都道府県の地域生活支援事業の提供体制を整備し，自立支援給付および地域生活支援事業の円滑な実施を確保するための基本的な指針を定めることとしている。また，市町村は基本指針に即して，障害福祉サービスの提供体制の確保その他この法律に基づく業務の円滑な実施に関する計画（市町村障害福祉計画）を定め，定期的に調査，分析および評価を行うものとし，さらに，都道府県はこの基本指針に即して，市町村障害福祉計

画の達成に資するため，各市町村を通ずる広域的な見地から，障害福祉サービスの提供体制の確保その他この法律に基づく業務の円滑な実施に関する計画（都道府県障害福祉計画）を定め，定期的に調査，分析および評価を行うものとしている。

なお，平成30年4月の児童福祉法の改正により，障害児のサービスに係る提供体制の計画的な構築を図るため，障害児福祉計画が策定されることとなった。今後は，障害福祉計画と障害児福祉計画が相互に連動しつつ，総合的な体制確保が図られていくこととなる。

9 ─── 介護保険制度との連携（地域共生社会の推進）

障害福祉サービス等について，これに相当する介護保険サービスがある場合には，社会保障制度の原則である保険優先の考え方に基づき，原則として介護保険サービスに係る保険給付が優先して行われる。こうした制度のもとでは，障害者が65歳になって介護保険の被保険者となった際に，使い慣れた障害福祉サービス事業所を利用できなくなるケースがあり，制度の在り方を問う声も挙がっていた。

平成30年4月には，こうした観点からの対応に加え，福祉に携わる人材に限りがあるなかで，地域の実情にあわせて，人材をうまく活用しながら適切にサービス提供を行うという観点から，「共生型サービス」が創設された。この新しい制度は，介護保険または障害福祉のいずれかの居宅サービスの指定を受けている事業所が，もう一方の制度の居宅サービスの指定を受けやすくする仕組を講じ，高齢者と障害児者が同一の事業所でサービスを受けられる環境を整備するもので，その対象サービスは，図6-6のように整理される。

図6-6 ●共生型サービスの対象サービス

	介護保険サービス		障害福祉サービス等
ホームヘルプサービス	訪問介護	⇔	居宅介護 重度訪問介護
デイサービス	通所介護 （地域密着型を含む）	⇔	生活介護（主として重症心身障害者を通わせる事業所を除く） 自立訓練（機能訓練・生活訓練） 児童発達支援（主として重症心身障害児を通わせる事業所を除く） 放課後等デイサービス（同上）
	療養通所介護	⇔	生活介護（主として重症心身障害者を通わせる事業所に限る） 児童発達支援（主として重症心身障害児を通わせる事業所に限る） 放課後等デイサービス（同上）
ショートステイ	短期入所生活介護 （予防を含む）	⇔	短期入所
「通い・訪問・泊まり」といったサービスの組み合わせを一体的に提供するサービス※	（看護）小規模多機能型居宅介護（予防を含む） ・通い	→	生活介護（主として重症心身障害者を通わせる事業所を除く） 自立訓練（機能訓練・生活訓練） 児童発達支援（主として重症心身障害児を通わせる事業所を除く） 放課後等デイサービス（同上）｝（通い）
	・泊まり	→	短期入所 （泊まり）
	・訪問	→	居宅介護 重度訪問介護｝（訪問）

※ 障害福祉サービスには介護保険の小規模多機能型居宅介護と同様のサービスは無いが，障害福祉制度の現行の基準該当の仕組みにおいて，障害児者が（看護）小規模多機能型居宅介護に通ってサービスを受けた場合等に，障害福祉の給付対象となっている。

出典 厚生労働省「第142回社会保障審議会介護給付費分科会資料」（平成29年7月5日）資料4，6頁

また，これにあわせ，65歳に至るまで相当の長期間にわたり障害福祉サービスを利用してきた低所得の高齢障害者が，引き続き障害福祉サービスに相当する介護保険サービスを利用する場合には，障害者の所得の状況や障害の程度等の事情を勘案し，当該介護保険サービスの利用者負担を障害福祉制度により軽減（償還）する仕組みが創設された。

第3節　身体障害者の福祉

1 ── 身体障害者の実態

わが国では，昭和26年以来ほぼ5年ごとに身体障害者の全国調査が行われてきた。直近の調査データは平成28年12月によるものである。この調査結果によると，18歳未満を含めた在宅の身体障害者手帳所持者数は，428万7000人で前回（平成23年）の調査に比べ約11％増となっている。その実態はおおむね次のとおりである。

1　障害の種類別身体障害者手帳所持者数

主な障害の種類別にみると，肢体不自由が193万1000人で45.0％を占め，視覚障害が31万2000人で7.3％，聴覚・言語障害が34万1000人で8.0％，内部障害が124万1000人で28.9％となっている（表6-2参照）。

2　年齢別の身体障害者手帳所持者数

年齢階級別にみると，70歳以上が253万7000人で，59.2％を占める。対前回比をみると，65歳以上の増加が顕著である（表6-3参照）。

3　障害程度別の身体障害者手帳所持者数

障害の等級別にみると，1・2級の障害を有する身体障害者は，65歳未満では，57万4000人で総数の53.0％を占めており，65歳以上では，146万9000人で総数の45.8％を占めている（表6-4参照）。

2 ── 身体障害者福祉制度の概要

1　援護のための機関

身体障害者福祉行政は，身体障害者福祉法に基づき国が統一的運用を図るとともに，市町村が，在宅福祉および施設福祉の一元的実施主体として，個々の身体障害者に対し，各種サービスを総合的にきめ細かく提供することとしている。

市町村は，身体障害者のための診査や更生相談のほか，必要に応じ自立支援医療，

表6-2 ● 身体障害者手帳所持者数

	推　　計（千人）							構　成　比（%）						
	総数	視覚障害	聴覚・言語障害	肢体不自由	内部障害	障害種別不詳	(再掲)重複障害	総数	視覚障害	聴覚・言語障害	肢体不自由	内部障害	障害種別不詳	(再掲)重複障害
昭和40年	1,164	248	230	686	—	—	256	100.0	21.3	19.8	58.9	—	—	22.0
45年	1,409	257	259	821	72	—	134	100.0	18.2	18.4	58.3	5.1	—	9.5
62年	2,506	313	368	1,513	312	—	163	100.0	12.5	14.7	60.4	12.5	—	6.5
平成3年	2,804	357	369	1,602	476	—	127	100.0	12.7	13.2	57.1	17.0	—	4.5
8年	3,014	311	366	1,698	639	—	183	100.0	10.3	12.1	56.3	21.2	—	6.1
13年	3,327	306	361	1,797	863	—	181	100.0	9.2	10.9	54.0	25.9	—	5.4
18年	3,576	315	360	1,810	1,091	—	325	100.0	8.8	10.1	50.6	30.5	—	9.1
23年	3,864	316	324	1,709	930	585	176	100.0	8.2	8.4	44.2	24.1	15.1	4.6
28年	4,287	312	341	1,931	1,241	462	761	100.0	7.3	8.0	45.0	28.9	10.8	17.7

注　平成23年以外においては，身体障害者手帳所持者と手帳は所持していないが同等の障害を有する者の合計。
資料　厚生労働省「平成28年生活のしづらさなどに関する調査（全国在宅障害児・者等実態調査）」

表6-3 ● 年齢別・種類別身体障害者手帳所持者数

（単位：千人）

	総　数	0〜17歳	18〜29	30〜39	40〜49	50〜59	60〜69	70〜	不　詳
平成23年	3,864	73	67	110	168	323	882	2,216	25
平成28年	4,287	68	84	98	186	314	907	2,537	93
対前回比	110.9%	93.1%	125.4%	89.1%	110.7%	97.2%	102.8%	114.5%	372.0%
平成28年内訳									
視覚障害	312	5	8	8	18	29	65	175	5
聴覚・言語障害	341	5	7	6	14	16	55	228	9
肢体不自由	1,931	36	48	52	96	181	462	1,019	37
内部障害	1,241	15	13	24	31	59	248	821	29
障害種別不詳	462	6	9	9	28	28	76	293	14
(再掲)重複障害	761	23	27	28	42	64	192	369	15

資料　厚生労働省「平成28年生活のしづらさなどに関する調査（全国在宅障害児・者等実態調査）」

表6-4 ● 身体障害者手帳所持者数の種類別・程度別状況

（単位：千人）

		総　数	1級	2級	3級	4級	5級	6級	不　詳
65歳未満	総数	1,082 (100.0%)	369 (34.1%)	205 (18.9%)	173 (16.0%)	178 (16.5%)	68 (6.3%)	35 (3.2%)	54 (5.0%)
	視覚障害	92	26	35	6	6	13	5	—
	聴覚・言語障害	71	6	26	10	19	—	9	—
	肢体不自由	576	175	123	97	108	52	20	—
	内部障害	237	151	5	44	37	—	—	—
	障害種別不詳	107	10	15	15	8	4	1	54
65歳以上（年齢不詳含む）	総数	3,205 (100.0%)	1,023 (31.9%)	446 (13.9%)	560 (17.5%)	707 (22.1%)	173 (5.4%)	125 (3.9%)	173 (5.4%)
	視覚障害	220	93	73	18	13	13	11	—
	聴覚・言語障害	271	3	68	59	71	1	69	—
	肢体不自由	1,355	223	272	304	374	144	39	—
	内部障害	1,004	657	9	139	199	—	—	—
	障害種別不詳	355	47	24	42	50	15	5	173

資料　厚生労働省「平成28年生活のしづらさなどに関する調査（全国在宅障害児・者等実態調査）」

補装具費の支給，各種施設へ利用についての要請を行う。このように援護の第一線機関は市町村であるが，障害福祉サービス事業に関するあっせんまたは調整および要請を行う際に，その前提となる専門的評価判定の必要な場合があり，また，市町村だけでは取り扱うことの困難な専門的相談指導を要するケースがある。

そのような専門的な評価判定や相談指導，また，市町村相互間の連絡調整等を行う機関として，身体障害者更生相談所が全国に 78 か所設置されている（令和4年4月現在）。これは都道府県・指定都市単位に置かれる専門的機関であり，専門職員として身体障害者福祉司等が配置されている。

2　身体障害者手帳

身体障害者福祉法上の身体障害者とは，視覚障害，聴覚または平衡機能の障害，音声機能，言語機能またはそしゃく機能の障害，肢体不自由，内臓（心臓，腎臓，呼吸器，ぼうこうまたは直腸，小腸・肝臓）およびヒト免疫不全ウイルスによる免疫の機能の障害を有する者であって，それらの障害が永続し，かつ障害の程度が同法に定める基準に該当することとして身体障害者手帳の交付を受けた者とされているが，それに該当する者は，その居住地の都道府県知事・指定都市市長・中核市市長に対して，申請することにより身体障害者手帳の交付を受けることができる。なお，令和元年度より，カード型での交付が可能となった。

3　自立支援医療費

身体障害者の日常生活能力の回復を図るための直接的かつ効果的な手段の1つは，医学的方法によって身体の障害そのものを除去し，あるいはその程度を軽減させることである。そのような目的で行う医療に対する公費支給の方法として，自立支援医療費制度がある。身体障害者の自立支援医療の適用対象となる典型的な例を示せば，次のようなものがある。

①視覚障害者の角膜移植術，②聴覚障害者の外耳道形成術，鼓膜穿孔閉鎖術，③肢体不自由者の人工関節置換術および術後の理学療法，④心臓機能障害者の根治手術・弁置換術，⑤腎臓機能障害者の人工透析，腎移植術，⑥口蓋裂後遺症によるそしゃく機能障害者の歯科矯正，⑦小腸機能障害者の中心静脈栄養法，⑧肝臓機能障害者の肝臓移植術，⑨ヒト免疫不全ウイルスによる免疫機能障害者に対する抗HIV療法。

費用については，定率（1割）負担となっているが，低所得世帯については所得に応じて一定の負担上限が設定されている。また，平成22年の障害者自立支援法（現・障害者総合支援法）の改正により，利用者負担は応能負担が原則であると明確化されることとなった（平成24年4月1日施行）。費用が高額な治療を長期間継続しなければならない者については，所得が一定以上であっても負担上限が設定されている（令和6年3月31日までの特例措置）。

4　補装具費

　補装具とは，失われた部分や障害のある部分を補って，日常生活や働くことを容易にするため用いられる用具のことをいう。身体障害者（児）は，補装具を用いることにより，相当程度にその身体機能を補い日常生活に利便を得ることができるため，身体障害者福祉法および児童福祉法においては，補装具の交付または修理に要する費用を公費負担する制度であったが，障害者自立支援法（現・障害者総合支援法）の成立により，従来の現物給付から補装具費の支給となり，かかる費用の定率（1割）負担となっている。ただし，所得に応じて一定の負担上限が設定されており，市町村民税非課税の利用者は利用者負担が無料となっている。平成22年改正により，補装具費と障害福祉サービス費を合算し著しく高額になる場合は高額障害福祉サービス等給付費が支給され，利用者負担が軽減されるとともに，利用者負担は応能負担が原則であると明確化された（平成24年4月1日施行）。また，平成30年4月からは，借受けも可能となった。

5　障害福祉サービス

　在宅サービスとして行われているものは，必ずしも障害者総合支援法に定めのあるものばかりではないが，同法の目的・理念の趣旨に即し，地方公共団体に対する予算補助事業として行われているものを含め，おおむね次のような制度がある。

(1)　居宅介護（ホームヘルプサービス）

　　この制度は，日常生活に支障のある身体障害者等の家庭にホームヘルパーを派遣し，適切な家事，介護等の日常生活を営むのに必要な便宜を供与するものである。

　　この事業におけるサービス内容は，入浴，排せつおよび食事等の介護，調理，洗濯および掃除等の家事，生活等に関する相談および助言その他生活全般にわたる援助である。

(2)　短期入所（ショートステイ）

　　この制度は，身体障害者等を介護している家族が，疾病等の理由によって居宅における介護が困難となった場合に，介護の必要な障害者について短期間介護等を行うため，障害者支援施設等を利用するものである。

(3)　生活介護

　　この制度は，常に介護を必要とする障害者に昼間，入浴，排せつ，食事の介護等日常生活上の支援を行うものである。

(4)　地域生活支援事業

　　この制度は，市町村が創意工夫によって利用者の状況に応じて柔軟に実施するものであり，サービスを効果的・効率的に提供するための事業として，相談支援事業，移動支援事業，成年後見制度利用支援事業，意思疎通支援事業や日常生活用具給付等事業などを実施するものであり，主たる実施主体は市町村である。

6 施設障害福祉サービス

　従来からの施設サービスは，機能的に大別すると，日常生活能力の更生訓練を目的とする更生施設，長期にわたる生活の場としての生活施設，必要な訓練を行うとともに仕事を与える作業施設，地域的な活動の場としての地域利用施設の4類型がある。

　これら施設サービスは，障害者自立支援法（現・障害者総合支援法）の施行により，障害者の状態やニーズに応じた適切な支援が効率的に行われるよう，「施設」から「事業」の概念のもと新たな体系に再編されている（表6-5，6-6参照）。

3 ——— 国立更生援護機関

国立更生援護機関の概要

　国は，障害者の福祉の増進に寄与するため，国立障害者リハビリテーションセンターを設置している。この施設では以下の事務をつかさどる。

① 障害者のリハビリテーションに関し，相談に応じ，治療，訓練および支援を行うこと，調査および研究を行うこと，技術者の養成および訓練を行うこと。

② 知的障害児の保護および指導を行うこと。

③ 戦傷病者の保養を行うこと。

表6-5 ●施設の種類別施設数の推移

（各年10月1日現在）

施設の種類	平成23 (2011)	25 (2013)	26 (2014)	27 (2015)	28 (2016)	29 (2017)	30 (2018)	令和元 (2019)	2 (2020)	3 (2021)
障害者支援施設等	4,263	6,099	5,951	5,874	5,778	5,734	5,619	5,636	5,556	5,530
障害者支援施設	1,661	2,652	2,612	2,559	2,550	2,549	2,544	2,561	2,570	2,573
地域活動支援センター	2,446	3,286	3,183	3,165	3,082	3,038	2,935	2,935	2,849	2,824
福祉ホーム	156	161	156	150	146	147	140	140	137	133
旧身体障害者福祉法による身体障害者更生援護施設	286	－	－	－	－	－	－	－	－	－
肢体不自由者更生施設	15	－	－	－	－	－	－	－	－	－
視覚障害者更生施設	1	－	－	－	－	－	－	－	－	－
聴覚・言語障害者更生施設	1	－	－	－	－	－	－	－	－	－
内部障害者更生施設	2	－	－	－	－	－	－	－	－	－
身体障害者療護施設	106	－	－	－	－	－	－	－	－	－
身体障害者福祉ホーム	－	－	－	－	－	－	－	－	－	－
身体障害者入所授産施設	44	－	－	－	－	－	－	－	－	－
身体障害者通所授産施設	78	－	－	－	－	－	－	－	－	－
身体障害者小規模通所授産施設	31	－	－	－	－	－	－	－	－	－
身体障害者福祉工場	8	－	－	－	－	－	－	－	－	－
身体障害者社会参加支援施設	318	322	322	322	309	314	317	315	316	315
身体障害者福祉センター	165	162	163	161	151	150	152	154	154	153
身体障害者福祉センター（A型）	33	35	36	36	36	36	36	36	38	38
身体障害者福祉センター（B型）	132	127	127	125	115	114	116	118	116	115
障害者更生センター	5	5	5	5	5	5	5	4	4	4
補装具製作施設	17	18	17	16	15	16	15	14	14	14
盲導犬訓練施設	11	13	12	12	12	13	13	13	13	13
点字図書館	73	73	74	74	72	73	73	72	71	71
点字出版施設	11	11	11	11	10	10	10	10	10	10
聴覚障害者情報提供施設	36	40	40	44	44	47	49	48	50	50

資料　厚生労働省「社会福祉施設等調査」

表 6 - 6 ● 施設の種類別定員の推移

（単位：人）　　　　　　　　　　　　　　　　　　　　　　　　　　　　　　　　（各年10月 1 日現在）

施設の種類	平成23 (2011)	25 (2013)	26 (2014)	27 (2015)	28 (2016)	29 (2017)	30 (2018)	令和元 (2019)	2 (2020)	3 (2021)
障 害 者 支 援 施 設 等	141,048	202,964	197,867	195,298	192,762	191,636	190,224	189,939	187,939	187,753
障 害 者 支 援 施 設	94,405	145,015	142,868	140,512	139,627	139,040	138,845	138,941	138,522	138,586
地 域 活 動 支 援 セ ン タ ー	44,702	55,833	52,967	52,845	51,231	50,687	49,565	49,157	47,671	47,414
福 祉 ホ ー ム	1,941	2,116	2,032	1,941	1,904	1,909	1,814	1,842	1,746	1,754
旧身体障害者福祉法による身体障害者更生援護施設	11,768	―	―	―	―	―	―	―	―	―
肢 体 不 自 由 者 更 生 施 設	844	―	―	―	―	―	―	―	―	―
視 覚 障 害 者 更 生 施 設	90	―	―	―	―	―	―	―	―	―
聴 覚 ・ 言 語 障 害 者 更 生 施 設	30	―	―	―	―	―	―	―	―	―
内 部 障 害 者 更 生 施 設	202	―	―	―	―	―	―	―	―	―
身 体 障 害 者 療 護 施 設	5,834	―	―	―	―	―	―	―	―	―
身 体 障 害 者 入 所 授 産 施 設	1,965	―	―	―	―	―	―	―	―	―
身 体 障 害 者 通 所 授 産 施 設	1,856	―	―	―	―	―	―	―	―	―
身 体 障 害 者 小 規 模 通 所 授 産 施 設	542	―	―	―	―	―	―	―	―	―
身 体 障 害 者 福 祉 工 場	405	―	―	―	―	―	―	―	―	―
身 体 障 害 者 社 会 参 加 支 援 施 設	360	360	360	360	360	360	345	265	265	265
障 害 者 更 生 セ ン タ ー	360	360	360	360	360	360	345	265	265	265

資料　厚生労働省「社会福祉施設等調査」

第 4 節　知的障害者の福祉

1 ── 知的障害者（児）の現状

　平成28年12月 1 日現在で，在宅の知的障害者（児）はおよそ96万2000人で，そのうち重度のものは37万3000人と推計された。また，性別でみると，男性が58万7000人（61.0％），女性が36万8000人（38.3％）と推計された（表 6 - 7 参照）。

2 ── 福祉施策の現状とこれまで

　知的障害者（児）の福祉の課題としては，障害の予防と治療方法の解明，早期発見体制の確立，相談判定機構の整備，成人施設の整備拡充，重度化対策の強化，在宅施策の充実等があり，これらの問題に対する社会的関心の高まりもあって，それに対応する解決への努力が進められている。障害の予防と治療方法の解明，早期発見体制の確立のためには国立研究開発法人国立精神・神経医療研究センターにおける研究，心身障害研究の推進，先天性代謝異常等検査の実施等母子保健対策の推進が図られている。

1　施設福祉サービス

　知的障害児施設は18歳未満の知的障害児を入所させ，保護し，または治療するとと

表6-7●療育手帳所持者数（年齢階級・性・知的障害の程度別）

（単位：千人）

年齢階級	総　数	男　性	女　性	不　詳	重　度	その他	不　詳
総数	962 (100.0%)	587 (100.0%)	368 (100.0%)	8 (100.0%)	373 (100.0%)	555 (100.0%)	34 (100.0%)
0～9歳	97 (10.1%)	63 (10.7%)	33 (9.0%)	1 (12.5%)	30 (8.0%)	64 (11.5%)	3 (8.8%)
10～17	117 (12.2%)	77 (13.1%)	40 (10.9%)	— (—)	39 (10.5%)	74 (13.3%)	4 (11.8%)
18～19	43 (4.5%)	21 (3.6%)	21 (5.7%)	— (—)	14 (3.8%)	28 (5.0%)	1 (2.9%)
20～29	186 (19.3%)	126 (21.5%)	59 (16.0%)	1 (12.5%)	73 (19.6%)	107 (19.3%)	6 (17.6%)
30～39	118 (12.3%)	76 (12.9%)	43 (11.7%)	— (—)	42 (11.3%)	73 (13.2%)	4 (11.8%)
40～49	127 (13.2%)	74 (12.6%)	53 (14.4%)	— (—)	45 (12.1%)	76 (13.7%)	6 (17.6%)
50～59	72 (7.5%)	43 (7.3%)	29 (7.9%)	— (—)	28 (7.5%)	39 (7.0%)	5 (14.7%)
60～64	34 (3.5%)	18 (3.1%)	16 (4.3%)	— (—)	11 (2.9%)	23 (4.1%)	— (—)
65～69	31 (3.2%)	19 (3.2%)	13 (3.5%)	— (—)	15 (4.0%)	15 (2.7%)	1 (2.9%)
70～74	35 (3.6%)	20 (3.4%)	15 (4.1%)	— (—)	21 (5.6%)	14 (2.5%)	— (—)
75～79	29 (3.0%)	18 (3.1%)	11 (3.0%)	— (—)	16 (4.3%)	11 (2.0%)	1 (2.9%)
80～89	49 (5.1%)	25 (4.3%)	24 (6.5%)	— (—)	28 (7.5%)	20 (3.6%)	1 (2.9%)
90歳以上	5 (0.5%)	1 (0.2%)	4 (1.1%)	— (—)	4 (1.1%)	1 (0.2%)	— (—)
年齢不詳	18 (1.9%)	6 (1.0%)	6 (1.6%)	5 (62.5%)	6 (1.6%)	10 (1.8%)	1 (2.9%)

資料　厚生労働省「平成28年生活のしづらさなどに関する調査（全国在宅障害児・者等実態調査）」

もに独立自活に必要な知識技能を与えることを目的としており，このほか重度の知的障害児が入所できる施設として，国立障害者リハビリテーションセンター自立支援局秩父学園が設置されているほか，昭和38年度から知的障害児施設に重度知的障害児収容棟を付設するよう助成している。なお，昭和42年8月の児童福祉法の一部改正により，知的障害児施設に入所中の知的障害児については，20歳を超えてもその施設に在所できることになった。

　知的障害児通園施設は日々保護者のもとから通わせて，保護するとともに，独立自活に必要な知識技能を与えることを目的としており，平成2年度からは，通園施設における，重複障害に対する適切な指導を行う心身障害児通園施設機能充実モデル事業の運営が開始され，平成8年より「重症心身障害児（者）通園事業」として事業化されている。

　なお，知的障害児施設および知的障害児通園施設は，障害児支援の強化を図るため，平成22年の児童福祉法の改正によりサービス体系が見直され，平成24年4月から入所による支援を行うものは障害児入所支援，通所による支援を行うものは障害児通所支援へと移行している（第5章第12節参照）。

18歳以上の知的障害者については，その保護更生を図るために，必要があるときは知的障害者援護施設に入所させ保護するとともに，その更生に必要な生活指導，職業指導を行っている。知的障害者援護施設は昭和42年の精神薄弱者福祉法（現・知的障害者福祉法）の一部改正により知的障害者更生施設と知的障害者授産施設に分けられた。また，平成2年の法改正で，知的障害者通勤寮，知的障害者福祉ホームが利用施設として知的障害者援護施設に位置づけられ，平成12年の法改正で知的障害者デイサービスセンターが知的障害者援護施設として位置づけられた（通勤寮，福祉ホームについては，「**3　社会参加促進**」参照）。

　知的障害者援護施設では，15歳以上の知的障害児についても，入所させることが適当であると認められる場合は，児童相談所長からの通知により入所させることができることとなっている。また，知的障害者更生施設および知的障害者授産施設において，昭和63年度から，作業能力はあっても自立生活についての知識・技術が十分でない者に地域での自立生活を直接の目的とした個別的訓練を一定期間行うことにより知的障害者の就労自立の促進を図ることを目的とする自活訓練が実施されている。

　なお，知的障害者援護施設は，障害者自立支援法（現・障害者総合支援法）の施行に伴い，同法における新たな体系のサービスへと再編されている。

2　在宅相談・指導および福祉サービス

　家庭において指導することが適当である知的障害児（者）については，児童相談所（232か所。令和5年4月現在），知的障害者更生相談所（88か所。令和4年4月現在）および福祉事務所（1251か所。令和5年4月現在）において，児童福祉司，知的障害者福祉司を中心に専門のケースワーカーなどが相談に応じ，指導助言などを行うほか，必要に応じて巡回相談や家庭訪問により指導を行っている。

　平成28年度中にこれらの機関で取り扱った知的障害に関する相談は児童相談所15万312件，知的障害者更生相談所10万5018件であった。昭和43年度からは知的障害者相談員が設置され，平成27年4月現在で3552人となっている。在宅指導の一環として，知的障害者をもつ親の団体が行う知的障害者通所援護事業，保護者向けの指導，ラジオ放送，指導誌の刊行，相談事業の促進などの事業に対し国が補助金を交付し，その助成を図っている。

　このほか，居宅介護（ホームヘルプサービス），短期入所（ショートステイ），行動援護，自立訓練，就労移行支援など障害者総合支援法に基づくさまざまなサービスが提供されている。

　さらに，知的障害児（者）に対して一貫した指導相談を行い，これらの者に各種の援護措置を受けやすくするために療育手帳が交付され，知的障害者の福祉の充実が図られている。

3　社会参加促進

　知的障害者援護施設を退所した知的障害者の円滑な社会参加を図るため，昭和46年度から，知的障害者通勤寮が設置された。また，昭和54年度からは，就労している知的障害者であって住居を求めている場合に利用できる知的障害者福祉ホームが設置された。これらについては，平成2年のいわゆる福祉関係8法の改正により知的障害者援護施設として位置づけられた。

　昭和60年度からは，知的障害者援護施設等で指導訓練を受け，一定水準以上の作業能力はあるが，健康上や対人関係の事由により雇用されることができないでいる知的障害者の就労促進のための知的障害者福祉工場の制度が新たに創設された。

　平成元年度からは新たに「知的障害者地域生活援助事業（グループホーム）」を創設した。これは，地域社会のなかにある住宅（アパート，マンション，一戸建等）において数人の知的障害者が一定の経済的負担をして共同で生活する形態であって，同居あるいは近隣に居住している専任の世話人により日常的生活援助が行われるものである。

　なお，これらの施設（事業）は，障害者自立支援法（現・障害者総合支援法）の施行に伴いそれぞれ同法に基づく新しい体系のサービスへと再編・実施されている（知的障害者通勤寮については平成23年度末までに移行）。

　さらに，平成3年度には，知的障害者通勤寮等に「知的障害者生活支援センター」を設け，地域において単身で生活している知的障害者の相談にのり，助言を行うなど，地域社会に必要な支援を行う「知的障害者生活支援事業」が創設された（その後，障害者自立支援法における地域生活支援事業のメニュー事業に移行した）。

　また，平成11年度より，雇用と福祉の連携により障害者の就業支援と生活支援を一体的に行う「障害者就業・生活総合支援事業」を試行的に実施してきたところであるが，その成果を踏まえ，平成14年度から身近な地域で雇用，保健福祉，教育等の関係機関のネットワークを形成し，障害者の就業支援および生活支援が一体的に行われるよう「障害者就業・生活支援センター事業」が創設された。

　スポーツにおいては，平成4年度は「国連・障害者の十年」の最終年であり，その締めくくりにあたり，全国知的障害者スポーツ大会（ゆうあいピック）が創設され，また，平成10年3月に長野で開催されたパラリンピック冬季競技大会には，日本で初めて知的障害部門に選手団を派遣している。

　このほか，知的障害者の社会参加を促進するための制度としては，職親委託の制度がある。この制度は，知的障害者の福祉に理解のある民間の事業経営者等を職親として，知的障害者を一定期間委託し，生活指導や職業指導を行うもので，知的障害者の就職のための素地を与えるとともに，職場における定着性を高めることにより，知的障害者の自立更生を図ることを目的とした制度である（その後，地域生活支援事業のメニュー事業に移行した）。平成29年度末現在，登録職親数は749人，委託職親数は226人，委託知的障害者は278人となっている。

4　その他の福祉の措置

　知的障害者を有する者（家庭）に対しては，経済面の安定および日常生活の援助を図ることを目的として，次のような施策が実施されている。

① 　特別児童扶養手当等の支給（第5章第12節参照）

② 　障害基礎年金の支給

　　知的障害者が20歳になれば，在宅，施設入所を問わず，障害基礎年金が支給される。これは従来の障害福祉年金が昭和61年4月から改組されたものであり，1級，2級の範囲は従来と変更はない。令和5年度の年金の月額は，1級が8万2812円（67歳以下の方）もしくは8万2562円（68歳以上の方），2級が6万6250円（67歳以下の方）もしくは6万6050円（68歳以上の方）となっている（本人のみについて所得制限あり）。

第5節　精神障害者の福祉

1 ── 精神保健福祉の現状

　精神保健福祉行政は，①統合失調症，気分障害（躁うつ病，感情障害）などの精神疾患を有する患者（精神障害者）について，よりよい精神医療を確保する施策および②精神障害があるために長期にわたり日常生活または社会生活上のさまざまな困難を抱える精神障害者の社会復帰の促進や自立と社会参加の促進のための援助を行う社会復帰・福祉施策のほか，特定分野の施策として，③高齢化の進行を背景とする認知症高齢者対策，④アルコール関連問題対策，⑤児童思春期精神保健対策，⑥薬物中毒対策等の施策があり，さらには⑦国民一般のストレス問題など心の健康づくり対策に大きく分けることができる。

　精神保健福祉行政の第一線は，保健所，精神保健福祉センター等衛生関係部局を中心に担われているが，近年，福祉事務所等福祉部局における積極的な取組みが求められており，精神科病院等医療関係機関も含め，医療・保健・福祉の連携のもとにその推進が図られている。

　また，国レベルにおいては，厚生労働省を中心として精神保健福祉行政全体の企画立案が行われるとともに，付属機関として国立精神・神経医療研究センター精神保健研究所が設けられ，精神医療保健にかかる調査研究が推進されているほか，精神保健及び精神障害者福祉に関する法律（精神保健福祉法）による全国唯一の指定法人として，精神障害者社会復帰促進センターが設けられている（図6-7参照）。

　なお，医療の提供については精神科を標ぼうする病院（1053施設：令和3年10月1日現在）および精神科診療所（6481施設：平成26年10月1日現在）が中心的な役割を担っている。

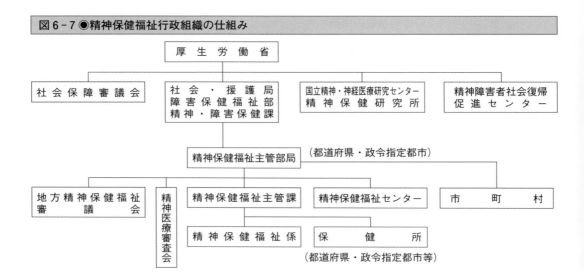

図6-7●精神保健福祉行政組織の仕組み

わが国の精神障害者施策は，精神保健福祉法を中心に展開されており，①適正な医療の確保，②地域精神保健福祉施策，③社会復帰・福祉施策，を3本柱として行われている。近年，精神医療の進歩，社会情勢の変化等を背景に，従来の入院中心の治療体制からできるだけ地域中心の体制の整備が強く求められており，保健所，精神保健福祉センター等による地域精神保健福祉施策の重要性が高まるとともに，精神障害者のための社会復帰施設やグループホーム等の整備などの社会復帰・福祉施策がきわめて重要になってきている。

2 ──── 精神保健福祉施策の変遷

精神保健福祉法は，昭和25年に「精神衛生法」として制定された。精神障害者に対して必要かつ適切な医療を保障することをその基本としており，精神障害の特殊性から強制的な入院措置等に関する規定が設けられているのが特徴的である。昭和62年には，特に精神障害者の人権の確保とその社会復帰の促進を柱とする法改正が行われ，名称も「精神保健法」と改められた。さらに，平成5年には，精神障害者地域生活援助事業（グループホーム），精神障害者社会復帰促進センター，仮入院等に関する法改正が行われた。その後，平成7年には，精神障害者の福祉を法体系上位置づけ，また，市町村の役割を明示し，具体的施策としては，精神障害者保健福祉手帳の創設，指定医研修制度の充実，社会適応訓練事業の法定化などを行うとともに，通院公費負担医療について，これまでの公費優先の仕組みを保険優先の仕組みに改める法改正が行われ，名称も「精神保健及び精神障害者福祉に関する法律（精神保健福祉法）」に改められた。

平成11年には，平成5年改正時に規定された施行5年後の見直し規定を踏まえ，精

神障害者の人権に配慮した医療を確保するため，精神医療審査会の機能強化，精神保健指定医の役割の強化，医療保護入院の要件の明確化等の改正を行うとともに，緊急に入院が必要となる精神障害者の移送に関する制度を創設し，保護者の義務を軽減した。さらに，精神障害者の保健福祉の充実を図るため，都道府県等に設置された精神保健福祉センターの機能を拡充し，社会復帰施設に「地域生活支援センター」を加え，また，居宅生活支援事業として，従来の地域生活援助事業に居宅介護等事業（ホームヘルプ），短期入所事業（ショートステイ）を加えるとともに，福祉サービスの利用に関する相談・助言等の在宅精神障害者に対する福祉事業を市町村を中心として行う体制を整備する等の所要の改正が行われた。

　平成17年には障害者自立支援法（現・障害者総合支援法）が成立し，これまで精神保健福祉法に基づき実施されていた精神障害者居宅生活支援事業（居宅介護等事業，短期入所事業，地域生活援助事業）は，平成18年4月1日からは障害者自立支援法に基づく新たなサービスとして実施されることとなった。また，通院医療についても，同法に基づく自立支援医療として実施されることとなった。さらに，同年10月1日からは，精神障害者社会復帰施設についても，障害者自立支援法における新しい体系のサービスへと再編されることとなった。平成22年12月には障害者自立支援法が改正され，発達障害が精神障害に含まれ，発達障害者も障害者の範囲に含まれることが明示された。また，平成24年度から救急医療体制の整備が図られることとなった。

　平成25年6月には，保護者制度の廃止や医療保護入院の見直しといった内容を盛り込んだ精神保健福祉法の改正が行われた。さらに，令和4年12月にはおよそ10年ぶりとなる改正も行われ，精神障害者の権利擁護を図ることを目指した内容が盛り込まれた。同法改正は，令和6年4月1日（一部を除く。）から施行される（本章第1節参照）。

3 ─── 精神障害者の実態

　精神障害者は，全体で約419.3万人と推定（平成29年患者調査より推計）されている。そのなかで，精神科病院に入院している者は約30.2万人，在宅で生活している者は約389.1万人である（表6−8参照）。

　精神障害者の精神疾患の種類別構成割合は「気分［感情］障害（躁うつ病を含む）」が最も多く28.4％を占めている。その次に「統合失調症，統合失調症型障害および妄

表6−8 ●精神障害者の現状		
総　　　数	入院患者	在宅患者
419.3万人	30.2万人	389.1万人

資料　厚生労働省「患者調査」（平成29年）より厚生労働
　　　省障害保健福祉部作成

想性障害」19.7％，「神経症性障害，ストレス関連障害および身体表現性障害」18.5％
となっている。

4 ─── 精神保健福祉センターおよび精神障害者保健福祉手帳

1 精神保健福祉センター

精神保健福祉センターは地域精神保健福祉施策の中枢機関として都道府県および指
定都市が設置できる機関である。同センターにおいては，①精神保健および精神障害
者の福祉に関する知識の普及，調査研究，②精神保健および精神障害者の福祉に関す
る相談・指導のうち複雑または困難なものを行うこと，③精神医療審査会の事務を行
うこと，④精神障害者保健福祉手帳の申請および障害者総合支援法に規定する自立支
援医療費の支給認定（精神障害者にかかわるものに限る）に関する事務のうち専門的
な知識および技術を必要とするものを行うこと，⑤障害者総合支援法による介護給付
費等の支給の要否決定について，市町村に意見を述べること，⑥障害者総合支援法に
よる介護給付費等の支給決定等に際し，市町村に対して技術的事項の協力，その他の
必要な援助をすることがその業務として定められている。

2 精神障害者保健福祉手帳

精神障害者保健福祉手帳は，一定の精神障害の状態にあることを証する手段となる
ことにより，手帳の交付を受けた者に対し，各方面の協力により各種の支援策が講じ
られることを促進し，精神障害者の社会復帰の促進と自立と社会参加の促進を図るこ
とを目的としている。

これまで，身体障害者については身体障害者手帳が，知的障害者については療育手
帳があり，さまざまな福祉的な配慮が行われていることに鑑み，平成5年に障害者基
本法が成立して精神障害者が障害者として明確に位置づけられたことを契機に，平成
7年の法改正により手帳制度を創設したものである。

交付対象者は，統合失調症，気分（感情）障害，非定型精神病，てんかん，中毒精
神病，器質性精神障害（高次脳機能障害を含む），発達障害，その他の精神疾患すべて
となる。

交付手続

(1) 交付主体

都道府県知事または指定都市の市長が交付。

(2) 申請

・手帳の交付は精神障害者本人の申請に基づき行う。ただし，家族や医療機関職員
等が申請書の提出や手帳の受取りの手続きを代行することができる。

・申請窓口は，市町村とする。

表6−9 ● 精神障害者保健福祉手帳所持者数

（単位：人）

	総数	1級	2級	3級
平成8年度	59,888	17,150	31,746	10,992
12	185,674	47,849	105,464	32,361
17	382,499	71,960	233,313	77,226
22	594,504	93,908	368,041	132,555
27	863,649	112,347	519,356	231,946
28	921,022	116,012	550,819	254,191
29	991,816	120,651	590,557	280,608
30	1,062,700	124,278	630,373	308,049
令和元年度	1,135,450	127,453	670,107	337,890
2	1,180,269	128,216	694,351	357,702
3	1,263,460	132,163	743,152	388,145

資料　厚生労働省「衛生行政報告例」

・申請書類は，申請書と上半身の写真のほか，医師の診断書または障害年金の年金証書の写しあるいは特別障害者給付金受給者証の写しもしくは直近の国庫金振込通知書（国庫金送金通知書）の写しを添付（診断書は，精神保健指定医その他精神障害の診断または治療に従事する医師によるもので，初診日から6か月以上経過した時点の診断書とする）。

(3) 判定

・医師の診断書が添付された申請については，都道府県（または指定都市）の精神保健福祉センターにおいて判定。

・ただし，障害年金の年金証書等の写しがある場合には，審議会の判定を要せず交付。年金1級であれば手帳1級，年金2級であれば手帳2級，年金3級であれば手帳3級とする（障害年金を受けている者でも，希望により診断書による判定可）。

(4) 手帳の様式

手帳の表紙は，単に「障害者手帳」とし，記載事項は，氏名，住所，生年月日，障害等級，手帳番号，交付日，有効期限とする。写真は平成18年10月以降に申請された手帳には貼付される。なお，令和元年度より，カード型での交付が可能となった。

(5) 更新等

・手帳の有効期限は2年。2年ごとに障害の状態を再認定し，更新する。

・住所または氏名を変更した場合の届出

・手帳を破り，汚しまたは紛失した場合の再交付

・障害等級の変更申請

・非該当となったとき等の返還

手帳に基づく支援施策

(1) 税制の優遇措置

所得税および住民税の障害者控除（本人，配偶者，扶養親族），預貯金の利子所得

の非課税（マル優），低所得の障害者の住民税の一部非課税，相続税の障害者控除，贈与税の一部非課税，自動車税，軽自動車税および自動車取得税の非課税等の適用が，手帳に基づき受けられる。

(2)　生活保護の障害者加算

手帳の1級または2級の場合においては，生活保護の障害者加算の認定が受けられる。

(3)　生活福祉資金の貸付

手帳所持者世帯は，生活福祉資金のうち，総合支援資金，福祉資金の貸付が受けられる。

(4)　番号案内料の免除

手帳所持者は，NTT が実施する無料番号案内（「ふれあい案内」）が利用できる。

(5)　公共交通機関の運賃割引や各種施設の利用料割引等

身体障害者手帳や療育手帳については，公共交通機関の運賃割引，公共施設の利用料の割引，公営住宅の優先入居等が行われており，精神障害者保健福祉手帳の交付を受けた者についても，優遇措置が増えてきている。

5 ─── 精神障害者社会復帰施設等

以下に示すような，精神障害者の社会復帰等のために設けられてきた施設等は，障害者総合支援法による新たなサービス体系に移行している。

1　精神障害者社会復帰施設等

精神障害者社会復帰施設は，精神障害者の社会復帰を促進するための施設であり，精神保健福祉法において，①精神障害者生活訓練施設（援護寮），②精神障害者授産施設，③精神障害者福祉ホーム，④精神障害者福祉工場，⑤精神障害者地域生活支援センターの5つが規定されていた。障害者自立支援法（現・障害者総合支援法）の施行によって，平成18年10月1日から精神保健福祉法上の規定が削除され，新体系のサービスに移行した。新体系のサービスにはおおむね5年程度の経過措置期間内に移行することとされ，平成18年10月1日において現存している社会復帰施設は，平成24年4月1日には新体系に移行が済んでいる。

また，精神障害者居宅生活支援事業（①精神障害者居宅介護等事業，②精神障害者短期入所事業，③精神障害者地域生活援助事業）については，平成18年4月から精神保健福祉法上の規定は削除され，障害者総合支援法に基づく「障害福祉サービス」として位置づけられている。

2　精神障害者社会適応訓練事業（通院患者リハビリテーション事業）

この事業は昭和57年度から実施され，通院中の精神障害者で，障害のために通常の

雇用契約による就職が困難な人を対象に，都道府県および指定都市が一般の事業所に委託して，生活指導，社会適応訓練等を行うものである。

　なお，この事業は他の制度との関係が不明確であり，障害者自立支援法（現・障害者総合支援法）上のサービスとの関係も含め，事業の位置づけについて整理を図ることから，平成24年4月で廃止された。

※この事業における訓練を修了した者が，一定程度就職に結びついている等，就労支援として高い効果が得られていることを踏まえ，継続的な実施の検討について，平成23年10月，厚生労働省より都道府県に通知された。

3　小規模作業所と新事業体系

　小規模作業所は，障害者の就労および活動の場として，地域のなかで生まれ運営されている法定外の通所施設である。障害者自立支援法（現・障害者総合支援法）の施行に伴い，小規模作業所は地域活動支援センターへの移行や就労訓練等の新体系サービスに移行し，事業の実施に応じた報酬を得ることも可能となっている（平成18年10月より）。

6 ── 精神障害者の地域移行の推進

　障害者総合支援法では，地域移行支援・地域定着支援が法定化され，精神障害者の地域移行・地域定着が図られている。これは，モデル事業等を通じて平成20年に開始された「精神障害者地域移行支援特別対策事業」が，平成22年に「精神障害者地域移行・地域定着支援事業」となり，その後，平成24年に法定化されたものである。

　地域移行支援では，障害者支援施設や精神科病院等からの退所・退院にあたって支援を要する者，地域における生活に移行するために重点的な支援を必要とする者に対し，地域生活への移行に向けた相談支援や住居の確保等を行う。また，地域定着支援では，居宅で単身生活を営む者，地域生活が不安定な者等に対し，常時連絡が取れる体制を確保し，障害の特性に起因して生じた緊急の事態などの相談支援など地域生活を継続していくための支援を行う。

　その後，平成26年3月に制定された「良質かつ適切な精神障害者に対する医療の提供を確保するための指針」においても，長期入院精神障害者の地域移行は引き続き検討課題とされた。このことを踏まえ，長期入院精神障害者の地域移行に向けた具体的方策に係る検討会は，今後の方向性をとりまとめ，それに沿って，平成27年度には「長期入院精神障害者地域移行総合的推進体制検証事業」が実施されている。

発達障害者の支援

発達障害は，これまで障害として社会のなかで十分認識されておらず，制度の谷間に置かれ，必要な支援が届きにくい状態となっていた。

こうした状況を受け，平成16年12月に「発達障害者支援法」が成立した。この法律では，発達障害を「自閉症，アスペルガー症候群その他の広汎性発達障害，学習障害，注意欠陥多動性障害その他これに類する脳機能の障害であってその症状が通常低年齢において発現するもの」と定義している。発達障害には症状の発現後，できるだけ早期の支援とともに切れ目ない支援が重要である。そのため，本法では障害者基本法の基本的な理念にのっとり発達障害者が個人として尊厳のある日常生活または社会生活を営めるよう，発達障害を早期に発見し，発達支援を行うことに関する国および地方自治体の責務を明らかにしている。また，学校教育における発達障害者への支援等発達障害者の自立および社会参加のための生活全般にわたる支援を図ることとされている。

なお，平成22年の障害者自立支援法（現・障害者総合支援法）の改正により，発達障害もその対象であることが示されている。

1　平成28年法改正の概要

法施行後，発達障害に関する国民の理解が広がってきた一方，時代の変化に対応したよりきめ細やかな支援が求められ，共生社会の実現に向けた新たな取組みも進められてきたことから，平成28年には支援の充実を図る法改正が行われた。

改正法では，支援の基本理念として，①社会参加の機会が確保されること，地域社会において他の人々との共生を妨げられないこと，②社会的障壁の除去に資すること，③性別，年齢，障害の状態および生活の実態に応じて，関係機関等の緊密な連携のもとに，意思決定の支援に配慮しつつ，切れ目なく行うことが新たに明記された。

教育に関しては，発達障害児が発達障害児でない児童とともに教育を受けられるよう配慮すること，個別の教育支援計画・個別の指導計画の作成の推進，いじめの防止等の対策の推進が規定されており，就労支援については，主体に新たに国を規定し，国および都道府県が就労定着の支援に努めるとし，事業主は雇用の機会の確保，雇用の安定に努めなければならないとした。

また，情報共有の促進のために必要な措置を講じること，司法手続における意思疎通の手段等の確保を図ることなどが新たに規定されたほか，支援体制の課題を共有し，連携の緊密化を図り，体制整備についての協議を行うために都道府県・指定都市に発達障害者支援地域協議会を設置できることとなった。

2　発達障害者に対する地域支援体制の確立

　地域において，医療・保健・福祉・教育・雇用等の関係者と連携して，発達障害者やその家族に専門的な支援を行う発達障害者支援センターの整備が進められている。

　また，発達障害者支援体制整備事業により，発達障害者やその家族に対し，ライフステージを通じて一貫した支援体制の強化を図るため，ペアレントメンター（発達障害者の子育て経験のある親であって，その経験を活かし，子どもが発達障害の診断を受けて間もない親などに対して相談や助言を行う人）の養成と，その活動を調整する人の配置，アセスメントツール（発達障害を早期発見し，その後の経過を評価するための確認票）の導入を促進する研修会などが行われている。

3　発達障害者への支援手法の開発や普及啓発の着実な実施

　発達障害者のニーズに対応する一貫した支援を行うことができるよう，先駆的な取組みを通じて有効な支援手法が開発・確立されている。

　発達障害支援施策に関して総合的かつ先駆的な取組みを行う市町村が指定され，その取組み内容がマニュアルやプログラムとしてとりまとめられ，情報発信されることにより，全国的な取組みの促進が図られている。

　また，発達障害者支援の現場等における支援内容の充実を図るため，職員等に対する研修が行われている。

4　発達障害者等の支援のための巡回支援専門員の整備

　平成23年度から，発達障害等に関する知識を有する専門員が，保育所等の子どもやその親が集まる施設や場を巡回する巡回支援専門員整備事業が実施され，支援担当職員や親等に対し，障害の早期発見・早期対応のための助言等の支援が行われている。

第7節　障害者差別解消法

　平成24年9月に「『障害を理由とする差別の禁止に関する法制』についての差別禁止部会の意見」がとりまとめられ，平成25年6月26日に「障害を理由とする差別の解消の推進に関する法律」（障害者差別解消法）が公布された。本法は，すべての国民が，障害の有無によって分け隔てられることなく，相互に人格と個性を尊重し合いながら共生する社会の実現に向け，雇用，教育，医療，公共交通など障害者の自立と社会参加にかかわるあらゆる分野を対象として，差別を解消するための措置および支援措置について定めている（ただし，雇用分野についての差別の解消の具体的な措置に関しては，障害者雇用促進法の関係規定に委ねることとしている）。

1 ——— 障害を理由とする差別の禁止

障害者差別解消法では，障害を理由とする差別について「不当な差別的取扱い」と「合理的配慮の不提供」の2つに大別している。

「不当な差別的取扱い」とは，例えば，障害があるということだけで，商品やサービスの提供を拒否したり，場所や時間帯などを制限したり，障害者でない者に対しては付さない条件を付けたりするような行為であり，こうした行為については正当な理由がない限り禁止され，これは国，地方公共団体，民間事業者のすべてに対する法的義務として規定されている。

一方，「合理的配慮」については，障害のある人やその家族，介助者等から，社会的障壁を除去するために必要な配慮（例えば，車いすの利用のための段差に携帯スロープを渡す，高いところに陳列された商品を取って渡すといった「物理的環境への配慮」や，筆談，読み上げ，手話などによるコミュニケーション，わかりやすい表現を使って説明をするなどの「意思疎通の配慮」等）について，これを求める意思の表明があった場合に，過度の負担にならない範囲での実施を求め，こうした配慮を行わないことで，障害のある人の権利利益が侵害される場合には，障害を理由とする差別にあたるとして，国，地方公共団体には提供義務を課している。これまで民間事業者においては，「不当な差別的取扱いの禁止」「合理的配慮の提供」について努力義務とされていたが，令和3年6月公布の法改正により，令和6年4月1日から提供義務が課されることとなっている。

2 ——— 障害を理由とする差別の解消の推進に関する基本方針

具体的に，どのようなことが「不当な差別的取扱い」にあたるのか，どのようなことが「合理的配慮」として求められるのか，という点については，個々の場面の状況ごとに判断されるものであり，障害者差別の禁止について適切に対応し，障害者差別の解消のための自主的な取組みを促すため，不当な差別的取扱いや合理的配慮の具体事例等について，「障害を理由とする差別の解消の推進に関する基本方針」が策定された（平成28年4月施行）。なお，「基本方針」を踏まえ，国や地方公共団体等の機関ごとに，当該機関の取組み（職員が遵守すべき規律の一環）として定める「対応要領」，事業分野別のガイドラインとして主務官庁が策定する「対応指針」がある。

令和6年4月1日からの改正法の円滑な施行に向け，令和5年3月には，政府全体の方針となる「基本方針」が改定された。「不当な差別的取扱い」や「合理的配慮の提供」に関する例の記載や相談窓口の設置など，共生社会の実現に向けた見直しが行われた。

3 ——— 国や地方公共団体による支援措置

国や地方公共団体が行う支援措置として，相談・紛争解決の体制整備，障害者差別解消支援地域協議会における関係機関等の連携，普及・啓発活動の実施，国内外における差別および差別の解消に向けた取組みにかかわる情報の収集，整理および提供に関する規定が設けられている。

第8節　障害者雇用促進

1 ——— 障害者雇用促進法

障害者の雇用の促進にかかわる制度としては，障害者の雇用の促進等に関する法律（障害者雇用促進法）に基づく，障害者法定雇用率制度や障害者雇用納付金制度が，その代表として挙げられる。これらの対象は，基本的には身体障害者，知的障害者および精神障害者であるが，ハローワーク等の職業リハビリテーション機関においては，難病患者も含め，幅広い就労支援が行われている。

障害者雇用促進法については，障害者の権利に関する条約の批准に向けて平成25年6月19日に，雇用の分野における障害者の差別禁止措置などを盛り込んだ改正法が公布された。この改正では，障害者に対する差別の禁止や，障害者が職場で働くにあたっての合理的配慮の提供義務が定められるとともに，精神障害者を法定雇用率の算定基礎に加える見直しが行われている。

令和4年12月には，障害者の多様な就労ニーズを踏まえた働き方の推進，企業が実施する職場環境の整備や能力開発のための措置等への助成による障害者雇用の質の向上などを盛り込んだ改正法が公布され，令和5年4月1日より順次施行されている（詳細は本章第1節，図6-3参照）。

1　事業主への措置

(1)　障害者法定雇用率制度

事業主に対し，法定雇用率に相当する人数の身体障害者・知的障害者の雇用を義務づけ，事業の態様に応じた法定雇用率の達成を促進するものである。なお，精神障害者（手帳所持者）については，これまで法定雇用率の算定上は障害者にカウントすることができるものの，雇用そのものは義務とされてこなかったが，平成30年4月1日以降は精神障害者としてカウントし，雇用義務の対象に含まれることとなった。現在は民間企業2.3％，国・地方公共団体等2.6％，都道府県等の教育委員会2.5％となっている。

令和5年3月の改正により，法定雇用率が段階的に引き上げられることとなった。

表 6-10●障害者法定雇用率の引き上げ			
	令和 5 年度	令和 6 年 4 月	令和 8 年 7 月
民間企業	2.3％	2.5％	2.7％
国・地方公共団体等	2.6％	2.8％	3.0％
都道府県等の教育委員会	2.5％	2.7％	2.9％

民間企業においては，令和 5 年度は据え置きで 2.3％だが，令和 6 年 4 月より 2.5％，令和 8 年 7 月より 2.7％となる。国・地方公共団体，教育委員会においても同様に引き上げが行われる（表 6-10 参照）。

(2)　特例子会社制度

事業主が障害者の雇用に特別の配慮をした子会社を設立し，一定の要件を満たす場合には，特例としてその子会社に雇用されている労働者を親会社に雇用されているものとみなし，実雇用率に算定できる。

(3)　障害者雇用納付金制度

法定雇用率未達成事業主に対し，不足する雇用者数 1 人当たり，月額 5 万円を徴収する一方で，法定雇用率達成事業主には，目標を超える雇用者数 1 人につき，月額 2 万 7000 円を支給することで，雇用の促進を図る仕組みとなっている。なお，納付金制度の対象については，中小企業の負担を配慮して，常用労働者が 200 人を超える企業となっていたが，平成 27 年 4 月からは，常用労働者が 100 人を超える企業が対象となっている。

このほか，事業主に対し，障害者を雇い入れるための施設の設置，介助者の配置等に助成金を支給することで，雇用の促進を図る助成金制度がある。

2　障害者本人に対する措置

障害者法定雇用率等の事業者に対する措置とあわせて，地域の就労支援関係機関において，福祉施策と連携のもと，障害者の職業生活における自立を図る措置が講じられてきた。

代表的な支援機関として次のものがある。

(1)　公共職業安定所（ハローワーク）

専門職員や職業相談員がケースワーク方式により障害の種類・程度に応じた職業紹介，職業指導，求人開拓等を行っている。令和 5 年 4 月現在，全国で 544 か所に設置されている。

障害者の就職件数は年々増加しており，令和 4 年度においては 10 万 2537 件となっている（図 6-10 参照）。

(2)　地域障害者職業センター

障害者に対する専門的な職業リハビリテーションサービスなどを実施する施設と

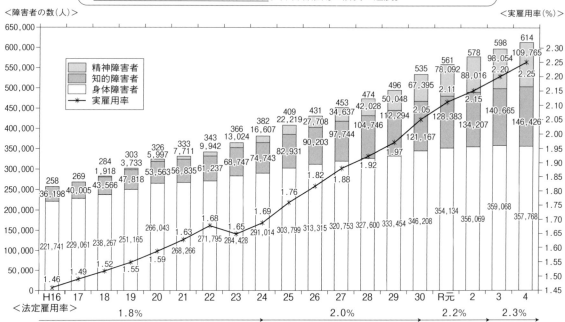

図 6 - 9 ● 障害者雇用の状況

(令和 4 年 6 月 1 日現在)

○民間企業の雇用状況
　雇用者数61.4万人（身体障害者35.8万人，知的障害者14.6万人，精神障害者11.0万人）
　実雇用率2.25％　法定雇用率達成企業割合48.3％
○雇用者数は19年連続で過去最高を更新。障害者雇用は着実に進展。

注 1 ：雇用義務のある企業（平成24年までは56人以上規模，平成25年から平成29年までは50人以上規模，平成30年から令和 2 年まで
　　　は45.5人以上規模，令和 3 年以降は43.5人以上規模の企業）についての集計である。

注 2 ：「障害者の数」とは，次に掲げる者の合計数である。

平成17年まで	身体障害者（重度身体障害者はダブルカウント） 知的障害者（重度知的障害者はダブルカウント） 重度身体障害者である短時間労働者 重度知的障害者である短時間労働者	平成23年以降	身体障害者（重度身体障害者はダブルカウント） 知的障害者（重度知的障害者はダブルカウント） 重度身体障害者である短時間労働者 重度知的障害者である短時間労働者 精神障害者 身体障害者である短時間労働者 （身体障害者である短時間労働者は0.5人でカウント） 知的障害者である短時間労働者 （知的障害者である短時間労働者は0.5人でカウント） 精神障害者である短時間労働者　（※） （精神障害者である短時間労働者は0.5人でカウント）
平成18年以降 平成22年まで	身体障害者（重度身体障害者はダブルカウント） 知的障害者（重度知的障害者はダブルカウント） 重度身体障害者である短時間労働者 重度知的障害者である短時間労働者 精神障害者 精神障害者である短時間労働者 （精神障害者である短時間労働者は0.5人でカウント）		

※　平成30年以降は，精神障害者である短時間労働者であっても，次のいずれかに該当する者については，1 人分とカウントしている。
　①　通報年の 3 年前の年に属する 6 月 2 日以降に採用された者であること
　②　通報年の 3 年前の年に属する 6 月 2 日より前に採用された者であって，同日以後に精神障害者保健福祉手帳を取得した者であること

注 3 ：法定雇用率は平成24年までは1.8％，平成25年から平成29年までは2.0％，平成30年から令和 2 年までは2.2％，令和 3 年以降は2.3％となっている。

出典　厚生労働省職業安定局「令和 4 年障害者雇用状況の集計結果」を一部改変

　　　して，全国47都道府県（ほか支社 5 か所）に設置されている。

　(3)　障害者就業・生活支援センター

　　　　障害者の職業生活における自立を図るため，雇用，保健，福祉，教育等の関係機

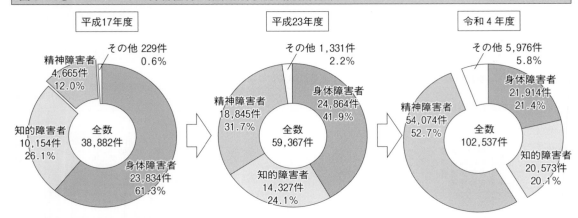

図6-10●ハローワークの障害種別の職業紹介状況（就職件数）

平成17年度

その他 229件 0.6%
精神障害者 4,665件 12.0%
知的障害者 10,154件 26.1%
全数 38,882件
身体障害者 23,834件 61.3%

平成23年度

その他 1,331件 2.2%
精神障害者 18,845件 31.7%
身体障害者 24,864件 41.9%
全数 59,367件
知的障害者 14,327件 24.1%

令和4年度

その他 5,976件 5.8%
精神障害者 54,074件 52.7%
身体障害者 21,914件 21.4%
全数 102,537件
知的障害者 20,573件 20.1%

身体障害者の部位別内訳	就職件数	構成比
視覚障害者	1,795件	7.5%
聴覚・言語障害者	4,975件	20.9%
肢体不自由	12,811件	53.8%
内部障害	4,253件	17.8%
身体計	23,834件	100%

身体障害者の部位別内訳	就職件数	構成比
視覚障害者	2,108件	8.5%
聴覚・言語障害者	4,113件	16.5%
肢体不自由	13,098件	52.7%
内部障害	5,545件	22.3%
身体計	24,864件	100%

身体障害者の部位別内訳	就職件数	構成比
視覚障害者	1,499件	6.8%
聴覚・言語障害者	3,148件	14.4%
肢体不自由	11,069件	50.5%
内部障害	6,049件	27.6%
その他の身体障害	149件	0.7%
身体計	21,914件	100%

出典　厚生労働省「第73回労働政策審議会障害者雇用分科会」（平成29年5月30日）参考資料1，6頁を一部改変

関と連携し，地域において就業面や生活面における一体的な支援を行う施設で，令和5年4月現在，全国で337か所に設置されている。

(4)　職場適応援助者（ジョブコーチ）

障害者の職場適応に課題がある場合に，職場にジョブコーチが出向いて，障害特性を踏まえた専門的な支援を行う事業で，地域障害者職業センターに配置される配置型ジョブコーチ，障害者の就労支援を行う社会福祉法人等において養成研修を修了した者が支援を行う訪問型ジョブコーチ，障害者を雇用する企業において養成研修を修了した者が支援を行う企業在籍型ジョブコーチに分けられる。

3　合理的配慮

障害者の権利に関する条約の批准を受け，平成25年6月の改正法により，雇用の分野における障害者に対する差別の禁止および障害者が職場で働くにあたっての支障を改善するための措置に関する規定が，障害者雇用促進法に追加された（平成28年4月1日施行）。

この措置は，「合理的配慮」と呼ばれ，当該措置が過重な負担とならない限りは，全ての事業主に対して，その提供義務が課されることとなった。合理的な配慮の具体例には，「車いすを利用する方に合わせて，机や作業台の高さを調整すること」や，「知的障害を持つ方に合わせて，口頭だけでなく分かりやすい文書・絵図を用いて説明する」等の措置が挙げられる。

人口構造の少子高齢化と高齢者福祉施策の変遷

1 ——— 人口構造の少子高齢化

　わが国は，すでに人生80年の長寿の時代が到来し，本格的な高齢社会となる21世紀を迎えた。保健衛生水準の向上等により長寿化が進み，全人口に占める高齢者の相対的な割合が増加しているが，出生率の低下による若年人口の減少がこの傾向を急激なものとしている。平成7年には，わが国の総人口に占める65歳以上の人口（高齢化率）は約14.5％と西欧諸国と比較して相対的に低い水準にあったが，平成12年には約17.3％と北欧並みになった。平成17年には20％を超え，令和4年10月1日現在では29.0％と国民の約3.5人に1人が65歳以上の高齢者という，諸外国が歴史上未経験の高齢社会に突入している。さらに，今後もわが国の65歳以上人口は大幅な増加が続き，令和52年には約38.3％に達すると見込まれ，実に国民の2.6人に1人が高齢者となるのである（表7-1，7-2参照）。とりわけ，75歳以上の後期高齢人口の割合が増加し，このなかで寝たきり高齢者や認知症高齢者等の要介護高齢者が急激に増加すると見込まれている。

　他方，世帯規模の縮小，女性の雇用機会の拡大，扶養の意識の変化等により家庭における高齢者の介護能力の低下が指摘され，これらのことは高齢者保健福祉施策の対象となる高齢者の絶対数を増加させ，施策の多様化を要請することとなった。こうした実情を踏まえ，いかにその時代の社会にふさわしい高齢者保健福祉施策の充実を図り，明るい長寿社会を実現するかが，現在そしてこれからの大きな国民的課題である。

2 ——— 高齢者福祉施策の変遷

　これまで，政府はこうした時代の要請に応え，種々の政策を講じてきた。平成元年12月には「高齢者保健福祉推進10か年戦略（ゴールドプラン）」（大蔵・厚生・自治3大臣の合意）を策定することにより，在宅福祉・施設福祉等の事業についての実現を図るべき具体的目標を設定した。

　このゴールドプランを推進するため，老人福祉法の改正（平成2年6月）を行い，在宅福祉サービスの位置づけを明確にし，平成5年度から老人ホームへの入所決定権を都道府県から町村へ移譲するとともに，全市町村および都道府県において老人保健福祉計画を策定することとした。また，同じく平成5年度に全国の地方公共団体で策定された地方老人保健福祉計画において，ゴールドプランを大幅に上回る高齢者保健福祉サービス整備の必要性が明らかになり，平成6年12月に大蔵・厚生・自治3大臣の合意のもとにゴールドプランを全面的に見直した「新・高齢者保健福祉推進10か年戦略（新ゴールドプラン）」が策定され，介護サービス基盤の整備が着々と進められてきた。

表 7 - 1 ●主要国の65歳以上人口割合

(単位：%)

	日本	アメリカ	イギリス	ドイツ	フランス	スウェーデン
昭和25(1950)年	4.94	8.21	10.83	9.67	11.40	10.19
35(1960)	5.73	9.13	11.76	11.47	11.59	11.76
45(1970)	7.07	10.08	13.03	13.61	12.83	13.70
55(1980)	9.10	11.56	14.97	15.65	13.92	16.32
平成 2 (1990)	12.08	12.62	15.77	14.90	14.02	17.82
12(2000)	17.36	12.32	15.89	16.47	16.01	17.30
22(2010)	23.02	12.97	16.60	20.54	16.82	18.22
令和 2 (2020)	28.88	16.62	18.97	22.15	20.72	20.32
12(2030)	31.19	20.37	21.96	26.79	23.90	22.11
22(2040)	35.35	21.61	24.28	30.04	26.23	23.96
32(2050)	37.68	22.11	25.45	30.69	26.73	24.37
42(2060)	38.13	23.64	26.68	31.68	26.86	26.33
52(2070)	38.31	25.04	26.93	31.75	27.51	26.21
62(2080)	38.22	26.00	28.10	31.54	28.69	27.13
72(2090)	38.31	26.85	29.39	32.09	29.64	28.33
82(2100)	38.30	27.88	30.40	32.98	30.59	29.44

資料　日本の平成22年までは総務省統計局「国勢調査」，令和２年以降は国立社会保障・人口問題研究所「日本の将来推計人口（平成29年推計）」（出生中位（死亡中位）推計），諸外国は U.N. "WORLD POPULATION PROSPECTS: 2017"

表 7 - 2 ●高齢人口の推移

(単位：千人，％)

年　　　次	人　　　口			総　人　口　比	
	総　　数	65歳以上	75歳以上	65歳以上	75歳以上
大正 9 (1920) 年	55,963	2,941	732	5.3	1.3
14(1925) 年	59,737	3,021	808	5.1	1.4
昭和 5 (1930) 年	64,450	3,064	881	4.8	1.4
10(1935) 年	69,254	3,225	924	4.7	1.3
15(1940) 年	73,075	3,454	904	4.7	1.2
25(1950) 年	84,115	4,155	1,069	4.9	1.3
30(1955) 年	90,077	4,786	1,388	5.3	1.5
35(1960) 年	94,302	5,398	1,642	5.7	1.7
40(1965) 年	99,209	6,236	1,894	6.3	1.9
45(1970) 年	104,665	7,393	2,237	7.1	2.1
50(1975) 年	111,940	8,865	2,841	7.9	2.5
55(1980) 年	117,060	10,647	3,660	9.1	3.1
60(1985) 年	121,049	12,468	4,712	10.3	3.9
平成 2 (1990) 年	123,611	14,895	5,973	12.0	4.8
7 (1995) 年	125,570	18,261	7,170	14.5	5.7
12(2000) 年	126,926	22,005	8,999	17.3	7.1
17(2005) 年	127,768	25,672	11,602	20.2	9.1
22(2010) 年	128,057	29,246	14,072	23.0	11.1
27(2015) 年	127,095	33,868	16,322	26.6	12.8
令和 2 (2020) 年	125,325	36,192	18,720	28.9	14.9
7 (2025) 年	122,544	36,771	21,800	30.0	17.8
12(2030) 年	119,125	37,160	22,884	31.2	19.2
17(2035) 年	115,216	37,817	22,597	32.8	19.6
22(2040) 年	110,919	39,206	22,392	35.3	20.2
27(2045) 年	106,421	39,192	22,767	36.8	21.4
32(2050) 年	101,923	38,406	24,170	37.7	23.7
37(2055) 年	97,441	37,042	24,462	38.0	25.1
42(2060) 年	92,840	35,403	23,866	38.1	25.7
57(2065) 年	88,077	33,810	22,479	38.4	25.5

注　昭和15～平成27年の総人口には年齢不詳を含む。
資料　平成27年までは，総務省統計局「国勢調査」，令和２年以降は国立社会保障・人口問題研究所「日本の将来推計人口（平成29年推計）」（出生中位（死亡中位）推計）

さらに，平成11年12月には，新ゴールドプランの終了と介護保険制度の導入とい
う新たな状況に対応すべく「今後5か年間の高齢者保健福祉施策の方向（ゴールドプ
ラン21）」が策定された。このゴールドプラン21では，介護保険法に基づくサービス
を中核としながら地域において高齢者に対する保健福祉施策を進めていく『基本的目
標』を示したうえで，その実現のための『具体的施策』を掲げ，介護サービス基盤の
整備と生活支援対策等を車の両輪として実施していくこととされた。

3 ── 介護保険制度の創設

　平成9年12月17日に介護保険法が公布され，昭和36年の国民皆保険達成以来の
新しい社会保険制度が誕生した。介護保険法案は，平成6年12月の高齢者介護・自立
支援システム研究会報告，平成7年7月の社会保障制度審議会勧告，老人保健福祉審
議会や与党3党のワーキングチーム等における検討等を経て，平成8年11月29日に
国会に提出され，以来約1年間にわたる国会審議を経て成立し，平成12年4月1日か
ら施行されており，以降累次の改正を経て現在に至っている（図7-1参照）。

　わが国においては，人口の高齢化の進展に伴って，寝たきりや認知症など介護を必
要とする者が増加し，当時の「日本の将来推計人口」（平成9年1月推計）の中位推計
によれば，約半世紀後には3人に1人が65歳以上という，超高齢社会が到来すること
が予測されていた。

　このことは，核家族化の進展などによる家族の介護機能の変化等と相まって，問題
をより深刻化させる一因となり，介護問題は国民の老後生活における最大の不安要因
となっていた。

　しかし，当時の高齢者介護サービスは，①行政が職権により利用できる福祉サービ
スの種類，提供機関を決める措置が基本であり，自由なサービス利用ができない，②
老人福祉と老人医療に分立し，利用手続きや利用者負担が不均衡である，③いわゆる
社会的入院等,医療サービスが非効率に利用されているなどの問題が指摘されていた。

　介護保険制度は，こうした老人福祉と老人医療の在り方を見直し，福祉系サービス
も医療系サービスも同様の手続きで，利用者の選択により総合的に利用できる利用者
本位の仕組みとしたものである（図7-2参照）。

　また，高齢化の進展に伴い社会保障関係の費用が増大していくなかで，社会保障制
度全体を効率的な制度に改革していく必要があるが，介護保険制度は次のような点で
社会保障構造改革の第一歩と位置づけられている。

①　介護を医療保険から切り離すとともに，医療については，治療という目的にふさ
　　わしい制度として，医療提供体制を含む総合的かつ抜本的な医療制度の改革を実施
　　する前提をつくること

②　民間事業者や非営利組織等の多様な供給主体の参入により,サービスの質の向上,
　　費用の効率化を図ること

図7-1●介護保険制度の主な改正の経緯

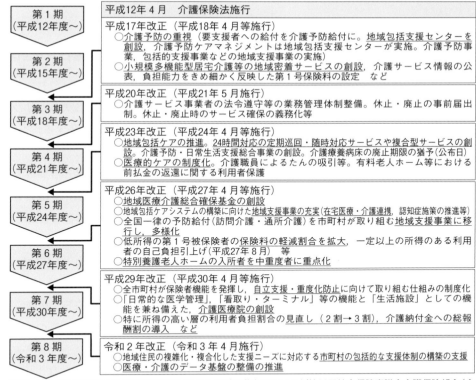

第1期 (平成12年度〜)	**平成12年4月　介護保険法施行**
	平成17年改正（平成18年4月等施行） ○介護予防の重視（要支援者への給付を介護予防給付に。地域包括支援センターを創設、介護予防ケアマネジメントは地域包括支援センターが実施。介護予防事業、包括的支援事業などの地域支援事業の実施） ○小規模多機能型居宅介護等の地域密着サービスの創設、介護サービス情報の公表、負担能力をきめ細かく反映した第1号保険料の設定　など
第2期 (平成15年度〜)	
第3期 (平成18年度〜)	**平成20年改正（平成21年5月施行）** ○介護サービス事業者の法令遵守等の業務管理体制整備。休止・廃止の事前届出、休止・廃止時のサービス確保の義務化等
	平成23年改正（平成24年4月等施行） ○地域包括ケアの推進。24時間対応の定期巡回・随時対応サービスや複合型サービスの創設。介護予防・日常生活支援総合事業の創設。介護療養病床の廃止期限の猶予（公布日） ○医療的ケアの制度化。介護職員によるたんの吸引等。有料老人ホーム等における前払金の返還に関する利用者保護
第4期 (平成21年度〜)	
第5期 (平成24年度〜)	**平成26年改正（平成27年4月等施行）** ○地域医療介護総合確保基金の創設 ○地域包括ケアシステムの構築に向けた地域支援事業の充実（在宅医療・介護連携、認知症施策の推進等） ○全国一律の予防給付（訪問介護・通所介護）を市町村が取り組む地域支援事業に移行し、多様化 ○低所得の第1号被保険者の保険料の軽減割合を拡大、一定以上の所得のある利用者の自己負担引上げ（平成27年8月）　等 ○特別養護老人ホームの入所者を中重度者に重点化
第6期 (平成27年度〜)	
第7期 (平成30年度〜)	**平成29年改正（平成30年4月等施行）** ○全市町村が保険者機能を発揮し、自立支援・重度化防止に向けて取り組む仕組みの制度化 ○「日常的な医学管理」、「看取り・ターミナル」等の機能と「生活施設」としての機能を兼ね備えた、介護医療院の創設 ○特に所得の高い層の利用者負担割合の見直し（2割→3割）、介護納付金への総報酬割の導入　など
第8期 (令和3年度〜)	**令和2年改正（令和3年4月施行）** ○地域住民の複雑化・複合化した支援ニーズに対応する市町村の包括的な支援体制の構築の支援 ○医療・介護のデータ基盤の整備の推進

出典　厚生労働省老健局「介護保険制度をめぐる最近の動向について」(第92回社会保障審議会介護保険部会(令和4年3月24日) 資料1)、28頁

図7-2●利用者から見た措置制度と介護保険制度の違い

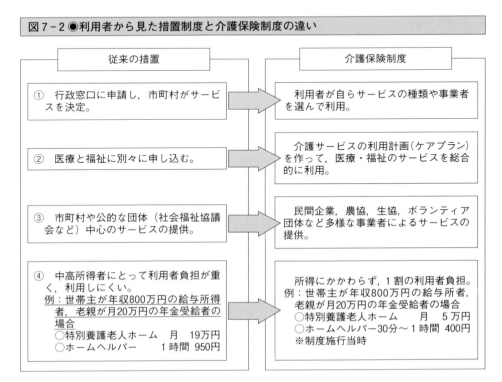

従来の措置	介護保険制度
① 行政窓口に申請し，市町村がサービスを決定。	利用者が自らサービスの種類や事業者を選んで利用。
② 医療と福祉に別々に申し込む。	介護サービスの利用計画（ケアプラン）を作って，医療・福祉のサービスを総合的に利用。
③ 市町村や公的な団体（社会福祉協議会など）中心のサービスの提供。	民間企業，農協，生協，ボランティア団体など多様な事業者によるサービスの提供。
④ 中高所得者にとって利用者負担が重く，利用しにくい。 例：世帯主が年収800万円の給与所得者，老親が月20万円の年金受給者の場合 ○特別養護老人ホーム　月　19万円 ○ホームヘルパー　　1時間 950円	所得にかかわらず，1割の利用者負担。 例：世帯主が年収800万円の給与所得者，老親が月20万円の年金受給者の場合 ○特別養護老人ホーム　　月　5万円 ○ホームヘルパー30分〜1時間 400円 ※制度施行当時

③　高齢者自身を被保険者と位置づけ，無理のない範囲で保険料や利用料の負担を求めること

4 ─── 介護保険制度の定着と持続可能性の確保

　介護保険制度の発足により，介護サービスの提供基盤は急速に整備され，利用者数も5年間で約150万人から約330万人と，2倍を超える大きな伸びをみせた。また，平成12年9月の世論調査では約4割であった制度を評価する声も，平成17年1月には6割を超えた。

　このように，介護保険制度は国民の老後の安心を支える仕組みとして着実に定着したが，その一方で，サービス利用の大幅な伸びに伴い費用が急速に増大するという課題も生じた。また，高齢化がピークを迎える2025年に向け，認知症高齢者や高齢者世帯の増加なども，大きな課題として認識されるようになった。

　こうした課題を踏まえ，予防重視型システムへの転換（予防給付の創設等），施設給付の見直し，新たなサービス体系の創設（地域密着型サービスの創設等）などを盛り込んだ「介護保険法等の一部を改正する法律」が平成17年6月に公布され，平成18年4月から施行された（施設入所者の利用者負担の見直しについては平成17年10月に施行）。

　この法改正は，地域ネットワークの構築や実態把握，総合相談，権利擁護などの業務を担う地域包括支援センターの創設など，地域包括ケア体制の整備推進も含むものであったが，こうした基盤整備にあわせ，平成17年11月には「高齢者虐待の防止，高齢者の養護者に対する支援等に関する法律」が公布され，高齢者虐待の防止と養護者に対する支援施策等の強化が図られることとなった（施行期日は平成18年4月）。

5 ─── 地域包括ケアシステムの構築

　平成22年には，社会保障審議会介護保険部会において，介護保険制度の見直しについて議論が行われ，11月には，「地域包括ケアシステム」の構築を中心とした「介護保険制度の見直しに関する意見」がとりまとめられた。この意見書は，①地域包括ケアシステムの実現（医療，介護，予防，住まい，生活支援サービスを切れ目なく，有機的かつ一体的に提供），②持続可能な介護保険制度の構築（給付の効率化・重点化などを進め，給付と負担のバランスを図る）を基本的考え方としている。この意見書の内容をもとに，平成23年6月に「介護サービスの基盤強化のための介護保険法等の一部を改正する法律」が成立した。

　この改正法の施行により，さらなる地域包括ケアの推進が図られ，24時間対応の定期巡回・随時対応型訪問介護看護等の新たなサービスが創設された（図7-3参照）。

　また，連携体制を支える共通基盤として多職種協働による「地域包括支援ネットワー

図7-3●地域包括ケアシステム

○団塊の世代が75歳以上となる2025年を目途に，重度な要介護状態となっても住み慣れた地域で自分らしい暮らしを人生の最後まで続けることができるよう，医療・介護・予防・住まい・生活支援が包括的に確保される体制（地域包括ケアシステム）の構築を実現。

○今後，認知症高齢者の増加が見込まれることから，認知症高齢者の地域での生活を支えるためにも，地域包括ケアシステムの構築が重要。

○人口が横ばいで75歳以上人口が急増する大都市部，75歳以上人口の増加は緩やかだが人口は減少する町村部等，高齢化の進展状況には大きな地域差。

○地域包括ケアシステムは，保険者である市町村や都道府県が，地域の自主性や主体性に基づき，地域の特性に応じて作り上げていくことが必要。

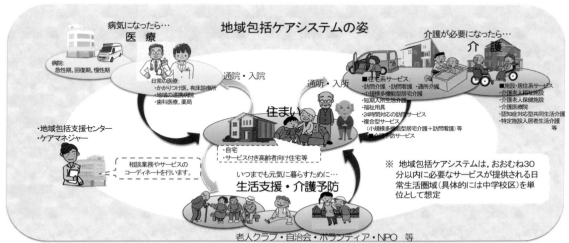

出典　厚生労働省老健局「介護保険制度をめぐる最近の動向について」（第92回社会保障審議会介護保険部会（令和4年3月24日）資料1），12頁

ク」を構築する1つの手法として「地域ケア会議」の取組みが推進された。

　なお，「高齢者の居住の安定確保に関する法律」（高齢者住まい法）の改正により，「サービス付き高齢者向け住宅」が，国土交通省と厚生労働省の共管により制度化された。この制度は，日常生活や介護に不安を抱く単身や高齢者のみの世帯が，住み慣れた地域で安心して暮らすことを可能とするよう，新たに創設されたもので，バリアフリー構造等を有し，安否確認や生活相談サービスが提供され，地域にある介護サービスや医療サービスの活用もできるものである。

6 ──── 医療・介護連携の推進

　2025年までにいわゆる「団塊の世代」がすべて75歳以上となる超高齢社会を迎え，医療ニーズを併せもつ重度の要介護者や認知症高齢者の増加など，医療および介護の連携の必要性が高まっている。

　また，医療保険制度および介護保険制度については，給付と負担のバランスを図りつつ，両制度の持続可能性を確保していくことや，それぞれの地域の高齢化の実情に応じて，安心して暮らせる住まいの確保や自立を支える生活支援，疾病予防・介護予防等との統合が重要になる。

こうした観点から，平成 26 年 6 月，社会保障・税一体改革の一環として「地域における医療及び介護の総合的な確保を推進するための関係法律の整備等に関する法律」が公布され，質が高く効率的な医療提供体制や地域包括ケアシステムを構築し，高度急性期から在宅医療・介護サービスまでの一連の医療・介護サービスの一体的かつ総合的な確保を図るための見直しが行われた。

具体的には，「地域における医療及び介護の総合的な確保の促進に関する法律」の一部改正により，国が定める「地域における医療及び介護を総合的に確保するための基本的な方針」（総合確保方針）に即し，各都道府県が地域の実情に応じた都道府県計画を定め，消費税増収分等を活用した財政支援制度（地域医療介護総合確保基金）が講じられることとなった。また，介護保険制度の改正により，地域支援事業に在宅医療・介護の連携推進などが位置づけられ，その充実が図られるとともに，全国一律の予防給付（訪問介護・通所介護）についても地域支援事業に移行し多様化を図ることとされ，平成 27 年から順次施行されている。さらに，介護老人福祉施設への新規入所者を，原則要介護 3 以上の高齢者に限定し，中重度の要介護高齢者を支える施設としての機能に重点化を図った。

なお，平成 23 年の改正以降取組みが推進されていた「地域ケア会議」は，地域包括ケアシステムの実現のための有効なツールであるとされ，介護保険法第 115 条の 48 に規定された。

7 ── 地域包括ケアシステムの強化

平成 25 年 12 月に成立した「社会保障制度改革プログラム法」，平成 27 年 6 月に閣議決定された「経済財政運営と改革の基本方針 2015」（骨太方針）およびそれに基づき平成 27 年 12 月の経済財政諮問会議において決定された「経済・財政再生アクション・プログラム」などにより介護保険法の制度改正の方向性が設定されるなか，平成 28 年 2 月 17 日より社会保障審議会介護保険部会において，「地域包括ケアシステムの推進」と「介護保険制度の持続可能性の確保」を 2 本柱とする制度改革の議論が進められ，同年 12 月に「介護保険制度の見直しに関する意見」が公表された。厚生労働省は，介護保険部会の意見等を踏まえ「地域包括ケアシステムの強化のための介護保険法等の一部を改正する法律案」をとりまとめ国会に提出し，平成 29 年 5 月 26 日に成立，6 月 2 日に公布された。

この改正法の施行により，市町村における保険者機能の強化等による自立支援・重度化防止に向けた取組みや，今後，増加が見込まれる慢性期の医療・介護ニーズへの受け皿としての新たな介護保険施設「介護医療院」の創設，高齢者と障害児者が同一事業所でサービスを受けやすくするための「共生型サービス」の創設等に係る見直しが，平成 30 年 4 月 1 日より実施された。また，世代間・世代内の公平性を確保しつつ，制度の持続可能性を高める観点から，2 割負担者のうち特に所得の高い層の負担割合

は平成30年8月より3割とされた。

8 ─── 地域共生社会の実現に向けて

「地域共生社会の実現のための社会福祉法等の一部を改正する法律」（令和2年法律第52号）により，令和3年4月から，社会福祉法上に包括的な支援体制の整備に関する規定が盛り込まれることとなったが，介護保険法上にも，地域の特性に応じた介護サービス提供体制の整備等の推進に関する規定が盛り込まれることとなった。また，これらにあわせて，認知症である者が地域社会において尊厳を保持しつつ他の人々と共生することができる地域社会の在り方を意識した認知症に関する施策の総合的な推進について，国や地方公共団体に求める規定等も盛り込まれている。

第2節　介護保険制度の概要

1 ─── 保険者

保険者については，介護サービスの地域性や市町村の老人福祉や老人保健事業の実績を考慮し，また，地方分権の流れも踏まえて，国民に最も身近な行政単位である市町村を介護保険制度の保険者としている。そのうえで，国，都道府県，医療保険者，年金保険者が市町村を重層的に支え合う制度となっている（図7-4参照）。

2 ─── 被保険者の範囲

被保険者は40歳以上の者である。これは，40歳以上になると，初老期認知症や脳卒中による介護ニーズの発生の可能性が高くなるほか，自らの親も介護を要する状態になる可能性が高く，介護保険制度の創設により，家族としての介護負担が軽減されるからである。

被保険者については，65歳以上の第1号被保険者と40歳以上65歳未満の医療保険加入者である第2号被保険者との2つに区分している。

第1号被保険者についてはその原因にかかわらず，要介護状態に該当することにより保険給付が行われるのに対し，第2号被保険者については要介護状態が初老期認知症，脳血管疾患等，老化に起因する特定疾病によって生じた場合に保険給付が行われることとなっている。

図7-4●介護保険制度の仕組み

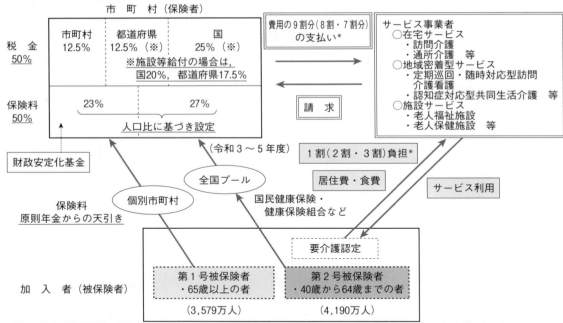

(注) 第1号被保険者の数は,「介護保険事業状況報告令和3年3月月報」によるものであり, 令和2年度末現在の数である。
　　　第2号被保険者の数は, 社会保険診療報酬支払基金が介護給付費納付金額を確定するための医療保険者からの報告によるものであり, 令和2年度内の月平均値である。
* 一定以上所得者については, 費用の2割負担（平成27年8月施行）又は3割負担（平成30年8月施行）。
出典　厚生労働省老健局「介護保険制度をめぐる最近の動向について」（第92回社会保障審議会介護保険部会（令和4年3月24日）資料1）, 2頁

3 ——— 保険料

　　65歳以上の第1号被保険者の保険料は, 負担能力に応じた負担を求める観点から, 原則として各市町村ごとに所得段階に応じた定額保険料が設定される（低所得者への負担を軽減する一方, 高所得者の負担は所得に応じたものとなっている）。なお, 平成26年6月の介護保険法改正により低所得者の負担軽減が強化されており, 保険料は9段階に細分化されている。その徴収にあたっては, 年額18万円以上の老齢等年金受給者については, 年金からの特別徴収（いわゆる天引き）を行うほか, それ以外の者については, 市町村が個別に徴収（普通徴収）を行う。

　　一方, 40歳から64歳までの第2号被保険者の保険料は, それぞれ加入している医療保険者（国民健康保険, 健康保険組合, 共済組合, 協会けんぽ）ごとに介護納付金として一括して納められており, その額は第2号被保険者の加入者数に応じて設定されていた。しかし, 急速な高齢化の進行に伴って増加する介護費用を公平に負担する観点から, 平成29年6月の改正により応能負担の要素が強化され, 被用者保険間についても報酬額に応じて保険料を負担する「総報酬割」が導入されることとなった。ただし, 急激な負担増を避けるため, 段階的に導入されることになっており, 平成29年8月分から2分の1, 令和元年度から4分の3, 令和2年度から全面導入されること

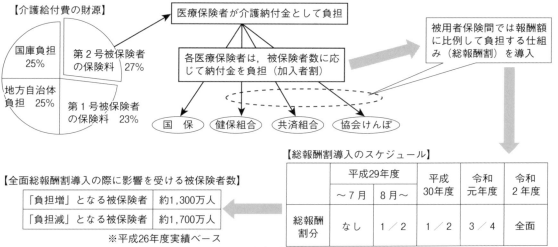

図7-5 ●介護納付金における総報酬割の導入

見直し内容

○第2号被保険者（40～64歳）の保険料は，介護納付金として医療保険者に賦課しており，各医療保険者が加入者である第2号被保険者の負担すべき費用を一括納付している。
○各医療保険者は，介護納付金を，第2号被保険者である『加入者数に応じて負担』しているが，これを被用者保険間では『報酬額に比例した負担』とする。(激変緩和の観点から段階的に導入)【平成29年8月分より実施】

【介護給付費の財源】

国庫負担 25%
地方自治体負担 25%
第2号被保険者の保険料 27%
第1号被保険者の保険料 23%

医療保険者が介護納付金として負担

各医療保険者は，被保険者数に応じて納付金を負担（加入者割）

国　保　健保組合　共済組合　協会けんぽ

被用者保険間では報酬額に比例して負担する仕組み（総報酬割）を導入

【全面総報酬割導入の際に影響を受ける被保険者数】

「負担増」となる被保険者	約1,300万人
「負担減」となる被保険者	約1,700万人

※平成26年度実績ベース

【総報酬割導入のスケジュール】

	平成29年度		平成30年度	令和元年度	令和2年度
	～7月	8月～			
総報酬割分	なし	1／2	1／2	3／4	全面

資料　厚生労働省HP「平成29年（2017年）介護保険法改正」（平成29年6月2日），6頁を一部改変

となった（図7-5参照）。

　なお，徴収については，医療保険者が一般の医療保険料と一括して徴収し，全国でプールしたうえで各市町村に定率で交付する取扱いとなっている。

4 ─── 要介護（要支援）認定と保険給付

1　要介護（要支援）認定

　要介護状態にある被保険者（要介護者）または要支援状態にある被保険者（要支援者）に対し保険給付が行われるが，その場合，要介護状態等の給付が受けられる状態にあるかどうか，また，その介護の必要度はどの程度かを確認するために，要介護（要支援）認定が行われる。その手順は，被保険者の心身の状況等に関する調査結果および主治医の意見に基づいて，市町村に設置される介護認定審査会（保健・医療・福祉の専門家により構成される第三者機関）において審査および判定が行われ，その結果に基づき市町村が要介護認定を行うこととしているが，このうち介護認定審査会が行う審査判定業務については，複数市町村による広域的な実施，または都道府県への委託ができることとなっている。

2　保険給付の内容

　要介護者については，在宅・施設両面にわたる多様なサービスの給付対象とし，要

支援者については，生活機能の低下等の改善の可能性が高いとして予防給付の対象とした。平成17年の改正では，予防重視型のシステムへの転換が図られた。そのため，予防給付は対象者の範囲，サービス内容，ケアマネジメント体系などが見直され，「新予防給付」に再編された。

介護サービスの種類については，図7-6を参照。

介護サービスの利用手続きとしては，まず，介護支援専門員が要介護者と相談し，要介護者が抱える心身の問題状況を把握する。その結果を基に，本人や家族の参画も得ながら，サービス担当者会議において介護サービス計画を策定し，その内容について本人の承諾を得ることとなる。ただし，利用者自らが介護サービス計画を策定し，自ら選択した在宅サービスを受けることもできる。

要支援者の場合は，地域包括支援センター（介護予防支援事業者）において介護予防ケアマネジメントが行われ，介護予防サービス支援計画書に基づく介護予防サービスが提供される。

3　保険給付の額

① 介護報酬は，サービスの種類・内容，要介護状態等区分に応じた介護給付費単位数表により単位数を計算し，それに1単位の単価を乗じて金額に換算する。

② 負担と給付の公平等の観点より，居宅サービス，介護予防サービス等について

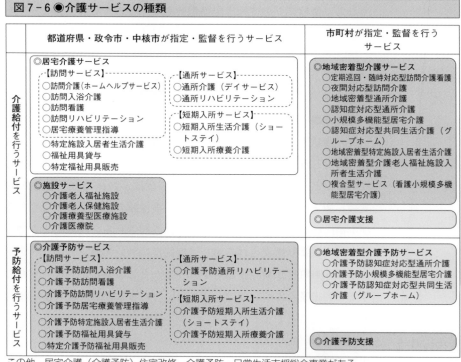

図7-6●介護サービスの種類

この他，居宅介護（介護予防）住宅改修，介護予防・日常生活支援総合事業がある。
出典　厚生労働省老健局「介護保険制度をめぐる最近の動向について」（第92回社会保障審議会介護保険部会（令和4年3月24日）資料1），7頁

表7-3●支給限度基準額

要介護度	居宅サービス，介護予防サービス等の支給限度額
要支援1	5,032単位／月
要支援2	10,531単位／月
要介護1	16,765単位／月
要介護2	19,705単位／月
要介護3	27,048単位／月
要介護4	30,938単位／月
要介護5	36,217単位／月

※1単位：10〜11.4円（地域やサービスにより異なる）

は要介護状態等区分ごとに支給限度基準額が設けられている（表7-3参照）。

5 ─── 利用者負担

　利用者負担については，サービスを利用する者としない者との負担の公平，サービス利用についての費用意識の喚起等の観点から，1割の利用者負担が設けられてきている。しかし，平成26年6月の改正により，相対的に負担能力のある一定以上の所得がある者の自己負担割合は2割とされ，さらに平成29年6月の改正では制度の持続可能性を高める観点から，2割負担者のうち特に所得の高い層の負担割合は3割とすることとされ，平成30年8月から施行された（図7-7参照）。

　施設入所の居住（滞在）費や食費については，在宅で生活している要介護者との負担の公平を図るため，原則として利用者の負担としているが，低所得者には負担限度額を設け，居住（滞在）費・食費の負担が軽減されるよう配慮されている。

　利用者負担が高額になる場合には，利用者負担に上限を設け，当該利用者負担を超える分について高額介護サービス費，高額介護予防サービス費を支給している（福祉用具購入，住宅改修は対象外）。その支給基準は，一般の人は月額4万4400円であるが，令和3年8月からは負担能力に応じた負担を図る観点から，一定年収以上の高所得者世帯の負担限度額の見直しが行われた。低所得者に対しては，これら利用者負担の上限額は一般の人より低く設定されている（表7-4参照）。

　なお，月の医療費の自己負担限度額を超えた際に払い戻される高額療養費，年間の医療費と介護保険サービス費の合計が負担限度額を超える場合に払い戻される高額介護合算療養費制度など，家計負担を軽減する仕組みもある。

6 ─── 事業者および施設

　保険給付は，原則として都道府県知事の指定（介護老人保健施設については開設許可）を受けた事業者および施設からサービスを受けた場合に行われる（地域密着型サー

図7−7 ●現役世代並みの所得のある者の利用者負担割合の見直し

見直し内容

世代間・世代内の公平性を確保しつつ，制度の持続可能性を高める観点から，２割負担者のうち特に所得の高い層の負担割合を３割とする。ただし，月額44,400円の負担の上限あり。【平成30年８月施行】

【利用者負担割合】

	負担割合
年金収入等 340万円以上 （※1）	２割⇒３割
年金収入等 280万円以上 （※2）	２割
年金収入等 280万円未満	１割

【対象者数】

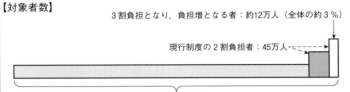

３割負担となり，負担増となる者：約12万人（全体の約３％）

現行制度の２割負担者：45万人

受給者全体：496万人

（単位：万人）

	在宅サービス	施設・居住系	特養	合計
受給者数（実績）	360	136	56	496
３割負担（推計）	約13	約4	約1	約16
うち負担増 （対受給者数）	約11 （3％）	約1 （1％）	約0.0 （0.0%）	約12 （3％）
２割負担（実績）	35	10	2	45
１割負担（実績）	325	126	54	451

※介護保険事業状況報告（平成28年４月月報）
※特養入所者の一般的な費用額の２割相当分は，既に44,400円の上限に当たっているため，３割負担となっても，負担増となる方はほとんどいない。

※1 具体的な基準は政令事項。現時点では，「合計所得金額（給与収入や事業収入等から給与所得控除や必要経費を控除した額）220万円以上」かつ「年金収入＋その他合計所得金額340万円以上（単身世帯の場合。夫婦世帯の場合463万円以上）」とすることを想定。⇒単身で年金収入のみの場合344万円以上に相当
※2 「合計所得金額160万円以上」かつ「年金収入＋その他合計所得金額280万円以上（単身世帯の場合。夫婦世帯の場合346万円以上）」⇒単身で年金収入のみの場合280万円以上に相当
資料 厚生労働省HP「平成29年（2017年）介護保険法改正」（平成29年６月２日），５頁

表7−4 ●高額介護サービス費の自己負担限度額

対　象　者		自己負担額
・生活保護受給者 ・世帯全員が住民税非課税で老齢福祉年金受給者		15,000円
世帯全員が 住民税非課税	本人の所得金額＋年金収入が80万円以下の者	15,000円
	上記以外の者	24,600円
住民税課税 世帯の者	課税所得380万円（年収約770万円）未満の者	44,400円
	課税所得380万円（年収約770万円）～課税所得690万円（年収約1,160万円）未満の者	93,000円
	課税所得690万円（年収約1,160万円）以上の者	140,100円

ビス事業者，地域密着型介護予防サービス事業者，介護予防支援事業者の指定は，市町村長が行う）。都道府県知事・市町村長が指定を行うにあたっては，当該事業者または施設が，厚生労働大臣の定める人員基準，設備基準，運営基準等を満たしているか

否かを判断して行うこととなっている。なお，指定居宅介護支援事業者（ケアマネジメント業務実施機関），指定認知症対応型共同生活介護事業者，指定小規模多機能型居宅介護事業者および介護保険施設には，介護支援専門員（ケアマネジャー）が必置となっている。

　指定事業者・施設の要件の一部を満たしていない場合でも，例えば，法人格を有しない訪問介護（ホームヘルプサービス）の事業者などについて，そのサービスが一定水準を満たす場合には，保険者が個別に判断して保険給付の対象とすることができる。さらに，離島など事業者の確保が困難な地域では，必ずしも指定基準を満たさない事業者にかかるサービスについても，保険者が特に認めた場合には給付対象とすることができる。

　また，これまで，障害福祉事業所において高齢者が，または介護保険事業所において障害者等がサービスを利用した場合に，介護保険または障害福祉の給付対象とするか否かは市町村長の個別的な判断に委ねられてきたが，平成30年4月の「共生型サービス」の創設により，当該指定を受けた事業所にあっては，本来的な給付の対象として扱われることとなった（図7-8参照）。

(注)　共生型サービスの概要については，第6章第2節の「**9—介護保険制度との連携（地域共生社会の推進）**」参照

　なお，平成20年の改正により，指定・許可を受けている全事業者に法令遵守責任者の設置，事業所または施設の指定・許可を受けている数が20以上の事業者に法令遵守規程の整備，100以上の事業者にはさらに業務執行状況の定期的監査が義務づけられ，業務管理体制に係る届出が必要となっている。

図7-8 ●共生型サービスの創設

【現行制度】	障害福祉事業所	介護保険事業所	課題
障害児者が利用	○	△ （例外扱い）	・障害福祉の給付の対象とするか否かは，市町村長が個別に判断 ・障害支援区分に関わらない同一の報酬設定となっているため，重度者の報酬額が低い。加算もつかない。
高齢者が利用	△ （例外扱い）	○	・介護保険の給付の対象とするか否かは，市町村長が個別に判断。また，介護保険の「基準該当」は，障害福祉事業所としての指定を受けているというだけでは給付対象とすることができず，障害福祉の「基準該当」とは異なる。 ・障害者が65歳になって介護保険の被保険者となった際に，使い慣れた障害福祉事業所を利用できなくなる。

新たに共生型サービスを位置付け

【見直しの方向性】	障害福祉事業所	介護保険事業所	改善事項
障害児者が利用	○	◎ （本来的な給付対象）	・事業所が指定を受ければ，障害福祉の本来的な給付対象 ・報酬額の見直し（給付の改善（障害支援区分に応じた報酬設定等））
高齢者が利用	◎ （本来的な給付対象）	○	・事業所が指定を受ければ，介護保険の本来的な給付対象

出典　「第142回社会保障審議会介護給付費分科会資料」

7 ── 公費負担

公費については，制度における公的責任や従来の制度との整合性，および必要な費用を保険料のみでまかなうこととした場合，被保険者に過大な負担となるおそれがあること等を踏まえ，総給付費の2分の1を公費負担としている。公費のうち，国，都道府県，市町村の負担割合は，施設等給付費の場合は20%，17.5%，12.5%，居宅給付費等の場合は25%，12.5%，12.5%としている。

なお，国費のうち給付費の5%に相当する部分は，市町村間における後期高齢者比率の相違（要介護者の発生は後期高齢者ほど高くなる傾向がある）や65歳以上の者の負担能力の水準の相違等，市町村間の介護保険財政の格差を調整し，第1号被保険者の保険料負担の格差を是正するために使われている。

8 ── 市町村への支援

財政面の支援としては，都道府県に財政安定化基金を置き，給付費増や保険料未納による保険財政の赤字を一時的にカバーするための資金の貸与・交付を行う等の措置が講じられている。

また，事務実施の面については，市町村は，介護認定審査会の共同設置が可能であるほか，都道府県が介護認定審査会の共同設置の支援や，市町村の委託を受けて審査判定業務を行うこととなっている。

9 ── 介護保険事業（支援）計画

介護保険法において，国が介護保険事業に係る保険給付の円滑な実施を確保するための基本指針を定めることが規定されている。この基本指針に基づき，市町村では介護保険事業計画，都道府県では介護保険事業支援計画を策定し，介護サービス基盤の整備を計画的に推進することとされている。

基本指針は3年ごとに見直しが行われ，現在は，令和6年度から令和8年度までの第9期介護保険事業計画の基本指針の策定に向けて検討が進められている。

主な高齢者福祉サービス

1 ─── **在宅福祉**

　平成元年度に策定された「ゴールドプラン」や平成7年度から実施された「新ゴールドプラン」においては，在宅サービスの充実が掲げられているが，それ以前の高齢者福祉施策は，どちらかというと施設中心に進められてきた。

　しかし，高齢者の多くは，老後も住み慣れた地域で，家族や隣人とともに暮らしていくことを望んでいる。高齢者福祉施策を進めるうえでは，介護が必要になっても高齢者が在宅生活を継続できるよう支援していくことが必要であり，在宅3本柱といわれる訪問介護（ホームヘルプサービス），短期入所（ショートステイ），通所介護（デイサービス）等の在宅福祉に重点を置いた施策の展開が行われてきた。

　平成12年4月より介護保険制度が開始され，多くの保健福祉サービスの給付が介護保険制度へ移行された。介護保険制度の創設により，従来の措置によるサービスの提供から，利用者と事業者・施設との間の契約に基づくサービス利用に変更された。今後の在宅福祉は，介護保険制度が円滑に実施されるよう，高齢者ができる限り要介護状態にならず，自立した生活を送れるためのサービスに重点を置く必要がある。

　ここでは，介護保険制度以外の在宅福祉サービスも含めて解説する。

1　地域包括支援センター（介護保険制度）

　地域包括支援センターは，地域住民の心身の健康の保持および生活の安定のために必要な援助を行うことにより，地域住民の保健医療の向上および福祉の増進を包括的に支援することを目的として，包括的支援事業等を地域において一体的に実施する役割を担う中核機関として平成18年度から設置されたものである。

　主な業務は包括的支援事業と介護予防支援業務である。包括的支援事業では，介護予防ケアマネジメント，総合相談・支援，権利擁護，包括的・継続的ケアマネジメント支援を行う。介護予防支援業務では，指定介護予防支援事業所として，要支援者のケアマネジメントを実施する。

　また，平成23年6月の介護保険法の改正により，地域の保健福祉・医療サービスなどさまざまな社会的資源が有機的に連携できるための手法としての「地域ケア会議」を同センターが主催するものとされた（平成26年6月の改正で法定化）。

2　地域支援事業

　介護保険制度の円滑な実施のためには，高齢者ができる限り寝たきりなどの要介護状態になったり，要介護状態がさらに重度化することがないようにすること（介護予防）や，自立した生活を確保するために必要な支援を行うこと（生活支援）が重要な

図7-9 ●新しい地域支援事業の全体像

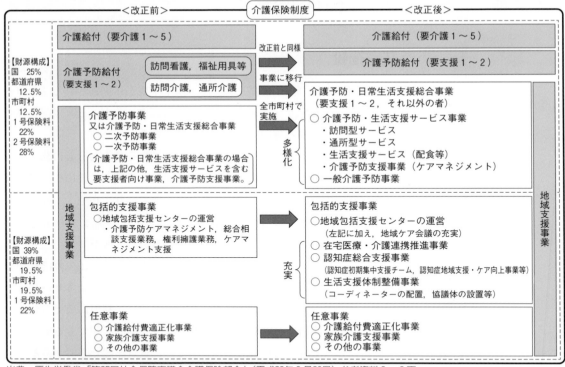

出典　厚生労働省「第65回社会保障審議会介護保険部会」（平成28年9月30日）参考資料2，3頁

課題となる。

　その実施主体は市町村で，平成27年4月以降，次の事業を実施することとされている（図7-9参照）。

(1)　総合事業（介護予防・日常生活支援総合事業）

　　選択できるサービス・支援を充実させ，該当者の在宅生活の安心確保を図る事業で，要支援者および基本チェックリスト該当者等が対象となる「介護予防・生活支援サービス事業」と第1号被保険者が対象となる「一般介護予防事業」がある。

　　介護予防・生活支援サービス事業においては，訪問型サービス，通所型サービス，その他の生活支援サービス，介護予防ケアマネジメントがあり，一般介護予防事業においては，住民全体の通いの場を充実させ，参加者などが継続的に拡大していくような地域づくりを推進する事業である。

(2)　包括的支援事業

　　地域包括支援センターの運営のほか，平成26年6月の法改正により，医療と介護の両方を必要とする状態の高齢者を医療・介護の機関が連携して支える「在宅医療・介護連携推進事業」，認知症の人およびその家族を訪問し，アセスメントなど初期の支援を行う認知症初期集中支援チームの設置等を行う「認知症総合支援事業」，生活支援コーディネーター（SC：地域支え合い推進員）と協議体を設置し，住民同士が

地域で生きがいをもって生活を送ることができるよう支援する「生活支援体制整備事業」が地域支援事業における包括的支援事業に位置づけられた。

生活支援コーディネーターの役割としては，第1層に市町村区域での資源開発，第2層に日常生活区域で，第1層の機能の下での具体的な活動の展開，第3層に個々の生活支援・介護予防サービスの事業主体で，利用者と提供者のマッチング，と3つの階層にてコーディネートを行う役割がある。地域包括ケアシステムの構築に向けた仕組みとして機能している。

(3) 任意事業

介護保険事業運営の安定化のため，介護給付等の費用の適正化を行う「介護給付等費用適正化事業」，介護を行う家族に対する支援を通じて介護負担の軽減等を行う「家族介護支援事業」がある。

3　在宅介護支援センター

在宅介護支援センターは，在宅の要援護高齢者，要援護となるおそれのある高齢者または介護者等に対し，在宅介護に関する総合的な相談に応じ，要援護高齢者等のニーズに対応した各種の保健，福祉サービスを，総合的に受けられるように市町村等関係行政機関，サービス実施機関などとの連絡調整などの便宜を供与するものである。

平成18年度には，介護保険制度において地域包括支援センターが規定され，包括的支援事業を行う地域包括ケアの中核拠点として市町村に設置することとなった。これまでの実績等を踏まえ，多くの在宅介護支援センターが地域包括支援センターに移行した。また，この地域包括支援センターの創設に伴い，在宅介護支援センターの基幹型・地域型の区分を廃止するとともに，社会福祉法人や民間事業者等による設置を可能とした。

4　生活支援ハウス（高齢者生活福祉センター）

生活支援ハウス（高齢者生活福祉センター）運営事業は，過疎地域などの高齢者に対して，介護支援機能，居住機能および交流機能を総合的に提供するものである。居住部門の利用対象者は，おおむね60歳以上のひとり暮らしの者および夫婦のみの世帯であって，高齢のため独立して生活することに不安のある者を対象としている。

主な事業内容は，①必要に応じた住居の提供，②利用者に対する各種相談，助言および緊急時の対応，③利用者の在宅福祉サービスの利用手続きの援助等，④利用者と地域住民の交流事業である。

5　老人日常生活用具給付等事業

要援護高齢者およびひとり暮らし高齢者に対し，日常生活用具を給付または貸与することにより，日常生活の便宜を図ることを目的に実施されている。平成11年度までは，身体の機能低下の防止と介護補助および日常生活の便宜を図る観点から特殊寝

台，マットレス，エアーパッド，入浴補助用具，腰掛便座（便器），歩行支援用具など
が給付（貸与）品目となっていた。平成12年度からは，介護保険制度の導入により，
電磁調理器・火災警報器・自動消火器・老人用電話を除くほとんどのものが，介護保
険制度の対象となった。

従来，この事業は所得税非課税以下の低所得世帯を対象として実施されていたが，
平成元年度からは所得の多寡にかかわらず，その世帯の介護ニーズに着目して給付等
を行うこととし，応分の費用負担を前提に広く制度の活用が図られるように改められ
た。また，平成18年度の税源移譲により市町村による地域の実態にあわせた事業実
施が可能となっている。

6　高齢者総合相談センター

高齢者および家族がかかえる健康，就労，年金，介護など広範多岐にわたる心配ご
とや悩みごとの相談に総合的かつ迅速に対応するため，各都道府県に高齢者総合相談
センターが設置されている。事業の内容は，公的情報，民間の情報を収集するととも
に，医師など専門家が高齢者からの電話などによる各種の相談に応じることや，市町
村の相談体制の支援のため各種情報の提供を行うこととされている。そのほか，福祉
機器の展示，情報誌の発行なども行っている。

2 ─── 施設福祉

高齢者に介護が必要になったときに，家庭の事情等で必要な介護を受けられない場
合や，在宅サービスの利用によっても在宅生活が困難な場合等には施設への入所が必
要となる。老人福祉法にいう老人福祉施設には，心身の状況等に応じて入所利用する
特別養護老人ホーム，養護老人ホーム，軽費老人ホーム（ケアハウス・都市型・A型・
B型），老人短期入所施設および通所利用施設である老人デイサービスセンター，老人
福祉センター（A型・特A型・B型），老人介護支援センター（在宅介護支援センター）
の7種類がある（表7-5参照）。このほか，老人福祉の向上のための施設として老人
憩の家，老人休養ホームなどがある。

今後の施設福祉については，急速に進行する人口の高齢化を考慮しつつ整備促進を
図る必要があるが，それに加え，多様化する老後の生活上のニーズに対応する視点に
立って，新しい高齢者保健福祉の考え方に立つ施設の設置，運営が必要である。

1　特別養護老人ホーム

65歳以上の者であって，身体上または精神上著しい障害があるために常時の介護を
必要とする者（いわゆる寝たきり高齢者等）であって，居宅において適切な介護を受
けることが困難な者を入所させ，日常生活上必要なサービスを提供する施設である。
平成12年度から，特別養護老人ホームは指定介護老人福祉施設として介護保険の

表7-5 ●主な老人福祉施設の概要

	養護老人ホーム	特別養護老人ホーム	老人短期入所施設	軽費老人ホーム			
				ケアハウス	都市型	A型	B型
施設概要	65歳以上の者であって，環境上の理由および経済的理由により居宅での生活が困難な者を入所させ，この者の社会復帰の促進や自立した日常生活を送ることができるよう処遇を行うことを目的とする施設	65歳以上の者であって，身体上または精神上著しい障害があるために常時の介護を必要とする者（いわゆる寝たきり高齢者等）であって，居宅において適切な介護を受けることが困難な者を入所させ，日常生活上必要なサービスを提供する施設	65歳以上の者であって，養護者の疾病その他の理由により，居宅において介護を受けることが一時的に困難となったものを，短期間入所させ，日常生活上必要なサービスを提供する施設	60歳以上の者であって，身体機能の低下等が認められ，または高齢等のため，独立して生活するには不安が認められる者で，家族による援助を受けることが困難な者を低額な料金で利用させる施設（給食）〔日常生活上の援助および介護を必要とする状態になった場合は在宅福祉サービスを利用〕	基本はケアハウスと同じ。既成市街地等の都市部における小規模な施設（自炊・給食）	60歳以上の者であって，高齢のため独立して生活するには不安が認められるものを低額な料金で利用させる施設（給食）	60歳以上の者であって，身体機能の低下が認められるものまたは高齢のため独立して生活するには不安があるものを低額な料金で利用させる施設（自炊）（自炊ができない程度の健康状態にある者を除く）
設置できる者	○都道府県 ○市町村 ○社会福祉法人（認可および届出） ・市町村は都道府県への届出を行い設置経営 ・社会福祉法人は都道府県知事の認可を受けて設置経営			○都道府県 ○市町村 ○社会福祉法人（届出） ・市町村および社会福祉法人は都道府県への届出を行い設置経営 〔ケアハウスについては，財団法人，社団法人，厚生連，医療法人についても設置可〕			

給付対象施設となった。したがって，これまで市町村の措置により入所の決定が行われてきたものが，要介護の認定を受けた利用者が施設と入所契約を結ぶように変更された。やむを得ない事由により，契約に基づくサービスの利用が期待できないような場合に限って，措置による入所が行われる。

平成15年4月から，従来の4人部屋を主体とする居住環境を抜本的に改善し，利用者の意思と自己決定を最大限尊重したケアを実現するためのユニットケア施設が主流になっていくなど，「生活の場」としての居住環境の整備が行われている。

また，平成26年の改正により，平成27年4月以降は，原則として新規入所者を要介護3以上の高齢者に限定する措置がとられている（特例あり）。

2 養護老人ホーム

養護老人ホームは，市町村が入所措置を行う施設であり，65歳以上の者であって，環境上の理由および経済的理由により居宅での生活が困難な者を入所させ，この者の社会復帰の促進や自立した日常生活を送ることができるよう処遇を行うことを目的とする施設である。

「環境上の理由」とは，家族や住居の状況などから，その者が現在置かれている環境のもとでは，在宅生活が困難であると認められる場合である。次に，「経済的理由」と

は，その高齢者に属する世帯が被保護世帯か市町村民税の所得割を課されていない，または災害その他の事情によって世帯の状況が困窮している場合である。費用については，本人または家族の所得階層区分に応じて徴収することとなっている。入所は，市町村長の措置決定に基づいて行われる。

平成18年4月より，外部サービス利用型特定施設入居者生活介護の指定を受けることができることとなっている。

また，入所状況の余力がある場合に限り，定員の20％の範囲内で契約入所を認めている。地域によっては定員に対する入所率が高くない状況なども踏まえ，令和元年7月に契約入所への取組みを促す通知が発出された。養護老人ホームが，居宅での生活が困難な低所得の高齢者に対する地域の受け皿として，その機能を活かし，一定の役割を果たすことが期待されている。

3 軽費老人ホーム（ケアハウス）

前述の養護老人ホームが，公的措置により高齢者を入所させることを目的としているのに対し，軽費老人ホームは，利用者と施設長との契約により利用することになっており，無料または低額な料金で入所者の生活相談に応ずるほか，入浴，食事の提供を行うとともに，緊急時の対応機能を備えた施設である。また，入所者の虚弱化，重度化の進行に対しては，訪問介護員の派遣などの介護保険サービスの導入によって対応するほか，介護保険の居宅サービスである「特定施設入居者生活介護」の事業者指定を受けることも可能である。

軽費老人ホームの構造，設備および面積については，車いすの利用を容易にするなど高齢者にとって住みやすい環境を整備配慮している。

なお，軽費老人ホームについては，これまでA型，B型，ケアハウスという基準の異なる3類型が存在していたが，「自宅」と「施設」以外の多様な「住まい方」の有力な担い手としてケアハウスに統一していくことが期待されるとの検討結果により，平成20年6月に制定された基準で，今後設置される軽費老人ホームはケアハウスの基準によることとされた。

4 軽費老人ホーム（都市型）

既成市街地等である都市部に設置できる定員20人以下の小規模な軽費老人ホームである。都市部における低所得高齢者対策として，平成22年に軽費老人ホームに関する基準を緩和して規定された。

居室面積の基準が軽費老人ホームより緩和されているほか，設備や人員も省略できる場合がある。

5 軽費老人ホーム（A型）

軽費老人ホームA型は，生活費にあてることのできる資産，所得，仕送りなどを合

算したものが利用料の2倍（1人月額およそ35万円）程度以下であって，身寄りのない者，または家庭の事情などによって家族との同居が困難な者を対象者としている。また，入所できる年齢は60歳以上であるが，夫婦等で入所する場合はどちらかが60歳以上であればよい。

なお，前述のとおり平成20年6月に制定された基準により，同ホームについては現に存する施設に限って運営することが可能である。

6　軽費老人ホーム（B型）

前述のA型とほぼ同様の施設であるが，利用者が自炊できる程度の健康状態であること，利用に要する費用は，原則として利用者の負担とすることなど，高齢者の自主性を考慮した施設であり，各自が自室で炊事，洗面を行うことができる（※平成20年6月基準の適用はA型と同じ）。

7　老人短期入所施設

65歳以上の者であって，養護者の疾病その他の理由により，居宅において介護を受けることが一時的に困難となった者を，短期間入所させ，養護を行う施設であり，平成3年度から短期入所のための専用施設として位置づけられた。

介護保険による短期入所，介護予防短期入所のサービスが提供される施設となっている。

8　老人デイサービスセンター

在宅福祉対策のデイサービスを行うための施設であって，その事業内容は，生活相談，機能訓練等，入浴・排せつ・食事等の介護等である。

介護保険による通所介護，認知症対応型通所介護，介護予防認知症対応型通所介護などのサービスが行われる施設となっている。

9　老人福祉センター（A型）

地域の高齢者に対して，各種の相談に応ずるとともに，生業および就労の指導，機能回復訓練，教養の向上およびレクリエーションのための便宜を総合的に供与する利用施設であり，その規模は，495.5㎡以上としている。施設の利用料は原則として無料である。

10　老人福祉センター（特A型）

老人福祉センター（A型）の保健関係部門の機能を強化し，健康づくりの活動の場として利用できるようにしたもので，その規模は800㎡以上としている。

11　老人福祉センター（Ｂ型）

　老人福祉センター（Ａ型）の機能を補完するための事業として，生活相談，健康相談およびレクリエーション等のための事業，または，そのために必要な便宜を提供する施設であって，その規模は 165㎡以上 495.5㎡未満としている。

12　老人憩の家

　老人福祉センターより小規模の利用施設で，高齢者が健康で生きがいのある生活を送るのに，必要な知識を得たり，レクリエーションなどを実施したりするための施設で，老人クラブ活動の拠点として多く利用されている。なお，規模は 495㎡の範囲内としている。

13　老人休養ホーム

　景勝地，温泉地などの休養地に，高齢者の保健休養，安らぎと憩いの場として設置された宿泊利用施設である。利用料は，高齢者が気軽に利用できるように，低廉となっている。

3 ─── シルバーサービスの育成指導等

　民間企業等の行う訪問介護サービス等については，国，地方公共団体が行政指導を行う際の指針（事業分野ごとのガイドライン）を策定し，民間事業者の健全育成を図るとともに，民間事業者による自主的な取組みの促進により良質なサービスが提供されるよう努めている。

　また，介護保険制度の導入に伴い，民間事業者をはじめとして多様な事業主体が参入しており，効率的で高齢者のニーズに対応したサービスの提供や，競争を通じたサービスの質の向上等が期待されている。

1　有料老人ホーム

　有料老人ホームは，老人福祉法第 29 条に「老人を入居させ，入浴，排せつ若しくは食事の介護，食事の提供又はその他の日常生活上必要な便宜であって厚生労働省令で定めるものの供与（他に委託して供与をする場合及び将来において供与をすることを約する場合を含む。）をする事業を行う施設であって，老人福祉施設，認知症対応型老人共同生活援助事業を行う住居その他厚生労働省令で定める施設でないものをいう」と規定されており，その設置については，都道府県知事への事前届出の義務が課されている。

　施設の具体的な内容等については，行政指導のガイドラインとしての「有料老人ホームの設置運営指導指針について」に示され，平成 3 年 3 月には改正老人福祉法施行による事前届出制の導入を踏まえ全部改正が行われ，従来の努力目標としての性格から，

最低基準としての性格へ位置づけを強めた。

　その後，平成9年12月に，老人福祉法施行規則の改正による届出事項の追加，有料老人ホームの類型の見直し等の有料老人ホーム設置運営指導指針の改正が行われ，平成12年3月には，地方分権に伴う位置づけの整理として，設置運営指導指針は，設置運営標準指導指針へ名称が変更されるとともに，介護保険法の施行に伴う所要の改正が行われた。さらに，平成14年7月には，介護居室を個室とすることや有料老人ホーム類型を見直し，新たに高齢者の選択に資する重要事項の表示を義務づける等の改正が行われた。

　平成18年4月からは，有料老人ホームの定義について，今までの10人以上の入居要件を撤廃するとともに，食事の提供のほか，介護の提供，洗濯・掃除等の家事，健康管理のいずれかのサービスを行う施設を対象とすることとなった。また，入居者保護の充実の観点から，帳簿の保存，情報開示の義務化，倒産等の場合に備えた一時金保全措置の義務化が行われ，さらに，都道府県に立入検査権が付与され，改善命令の際には公表することとされた。

　併せて，設置運営標準指導指針の改正で，契約締結日から概ね90日以内に契約解除した場合は，一時金を全額返還することとされ，重要事項説明書，類型および表示事項の見直し等が行われた。なお，この返還ルールについては法律上には位置づけられていなかったため，この制度を設けていない事業者が存在し，問題とされていた。この問題に対処するため老人福祉法が改正され，平成24年4月より，利用者保護の観点から，有料老人ホームの入居後一定期間の契約解除の場合に，実費相当分を除き，前払金を全額返還する契約を締結することなどが義務づけられた。

　平成29年6月には「地域包括ケアシステムの強化のための介護保険法等の一部を改正する法律」により，入居者保護の強化を目的とした見直しを図るため，悪質な有料老人ホームに対する業務停止命令の創設（平成30年4月1日施行），前払金保全措置の義務の対象拡大（令和3年4月1日から適用）等の改正が行われた。

　また，有料老人ホームの表示については，公正取引委員会より消費者取引の適正化のため景品表示法の規定に基づき「有料老人ホーム等に関する不当な表示」が指定され，平成16年10月1日から施行されている。

　なお，施設設置の事業者自身による自主規制，健全経営，利用者の福祉向上や相談などを行うことを目的として，昭和57年2月に，社団法人（現・公益社団法人）全国有料老人ホーム協会が設立され，着実な活動が行われてきたが，平成3年4月には老人福祉法の改正により，入居者の保護と有料老人ホームの健全な発展に資することを目的とする法定団体として位置づけられた。また，平成3年6月から，倒産等万一の場合に金銭保証等を行う「有料老人ホーム入居者基金」の設立を行って入居者保護の強化を図っている。

2 サービス付き高齢者向け住宅

　サービス付き高齢者向け住宅とは，高齢者単身・夫婦世帯が急速に増加していくなかで，安心して住み続けることのできる住まいの充実を目的として，平成23年4月に高齢者の居住の安定確保に関する法律の改正により創設された登録制度である。登録には，高齢者にふさわしい規模・設備と専門家による見守りサービスを備え，契約に関する基準を満たす必要があり，登録・指導・監督は，都道府県・政令市・中核市によって行われる。

　なお，必須の見守りサービスの他に，老人福祉法に基づく有料老人ホームの要件になっている「①食事の提供」「②介護の提供」「③家事の供与」「④健康管理の供与」のいずれかを実施している場合，そのサービス付き高齢者向け住宅は，有料老人ホームに該当し，老人福祉法の指導監督の対象となる。

3 「福祉用具の研究開発及び普及の促進に関する法律」について

　21世紀を明るく豊かな長寿社会としていくためには，高齢者が，住み慣れた地域や家庭で安心して暮らせるだけでなく，できるだけ自立し積極的に社会に参加していくことが大切である。厚生労働省では，「高齢者保健福祉推進10か年戦略（ゴールドプラン）」や「寝たきり老人ゼロ作戦」の推進により在宅福祉サービスの充実に努めているが，これに伴って，在宅の受け皿となる生活環境としての各種の福祉機器の利用や住宅改造の重要性が認識されるようになってきた。

　しかしながら，従来より福祉用具については，必ずしも積極的な研究開発が行われておらず，その普及も十分でないという現状にある。

　厚生労働省では，老人福祉法等の「研究開発の推進は国の責務」とする規定，障害者各法の諸規定等を踏まえ，国立身体障害者リハビリテーションセンターにおける研究開発，製造業者に対する助成，公的な給付事業の拡大，地域における展示・相談センターの整備等の研究開発から普及に及ぶ総合的な施策の充実に取り組んできたが，さらに，福祉用具の研究開発および普及の一層の促進を図るため，「福祉用具の研究開発及び普及の促進に関する法律」が平成5年10月1日に施行された。

(1) 法律の性格

　「福祉用具の研究開発及び普及の促進に関する法律」は，わが国の産業技術を応用した，利用者の心身の状況にふさわしい福祉用具の研究開発および利用者が必要とする福祉用具を入手できる仕組みの整備の促進を目指すものである。

(2) 内容

　福祉用具の普及については，試したり，相談したりする場が少なく，その存在，使用方法，入手方法，効果が周知されていないことが指摘されている。この法律においては，利用者が適切に福祉用具を利用できるよう地方公共団体の講ずる情報提供・相談等の措置を規定している。具体的には，市町村レベルでの在宅介護支援センター，都道府県レベルでの介護実習・普及センターによる展示・相談等を推進し

ている。

　研究開発については，利用者の心身，家屋等の状況にあった福祉用具が少なく，わが国の産業技術が十分活用されていないといわれている。そこで，この法律に基づく指定法人（(財)テクノエイド協会）が福祉用具のいわば全国センターとして福祉用具についての情報収集・提供，評価，都道府県の行う相談業務への協力等の業務を総合的に行うとともに，福祉用具の研究開発等に対する助成を行い，必要性の高い用具の研究開発が適切に促進される体制づくりを行っている。なお，経済産業省所管の独立行政法人である新エネルギー・産業技術総合開発機構（NEDO）が，福祉用具関係の産業技術の実用化に関する研究開発に対して助成を行っている。

　また，福祉用具の研究開発および普及を促進するための措置に関し，厚生労働大臣および経済産業大臣が基本方針を定めている（平成 5 年 10 月 1 日厚生省・通商産業省告示第 4 号）。

4 ─── アドバンス・ケア・プランニング（ACP）

　治療の開始・不開始および中止等の医療の在り方に関する問題，いわゆる終末期医療は，昭和 62 年以来 4 回にわたって検討会が開催され，検討が重ねられてきた。

　平成 30 年 3 月「人生の最終段階における医療・ケアの決定プロセスに関するガイドライン」の改訂に伴い，最期まで尊厳を尊重した人間の生き方に着目した最適な医療・ケアの提供について検討することが重要であることから，「終末期医療」が「人生の最終段階における医療」へ名称が変更された。ガイドラインの策定から 10 年を経て，高齢化の進行などを踏まえ，諸外国で普及しつつあるアドバンス・ケア・プランニング（ACP）の概念を盛り込んだ内容となった。

高齢者の保健事業

1 ——— 介護保険制度導入後の動向

　平成 12 年度に介護保険制度が導入される以前は，老人保健施設，訪問看護などの医療サービスは，老人保健法に基づく保健医療サービスとして実施されていたが，介護保険制度の導入に伴い，介護保険法給付の対象サービスとして位置づけられることとなった。一方，健康教育や健康診査などは，引き続き，老人保健法に基づき市町村が行う保健事業の対象として整理された。

　平成 18 年には，介護保険制度改正により，運動器の機能向上，栄養改善，口腔機能の向上，閉じこもり予防・支援，認知症予防・支援，うつ予防・支援等の介護予防事業や，総合相談や介護予防ケアマネジメントなどの包括的支援事業等が，介護保険法に基づく地域支援事業として位置づけられた。

　その後，平成 20 年度に，後期高齢者を対象とする独立した医療保険制度の創設にあたり，後期高齢者広域連合により実施される保健事業として位置づけられた。この際，40 歳以上 74 歳以下のすべての被保険者等を対象とする特定健診・保健指導が導入されたが，これはメタボリックシンドローム対策が中心となっている。

　また，平成 27 年の医療保険制度改革においては，後期高齢者の保健事業のメニューに，保健指導・健康管理，疾病予防に係る本人の自助努力に対する支援が追加されたほか，介護保険の地域支援事業との連携について規定された。

　こうした流れを受け，平成 28 年度から 29 年度にかけて「高齢者の低栄養防止・重症化予防等の推進」に係るモデル事業が実施され，この検証結果等を踏まえ，平成 30 年 4 月に「高齢者の特性を踏まえた保健事業ガイドライン」がとりまとめられ，令和元年 10 月に第 2 版が公表されている。

2 ——— 高齢者の保健事業と介護予防の一体的な実施

　前述のガイドラインでは，後期高齢者の特性を踏まえた健康支援の在り方として，①体重や筋肉量の減少を主因とした低栄養や口腔機能，運動機能，認知機能の低下等のフレイルに着目した対策への転換，②生活習慣病の発症予防よりも重症化予防等の取組みの重要性といった課題が示された。

　また，平成 30 年 6 月には，「高齢者の通いの場を中心とした介護予防・フレイル対策や生活習慣病等の疾病予防・重症化予防，就労・社会参加支援を都道府県等と連携しつつ市町村が一体的に実施する仕組みを検討するとともに，インセンティブを活用することにより，健康寿命の地域間格差を解消することを目指す」とする閣議決定（経済財政運営と改革の基本方針 2018）が策定された。

図 7 -10●保健事業と介護予防の現状と課題（イメージ）

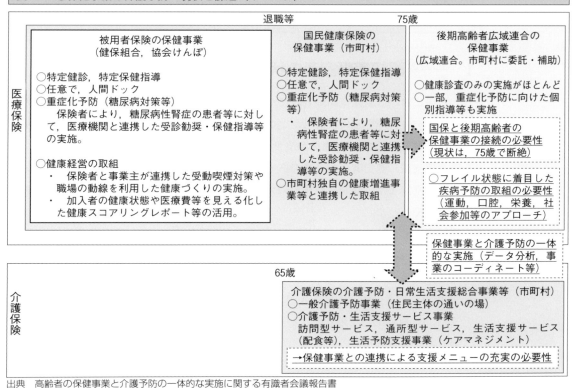

出典　高齢者の保健事業と介護予防の一体的な実施に関する有識者会議報告書

　　さらに，平成 30 年 12 月には「高齢者の保健事業と介護予防の一体的な実施に関す
る有識者会議」により，保健事業が各保険制度によりばらばらに行われている問題等
の指摘等がなされた。

　　政府は，こうした指摘等を受け，平成 31 年通常国会に「医療保険制度の適正かつ効
率的な運営を図るための健康保険法等の一部を改正する法律案」を提出し，75 歳以上
高齢者に対する保健事業を市町村が介護保険の地域支援事業等と一体的に実施するこ
とができるよう，国，後期高齢者医療広域連合，市町村の役割等について定めるとと
もに，市町村等において，各高齢者の医療・健診・介護情報等を一括して把握できる
よう規定の整備等を図ることとしている（令和元年 5 月 22 日成立，令和 2 年 4 月 1 日
施行）。

認知症高齢者支援

1 ─── 認知症高齢者の状況等

　わが国における認知症高齢者数については，平成14年1月から12月の各月間の要介護認定データ等を基に推計したところ，「何らかの介護・支援を必要とする認知症がある高齢者」（認知症高齢者の自立度II以上）は，平成14年では149万人であり，要介護（要支援）認定者の約半数であった。そのうちの約半数は在宅で生活をしている状況であり，また，介護保険施設の入所者については，約8割の者が認知症高齢者という状況であった。

　認知症高齢者は，平成17年時点で169万人と見込まれたが，その後急速に増加し，平成24年には約462万人となり，65歳以上高齢者の約7人に1人と推計されている。正常と認知症との中間の状態の軽度認知障害と推計される約400万人と合わせると，65歳以上高齢者の約4人に1人が認知症の人又はその予備群ともいわれている。

　また，65歳以上の高齢者のひとり暮らし世帯数は，令和4年では873万世帯となっており，ひとり暮らしの在宅の認知症高齢者の暮らしをどのようにして支えていくかという視点が今後ますます重要となる。

2 ─── 認知症施策の変遷

1 「認知症を知り 地域をつくる」キャンペーン

　認知症対策の基本は，多くの人が認知症を正しく理解することにより，偏見を解消することが重要であるとして，認知症への名称変更を機会に，平成17年度を「認知症を知る1年」と位置づけ，広報キャンペーンが実施された。

　このキャンペーンは，認知症の人が尊厳をもって地域で暮らし続けることを支える「地域づくり」の重要性について住民が自らのこととして考えることにより，理解者，支援者の輪を広げることをねらいとしている。具体的には，①認知症に関する理解を高めるための住民・企業・学校での学習会，②当事者本位のケアプランを作成する取組みや，③町づくりの実践例の集約・広報等を展開していくこととしている。

　また，キャンペーンの実施にあたり，民間主体の推進母体として，各界の有識者，保健・医療・福祉系団体や地域生活関連企業・団体等により構成される「認知症になっても安心して暮らせる町づくり100人会議」が平成17年7月に設置された。「認知症を知る1年」を足がかりとして，地域づくり運動を展開し，10年後には認知症の人を理解し，支援する応援者が各地域に多数存在し，全国すべての地域が認知症になっても安心して暮らせる地域になっていることが目標とされている。

2 認知症の医療と生活の質を高める緊急プロジェクト

わが国における認知症対策については，これまでも「痴呆」という用語を「認知症」に改めたことをはじめ，「認知症を知り 地域をつくる10か年」構想の展開，認知症グループホームなどの基盤整備による取組みを進めてきたが，認知症の人とその家族に対する支援をさらに充実させ，たとえ認知症になっても安心して生活できる社会を早期に構築するため，厚生労働大臣の指示のもと，平成20年4月「認知症の医療と生活の質を高める緊急プロジェクト」が設置され，7月に提言がとりまとめられた。

この提言において，今後の認知症対策は，早期の確定診断を出発点とした適切な対応の促進を基本方針とし，財源の確保も含め，必要な措置を講じていく必要があるとされ，具体的には，①認知症の人の実態把握，②研究開発，③早期診断の推進と積極的な医療の提供，④適切なケアの普及および本人・家族支援，⑤若年性認知症対策の積極的な推進を図るといった方向性が示された（図7-11参照）。

3 「今後の認知症施策の方向性について」のとりまとめ

その後も社会保障審議会介護保険部会での「介護保険制度の見直しに関する意見」（平成22年11月），「新たな地域精神保健医療体制の構築に向けた検討チーム第2Rとりまとめ」（平成23年11月）等により，今後目指すべき基本目標やその実現に向け

図7-11●今後の認知症対策の全体像

今後の認知症対策は，早期の確定診断を出発点とした適切な対応を促進することを基本方針とし，具体的な対策として，①実態の把握，②研究開発の促進，③早期診断の推進と適切な医療の提供，④適切なケアの普及および本人・家族支援，⑤若年性認知症対策を積極的に推進する。

	実態把握	研究開発	医療対策	適切なケアの普及 本人・家族支援	若年性認知症
現状と課題	○正確な認知症患者数や，認知症にかかわる医療・介護サービス利用等の実態は不明	○幅広い分野にわたり研究課題を設定しており，重点化が不足	○専門医療を提供する医師や医療機関が不十分 ○BPSDの適切な治療が行われていない ○重篤な身体疾患の治療が円滑でない	○認知症ケアの質の施設・事業所間格差 ○医療との連携を含めた地域ケアが不十分 ○地域全体で認知症の人や家族を支えることが必要 ○認知症の人やその家族に対する相談体制が不十分	○若年性認知症に対する国民の理解不足 ○「医療」「福祉」「就労」の連携が不十分
方向性	○医学的に診断された認知症の有病率の早急な調査 ○要介護認定で使用されている「認知症高齢者の日常生活自立度」の見直し	○各ステージ（①発症予防対策，②診断技術向上，③治療方法開発，④発症後対応）ごとの視点を明確にした研究開発の促進	○早期診断の促進 ○BPSD急性期の適切な医療の提供 ○身体合併症に対する適切な対応	○認知症ケア標準化・高度化 ○医療との連携を含めた地域ケア体制の強化 ○誰もが自らの問題と認識し， ・認知症に関する理解の普及 ・認知症の人やその家族に対する相談支援体制の充実	○若年性認知症に関する「相談」から「医療」「福祉」「就労」の総合的な支援
対策	○認知症の有病率に関する調査の実施 ○認知症にかかわる医療・介護サービスに関する実態調査の実施 ○より客観的で科学的な日常生活自立度の検討	経済産業省，文部科学省と連携し，特に①診断技術向上，②治療方法の開発を重点分野とし，資源を集中 ○アルツハイマー病の予防因子の解明（5年以内） ○アルツハイマー病の早期診断技術（5年以内） ○アルツハイマー病の根本的治療薬実用化（10年以内）	【短期】 ○認知症診断ガイドラインの開発・普及支援 ○認知症疾患医療センターの整備・介護との連携担当者の配置 ○認知症医療に係る研修の充実 【中・長期】 ○認知症に係る精神医療等のあり方の検討	【短期】 ○認知症ケアの標準化・高度化の推進 ○認知症連携担当者を配置する地域包括支援センターの整備 ○都道府県・指定都市にコールセンターを設置 ○認知症を知り地域をつくる10か年構想の推進 【中・長期】 ○認知症ケアの評価のあり方の検討 ○認知症サポーター増員 ○小・中学校における認知症教育の推進	【短期】 ○若年性認知症相談コールセンターの設置 ○認知症連携担当者によるオーダーメイドの支援体制の形成 ○若年性認知症就労支援ネットワークの構築 ○若年性認知症ケアのモデル事業の実施 ○国民に対する広報啓発 【中・長期】 ○若年性認知症対応の介護サービスの評価 ○就労継続に関する研究

資料　厚生労働省

た施策の方向性に関するさまざまな提言がなされてきたことを受け，平成23年11月，より実効ある施策を講ずることを目指し，厚生労働省に「認知症施策検討プロジェクトチーム」が設置された。

このプロジェクトチームでは，これまでの議論に加え，新たに関係者へのヒアリング等を行い，過去10年間の認知症施策を再検証したうえで，今後目指すべき基本目標とその実現のための認知症施策の方向性について検討を重ね，平成24年6月に「今後の認知症施策の方向性について」をとりまとめ，「認知症になっても本人の意思が尊重され，できる限り住み慣れた地域のよい環境で暮らし続けることができる社会」の実現に向けた施策の在り方について，次の7つの観点から，新たな提言を行っている。

①　標準的な認知症ケアパスの作成・普及
②　早期診断・早期対応
③　地域での生活を支える医療サービスの構築
④　地域での生活を支える介護サービスの構築
⑤　地域での日常生活・家族の支援の強化
⑥　若年性認知症施策の強化
⑦　医療・介護サービスを担う人材の育成

なお，この間，平成23年の介護保険法の改正により，認知症に関する調査研究の推進規定が設けられ，市町村介護保険事業計画において，認知症である被保険者の地域における自立した日常生活の支援に関する事項を定めるよう努力義務が課されるなど，法規定の整備も行われている（平成24年4月1日より施行）。

4　認知症施策推進5か年計画（オレンジプラン）の策定

前述の「今後の認知症施策の方向性について」等で示された方向性に基づいて，平成24年9月に，平成25年度から平成29年度までの計画となる「認知症施策推進5か年計画（オレンジプラン）」が策定され，平成29年度末を目標年度とする数値目標が示された。しかし，その後の新たな推計で，認知症の人の数が令和7年には約700万人前後となることが示されたこと等を受け，平成27年1月に「認知症施策推進総合戦略～認知症高齢者等にやさしい地域づくりに向けて～」（新オレンジプラン）が策定された（図7-12参照）。

新オレンジプランでは，「認知症の人の意思が尊重され，できる限り住み慣れた地域のよい環境で自分らしく暮らし続けることができる社会の実現を目指す」という基本的考え方のもと，令和7年までを対象期間とする施策の基本的な方向性を示すとともに，平成29年度末を目指した具体的な数値目標が掲げられた。なお，この数値目標については，その後，第7期介護保険事業（支援）計画の策定に合わせた見直しが行われ，平成29年7月に令和2年度末を目指した新たな目標が掲げられた。ここで掲げられた数値目標もおおむね達成済みであり，数値目標1200万人に引き上げられた認知症サポーター養成数も令和5年6月現在1464万5915人となっている（認知症サ

図7-12●認知症施策推進総合戦略（新オレンジプラン）の概要

認知症施策推進総合戦略（新オレンジプラン） ～認知症高齢者等にやさしい地域づくりに向けて～の概要	資料1

・高齢者の約4人に1人が認知症の人又はその予備群。高齢化の進展に伴い，認知症の人はさらに増加　2012（平成24）年462万人（約7人に1人）⇒㊟2025（平成37）年約700万人（約5人に1人）
・認知症の人を単に支えられる側と考えるのではなく，認知症の人が認知症とともによりよく生きていくことができるような環境整備が必要。

新オレンジプランの基本的考え方

　認知症の人の意思が尊重され，できる限り住み慣れた地域のよい環境で自分らしく暮らし続けることができる社会の実現を目指す。

・厚生労働省が関係府省庁（内閣官房，内閣府，警察庁，金融庁，消費者庁，総務省，法務省，文部科学省，農林水産省，経済産業省，国土交通省）と共同して策定
・新プランの対象期間は団塊の世代が75歳以上となる2025（平成37）年だが，数値目標は介護保険に合わせて2017（平成29）年度末等
・策定に当たり認知症の人やその家族など様々な関係者から幅広く意見を聴取

七つの柱

①認知症への理解を深めるための普及・啓発の推進
②認知症の容態に応じた適時・適切な医療・介護等の提供
③若年性認知症施策の強化
④認知症の人の介護者への支援
⑤認知症の人を含む高齢者にやさしい地域づくりの推進
⑥認知症の予防法，診断法，治療法，リハビリテーションモデル，介護モデル等の研究開発及びその成果の普及の推進
⑦認知症の人やその家族の視点の重視

○認知症高齢者等にやさしい地域の実現には，国を挙げた取組みが必要。
　⇒関係省庁の連携はもとより，行政だけでなく民間セクターや地域住民自らなど，様々な主体がそれぞれの役割を果たしていくことが求められる。

○認知症への対応に当たっては，常に一歩先んじて何らかの手を打つという意識を，社会全体で共有していかなければならない。

○認知症高齢者等にやさしい地域は，決して認知症の人だけにやさしい地域ではない。
　⇒コミュニティーの繋がりこそがその基盤。認知症高齢者等にやさしい地域づくりを通じ地域を再生するという視点も重要。

○認知症への対応は今や世界共通の課題。
　⇒認知症ケアや予防に向けた取組についての好事例の国際発信や国際連携を進めることで，認知症高齢者等にやさしい地域づくりを世界的に推進。

○本戦略の進捗状況は，認知症の人やその家族の意見を聞きながら随時点検。
○医療・介護サービス等の提供に関し，個々の資源の整備に係る数値目標だけでなく，これらの施策のアウトカム指標の在り方についても検討し，できる限りの定量的評価を目指す。
　⇒これらの点検・評価を踏まえ，本戦略の不断の見直しを実施。

資料　厚生労働省

ポーターキャラバンによる）。

3 ── 認知症施策推進大綱の策定

平成30年12月，内閣官房長官を議長とする「認知症施策推進関係閣僚会議」が設置された。同関係閣僚会議では，「認知症施策推進のための有識者会議」における認知症に関する有識者からの意見聴取に加え，認知症の人や家族をはじめとしたさまざまな関係者からの意見の聴取や，「認知症施策推進関係閣僚会議幹事会」での議論を経て，令和元年6月，新オレンジプランを踏まえた「認知症施策推進大綱」を策定した（図7-13参照）。この大綱は団塊の世代が75歳以上となる令和7年までを対象期間とし，認知症の発症を遅らせ，認知症になっても希望をもって日常生活を過ごせる社会を目指し，認知症の人や家族の視点を重視しながら，「共生」と「予防」を車の両輪として施策の推進を図ることとしている。

4 ── 認知症基本法の制定

令和5年6月，「共生社会の実現を推進するための認知症基本法」が公布された。同法は，認知症の人が尊厳を保持しつつ希望を持って暮らすことができるよう，認知症施策を総合的に推進するもので，内閣総理大臣を本部長とする認知症施策推進本部の設置や認知症施策推進基本計画の策定等が規定されている。公布から1年以内に施行される予定で，施行後5年を目途に見直しが行われる（図7-14参照）。

図7-13●認知症施策推進大綱の概要

【基本的考え方】
　認知症の発症を遅らせ，認知症になっても希望を持って日常生活を過ごせる社会を目指し認知症の人や家族の視点を重視しながら「共生」と「予防」※1を車の両輪として施策を推進
※1　「予防」とは，「認知症にならない」という意味ではなく，「認知症になるのを遅らせる」「認知症になっても進行を緩やかにする」という意味

具体的な施策

認知機能の低下のない人，プレクリニカル期 認知症発症を遅らせる取組（一次予防※2）の推進	認知機能の低下のある人（軽度認知障害（MCI）含む） 早期発見・早期対応（二次予防），発症後の進行を遅らせる取組（三次予防※3）の推進	認知症の人 認知症の人本人の視点に立った「認知症バリアフリー」の推進

① 普及啓発・本人発信支援
- 認知症に関する理解促進　　・相談先の周知
- 認知症サポーター養成の推進
- 子供への理解促進
- 認知症の人本人からの発信支援
- 認知症の人本人がまとめた「認知症とともに生きる希望宣言」の展開

② 予防
- 認知症予防に資する可能性のある活動の推進
- 予防に関するエビデンスの収集の推進
- 民間の商品やサービスの評価・認証の仕組みの検討

③ 医療・ケア・介護サービス・介護者への支援
- 早期発見・早期対応，医療体制の整備
- 医療従事者等の認知症対応力向上の促進
- 医療・介護の手法の普及・開発
- 介護サービス基盤整備・介護人材確保
- 介護従事者の認知症対応力向上の促進
- 認知症の人の介護者の負担軽減の推進

④ 認知症バリアフリーの推進・若年性認知症の人への支援・社会参加支援
- バリアフリーのまちづくりの推進
- 移動手段の確保の推進
- 交通安全の確保の推進
- 住宅の確保の推進
- 地域支援体制の強化
  - 地域の見守り体制の構築支援・見守り・探索に関する連携
  - 地方自治体等の取組支援
  - ステップアップ講座を受講した認知症サポーターが認知症の人やその家族への支援を行う仕組み（「チームオレンジ」）の構築
- 認知症に関する取組を実施している企業等の認証制度や表彰
- 商品・サービス開発の推進
- 金融商品開発の推進
- 成年後見制度の利用促進
- 消費者被害防止施策の推進
- 虐待防止施策の推進
- 認知症に関する様々な民間保険の推進
- 違法行為を行った高齢者等への福祉的支援
- 若年性認知症支援コーディネーターの体制検討
- 若年性認知症支援コーディネーターのネットワーク構築支援
- 若年性認知症コールセンターの運営
- 就労支援事業所の実態把握等
- 若年性認知症の実態把握
- 社会参加活動や社会貢献の促進
- 介護サービス事業所利用者の社会参加の促進

⑤ 研究開発・産業促進・国際展開
- 認知症発症や進行の仕組みの解明，予防法，診断法，治療法，リハビリテーション，介護モデル等の研究開発など，様々な病態やステージを対象に研究開発を推進
- 認知症の予防法やケアに関する技術・サービス・機器等の検証，評価指標の確立
- 既存のコホートの役割を明確にしたうえで，認知症発症前の人や認知症の人等が研究や治験に容易に参加できる仕組みを構築
- 研究開発の成果の産業化とともに，「アジア健康構想」の枠組みも活用し，介護サービス等の国際展開を促進

認知症の人や家族の視点の重視　上記①～⑤の施策は，認知症の人やその家族の意見を踏まえ，立案及び推進する。

下線：新規・拡充施策

※2　認知症の発症遅延や発症リスク低減　　※3　重症化予防，機能維持，行動・心理症状の予防・対応
期間：2025年まで
資料　認知症施策推進大綱（令和元年6月18日認知症施策推進関係閣僚会議決定）（概要）を一部改変

図7−14●共生社会の実現を推進するための認知症基本法（令和5年法律第65号）の概要

1.目的

認知症の人が尊厳を保持しつつ希望を持って暮らすことができるよう，認知症施策を総合的かつ計画的に推進
⇒認知症の人を含めた国民一人一人がその個性と能力を十分に発揮し，相互に人格と個性を尊重しつつ支え合いながら共生する活力ある社会（＝共生社会）の実現を推進

〜共生社会の実現の推進という目的に向け，基本理念等に基づき認知症施策を国・地方が一体となって講じていく〜

2.基本理念

認知症施策は，認知症の人が尊厳を保持しつつ希望を持って暮らすことができるよう，①〜⑦を基本理念として行う。
①全ての認知症の人が，基本的人権を享有する個人として，自らの意思によって日常生活及び社会生活を営むことができる。
②国民が，共生社会の実現を推進するために必要な認知症に関する正しい知識及び認知症の人に関する正しい理解を深めることができる。
③認知症の人にとって日常生活又は社会生活を営む上で障壁となるものを除去することにより，全ての認知症の人が，社会の対等な構成員として，地域において安全にかつ安心して自立した日常生活を営むことができるとともに，自己に直接関係する事項に関して意見を表明する機会及び社会のあらゆる分野における活動に参画する機会の確保を通じてその個性と能力を十分に発揮することができる。
④認知症の人の意向を十分に尊重しつつ，良質かつ適切な保健医療サービス及び福祉サービスが切れ目なく提供される。
⑤認知症の人のみならず家族等に対する支援により，認知症の人及び家族等が地域において安心して日常生活を営むことができる。
⑥共生社会の実現に資する研究等を推進するとともに，認知症及び軽度の認知機能の障害に係る予防，診断及び治療並びにリハビリテーション及び介護方法，認知症の人が尊厳を保持しつつ希望を持って暮らすための社会参加の在り方及び認知症の人が他の人々と支え合いながら共生することができる社会環境の整備その他の事項に関する科学的知見に基づく研究等の成果を広く国民が享受できる環境を整備。
⑦教育，地域づくり，雇用，保健，医療，福祉その他の各関連分野における総合的な取組として行われる。

3.国・地方公共団体等の責務等

国・地方公共団体は，基本理念にのっとり，認知症施策を策定・実施する責務を有する。
国民は，共生社会の実現を推進するために必要な認知症に関する正しい知識及び認知症の人に関する正しい理解を深め，共生社会の実現に寄与するよう努める。
政府は，認知症施策を実施するため必要な法制上又は財政上の措置その他の措置を講ずる。
※その他保健医療・福祉サービス提供者，生活基盤サービス提供事業者の責務を規定

4.認知症施策推進基本計画等

政府は，認知症施策推進基本計画を策定（認知症の人及び家族等により構成される関係者会議の意見を聴く。）
都道府県・市町村は，それぞれ都道府県計画・市町村計画を策定（認知症の人及び家族等の意見を聴く。）（努力義務）

5.基本的施策

①【認知症の人に関する国民の理解の増進等】
　国民が共生社会の実現の推進のために必要な認知症に関する正しい知識及び認知症の人に関する正しい理解を深められるようにする施策
②【認知症の人の生活におけるバリアフリー化の推進】
　・認知症の人が自立して，かつ，安心して他の人々と共に暮らすことのできる安全な地域作りの推進のための施策
　・認知症の人が自立した日常生活・社会生活を営むことができるようにするための施策
③【認知症の人の社会参加の機会の確保等】
　・認知症の人が生きがいや希望を持って暮らすことができるようにするための施策
　・若年性認知症の人（65歳未満で認知症となった者）その他の認知症の人の意欲及び能力に応じた雇用の継続，円滑な就職等に資する施策
④【認知症の人の意思決定の支援及び権利利益の保護】
　認知症の人の意思決定の適切な支援及び権利利益の保護を図るための施策
⑤【保健医療サービス及び福祉サービスの提供体制の整備等】
　・認知症の人がその居住する地域にかかわらず等しくその状況に応じた適切な医療を受けることができるための施策
　・認知症の人に対し良質かつ適切な保健医療サービス及び福祉サービスを切れ目なく提供するための施策
　・個々の認知症の人の状況に応じた良質かつ適切な保健医療サービス及び福祉サービスが提供されるための施策
⑥【相談体制の整備等】
　・認知症の人又は家族等からの各種の相談に対し，個々の認知症の人の状況又は家族等の状況にそれぞれ配慮しつつ総合的に応ずることができるようにするために必要な体制の整備
　・認知症の人又は家族等が孤立することがないようにするための施策
⑦【研究等の推進等】
　・認知症の本態解明，予防，診断及び治療並びにリハビリテーション及び介護方法等の基礎研究及び臨床研究，成果の普及　等
　・認知症の人が尊厳を保持しつつ希望を持って暮らすための社会参加の在り方，他の人々と支え合いながら共生できる社会環境の整備等の調査研究，成果の活用　等
⑧【認知症の予防等】
　・希望する者が科学的知見に基づく予防に取り組むことができるようにするための施策
　・早期発見，早期診断及び早期対応の推進のための施策
※その他認知症施策の策定に必要な調査の実施，多様な主体の連携，地方公共団体に対する支援，国際協力

6.認知症施策推進本部

内閣に内閣総理大臣を本部長とする認知症施策推進本部を設置。基本計画の案の作成・実施の推進等をつかさどる。
※基本計画の策定に当たっては，本部に，認知症の人及び家族等により構成される関係者会議を設置し，意見を聴く。

※　施行期日等：公布の日から起算して1年を超えない範囲内で施行，施行後5年を目途とした検討

出典　厚生労働省「第107回社会保障審議会介護保険部会」（令和5年7月10日）資料4を一部改変

第6節　高齢者虐待の防止

1 ── 高齢者虐待防止法の制定

　介護保険法制度の普及・定着とともに，介護サービスの利用量が増加する一方で，高齢者に対する身体的・心理的虐待，介護や世話の放棄・放任等が，家庭や介護施設などで表面化し，社会的な問題として認識されるようになった。

　そこで，平成17年の介護保険法の改正法により創設された地域支援事業（包括的支援事業）の1つとして，「高齢者に対する虐待の防止及びその早期発見のための事業その他の高齢者の権利擁護のための必要な援助を行う事業」の実施が市町村に義務づけられ，平成18年4月1日から実施されることとなった。また，平成17年11月，高齢者の権利利益の擁護に資することを目的として「高齢者虐待の防止，高齢者の養護者に対する支援等に関する法律」（高齢者虐待防止法）が成立し，平成18年4月1日より施行された。

　高齢者虐待の防止等に関する国等の責務，高齢者虐待を受けた高齢者に対する保護のための措置，養護者の負担の軽減を図ること等の養護者に対する養護者による高齢者虐待の防止に資する支援（以下，「養護者に対する支援」という）のための措置等を定めることにより，高齢者虐待の防止，養護者に対する支援等に関する施策を促進することとしている。

　高齢者虐待防止法では，高齢者を65歳以上の者とし，高齢者虐待を①養護者によるもの，②養介護施設従事者等によるものと分けて定義し，虐待に該当する行為を①身体的虐待，②ネグレクト，③心理的虐待，④性的虐待，⑤経済的虐待に分類している。

　なお，養介護施設に入所し，その他養介護施設を利用または養介護事業に係るサービスの提供を受けている65歳未満の障害者については，高齢者とみなされ，養介護施

図7-15●高齢者虐待の相談・通報件数と虐待判断件数の推移

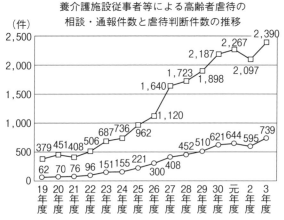

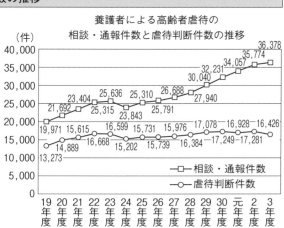

設従事者等による高齢者虐待に関する規定が適用される。

2 ─── 高齢者虐待の現状

　厚生労働省が行った「令和3年度「高齢者虐待の防止，高齢者の養護者に対する支援等に関する法律に基づく対応状況等に関する調査結果」」によれば，令和3年度の養介護施設従事者等による虐待の相談・通報件数が2390件で，このうち虐待と認められた件数は739件となった。養護者による虐待については，相談・通報件数が3万6378件で，このうち虐待と認められた件数は1万6426件となった（図7-15参照）。

● 第 8 章 ● 参考資料

1 ── 令和5年度厚生労働省予算（当初）の概要（主要経費別）

（単位：億円，%）

厚生労働省一般会計予算総額 331,686 （100.0）

生活扶助等社会福祉費	34,957	（10.5）
特定疾患等対策費		
原爆被爆者等援護対策費		
医薬品安全対策等推進費		
医療保険給付諸費		
医療費適正化推進費		
健康保険事業借入金諸費年金特別会計へ繰入		
健康増進対策費		
臨時福祉給付金等給付事業助成費		
保育対策費		
児童虐待等防止対策費		
母子保健衛生対策費		
子ども・子育て支援対策費		
母子家庭等対策費		
児童福祉施設整備費		
生活保護等対策費		
社会福祉諸費		
社会福祉施設整備費		
障害保健福祉費		
独立行政法人福祉医療機構運営費		
独立行政法人国立重度知的障害者総合施設		
のぞみの園運営費		
独立行政法人国立重度知的障害者総合施設		
のぞみの園施設整備費		
公的年金制度等運営諸費		
業務取扱費年金特別会計へ繰入		
企業年金等適正運営費		
私的年金制度整備運営費		
高齢者日常生活支援等推進費		
介護保険制度運営推進費		
国立障害者リハビリテーションセンター		
共通費		
国立障害者リハビリテーションセンター		
施設費		
国立児童自立支援施設運営費		
国立障害者リハビリテーションセンター		
運営費		
保険医療機関等指導監督等実施費		

医療給付費	121,382	（36.6）
医療提供体制基盤整備費		
感染症対策費		
特定疾患等対策費		
原爆被爆者等援護対策費		
医療保険給付諸費		
麻薬・覚醒剤等対策費		
児童虐待等防止対策費		
母子保健衛生対策費		
生活保護等対策費		
障害保健福祉費		
介護給付費	36,809	（11.1）
生活保護等対策費		
高齢者日常生活支援等推進費		
介護保険制度運営推進費		
少子化対策費	95	（0.1）
失業等給付費等労働保険特別会計へ繰入		
児童虐待等防止対策費		
国立児童自立支援施設運営費		
年金給付費	130,078	（39.2）
保健衛生対策費	4,747	（1.4）
雇用労災対策費	446	（0.1）
その他	3,172	（1.0）

出典　厚生労働省編『厚生労働白書（令和5年版）』（資料編），19頁，2023 をもとに作成

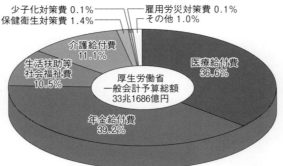

少子化対策費 0.1%　　　雇用労災対策費 0.1%
保健衛生対策費 1.4%　　その他 1.0%
介護給付費 11.1%
生活扶助等社会福祉費 10.5%
医療給付費 36.6%
厚生労働省一般会計予算総額 33兆1686億円
年金給付費 39.2%

注　計数は，それぞれ四捨五入によっているので，端数において
　　合計とは合致しないものがある。

（参考）令和5年度一般会計予算の内訳

●令和5年度一般会計予算における歳出は約114.4兆円である。
●そのうち国債費は約25.3兆円，全体の約5分の1を占めている。
●一般会計歳出から国債費，地方交付税交付金等を除いたものを「一般歳出」という。社会保障
　関係費は一般歳出の約50.7％を占めている。

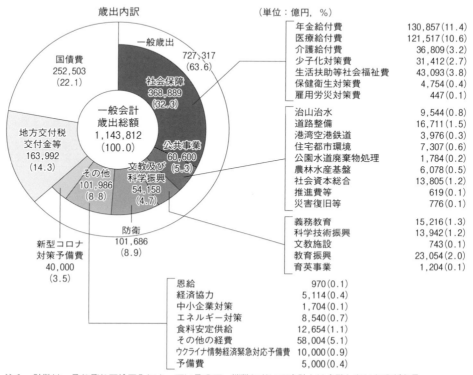

歳出内訳　　　　　　　　　　　　　（単位：億円，％）

年金給付費	130,857	(11.4)
医療給付費	121,517	(10.6)
介護給付費	36,809	(3.2)
少子化対策費	31,412	(2.7)
生活扶助等社会福祉費	43,093	(3.8)
保健衛生対策費	4,754	(0.4)
雇用労災対策費	447	(0.1)
治山治水	9,544	(0.8)
道路整備	16,711	(1.5)
港湾空港鉄道	3,976	(0.3)
住宅都市環境	7,307	(0.6)
公園水道廃棄物処理	1,784	(0.2)
農林水産基盤	6,078	(0.5)
社会資本総合	13,805	(1.2)
推進費等	619	(0.1)
災害復旧等	776	(0.1)
義務教育	15,216	(1.3)
科学技術振興	13,942	(1.2)
文教施設	743	(0.1)
教育振興	23,054	(2.0)
育英事業	1,204	(0.1)
恩給	970	(0.1)
経済協力	5,114	(0.4)
中小企業対策	1,704	(0.1)
エネルギー対策	8,540	(0.7)
食料安定供給	12,654	(1.1)
その他の経費	58,004	(5.1)
ウクライナ情勢経済緊急対応予備費	10,000	(0.9)
予備費	5,000	(0.4)

注1　計数は，それぞれ四捨五入によっているので，端数において合計とは合致しないものがある。
注2　臨時・特別の措置を除いた通常分の予算額を記した。
資料　財務省「令和5年度　財政法第46条に基づく国民への財政報告」をもとに作成

2 ——— 令和5年度厚生労働省予算の主要施策

子ども・子育て支援の充実

（子ども・子育て支援新制度の着実な実施）
○　子ども・子育て支援新制度の推進により，すべての子ども・子育て家庭を対象に，市町村が実施主体となり，教育・保育，地域の子ども・子育て支援の量および質の充実を図る。（以下，☆は子育て安心プランの取組みとしても位置づけ）
　　①　子どものための教育・保育給付
　　　　・施設型給付，委託費（認定こども園，幼稚園，保育所に係る運営費）☆
　　　　・地域型保育給付（家庭的保育，小規模保育，事業所内保育，居宅訪問型保育に係る運営費）☆
　　②　地域子ども・子育て支援事業
　　　　市町村が地域の実情に応じて実施する事業を支援
　　　　・利用者支援事業☆　・延長保育事業　・放課後児童健全育成事業　・地域子育て支援拠点事業　・一時預かり事業☆　・病児保育事業☆　・子育て援助活動支援事業（ファミリー・サポート・センター事業）　等
　※子ども・子育て支援新制度における量および質の充実
　　〈量的拡充〉
　　　市町村子ども・子育て支援事業計画に基づき，教育・保育，地域の子ども・子育て支援の計画的な事業量の拡充を図る。
　　〈質の向上〉
　　　子ども・子育て支援新制度の基本理念である，質の高い教育，保育，地域の子ども・子育て支援の実現を図る。
（社会的養育の充実）
○　児童養護施設等の小規模かつ地域分散化や職員配置基準の強化を含む高機能化等の推進など，質の向上を図る。
○　児童養護施設等の受入児童数の拡大（虐待を受けた子どもなど社会的養護が必要な子どもの増加への対応）

医療・介護の充実

医療・介護サービスの提供体制改革

（病床の機能分化・連携，在宅医療の推進等）
　2025（令和7年）に向けて，住み慣れた地域で必要な医療を受けながら生活できるよう，医療提供体制の改革を行う。
　　①　診療報酬改定
　　　　2025年に向けて，質の高い在宅医療の推進など地域包括ケアシステムの構築と医療機能の分化・強化，連携に重点的に取り組む。
　　　　「コロナ克服・新時代開拓のための経済対策」（令和3年11月19日閣議決定）及び「公的価格評価検討委員会中間整理」（令和3年12月21日）を踏まえ，令和4年度診療報酬改定において，地域でコロナ医療など一定の役割を担う医療機関に勤務する看護職員を対象に，10月以降収入を3％程度（月額平均12,000円相当）引き上げるための処遇改善の仕組みを創設する。
　　　　また，子どもをもちたいという方々の気持ちに寄り添い，不妊治療への保険適用を早急に実現する。
　　②　三位一体改革の推進に係る支援制度
　　　　都道府県が策定した地域医療構想の達成に向けた病床の機能分化・連携に必要な基盤整備や，在宅医療の推進，医療従事者等の確保・養成，勤務医の働き方改革の推進，病床機能の再編支援に必要な事業を支援するため，必要な財源を確保する。
（地域包括ケアシステムの構築）
　団塊の世代が75歳以上となり，医療・介護等の需要の急増が予想される2025（令和7）年を目途に，医療や介護が必要な状態になっても，できるだけ住み慣れた地域で自分らしい暮らしを人生の最期まで続けることができるよう，医療・介護・予防・住まい・生活支援が包括的に確保される「地域包括ケアシステム」の構築に向けて取組みを進める。
○　介護サービスの充実と人材確保
　　①　地域医療介護総合確保基金（介護分）
　　　　医療介護総合確保推進法に基づき，各都道府県に設置した地域医療介護総合確保基金（介護分）を活用し，介護施設等の整備を進めるほか，介護人材の確保に向けて必要な事業を支援する。
　　　　・介護施設等の整備に関する事業
　　　　・介護従事者の確保に関する事業
　　②　平成27年度介護報酬改定時における消費税財源の活用分（介護職員の処遇改善等）
　　　　平成27年度介護報酬改定による介護職員の処遇改善等を引き続き行う。
　　　　「コロナ克服・新時代開拓のための経済対策」（令和3年11月19日閣議決定）を踏まえ，介護職員を対象に，令和4年度介護報酬改定により，収入を3％程度（月額9,000円）引き上げるための措置を講じる。
○　市町村による在宅医療・介護連携，認知症施策の推進など地域支援事業の充実
　　全市町村が地域支援事業として以下の事業に取り組めるよう，必要な財源を確保し，市町村の取組みを支援する。
　　①　在宅医療・介護連携
　　②　認知症施策
　　③　地域ケア会議
　　④　生活支援の充実・強化

医療・介護保険制度の改革

（国民健康保険・後期高齢者医療の低所得者の保険料軽減措置の拡充）
　　平成26年度に国民健康保険・後期高齢者医療の保険料の軽減判定所得の基準を見直し，保険料の軽減対象を拡大。
（子どもに係る国民健康保険料等の軽減措置）
　　子育て世帯の経済的負担軽減の観点から，国・地方の取組みとして，国保制度において子どもの均等割り保険料を軽減。
（国民健康保険への財政支援の拡充）
　　平成27年度に保険料の軽減対象者数に応じた保険者への財政支援を拡充。
　（拡充の内容）
　　○　財政支援の対象となっていなかった２割軽減対象者についても，財政支援の対象とするとともに，軽減対象の拡大に応じ，財政支援の対象を拡大。
　　○　７割軽減・５割軽減の対象者数に応じた財政支援の補助率を引上げ。
　　○　財政支援額の算定基準を平均保険料収納額の一定割合から，平均保険料算定額の一定割合に変更。
　（国保改革による財政支援の拡充）
　　国保の財政運営を都道府県単位化する国保改革と合わせ，毎年約3,400億円の財政支援の拡充を行う。
（保険者努力支援制度の抜本的な強化）
　　人生100年時代を見据え，保険者努力支援制度を抜本的に強化し，新規500億円（総額550億円）により予防・健康づくりを強力に促進。
（被用者保険者への支援）
　　被用者保険の負担が増加するなかで，拠出金負担の重い被用者保険者への支援を実施する。具体的には，平成29年度から対象を拡大した拠出金負担が重い保険者への負担軽減対策において，拡大分に該当する保険者の負担を保険者相互の拠出と国費の折半により軽減する（枠組みを法律に規定し，制度化を行う。）とともに，平成27年度から段階的に拡充してきた高齢者医療運営円滑化等補助金により，前期高齢者納付金の負担軽減を図る。
（70歳未満の高額療養費制度の改正（平成27年１月施行））
　　高額療養費制度は，家計に対する医療費の自己負担が過重なものとならないよう，医療費の自己負担に一定の歯止めを設ける仕組み。低所得者に配慮しつつ，負担能力に応じた負担とする観点から，70歳未満の所得区分を細分化し，自己負担限度額をきめ細かく設定した（70〜74歳患者負担特例措置の見直しに併せて行ったもの）。
（介護保険の１号保険料の低所得者軽減強化）
　　介護保険の１号保険料について，給付費の５割の公費とは別枠で公費を投入し，低所得の高齢者の保険料の軽減を強化。
　　※　平成27年４月から，市町村民税非課税世帯のうち第１段階の者については保険料基準額に対する割合を0.5→0.45としていたが（一部実施），令和元年10月より市町村民税非課税世帯全体を対象として，第１段階の者については0.45→0.3，第２段階の者については0.75→0.5，第３段階の者については0.75→0.7へ軽減強化（完全実施）。
（介護保険保険者努力支援交付金・保険者機能強化推進交付金）
　　各市町村が行う自立支援・重度化防止の取組みおよび都道府県が行う取組みの支援に対し，それぞれ評価指標の達成状況（評価指標の総合得点）に応じて，交付金を交付する。
（出産育児一時金支援）
　　出産育児一時金について，42万円から50万円へと，８万円の増額を行う。

難病・小児慢性特定疾病への対応

平成27年１月から新制度を開始し，財源について義務的経費化
　○　医療費助成の対象疾病の拡大
　　①　難病（大人）・・・・・・・・・・338疾病
　　　　　　　　　　　　　　　　　　　※平成27年１月から110疾病を対象に実施。令和３年11月までに228疾病を追加して338疾病を対象に実施。
　　②　小児慢性特定疾病（子ども）・・・788疾病
　　　　　　　　　　　　　　　　　　　※従前の対象疾病を細分化したことに伴い疾病数を597疾病に再整理（対象者は同じ）し，令和３年11月までに191疾病を追加。
　　③　自己負担割合を３割から２割に引下げ
　○　自己負担限度額等
　　①　負担上限は障害者医療（更生医療）をベースに，負担能力に応じた上限額を設定（原則は2,500円〜30,000円／月）
　　②　高額な医療が長期的に継続する患者への配慮（最大20,000円／月）
　　③　高額な医療を要する軽症者への配慮（軽症の難病患者は原則助成対象としないが，高額な医療を要する者は対象）
　　④　子どもへの配慮（子どもは大人の２分の１（負担上限額，入院時の食費負担））

（年金受給資格期間の短縮）

　　年金受給資格期間の25年から10年への短縮について，平成29年 8 月から実施しており，必要な経費を引き続き措置する。

（遺族基礎年金の父子家庭への拡大）

　　全国民共通の給付であり子どもがいる場合に支給される遺族基礎年金について，これまで支給対象が子のある妻または子に限定されていたため，父子家庭も支給対象に加えることとする（平成26年 4 月 1 日から施行）。施行日以後に死亡したことにより支給する遺族基礎年金から適用。

（年金生活者支援給付金の支給）

　○　所得の額が一定基準を下回る65歳以上の老齢基礎年金の受給者に，老齢年金生活者支援給付金を支給する。

　○　その基準額を上回る一定範囲の者に対して，補足的老齢年金生活者支援給付金を支給する。

　○　所得の額が一定基準を下回る障害基礎年金または遺族基礎年金の受給者に，障害年金生活者支援給付金または遺族年金生活者支援給付金を支給する。

西暦	和暦	時代背景	福祉一般	児童福祉	障害者福祉	高齢者福祉
1938	昭和13	厚生省創設				
1942	17	ベヴァリッジ報告（英）				
1946	21	日本国憲法制定	旧生活保護法制定			
1947	22	労働省創設 第1次ベビーブーム（～昭和24年）		児童福祉法制定		
1948	23	世界人権宣言（国連）	民生委員法制定			
1949	24				身体障害者福祉法制定	
1950	25		新生活保護法制定		精神衛生法制定	
1951	26		社会福祉事業法制定	児童憲章		
1956	31	「もはや戦後ではない」				
1959	34	児童権利宣言（国連）				
1960	35				精神薄弱者福祉法制定	
1961	36			児童扶養手当法制定		
1963	38					老人福祉法制定（老人家庭奉仕員の法制化）
1964	39			母子福祉法制定 特別児童扶養手当等の支給に関する法律制定		
1965	40			母子保健法制定	精神衛生法改正（通院医療費の公費負担）	
1968	43	シーボーム報告（英）				
1970	45	高齢化率7％を超える	社会福祉施設緊急整備5か年計画の策定（昭和46～50年度）		心身障害者対策基本法制定	
1971	46	知的障害者の権利宣言（国連） 第2次ベビーブーム（～昭和49年）		児童手当法制定		
1973	48		福祉元年			老人福祉法改正（老人医療費無料化）
1975	50	国際婦人年（国連） 障害者の権利宣言（国連）				
1979	54	国際児童年（国連）				

西暦	和暦	時代背景	福祉一般	児童福祉	障害者福祉	高齢者福祉
1981	昭和56	国際障害者年（国連）		児童福祉法改正 延長・夜間保育の実施 母子福祉法改正（母子及び寡婦福祉法に改称）		
1982	57	バークレイ報告（英）			障害者対策に関する長期計画	老人保健法制定（老人医療費無料化の見直し）
1983	58	国連・障害者の10年(昭和58〜平成4年度)				
1986	61					老人保健法改正（老人保健施設創設）
1987	62		社会福祉士及び介護福祉士法制定		精神衛生法改正（人権擁護と社会復帰，精神保健法に改称）	
1988	63	グリフィス報告（英）				
1989	平成元	合計特殊出生率が1.57に				高齢者保健福祉推進10か年戦略（ゴールドプラン）の策定
1990	2	障害をもつアメリカ人法（ADA）				老人福祉法等福祉関係8法改正（在宅福祉サービスの位置付けの明確化およびその支援体制の強化，在宅福祉サービスおよび施設福祉サービスの市町村への一元化，老人保健福祉計画の策定，障害者関係施設の範囲の拡大等）
1991	3			育児休業法制定		老人保健法改正（老人訪問看護制度）
1992	4		福祉人材確保法制定			
1993	5				障害者対策に関する新長期計画（平成5〜14年度） 精神保健法改正（グループホームの法定化） 心身障害者対策基本法改正（障害者基本法に改称，障害者の自立とあらゆる活動への参加促進）	福祉用具の研究開発及び普及の促進に関する法律制定
1994	6	高齢化率が14%を超える	21世紀福祉ビジョン	エンゼルプランの策定		新ゴールドプランの策定（平成7〜11年度）

西暦	和暦	時代背景	福祉一般	児童福祉	障害者福祉	高齢者福祉
1995	平成7	阪神・淡路大震災		育児休業法改正（介護休業制度創設，名称は育児・介護休業法に改称）	精神保健法改正（精神障害者保健福祉手帳制度の創設，精神保健及び精神障害者福祉に関する法律に改称） 障害者プランの策定（平成8～14年度）	高齢社会対策基本法制定
1996	8					高齢社会対策大綱
1997	9		社会保障構造改革	児童福祉法改正（保育制度改正）	精神保健福祉士法制定	介護保険法制定
1999	11	国際高齢者年（国連） 世界の人口60億人に	地方分権一括法	新エンゼルプランの策定（平成12～16年度）	「精神薄弱」を「知的障害」に 精神保健福祉法改正（在宅福祉事業にホームヘルプ・ショートステイを追加，医療保護入院の要件の明確化）	介護休業制度義務化，介護休業給付開始 ゴールドプラン21の策定（平成12～16年度）
2000	12		社会福祉基礎構造改革（社会福祉事業法等の改正，利用者の立場に立った社会福祉制度の構築，社会福祉法に改称） 民法の改正等（成年後見制度の創設）	児童虐待防止法制定 児童手当法改正（3歳以上義務教育就学前の特例給付創設）		介護保険法施行 老人保健法改正（老人患者負担定率1割の導入等）
2001	13	厚生労働省発足	社会保障改革大綱	育児・介護休業法改正（時間外労働の制限等） 配偶者からの暴力の防止及び被害者の保護に関する法律制定		新しい高齢社会対策大綱
2002	14		ホームレス自立支援法制定	少子化対策プラスワンの策定	新しい障害者基本計画の策定（15～24年度） 新障害者プランの策定（平成15～19年度）	老人保健法改正（対象年齢を75歳以上に引き上げ，自己負担1割）
2003	15			少子化社会対策基本法制定 次世代育成支援対策推進法制定 児童福祉法改正（子育て支援事業の法定化） 母子家庭の母の就業の支援に関する特別措置法制定		「2015年の高齢者介護」

西暦	和暦	時代背景	福祉一般	児童福祉	障害者福祉	高齢者福祉
2004	平成16			児童虐待防止法改正（定義規定の見直し，国等の責務の見直し等） 児童福祉法改正（児童相談に関する体制の充実） 児童手当法改正（小学校第3学年修了前まで延長） 育児・介護休業法改正（休業の対象労働者の拡大等） 少子化社会対策大綱 子ども・子育て応援プランの策定（平成17〜21年度）	特別障害給付金支給法制定 発達障害者支援法制定 障害者基本法改正（都道府県および市町村の障害者計画策定の義務化等）	
2005	17	合計特殊出生率が過去最低の1.26に			障害者自立支援法制定（障害の種別にかかわらず一元的にサービスを提供する仕組みの創設等）	介護保険法等の改正（予防重視型システムへの転換，食費居住費の自己負担，地域密着型サービスの創設等） 高齢者虐待防止法制定
2006	18	障害者の権利に関する条約採択（国連）		児童手当法改正（小学校修了前まで延長） 認定こども園法制定（認定こども園の創設） 新しい少子化対策について		
2007	19		社会福祉士及び介護福祉士法改正（定義規定の見直し，介護福祉士の資格取得方法の一元化）	児童手当法改正（手当額の引上げ） 児童虐待防止法改正（児童の安全確認等のための立入調査等の強化等）	重点施策実施5か年計画の策定（平成20〜24年度）	
2008	20	リーマンショックによる金融危機	介護従事者等の人材確保のための介護従事者等の処遇改善に関する法律制定	児童福祉法改正（子育て支援の充実，里親制度の見直し等）		「認知症の医療と生活の質を高める緊急プロジェクト」報告書 安心と希望の介護ビジョン
2009	21	消費者庁発足	生活福祉資金貸付制度の見直し	育児・介護休業法改正（短時間勤務制度の義務化等）		介護報酬改定 「地域包括ケア研究会」報告書
2010	22			子ども・子育てビジョン 子ども手当て創設 「子ども・子育て新システムの基本制度案要綱」決定 児童扶養手当法改正（児童扶養手当の支給対象に父子家庭を追加）	障害者自立支援法等の改正（利用者負担の見直し，障害者の範囲の見直し，相談支援の充実，障害児支援の強化等）	

西暦	和暦	時代背景	福祉一般	児童福祉	障害者福祉	高齢者福祉
2011	平成23	東日本大震災 世界の人口70億人に	「社会保障・税一体改革成案」		障害者虐待防止法制定 障害者基本法改正（地域社会における共生等，障害を理由とする差別の禁止）	介護保険法等の改正（定期巡回・随時対応型訪問介護看護，複合型サービスの創設）
2012	24	自民党が政権復帰	社会保障制度改革推進法制定 社会保障制度改革国民会議の設置	児童手当法改正（子ども手当の廃止と児童手当の復活） 子ども・子育て支援法制定等（認定こども園の改善等）	障害者総合支援法制定（法の目的の変更，支援体制の充実）	「今後の認知症対策の方向性について」とりまとめ 「認知症施策推進5か年計画（オレンジプラン）」の策定
2013	25		社会保障制度改革プログラム法成立 生活保護法改正 生活困窮者自立支援法成立	子ども・子育て会議の設置 待機児童解消加速化プランの策定 子どもの貧困対策の推進に関する法律制定	障害者差別解消法制定 第3次障害者基本計画の策定（平成25〜29年度） 精神保健福祉法改正	
2014	26	消費税率5％から8％に	まち・ひと・しごと創生法制定	次世代育成支援対策推進法改正（時限立法の期間延長） 児童福祉法改正（小児慢性特定疾病の医療費助成法定化等） 母子及び寡婦福祉法改正（改称，父子家庭を含むひとり親家庭への支援施策強化）	障害者権利条約の批准	医療介護総合推進法成立 地域介護施設整備促進法改正（改称，基金創設，医療・介護の連携強化） 介護保険法改正（地域包括ケアシステムの構築，費用負担の公平化）
2015	27	マイナンバー制度施行	まち・ひと・しごと基本方針2015	少子化社会対策大綱（第3次）	障害を理由とする差別の解消の推進に関する基本方針	「認知症施策推進総合戦略〜認知症高齢者等にやさしい地域づくりに向けて〜（新オレンジプラン）」の策定
2016	28	出生数が初の100万人割れ	ニッポン一億総活躍プラン 「「我が事・丸ごと」地域共生社会実現本部」の設置（厚生労働省） 社会福祉法改正（社会福祉法人の管理規定整備，福祉人材確保等）	児童扶養手当法改正（手当額の引上げ） 児童福祉法改正（原理の明確化，児童相談所の体制強化等） 児童虐待防止法改正（親子関係再構築支援等） 母子保健法改正（母子健康包括支援センターの設置）	障害者総合支援法改正（自立支援給付・障害児通所支援の充実等）	

西暦	和暦	時代背景	福祉一般	児童福祉	障害者福祉	高齢者福祉
2017	平成29	天皇退位特例法成立	社会福祉法改正（地域共生社会の実現に向けた理念の明確化，地域福祉計画の充実等）	児童福祉法改正（虐待を受けている児童等の保護者に対する指導への司法関与，家庭裁判所による一時保護の審査の導入等） 児童虐待防止法改正（接近禁止命令を行うことができる場合の拡大等） 子育て安心プラン策定（待機児童解消に必要な保育の受け皿の整備）	障害者総合支援法改正（共生型サービスの創設）	介護保険法改正（介護医療院・共生型サービスの創設，利用者負担の見直し，被保険者等保険者に係る介護給付費の算定方法変更等） 新オレンジプラン改定（数値目標の引き上げ，認知症患者の介護者への具体的な支援の明記等）
2018	30	働き方改革関係法律の成立 2040年を展望した社会保障・働き方改革本部の設置	生活困窮者自立支援法改正（包括的な支援体制強化，子どもの学習支援事業強化，居住支援強化） 生活保護法改正（進学準備給付金制度創設） 生活保護基準改正（生活扶助基準の見直し）	子ども・子育て支援法改正（一般事業主から徴収する拠出金の上限引き上げ） 児童虐待防止対策体制総合強化プランの決定	障害福祉サービス等報酬改定（就労定着支援，自立生活援助の報酬設定，共生型サービスの指定基準・報酬設定） 第4次障害者基本計画の策定（平成30〜令和4年度）	
2019	31 令和元	消費税率8%から10%に引き上げ 即位礼正殿の儀 出生数が初の90万人割れ 全世代型社会保障検討会議の設置	年金生活者支援給付金制度の開始	児童虐待防止対策体制総合強化プラン 児童虐待防止対策の強化を図るための児童福祉法等の一部を改正する法律の成立（児童の権利擁護のための児童相談所の体制の強化等） 幼児教育・保育の無償化の開始 子ども・子育て支援法の改正（子育てのための施設等利用給付の創設）	障害者の雇用の促進等に関する法律の一部を改正する法律の成立（障害者の活躍の場の拡大に関する措置，国および地方公共団体における障害者の雇用状況についての的確な把握等に関する措置）	介護保険の第1号被保険者（65歳以上）の保険料の低所得者軽減の完全実施 認知症施策推進大綱の決定
2020	2	新型コロナウイルスの流行	新型コロナウイルス感染症緊急経済対策の実施 地域共生社会の実現のための社会福祉法等の一部を改正する法律の成立（包括的な支援体制の整備，社会福祉連携推進法人制度の創設等に関する改正）	少子化社会対策大綱（第4次）	聴覚障害者等による電話の利用の円滑化に関する法律の成立	介護保険法改正（認知症に関する施策の総合的な推進，介護保険事業計画の見直し等に関する改正） 老人福祉法改正（市町村老人福祉計画の見直し，有料老人ホームの設置等の届出事項等に関する改正）
2021	3	新型コロナウイルスの感染拡大 デジタル庁の発足	全世代対応型の社会保障制度を構築するための健康保険法等の一部を改正する法律の成立（全ての世代の安心を構築するための給付と負担の見直し，子ども・子育て支援の拡充等に関する改正）	新子育て安心プラン	障害者差別解消法改正（国・地方公共団体の連携協力の責務の追加，事業者による社会的障壁の除去の実施に係る必要かつ合理的な配慮の提供の義務化等に関する改正）	

西暦	和暦	時代背景	福祉一般	児童福祉	障害者福祉	高齢者福祉
2022	令和4	新型コロナウイルスの感染拡大	年金制度改正（老齢年金の受給開始時期の拡大，在職老齢年金制度の見直し等） 自殺総合対策大綱の策定	こども基本法の成立（施策に対するこども・子育て当事者等の意見の反映，支援の総合的・一体的提供の体制整備，関係者相互の有機的な連携の確保等を規定） こども家庭庁設置法の成立 児童福祉法改正（児童養護施設における子どもの自立支援の年齢制限撤廃等）	障害者総合支援法改正（障害者等の地域生活の支援体制の充実等）	
2023	5	こども家庭庁の発足 新型コロナウイルス感染症の5類感染症への移行 経済財政運営と改革の基本方針2023（骨太の方針2023）の決定	生活保護基準改正（生活扶助基準の見直し）		第5次障害者基本計画の策定（令和5〜9年度）	共生社会の実現を推進するための認知症基本法の成立

注　法律名は，適宜，略称を使用した。

索 引

さ～そ

た～と

な～の

社会福祉の動向 2024

2023年12月15日　発　行

編　集　社会福祉の動向編集委員会

発行者　荘村明彦

発行所　中央法規出版株式会社
　　　　〒110-0016 東京都台東区台東3-29-1　中央法規ビル
　　　　ＴＥＬ　03-6387-3196
　　　　ＵＲＬ　https://www.chuohoki.co.jp/

装　幀　株式会社タクトデザイン事務所
印刷・製本　株式会社太洋社
ISBN978-4-8058-8974-9